普通高等教育经管类系列教材

# 商 品 学

## 第2版

主　编　陈文汉

副主编　陆　影　陈彦章

参　编　刘东玲　付永昌　吴　翠

机 械 工 业 出 版 社

本教材全面反映了商品学所涉及的最新商品知识，内容包括商品学概论，商品质量、标准、检验、分类、包装、养护，并以服务商品、食品类商品、日用工业品商品、家用电器商品等人们常用的或正在普及的商品为例进行讲授。本教材内容丰富、案例多样，贴近现实生活和商品经营实践，实用性强，其中对服务商品的阐释极大地丰富了本教材的内容，符合市场经济发展和我国经济转型升级的要求，具有一定的理论意义和实践意义。

　　本教材适合高等院校市场营销、国际经济与贸易、工商管理、商务英语、物流管理、园林园艺、农学、水产、食品工程等专业使用，也可供工商企业的管理人员、市场营销人员以及普通消费者参考。

**图书在版编目（CIP）数据**

商品学/陈文汉主编 . — 2 版 . —北京：机械工业出版社，2021.5（2024.9重印）

普通高等教育经管类系列教材

ISBN 978-7-111-67656-0

Ⅰ . ①商…　Ⅱ . ①陈…　Ⅲ . ①商品学-高等学校-教材　Ⅳ . ①F76

中国版本图书馆 CIP 数据核字（2021）第 037240 号

机械工业出版社（北京市百万庄大街 22 号　邮政编码 100037）
策划编辑：曹俊玲　责任编辑：曹俊玲　王　芳
责任校对：张玉静　封面设计：张　静
责任印制：常天培
北京机工印刷厂有限公司印刷
2024 年 9 月第 2 版第 4 次印刷
184mm×260mm · 19.5 印张 · 484 千字
标准书号：ISBN 978-7-111-67656-0
定价：56.00 元

电话服务　　　　　　　网络服务
客服电话：010-88361066　机　工　官　网：www.cmpbook.com
　　　　　010-88379833　机　工　官　博：weibo.com/cmp1952
　　　　　010-68326294　金　书　网：www.golden-book.com
**封底无防伪标均为盗版**　机工教育服务网：www.cmpedu.com

# 第 2 版前言

本教材自出版以来，因内容新颖、实用，受到了许多高等院校师生、学者的关注和认可，至今已经多次印刷，具有较高的社会效益和经济效益。本次修订主要有以下两点原因：一是随着社会经济的高速发展，我国改革开放不断深化，国际贸易也随之出现一些新的内容，商品技术、质量标准和要求也在不断完善和提高，因此为社会经济和国际贸易发展服务的"商品学"的内容，也会随着经济形势的发展而发展；二是在本教材使用过程中，广大读者给出版社和作者反馈了许多建议和意见。

基于此，编者对本教材进行了修订，修订内容包括：①把习近平新时代中国特色社会主义经济思想的有关内容融入教材中；②增加了具有新时代特点的案例，使得案例更贴近当代经济发展；③增加了一些新的标准和新的技术内容；④在保持原有各章的宗旨和侧重点不变的情况下，对各章中的部分内容做了必要的增删和修改，特别是增加了一些与高新技术商品相关的内容，以及删除了第十三章；⑤对书中的部分阅读材料进行了更换，以便更好地满足现实发展的需要；⑥对第 1 版中的少量文字错误进行了修改。

本教材是在第 1 版的基础上由陈文汉修订完成的。在修订过程中，编者参考了许多国内外相关著作和其他文献资料，在此一并向相关作者表示感谢。

由于编者水平有限，尽管倾心编写，但仍有许多遗憾与不足，恳请广大读者批评指正，以便再次修订时加以完善。

编 者

# 第1版前言

商品学是一门以商品质量为中心内容，研究商品使用价值及其规律的一门综合性应用科学。商品学是高等院校相关专业的专业基础课或专业课。在科学技术飞速发展的今天，新技术、新工艺、新产品不断涌现，这是社会、科技发展的必然，教材也必须体现与时俱进的高等教育理念，充分体现知识的发展性、可应用性、时代性、创造性。本教材在编写过程中，力求在教材内容、体系、编写形式等方面有所突破与创新，主要体现在以下几方面：

（1）内容创新。本教材内容包括商品学概论，商品质量、标准、检验、分类、包装、养护，并以服务商品、食品类商品、日用工业品商品、家用电器商品等人们常用的或正在普及的商品为例进行讲授。把服务商品纳入商品学的研究范围，极大地丰富了商品学的研究内容，符合市场经济发展和我国经济转型升级的要求，具有一定的理论意义和实践意义。

（2）结构创新。本教材大胆创新，采用了理论讲解在前、技能训练与综合练习在后的编写安排，使得学生能够将理论与实践相结合、学习与运用相结合。

（3）教学创新。本教材既介绍了商品学的基础理论，又结合市场实际针对性地阐述了当前商品质量管理方面存在的问题。对于消费者关心的质量方面的社会热点问题，以"案例导读""案例""小资料"等形式穿插在教材中，现实性很强。

本教材由陈文汉确定大纲、编写体例并定稿。其中，陈文汉编写第一章、第五章、第九章；陆影编写第二章、第七章；陈彦章编写第三章、第四章；刘东玲编写第六章、第十章；付永昌编写第八章、第十一章；吴翠编写第十二章、第十三章，并参与相关资料的收集与整理。

本教材在编写过程中，充分借鉴了近年来相关专家、学者的研究成果，采集众家之长，限于篇幅不能一一注明出处，在此一并表示感谢。

由于编写时间仓促，限于编者的水平，书中不足或疏漏之处在所难免。如有不足或疏漏，皆以原文献和论著、法律为准，欢迎广大读者批评指正。主编交流邮箱：sdpt2003@163.com。

编　者

# 目　录

# 第一章

## 商品与商品学

**学习要点**

- 商品的价值和使用价值
- 商品学的学科定义和发展概况
- 商品学的研究对象、内容与任务

## ◆ 案例导读

### 茶叶店店员推销商品的技巧

在茶叶店的销售中，店员如何向顾客推销商品呢？中国茶产业十大名牌之一的茗正缘顺茶业认为，要想推销商品，店员除了具备通用的推销技巧外，还应该熟悉商品，尤其对新开发的商品，要熟知它们的特点和长处，以引发顾客的好奇心和购买欲。

（1）展示操作，允许顾客试喝。让顾客试喝比只进行介绍更为有效。店员要尽量鼓励顾客动手操作与试喝，这样往往可以激发其兴趣，使其准确了解商品的性能和质量，增强其购买的欲望。

（2）详细向顾客说明商品的独到之处，引发顾客的好奇心。店员要善于利用顾客的好奇心。店员边说明、边示范，详细给顾客说明商品的独特之处，往往会获得成功。

（3）突出重点，向顾客介绍他们最感兴趣的方面。推销商品时，一定要把商品的功能、品质、价格等逐一介绍清楚，使顾客对商品有深入的了解，尤其要注意着重介绍顾客最感兴趣的内容，促使其产生购买动机。

**启示**：认识、了解并推销商品，不仅是一门艺术，而且是一门学问，是融合了市场学、心理学、社会学、经济学、公共关系学以及与商品的性能、用途、质量、发展前景等有关的自然科学和社会科学的复杂的学问。推销人员不但需要掌握推销技巧，还需要学点商品学方面的知识。

## 第一节　商品的概念及构成

### 一、商品的概念

**1. 商品的含义**

商品是人类社会生产力发展到一定历史阶段的产物。它是指用来交换、能满足人们某种需要的劳动产品。

商品不同于物品、产品，是因为：

（1）商品是具有使用价值的劳动产品。商品的使用价值是指商品能满足人们和社会的某种需要，即商品的有用性。物的有用性使物具有使用价值，这种有用性取决于商品体的属性，离开商品体就不存在了。所以，使用价值是由商品本身能满足人们某种需要的属性所形成的。商品体的属性包含商品的自然属性和商品的社会属性两部分。商品的自然属性主要满足人们的明确需要；商品的社会属性则主要满足人们的隐含需要，如心理上、文化上的需要等。商品如果不能满足人们的明确需要和隐含需要，就失去了使用价值。失去了使用价值的劳动产品，如废弃、假冒的劳动产品，也不能算作商品。

（2）商品是供他人消费的劳动产品。商品是由人们的劳动创造出来的，可以是有形的，也可以是无形的。有形商品通常是需要人们经过设计、加工、制作等一系列劳动而生产出来的有形物品或产品。这里特别强调指出，它必须是经过劳动而获得的。某些天然的物品，如果人们不劳而获、为己所用，就不能称为商品，如空气、雨水、泥土等。如果这些天然物品经过人们劳动而用于交换，则另当别论，如挖出来的土石方装袋或装车出售用作建筑材料，就构成商品。还有无形商品，如知识、技术等。

（3）商品是必须通过交换才能实现的劳动产品。为自己消费而生产的产品不是商品，为他人生产的产品，如不经交换也不是商品。因为这类劳动产品，只有使用价值而无价值，不能体现货币形式。商品是供他人或社会消费的，而不是供生产者或经营者自身消费的劳动产品。商品必须是通过交换而到达他人手中的劳动产品，也就是说，商品必须用于交换。如手工业者自产留下自用的手工业品，农民自产留下自用的农业副产品，就不能归于商品。商品要交换就必须进入市场，并受市场规律的制约，如价值规律、供求规律、竞争规律等。商品交换是在一定经济条件下产生和存在的历史范畴，是社会分工和产品属于不同所有者的结果。

**2. 商品的二重性**

商品作为交换的劳动产品，具有价值和使用价值的二重性。

（1）商品价值。商品价值是凝结在商品中的无差别的人类劳动。两种不同数量的商品，如20kg大米和10m布之所以能够交换，就是因为它们凝结了等量的人类劳动，或者说有等量的价值。一切商品作为价值是相同的，因此它们才可以相互比较，才能按照一定量的比例进行交换。商品价值是人们在社会劳动中形成的，反映了人与人之间的社会关系，因此，商品价值反映了商品具有的社会属性。

（2）商品使用价值。商品使用价值是指商品能够满足人们某种需要的属性。一种物品的性能可以是多方面的，因而它对于人可以有各种各样的用途。物品的各种性能以及它的多方面的使用价值，是人们在同自然做斗争的过程中，随着生产经验的积累、生产技术的提高以及科学知识的增进陆续发现的。例如，在很长的历史时期内，人们只知道用木材作燃料、建筑材料，制造工具和家具，随着科学技术的发展，木材在社会经济生活中得到了广泛的应用，已经具有几千种用途。

人类为了生存和发展，必须不断地生产各种各样的生活资料和生产资料。马克思指出：不论财富的社会形式如何，使用价值总是构成财富的物质的内容。不管在什么社会条件下，同一物品的自然属性也总是基本相同的。例如，我们不能从对小麦的品尝当中，判定它是由封建社会的农奴生产的，还是由资本主义制度下的雇佣劳动者生产的。商品的使用价值反映了商品的自然属性。商品的自然属性是由组成商品的原材料、化学成分、生产工艺条件和生产技术水平决定的。对使用价值的研究，换句话说就是对物品自然属性的研究，属于商品学、技术学或其他自然科学的范畴。

商品价值和商品使用价值共存于商品体上，相互依存、不可分离。因此，商品既具有社会科学的属性，同时又具有自然科学的属性。

## 二、商品的构成

商品是指用来交换、能满足人们某种需要的劳动产品。但现代营销学家认为商品的概念是广义的、整体的，它不仅指一种物体、一种服务，还包括购买商品所得到的直接的、间接的、有形的、无形的利益和满足感。这样理解的商品的含义，称为商品整体要领或商品整体概念。

商品整体概念是指由商品的实体性、实质性和服务性三方面构成的统一体或系统。以菲利普·科特勒（Philip Kotler）为代表的北美学者提出，商品整体概念包括核心产品、形式产品、期望产品、延伸产品和潜在产品五个层次内容，他们认为这样能够更深刻而逻辑地表达商品整体概念的含义。

### 1. 核心产品

核心产品是指向消费者提供的基本效用或利益，是消费者真正要购买的东西，是商品整体概念中最基本、最主要的内容。消费者购买产品，并不是为了获得产品本身，而是为了满足自身某种特定需要的效用和利益。如人们购买洗衣机，不是为了买到装有电动机、开关按钮的大铁箱这一物体，而是为了通过洗衣机的洗涤功能，使其代替人工洗衣，减轻家务劳动负担，方便日常生活。消费者愿意支付一定的费用购买产品，首先在于购买该产品的基本效用，并从中获得利益。因此，企业的生产经营活动，首先应考虑产品能为消费者提供哪些基本效用或利益，并且着眼于产品的这些基本效用或利益。

### 2. 形式产品

形式产品是指产品的本体，是核心产品借以实现的各种具体产品形式，是向市场提供的产品实体的外观。形式产品由产品质量（品质）、特色（特征）、式样、品牌和包装五个方面的有形因素构成。具有相同效用的产品，其存在形态即形式产品可能有较大的差别。消费者购买某种产品，除了要求该产品具备某些基本功能、能提供某种核心利益外，还要考虑产品的品质、造型、款式、颜色以及品牌声誉等多种因素。产品的基本效用必须通过某些具体的形式才能得以实现。因此，企业进行产品设计时，既应着眼于消费者所追求的核心利益，同时也要重视如何以独特的形式将这种利益呈现给消费者。

### 3. 期望产品

期望产品是指消费者购买产品时，期望得到的与产品密切相关的一整套属性和条件。如住宿酒店的客人期望得到清洁的床位、洗浴香波、浴巾等服务。因为大多数酒店均能满足旅客的这些一般期望，所以旅客在选择档次大致相同的酒店时，一般不是选择哪家酒店能提供期望产品，而是根据哪家酒店就近和方便而定。

**4. 延伸产品**

延伸产品是指消费者购买形式产品和期望产品时，附带的所获得的各种附加服务和利益的总和。它包括产品说明书、提供信贷、免费送货、保证质量、安装、维修、技术培训等。不同企业提供的同类产品在核心产品和形式产品层次上越来越接近，因此企业要赢得竞争优势，应着眼于比竞争对手提供更多的延伸产品，因为延伸产品有利于引导、启发、刺激消费者购买、重复购买和增加购买量。

**5. 潜在产品**

潜在产品是指现有产品最终可能实现的全部附加部分和新转换部分，或指与现有产品相关的未来可发展的潜在性产品。潜在产品指出了产品可能的演变趋势和前景，如彩色电视机可发展为多媒体终端视频等。

【案例1-1】

益智玩具陪伴孩子成长，未来市场潜力不可小觑

世上99.99%的父母都希望孩子聪明可爱、智力过人，选择益智玩具陪伴孩子成长已成主流趋势。益智玩具企业应根据儿童的特征及市场需求，设计出符合消费者需求的产品，并在此基础上不断创新，使益智玩具功能更强，更人性化。

1. 当前益智玩具排行榜

现今儿童教育消费成为热点，"玩+教"模式协调作用强。我国家庭历来重视教育，随着家庭整体收入的提高，家庭对教育越发重视，教育投入也越来越高。教育消费市场广阔，传统玩具市场竞争日趋激烈，玩具企业转型进入儿童教育产业，将玩具与教育进行产业整合将成为玩具企业转型的主要趋势之一，而益智玩具恰恰就是很多企业的首要选择。

京东2018年第一季度网购玩具排行榜中，益智玩具是父母购买玩具时的首选。

2. 益智玩具可加强父母与孩子间的互动

孩子需要成长伙伴，益智玩具可以陪伴孩子一路成长，其未来市场潜力不可小觑。益智玩具拼装多数都需要在父母协同下进行，这样有助于增进亲子间的互动，培养亲情。如果和同学、朋友一起做益智玩具拼装，则有助于培养孩子的团队合作精神。因此，益智玩具企业应该不断地寻找市场空白点，拥有属于自己的创新设计，从而对益智玩具产品进行丰富、细化、创新，赋予品牌新的灵魂。唯有这样，才能在益智玩具市场未来几年的发展趋势中占据先机。

3. 益智玩具有助于儿童智力发展

尤其在4~12岁的年龄段，益智玩具（如乐高积木等玩具），对于大部分人来说都不陌生。2018年乐高品牌的价值为75.7亿美元，成为迄今为止全球最具价值的玩具品牌之一。而乐高积木对于孩子们来讲，可以让他们自己动手搭建东西，会给他们留下最深刻的记忆。况且积木教具拥有其他玩具或游戏无法替代的动手性，并且具有教授STEM⊖技能的教育性。不仅每个家庭都会给自己的孩子提供各式各样有意思的玩具，但单一的玩具还不能满足孩子

---

⊖ STEM是科学（Science）、技术（Technology）、工程（Engineering）、数学（Mathematics）四个词的首字母的组合。

在成长过程中的所有需求。因此，未来益智玩具产业的蓬勃发展是可以预期的，益智玩具在销售排行榜上的地位应该还会持续很长一段时间。

益智玩具是婴童产品中最为典型和普遍的产品，并且益智玩具产业是当前最具投资前景的朝阳产业，未来 3~5 年该产业将会成为中国最耀眼的产业之一。

**思考**：请指出益智玩具的核心产品、形式产品、期望产品、延伸产品和潜在产品分别是什么？

## 第二节　商品学的由来和发展

商品学是随着商品生产和商品交换的出现以及商品经济和贸易活动的需要，逐步形成的一门独立学科。随着科学技术和商品经济的发展，商品学的理论体系不断完善和发展，内容不断更新和充实，研究范围也不断拓宽，这些使得商品学在社会经济发展中发挥着越来越重要的作用。

### 一、世界范围商品学的发展历史

在原始社会，人们的劳动成果只能勉强维持自己的生存需要，商品并不存在，直至有了剩余劳动，有了商品交换，才逐渐产生了商品学。

据历史文献记载，世界上第一本包括商品学内容的商学书籍是阿拉伯人阿里·阿德·迪米斯基（Ali-ad-Dimisqui）1175 年编著的《商业之美与识别优劣和真伪商品指南》。此后，欧洲的商业中心——意大利也出版了许多包括商品知识的商学书籍。例如佩戈罗第（Fr. B. Pegolotti）编著的《商品贸易指南》，详细论述了从意大利输入到中国的商品及其性质、质量、品种、规格、贸易方法等。医药商品和药材是自然科学家和医学家最早系统研究的贸易商品。1553 年，意大利的波那费德（Francesco Buonafede）教授首次在帕多瓦大学（Padua University）开设了"生药学"课程，讲授的内容主要包括药材的名称、产地、分类、性质、成分、鉴别、用途、保管等知识。以上这些商品知识为商品学的诞生奠定了基础。

商品学作为一门独立学科，于 18 世纪中叶诞生于德国，至今已有 200 多年的历史。进入 18 世纪，德国手工业发展迅速，需要大量进口原材料进行生产，而后出口大批工业品，商品贸易趋于频繁。这就要求商人必须具备系统的商品学知识来适应贸易发展的需要，大量商业贸易人才的培养也就成为当时经济发展对教育界的突出要求。于是到 18 世纪中叶，德国开始在大学和商学院开设"商品学"课程。在教学和科研基础上，德国自然史学家兼经济学家约翰·贝克曼（Johann Beckmann）教授 1777 年编著了《技术学导论》，并于 1793—1800 年编著了《商品学导论》，内容包括商品生产、技术、方法、工艺学知识以及商品的产地、性能、用途、鉴定、分类、包装、主要市场等，至此，商品学从知识汇集阶段变为以技术知识为主的阶段。《商品学导论》的问世，标志着商品学开始作为一门独立的学科，约翰·贝克曼被称为现代商品学的创始人，他新创立的商品学被称为"贝克曼商品学"。19 世纪以来，这种德国古典商品学相继传入意大利、西欧、东欧、日本、中国等，使商品学得到迅速发展。

### 二、我国商品学的发展历史

世界四大文明古国之一的我国，从丝绸之路到海上贸易，与外界商品交往的历史悠久，对商品知识的研究也相对超前。从春秋时代师旷所著的《禽经》到晋朝戴凯之所著的《竹谱》，从唐代陆羽所著的《茶经》到宋朝蔡襄所著的《荔枝谱》，以及《橘录》《本草纲目》等书籍，先后都对有关的商品知识做了详尽的介绍。其中，最具代表性的当属陆羽的《茶经》。盛唐时期，产于江淮一带的茶叶由江南传到北方，茶叶品种繁多、色味各异，为了进一步促进茶叶的生产经营，推广茶叶的使用，陆羽大量收集茶叶的生产、制作、储运、消费等方面的知识，于公元 767 年写出《茶经》一书。《茶经》分三卷共十篇，对茶叶的种植、采摘、加工、饮用到茶叶的功能、评定、储藏等环节进行了详细的说明。该书的问世，对茶叶的生产经营起了重要的指导作用，成为世界上最早的一部茶叶商品学著作。

新中国成立后，百业待兴。20 世纪 50 年代开始，高等财经院校设立了对外贸易、贸易经济供销合作等专业，并开设了"商品学"课程。1951 年，中国人民大学开设商品学研究生班，邀请苏联专家讲学，培养师资力量，为商业部门培养商品学人才。1956 年，黑龙江商学院、上海财经学院创建了商品学系。随着社会主义市场经济体制目标的确立，更多的高等财经院校、中等商业学校和供销学校开设了"商品学"课程。其中，中国人民大学和黑龙江商学院拥有商品学专业硕士学位授予权，这标志着现代商品学学科的发展。1995 年成立了全国性学术团体——中国商品学会。中国商品学会代表中国参加国际商品学会（总部设在维也纳）的各项活动，并为第 14 届会长单位，这标志着我国现代商品学学科有了迅速的发展。2017 年 7 月 22 日，由中国商品学会主办的中国商品学会第 17 界学术年会暨换届大会，在北京物资学院隆重举行。来自全国的开设商品学相关专业的 18 所高等院校、科研院所以及消费者协会等部门的专家、学者和企业家共计 60 多人参加了会议。本次大会以"绿色、创新、发展"为主题，围绕商品质量、质量评价、质量管理以及流通安全等方面内容开展了交流讨论。

## 三、商品学的发展走向

商品学诞生后，在其发展过程中产生了两个研究方向：一个是从自然科学和技术学的观点出发研究商品的使用价值，中心内容是商品生产，称为自然科学的商品学或技术商品学；另一个是以自然科学为基础的社会科学和经济学的观点，特别是从市场营销和消费需求的观点出发研究与商品质量和品种相关的问题，称为社会科学的商品学或经济商品学。因此，商品学界也相应形成了两个学派——自然科学或技术学的学派和社会科学或经济学的学派，并分别把商品学作为自然科学和技术学学科以及社会科学和经济学学科。自然科学的商品学发展历史较长，其理论体系不断完善，内容不断更新和拓宽，在国际上占主导地位。各国的商品学基本上都是按照自然科学的商品学体系发展的，特别是苏联、东欧各国、中国、越南等国家。经济商品学是第二次世界大战后，首先由德国科隆大学商业经济教授索费特（Sei-iffert）提出的。经济商品学主要从市场营销或商业经营的角度研究与商品质量和品种相关的问题。1945 年以后，世界各国的商品学者在自然科学的基础上，从技术、经济和社会方面综合研究与商品质量相关的问题，使自然科学的商品学进入综合科学或边缘科学等的商品学时代。日本商品学者水野良象教授于 1976 年指出，商品学既不只是研究物质的自然科学，也不只是研究经济的社会科学，而是这两者复杂融合起来的应用科学，即一门典型的边缘科学。

## 第三节 商品学的研究对象和内容

### 一、商品学的研究对象

商品学史是研究商品使用价值及其变化规律的科学。

商品使用价值是指商品对其消费（使用）者的有用性或效用。一方面，商品的使用价值是由商品的属性决定的，离开属性就不存在了。因此，商品学必须从商品的属性来研究商品的使用价值；另一方面，商品的使用价值是满足他人和社会需要的使用价值，所以在研究商品使用价值时，还要研究满足人和社会需要方面的特性。从这个意义上说，商品使用价值实际上反映了商品属性与人和社会需要之间的关系。

具体来说，研究商品的使用价值，不仅要研究商品的成分、结构、外形以及物理性质和化学性质等方面的自然属性，还要研究商品的流行性、时代感、地区性、民族性和经济性等社会属性，满足人和社会在商品方面的物质需要和精神需要。

商品有多少自然属性，就可能有多少种使用价值，例如煤既可以作为燃料，又是极具价值的化工原料。商品的自然属性不同，它们的使用价值也不同。在不同的社会经济条件下，同一商品也会出现不同的使用价值。同一种商品、同一消费者消费时，也可以有多种使用价值。例如华为手机，可以打电话，也可以听音乐、看视频，还可以显示使用者的身份地位。

**【案例1-2】**

在不同的社会经济条件下的消费者对商品使用价值的要求不同（见表1-1）。

表1-1 不同社会经济条件下的消费者对商品使用价值的要求

| 消费者类型 | 对商品使用价值的要求 |
| --- | --- |
| 贫穷型消费 | 实用 |
| 温饱型消费 | 实用、美观、坚固耐用 |
| 富裕型销费 | 美观、舒适、实用、坚固耐用 |
| 富足型消费 | 美观、舒服、气派、实用 |

由此我们知道，对不同条件的消费者，应提供不同使用价值的商品。需要指出的是，商品的使用价值是随着科学技术的发展和人们经验的不断积累被陆续发现的，是一个动态的、综合性的概念。准确而全面理解商品的使用价值，运用商品的使用价值学说指导商品的生产、经营和消费，对发展我国社会主义市场经济具有重要的现实意义。

 **小资料**

**蔬菜大棚里的供给侧改革**

据2019年5月19日青海省人民政府网站报道，因为不使用一粒化肥、一滴农药，绿色有机纯天然、水果型西红柿搭上快运专列，从德令哈市运到北京后，1kg能卖60元；小乳瓜、黄瓜、西瓜、菜瓜等的价格也在40元以上。

一个面积 $0.133hm^2$ 的蔬菜温棚，能产葡萄 5000kg，1kg 的批发价格为 40 元，年产值就是 20 万元；从南方引进的无花果、火龙果，年产值也在 18 万元以上。与种植一般的蔬果产品相比，效益至少提高 40%。

德令哈市万庄农牧公司通过蔬果种植供给侧改革，不仅丰富了当地市民的菜篮子，还使万庄农牧公司经营效益始终保持在每年 3100 万元以上的增速。

蔬菜种植如何进行供给侧改革？近日带着这样的疑问，记者走进了万庄农牧。

此时的万庄农牧蔬菜温棚里已是满园春色。油菜、菠菜一片碧绿，还有从外地引来的香蕉树、火龙果树、无花果树、火焰蓼秧苗都在这里安了家……

万庄农牧公司瞄准俄罗斯市场、国内即食食品市场，投资 700 万元建设的年产 2 万 t 脱水蔬菜、精加工蔬果生产线也在紧张建设中。俄罗斯不但高寒，而且冬季时间长，新鲜蔬果市场缺口大。脱水处理后的蔬菜具有营养成分不变、水一泡就能迅速复原、色感如鲜、可长时间保存、不含任何添加、营养价值高的特点。通过把具有本地特色的蔬果加工成脱水蔬菜，将水果产品加工成各种即食食品，产值还能再翻好几番。

有机肥、蔬菜脱水精加工两条生产线全部投产后，不但可以丰富蔬果产品品种，延伸产业链，使新鲜蔬菜实现就地转化增值，还能形成一条"蔬果种植—新鲜蔬菜—脱水蔬菜、蔬果即食食品—果蔬秸秆、烂菜资源—有机肥"首尾相连的全产业链。

万庄农牧公司未来的发展之路越来越清晰。该公司在闯出了一条设施农业高效发展的新路子的同时，带动了周边地区农民通过出售小麦、青稞、各种农作物秸秆、羊粪等提高经济收入，也有利于减少周边地区农民焚烧秸秆对大气环境的污染，使农牧业副产物变"废"为宝，并为当地农牧民群众提供更多的就业岗位，实现稳定脱贫。

**思考**：根据所给资料分析为何要进行农业供给侧改革。

## 二、商品学的研究内容及与其他学科的关系

### 1. 商品学的研究内容

商品学的研究内容是由商品学的研究对象决定的。根据商品学的研究对象，其研究内容以商品体为基础，研究商品在整个生命周期中的质量（固有质量、市场附加质量、形象质量）及其构成要素（技术、经济、社会、环境要求等）的计量、检测、控制与管理活动。其主要包括以下内容：商品质量及其影响，商品质量管理与质量监督，商品标准与标准化，商品检验，商品分类与编码，商品包装与标识，品牌与商标管理，商品的成分、结构与性质，商品储运与养护，新商品开发；信息与商品预测，商品消费心理，商品广告，商品与资源、环境，商品学在不同类型商品中的应用等。

### 2. 商品学与其他相关学科的关系

商品的多样化、使用价值的物质性和社会性决定了商品学与多种自然科学和社会科学必然存在广泛的联系。

商品学与物理学、化学、生物学、生物化学、生理学、微生物学及其他一些基础学科有着密切的联系。这些学科的基础理论和基本方法是研究商品组成成分、理化性质、宏微观结构的工具。

商品学与材料学、工艺学、农艺学、家畜饲养学、环境学、气象学、昆虫学、生态学及其他一些技术学科也有着密切的联系。这些学科的知识为阐述商品使用价值的形成和维护提供了重要资料。

商品学与食品营养学、食品卫生学、服装学、人体工程学及与此相关的应用学科更有着千丝万缕的联系。应用这些学科的成果，对提高商品质量、扩大商品品种有着十分重要的作用。

商品学在研究商品使用价值的社会性因素时，必然与社会科学保持一定的交叉渗透关系，从政治经济学、企业管理学、市场学、销售学、统计学、社会学、心理学、美学、广告学、物价学、经济地理学、质量工程学、质量管理学等学科汲取和借鉴某些研究成果，形成商品学的学科体系，有利于本学科的研究和发展。

随着商品学学科的不断发展，商品学又在本学科内部形成了不同的学科分类，如商品包装学、商品检验学、商品分类学、商品养护学、商品储运学、商品美学、食品商品学、家用电器商品学、日用品商品学、纺织品商品学、医药商品学等。

商品学的研究对象决定了其既不是纯粹的自然科学，也不是纯粹的社会科学。学科与学科之间相互联系是科学发展的必然结果。学科之间文理结合，内容方面彼此交叉渗透，是当今科学发展的必然趋势。商品学与其他相关学科的关系不是简单的拼凑堆砌，而是采取为我所用的原则，在商品学的体系下形成有机的融合。反过来，商品学的研究成果也必然被其他学科吸收利用，达到相助相长、共荣共进的目的。

## 第四节　商品学的研究任务与研究方法

### 一、商品学的研究任务

商品学的研究任务主要有以下五个方面：

**1. 指导商品使用价值的形成**

通过商品资源和市场的调查预测、商品的需求研究等手段，为有关部门实施商品结构调整、商品科学分类，商品的进出口管理与质量监督管理、商品的环境管理，制定商品标准、政策法规及商品发展规划提供科学的决策依据；为企业提供商品的基本质量要求，指导商品质量改进和新商品开发，提高经营管理素质，保证市场上商品物美价廉、适销对路。

**2. 评价商品使用价值的高低**

商品质量是决定商品使用价值高低的基本因素，是决定商品竞争力、销路和价格的基本条件。因此，它是商品学研究商品使用价值的中心内容。通过对商品使用价值的分析和综合，明确商品的质量指标、检验和识别方法，能全面、准确地评价、鉴定商品的质量，杜绝伪劣商品流入市场，保证商品质量符合规定的标准或合同要求，维护正常的市场竞争秩序，保护买卖双方的合法权益，切实维护国家和消费者的利益，营造公平、平等的商品交换环境。

**3. 防止商品使用价值的降低**

分析和研究与商品质量有关的各种因素，选择适宜的商品包装、储运方式，保护商品质量，努力降低商品损耗。

### 4. 促进商品使用价值的实现

大力普及商品知识和消费知识，使消费者认识和了解商品，学会科学地选购和使用商品，掌握正确的消费方式和方法，由此促进商品使用价值的实现。

### 5. 研究商品生产与环境保护的关系

通过对商品废弃物与包装废弃物处置、回收和再生政策、法规、运行机制、低成本加工技术等问题的研究，推动资源节约、再生，以及生活废物减量和保护环境的绿色行动。

商品的使用价值表现为物的效用，即能满足人们的某种需要的有用性。这种物的效用，必须是对社会、对人类的健康有利的效用。这里重要的是研究物效用的后效应问题。物效用的后效应，也同样应该对社会、对人类健康产生有利的影响和效用。这种对人类健康有利的影响和效用，是通过人与环境直接表现的。随着社会发展，人口不断增加、资源不断减少，环境保护乃至整个生态环境的保护问题，将成为人类普遍关注的问题。因此，商品学要把环境保护、生态环境的保护同商品的自然属性与商品的社会效应之间相互依存、相互影响的问题，作为商品学研究的重要课题。这也是社会主义市场经济条件下，物质文明建设和精神文明建设的重要课题，是加快经济建设发展的至关重要的问题。研究商品生产与环境保护的关系，不仅关系到国家的可持续发展战略，也关系到科学发展观的真正落实。

**【案例1-3】**

#### 植根垃圾的致富经

不花一分钱收集垃圾，经加工处理后再卖给产生垃圾的消费者，这样的事情听似天方夜谭。然而，美国企业"生态废料"将这看似白日梦的点子付诸实践，不仅赚了个盆满钵满，还因为回收厨余垃圾而惠及环境。

生态废料公司创立不到一年，预计年收入超过150万美元。这一切起源于这家企业的创始人丹·布莱克两年前的一顿华夫饼早餐。

当时，布莱克是杨伯翰大学（Brigham Young University）本科三年级学生，在犹他州一家名为"新鲜毛勒比"的餐馆吃早饭。这家餐馆推出的自助早餐深受杨伯翰大学学生欢迎。布莱克自取了不少华夫饼，不一会儿就吃饱了。看着自己餐盘中剩下的华夫饼和其他顾客吃不完的大量食物，布莱克陷入沉思。

这家餐馆花钱让人把食物运来。几个小时后，这批食物"葬身"垃圾桶，还得由餐馆花钱雇人运走。"我想，要是有人付钱让我运走他们的垃圾会怎样？"布莱克回忆，"我能不能重新整合这些垃圾，然后卖给别人？"

受华夫饼带来的灵感触动，布莱克开始着手调研。他查阅书籍，上网搜索，旁听专门学科的会议，结果发现：美国每年产生3000万t食物废料，占所有垃圾总量的17%。大部分食物废料进入垃圾处理场，填埋不仅占用土地，还产生甲烷，危害程度是"温室气体"二氧化碳的21倍。

沿着这一思路，布莱克于2010年创立生态废料公司，以厨余垃圾为原料生产园艺堆肥。这家公司有正式员工8人、临时工14人，每天向70多家食品商和农产品商回收20t厨余垃圾。厨余垃圾经过加工成为园艺堆肥，以每袋8.5美元的价格出售给美国西海岸200多家苗圃和花园。

**点评**：我国经济已进入高质量发展阶段，废物利用，垃圾变"黄金"，处理好资源、发展、环境的关系，是实现经济高质量发展的重要途径。

### 二、商品学的研究方法

由于商品的使用价值是商品的自然有用性和社会适用性的统一，因此商品学的研究方法是按照研究的具体课题，采用不同的形式进行的。

**1. 科学实验法**

科学实验法是一种在实验室内或一定实验场所，运用一定的实验仪器和设备，对商品的成分、构造、性能等进行理化鉴定的方法。这种实验方法大多在实验室内或要求的条件下进行，为控制和观察提供良好的条件，所得的结论正确可靠，是分析商品成分、鉴定商品质量、研制新产品的常用方法（如鉴定酒的成分含量）。

**2. 现场试验法**

现场试验法是一些商品学专家或有代表性的消费者群，凭人体感官的直觉，对商品的质量及商品的有关方面做出评价的研究方法。这种方法的正确程度受参加者的技术水平和人为因素的影响，但运用起来简便易行，适于很多商品的质量评定（如茶叶、酒类或某些新产品的试用或试穿等）。

 **知识链接**

**如何鉴别真假茅台酒**

贵州茅台酒欲从外包装鉴别真假时，首先应注意包装纸盒的印刷精美程度，如纸盒表面不光洁而起皱者则极为可疑。打开茅台酒的盒盖后应注意酒瓶瓶口所套的透明塑料胶帽上用喷墨打印的"茅台"二字及边上用小字打印的生产日期与批号，这是较为特殊的记号。真品的特点是喷墨字迹清晰，用手轻轻刮擦不会脱落；假品的字迹不清晰，轻轻一擦即变得模糊不清。飞天牌茅台酒标签左上角的"飞天"商标图案则是鉴别真假的重要标志。真品的飞天女飘带上红色与黄色套色十分密合，不会露在边框之外；而假品则印刷粗糙，彩色常常跑出边框。另外，飞天女的粉红色的脸部、手臂与双脚在紫外灯下观察时会有粉色荧光出现。取出酒瓶后则应注意红色瓶盖与瓶口咬合是否紧密。如果随意转动乃至倒置后漏酒，当属可疑。

**3. 技术指标法**

技术指标法是一种在分析实验基础上，对一系列同类产品，根据国内或国际生产力发展水平，确定质量技术指标，以供生产者和消费者共同鉴定商品质量的方法。这种方法有利于促进商品质量的提高，但困难在于质量指标的确定是一项复杂而巨大的工程，有时甚至难以确定。

 **知识链接**

**地沟油检测难在哪里？**

据报道,上海向明中学一名高二学生曾发明简易鉴别地沟油的方法:地沟油、"老油"及泔水油中动物油含量高，相比植物油，其凝固点更低。比如橄榄油零下10多摄氏度才凝结，普通植物油也要0℃，而地沟油在8℃左右即凝结。该学生将油滴在一种精确控制温度的半导体制冷片上，用"8℃是否凝固"作为判断标准。

科学传播公益团体"科学松鼠会"的专家对此表示不赞同：凝固点不能作为检测地沟油的依据。比如市场上的调和油中，含有棕榈油或者椰子油等凝固点很高的油，那么"调和油"也可能因凝固点大大升高而"蒙受冤屈"；地沟油也可以通过用植物油稀释的方法来降低凝固点。

那么，在权威的实验室中，通过更高级的仪器进行化验，能一举辨别地沟油吗？这一想法也被一位"业内人士"否定了："最多能证明酸价高一点，不合格，但很难证明其就是地沟油。"按照现行的食用植物油卫生标准，对食用植物油通常都是检测酸价、过氧化值、农药残留等指标，但这些指标与精制油、饲料油中是否掺入地沟油或是其他"坏油"成分，并没有直接关联。

"现有的标准无法测定油脂中是否含有地沟油"，相关部门的专家告诉记者，"油与油掺在一起之后，要区分出其中地沟油独有的特征指标，是比较难的。许多常规的技术指标，在检测地沟油方面都行不通。"而若要仔细区分油品中的泔水油或是煎炸油，其难度更大。

专家表示，如何找到一种有效方法，识别食用油中是否掺入"坏油"，是一个国际性难题。北京市食品安全监控中心经过3个月的评估，已经初步确定了多环芳烃、胆固醇、电导率和特定基因四大类20余项有重要鉴别意义的项目，初步建立了地沟油检测的指标体系。但在专家看来，检测实行还有一定难度，"胆固醇可以检测油品中的动物油成分，但胆固醇并非地沟油或者泔水油的独特指标。"而电导率、特定基因组成等检测方式需要极其专业的设备，难以普及。

### 4. 社会调查法

商品的使用价值是一种社会性的使用价值，全面考察商品的使用价值需要进行各种社会调查，特别是在商品不断升级换代、新商品层出不穷的现代社会中，这方面的调查更显得实际和重要。社会调查具有双向沟通的主要作用，在实际调查中既可以将生产信息传递给消费者，又可以将消费者的意见和要求反馈给生产者。社会调查法主要有现场调查法、调查表法、直接面谈法和定点统计调查法。

### 5. 对比分析法

对比分析法是将不同时期、不同地区、不同国家的商品资料收集积累，并加以比较，从而找出提高商品质量、增加花色品种、扩展商品功能的新途径。运用对比分析法，有利于经营部门正确识别商品和促进生产部门改进商品质量，实现商品的升级换代，更好地满足广大消费者的需要。

## 技能实训

**【实训目的】**

通过案例讨论加深对商品相关概念的认识。

**【实训主题】**

理解商品的实用价值；理解商品与社会的关系。

**【实训时间】**

本章课堂教学内容结束后的双休日和课余时间，为期一周；或者由指导教师另外指定时间。

**【阅读材料】**

### 学生课桌椅的尺寸选择应因人而异

课桌椅是一种必不可少的学校教育设施，其重要性不言而喻。我国中小学所配备的学生课桌椅，相当一部分没有按照国家规定标准配备，式样繁多。有的不符合卫生、环保要求，有的则是尺寸未根据学生体态进行配备，在一定程度上影响了学生的学习。对于中小学课桌椅配置，有教育局称，有条件的中小学可提升学生课桌椅的档次，尽可能采购高质量的钢木结构、升降式学生课桌椅。教育局教学仪器站有关人士表示，由于每个学生的生长发育期不尽相同，同一班级的学生身高差异较大，学校备置课桌椅时，应根据当地学生学年中期至末期的身高组成比例状况进行充分考虑，以确定各种大小、型号课桌椅的数量。

学校的课桌椅需根据学生的身高变化每学期调整一次，每间教室内应配置两种以上不同型号的课桌椅或配备可调式课桌椅。如果有如此细致入微的规定，就能保证不同身高的学生和同一学生在不同发育时段对课桌椅方便舒适的需要，促进学生的健康成长。

**【实训过程设计】**

（1）指导教师布置学生课前预习"阅读材料"。

（2）将全班同学平均分成几个小组，按每组 5 ~ 6 人进行讨论。实训小组就近选择市场进行调研。

（3）根据"阅读资料"，对于教室内设置不同型号的课桌椅你是如何认识的？

（4）根据讨论，对于课桌椅问题你还有哪些可以改进的方案？

（5）各实训小组对本次实训进行总结和点评，撰写作为最终成果的"商品学实训报告"。

（6）各小组提交填写"项目组长姓名、成员名单"的"商品学实训报告"，将优秀的实训报告在班级展出，并收入本课程教学资源库。

 **综合练习**

**一、名词解释**

商品　劳动产品　商品的价值　商品的使用价值　核心产品　形式产品　附加产品　商品学

**二、多项选择题**

1. 商品的基本属性有（　　　）。

A. 使用价值　　　　　　　　　B. 价值

C. 消费者需要　　　　　　　　D. 质量

E. 节能环保

2. 社会调查的主要方法有（　　　）。

A. 现场调查法　　　　　　　　B. 直接面谈法

C. 对比分析法　　　　　　　　D. 技术指标法

E. 定点统计法

3. 以下对我国早期商品学研究做出贡献的著作有（　　）。

A.《禽经》　　　　　　　　　　　B.《茶经》

C.《本草纲目》　　　　　　　　　D.《橘录》

E.《荔枝谱》

4. 商品学的研究走向主要包括（　　）。

A. 经济商品学　　　　　　　　　B. 技术商品学

C. 伦理商品学　　　　　　　　　D. 环保商品学

E. 历史商品学

### 三、问答题

1. 如何理解商品学的研究中心内容是商品质量？

2. 商品学的研究内容有哪些？

3. 商品学的研究任务有哪些？

4. 商品学的研究方法有哪些？

5. 如何理解商品的二重性？

# 商品分类与编码

- 商品分类的概念、方法和商品分类标志
- 商品代码的概念和内容
- 商品条码、EAN 条码

## ◆ 案例导读

### 商品名称及编码协调制度的国际公约

《商品名称及编码协调制度的国际公约》（*International Convention for Harmonized Commodity Description and Coding System*，以下简称《协调制度国际公约》）是 1983 年 6 月海关合作理事会（现名世界海关组织）主持制定的一部供海关、统计、进出口管理及与国际贸易有关各方共同使用的相关商品分类编码体系的国际性约定。它"协调"并涵盖了《海关合作理事会税则商品分类目录》（CCCN）和联合国的《国际贸易标准分类》（SITC）两大分类编码体系，提供了系统的、多用途的国际贸易商品分类体系。它除了用于海关税则和贸易统计外，还在运输商品的计费、统计、计算机数据传递、国际贸易单证简化以及普遍优惠制税号的利用等方面提供了一套可使用的国际贸易商品分类体系。该公约于 1988 年 1 月 1 日正式实施，每四年修订一次。世界上已有 200 多个国家、地区使用该公约，全球贸易总量 90% 以上的货物都是依该公约的商品分类编码体系而分类的。

在现实工作中，为了适用于海关监管、海关征税及海关统计，需要按照进出口商品的性质、用途、功能或加工程度等将商品准确地归入该公约中与之对应的类别和编号。

**启示**：你知道什么商品编码吗？其实，商品分类、商品编码都是人们日常生活和对外贸易中认识商品、选择商品、管理商品的手段和方法，对人们的经济和生活都具有重要作用。本章将介绍这些内容。

# 第一节　商 品 分 类

## 一、商品分类的概念和作用

### （一）商品分类的概念

分类是我们认识事物、区分事物的重要方法之一。科学的分类可以把看起来杂乱无章的事物条理化，使人们更好地认识世界和改造世界。商品分类就是为了一定的目的，按照一定的标志，科学、系统地将商品分成若干不同类别的过程。商品分类的结果，一般可划分为大类、中类、小类、品类或品目、品种和细目等类目层次。商品分类的类目层次及其应用实例见表2-1。

**表2-1　商品分类的类目层次及其应用实例**

| 商品类目名称 | 应 用 实 例 | |
|---|---|---|
| 商品门类 | 消费品 | 消费品 |
| 商品大类 | 食品 | 日用工业品 |
| 商品中类 | 动物性食品 | 家用电器 |
| 商品小类 | 乳和乳制品 | 肥皂、洗涤剂 |
| 商品品类或品目 | 羊奶 | 肥皂 |
| 商品品种 | 全脂羊奶 | 香皂 |
| 商品细目 | 美羚全脂纯羊奶粉 | 中老年润肤皂 |

商品大类一般根据商品生产和流通中的行业来划分，既要同生产行业对口，又要与流通组织相适应。例如，我国食品添加剂共分为23大类，包括酸度调节剂、抗结剂、消泡剂、抗氧化剂、漂白剂、膨松剂、着色剂、护色剂、乳化剂、酶制剂、增味剂、面粉处理剂、被膜剂、水分保持剂、营养强化剂、防腐剂、稳定和凝固剂、甜味剂、增稠剂、香料、胶姆糖基础剂、咸味剂和其他。

商品品类又称商品品目，是指具有若干共同性质或特征的商品总称。它包括若干商品品种，如食品类商品可分为蔬菜与果品、肉及肉制品、水产品、乳及乳制品、蛋及蛋制品、食糖、茶叶、酒类等。

商品品种是指商品的具体名称。它是按商品的性质、成分等方面特征来划分的，如水果中的瓜类商品包括西瓜、甜瓜、哈密瓜、白兰瓜及其他瓜等。

商品细目是对商品品种的详细区分，包括商品的花色、规格、品级等。它能具体地反映出商品的特征，如苹果有富士苹果、国光苹果、乔纳金苹果、印度苹果、红玉苹果、蛇果等。

### （二）商品分类的作用

商品分类是人们认识商品、选择商品的基础，也是经济管理工作所必需的。随着科学技术的进步和商品经济的不断发展，商品种类日趋增多，商品分类的作用也越来越大。

**1. 商品的科学分类为社会经济各项管理活动的实施奠定了科学基础**

商品的种类繁多、特征多样、价值不等、用途各异，只有对商品进行科学的分类，统一商品用语，商品生产、收购、调拨、运输、储存、养护、销售各环节中的计划、统计、核算等工作才能顺利进行，各类指标、统计数据和商品信息才具有可比性和实际意义。

现代信息技术在国民经济管理中的广泛运用，为商品的科学分类、编码以及快速处理和存储商品信息创造了条件，同时也对商品分类提出了更新、更高的要求。利用计算机实现商品购、销、调、存、结账的无纸贸易以及商品信息流和物流管理现代化，都要依靠科学的商品分类和编码系统。

在对外贸易中，采用国际统一商品分类编码体系，即 HS，对分析研究国际商情、掌握国际市场商品结构、加强国际商品贸易信息交换、利用普惠制度扩大商品出口和增收外汇具有重要意义。

**2. 商品的科学分类有利于开展商品研究和教学工作**

由于商品品种繁多，用途不同，性能及特征各异，且对包装、运输、储存的要求也各不相同，因此只有在科学分类的基础上，将众多的商品从个别商品特征归纳为每类商品特征，才能深入分析和了解商品的性质和使用性能，研究商品质量、品种及其变化规律，从而为商品质量的改进和提高，商品预测和新商品开发，商品包装、运输、保管、科学养护、检验、合理使用和质量保证提供科学的依据。

**3. 商品的科学分类有利于商品标准化的实施和商品质量标准的制定**

科学的商品分类，可使商品的名称和类别统一化、标准化，从而可以避免同一商品由于名称、计量单位、计算方法、口径范围等不统一而造成的管理困难，并可加强国内产、供、销综合平衡，有利于发展国际贸易以及提高经济管理水平和经济效益。制定各种商品标准时，必须明确商品的分类方法中商品的质量指标和对各类商品的具体要求等，而所有这些都应建立在商品科学分类的基础上。

**4. 商品的科学分类便于消费者和用户识别和选购商品**

在销售环节中，科学地进行商品分类和编制商品目录，可以方便人们有序地安排市场供给以及合理地布置商场，从而便于消费者和用户识别和选购商品。

## 二、商品分类的原则

商品分类的原则是建立科学商品分类体系的重要依据。为了使商品分类能满足特定的目的和需要，在商品分类时必须遵循以下基本原则：

**1. 科学性原则**

要使商品具有科学性，在建立商品分类体系前，必须明确目标、确定范围、统一名称、选准标志。

不同部门、行业、企业对商品进行分类的目的、要求不同，结果使商品分类体系多种多样。因此，每个分类体系只有明确服务目的，才能保证科学实用。不同部门、行业、企业所涉及的商品种类范围并不相同，因此商品分类的对象也不相同。这就要求在分类前，管理者必须根据具体情况确定拟分类的商品集合总体的范围，否则该分类体系也不会科学适用。作为分类对象的商品的名称必须科学、准确、统一，力求简单明了、概括性强，真正反映其有别于其他商品的本质属性，还要防止其名称概念不清、一词多义或一种商品有多种名称，避免造成区分的困难和混乱。在商品分类前，要保证商品分类的唯一性和稳定性，必须选择商品的稳定的本质属性特征作为分类标志，这样才能明显地把分类对象分开，保证分类清楚和体系稳定。

## 2. 系统性原则

系统性是指在建立商品分类体系时，以分类对象的稳定本质属性特征作为分类标志，将分类对象按一定的顺序排列，使每个分类对象在该序列中都占有一个位置，并反映出它们彼此之间既有联系又有区别的关系。

## 3. 可延性原则

为了使建立的商品分类体系能够满足不断出现的新商品的需要，可延性原则要求在建立商品分类体系时，必须留有足够的空位。例如，设置收容项目"其他"，以便安置新出现的商品而又不打乱已建立的分类体系或将原分类体系推倒重来。

## 4. 兼容性原则

兼容性是指相关的各个分类体系之间应具有良好的对应与转换关系。随着国际、国内各种与商品相关的分类体系的建立，分类原则及类目设置必须实现标准化，这样才有可能经过技术处理后，满足各个分类体系之间信息交换及相互兼容的要求。例如，我国国家商品分类体系与我国行业分类体系应形成兼容关系。前者建立在后者之后，前者的建立脱离不了后者的影响，但又不能在后者的基础上现成地细分和延拓。因为后者规定，只有生产同类性质商品（产品）的生产企业才能划入同一行业，但事实上同类商品又可以由不同行业的企业生产经营，同一行业的企业还往往生产经营各不相同的多种商品，如果按企业的主要商品来划分行业，则次要商品就被忽略了。因此，若完全按照行业细分和延拓来对商品逐级分类，势必会造成商品分类体系的混乱。当然，我国国家商品分类体系在按商品属性特征分类的同时，也兼顾了行业管理的需要。

## 5. 整体性原则

整体性是指商品分类要从系统工程角度出发，只有在满足管理系统总任务、总要求的前提下，才能全面、合理地满足系统内各分系统的实际需要。

一个商品管理系统常常是由许多管理分系统组成的。如果商品分类能同时完全满足整个管理系统和各个管理分系统在商品分类上的管理要求，那是最理想的。但事实上，往往从某一管理分系统角度来看，某一商品分类体系是最实用、最经济的，而从整个管理系统来看却是不合理、不经济的，因而是不可取的；反之，若某一商品分类体系对于某个管理分系统不太合理、不太经济，但对于整个管理系统却是最经济、最合理的，那么这种商品分类体系是可取的。因此，在商品分类时，要考虑管理系统的整体效益和整体的最优化，要求局部利益服从整体利益。换句话说，行业或企业建立自己的商品分类体系时，要在国家商品分类体系的基础上进行，不能违背国家分类体系的原则。当然，在满足整个管理系统总任务、总要求的前提下，也要尽量兼顾各个管理分系统在分类上的要求。行业或企业的分类体系也要根据自己的业务特点和工作需要，对商品类组进行更详细的划分，或者对生产经营较少的商品进行分类、并组，一般来说其分类体系包括的类别要少、品种要多。

## 三、商品分类的方法

商品分类时通常采用的基本方法有线分类法和面分类法两种。在建立商品分类体系或编制商品分类目录时，常常把这两种方法结合实用。

## 1. 线分类法

线分类法也称层级分类法，是指将分类对象按所选定的若干分类标志，逐次地分成相应的若干个层级类目，并排列成一个有层次逐级展开的分类体系。

线分类法的一般形式是大类、中类、小类和细目等，将分类对象一层一层地进行具体划分，各层级所选用的分类标志可以相同，也可以不同。在这种分类体系中，同位类的类目之间存在着并列关系，上位类与下位类之间存在着隶属关系，其结构如图 2-1 所示。由一个层级直接区分出来的各类目，彼此称为同位类。同位类的类目之间为并列关系，既不重复，又不交叉。在线分类体系中，一个类目相对于由它直接划分出来的下一层级的类目而言，称为上位类（也称母项）；由上位类直接划分出来的下一层级类目，相对于上位类而言，称为下位类（也称子项）。上位类与下位类之间存在着从属（隶属）关系，即下位类从属于上位类。

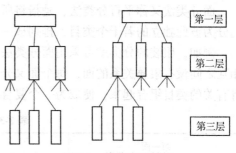

图 2-1　线分类法结构

下面以国家标准《全国主要产品分类与代码　第 1 部分：可运输产品》（GB/T 7635.1—2002）中的家具线分类法结构为例，说明线分类体系中各类目之间的并列和从属关系，见表 2-2。

表 2-2　家具线分类法结构

| 分类层级 | 大　类 | 中　类 | 小　类 | 细　类 |
|---|---|---|---|---|
| 类目名称 | 家具<br>（代码 38） | 坐具<br>金属办公室及其他场所用家具<br>塑料厨房用其他木制家具<br>不另分类的其他家具（代码 3814）<br>床垫支架<br>家具的零配件 | 塑料家具<br>竹制家具（代码 38142）<br>藤家具 | 竹床（代码 38142·011）<br>竹制桌（代码 38142·012）<br>竹制柜（代码 38142·013）<br>竹箱（代码 38142·014）<br>竹架（代码 38142·015）<br>竹屏风（代码 38142·016） |
| 关系 | 上位类<br>（上一级类目） | 下位类（下一层级类目）<br>同位类（同一级类目）<br>上位类 | | 同位类<br>下位类 |

注："家具"相比较于"塑料家具、竹制家具、藤家具"是上位类，而后者是下位类，"塑料家具、竹制家具、藤家具"之间属于同位类。

在选用线分类法时，一般应遵循下列基本原则：

（1）在线分类法中，由某一上位类类目划分出的下位类类目的总范围应与上位类类目范围相同。

（2）当一个上位类类目划分成若干个下位类类目时，应选择一个划分标志。

（3）同位类类目之间不交叉、不重复，并只对应于一个上位类。

（4）分类要依次进行，不应有空层或加层。

线分类法的优点是信息容量大，具有好的层次性，能较好地反映类目之间的逻辑关系，既符合手工处理信息的传统习惯，又便于计算机对信息的处理，适合于传统的手工处理。

线分类法的缺点是结构弹性差，一旦确定了分类深度和每一层级的类目容量并固定了划分标志，要想变动某一个划分标志就比较困难了。因此，使用线分类法必须考虑有足够的后备容量。

### 2. 面分类法

面分类法又称平行分类法，是指将所选定的分类对象的若干标志视为若干个面，每个面划分为彼此独立的若干个类目，排列成一个由若干个面构成的平行分类体系。

例如，服装的分类就可采用面分类法，把服装所用的原材料、穿用对象和款式分成三个相互之间没有隶属关系的面，每个面又分成若干个不同范畴的独立类目，见表2-3。使用时，将有关的类目组合起来，便成为一个复合类目，如毛涤男式西装、真丝女式连衣裙等。

表2-3 服装面分类法

| 第一面 原材料 | 第二面 穿用对象 | 第三面 款式 |
| --- | --- | --- |
| 纯棉 | 男式 | 西装 |
| 真丝 | 女式 | 大衣 |
| 涤纶 | 童装 | 连衣裙 |
| 毛涤 | 老年装 | 牛仔装 |

在选用面分类法时，一般应遵循如下原则：

（1）根据需要，应将分类对象的本质属性作为分类对象的标志。

（2）不同类面的类目之间既不能相互交叉，也不能重复出现。

（3）每个面有严格的固定位置。

（4）面的选择以及位置的确定应根据实际需要而定。

面分类法的优点主要表现在分类结构具有较大弹性。分类体系中任何一个面内类目的改变，都不会影响其他的面，而且便于添加新的面或删去原有的面。此外，面分类法有较强的适用性，可实现按任何面的信息进行检索。

面分类法的缺点主要表现在不能充分利用容量。因为在实践中，许多可组配的类目无实用价值，传统上无使用的习惯，难以手工处理信息。

线分类法和面分类法是商品分类的基本方法，在使用时，应根据管理上的需要进行选择。在实践中，由于商品复杂多样，常采用以线分类法为主、面分类法为辅，二者相结合的分类方法。

## 四、商品的分类标志

分类标志是编制商品分类体系和商品目录的重要依据和基准。商品分类标志的选择是商品分类的基础，是一项十分重要而细致的工作。因此，确定商品分类标志具有重要的意义。

### （一）选择商品分类标志的原则

一般情况下，选择商品分类标志，应遵循以下原则：

**1. 目的性**

分类标志的选择必须确保分类体系能满足分类的目的和要求，否则没有实用价值。例如，海关为了征税，把商品按一定的类别划分，税率相同的划为一个类别。

**2. 明确性**

分类标志本身的含义要明确，要能从本质上反映出每类商品的属性特征，保证分类清楚。

### 3. 包容性

分类标志的选择要使该分类体系能够包容拟分类的全部商品，同时还留有补充不断出现的新产品的余地。

### 4. 唯一性

在同一层级范围内只能采用一种分类标志，不能同时采用几种分类标志；要保证每个商品只能出现在一个类别里，不得在分类中重复出现。

### 5. 逻辑性

分类标志的选择必须使商品分类体系中下一层级的分类标志成为上一层级分类标志的合乎逻辑的继续和具体的自然延伸。

在进行商品分类的实际工作中，要做到完全符合上述原则是非常困难的。因此，要进行深入细致的研究，以系统工程的原理为依据，参照国际上先进的分类方法，尽可能做到原则要求和实际情况相结合，实现商品分类的科学化、系统化。

### （二）常用的商品分类标志

由于商品本身的多样性、复杂性，商品分类可供选择的标志也是多种多样的。在我国商业经营中，常用的分类标志主要有以下几种：

### 1. 将商品的用途作为分类标志

商品的用途不同，其使用价值也不相同。以商品的用途作为分类标志，能直接表明各类商品的用途，可与消费者的需求对口，方便消费者选购。因此，商业经营的许多商品，都较普遍地采用这种标志进行分类。

以商品用途作为分类标志，不仅适用于对商品大类的划分，也适用于对商品类别、品种的进一步划分。例如，根据用途的不同，商品可分为生活资料商品和生产资料商品；生活资料商品可分为食品、衣着用品、日用工业品、日用杂品等类别；日用工业品又可分为器皿类、日用化学品类、家用电器类、文化办公用品类等；日用化学品还可分为洗涤用品、化妆品等。

以商品用途作为分类标志，便于分析和比较同一用途商品的质量和性能，从而有利于生产企业改进和提高商品质量，开发商品新品种，扩大品种规格，生产适销对路的商品，也便于商业企业的经营管理。但对多用途的商品，一般不宜采用此分类标志，否则会导致分类体系混乱。

### 2. 将商品的原材料作为分类标志

商品的原材料是决定商品质量的重要因素。很多商品由于原材料不同，而具有截然不同的性能特征。例如，按商品的原材料不同，纺织品可分为棉织品、麻织品、丝织品、毛织品、化纤织品、混纺织品等；油脂可分为植物油、动物油、矿物油等；革类可分为牛皮革、猪皮革、羊皮革、马皮革、合成革等。

以商品的原材料为标志进行分类，不仅分类清楚，而且能从原材料的性质上找出商品的特征以及原材料对商品质量的影响，特别是便于了解商品的化学成分、性能特点、使用和养护要求。但对那些由多种原材料制成的商品，尤其是加工程度较高的商品，其加工程度越高，就越脱离单一原材料的关系，如电视机、照相机、电冰箱、洗衣机等，则不宜采用此分类标志。

### 3. 将商品的生产加工方法作为分类标志

生产加工方法是形成商品质量的关键。许多商品即使选用完全相同的原材料，但由于生产方法和加工工艺不同，所形成商品的质量水平、性能、特征等都有明显差异。因此，对相同原材料可选用多种加工方法生产的商品，适宜将生产加工方法作为分类标志。例如，酒类按酿造方法可分为蒸馏酒、发酵原酒和配制酒等；茶叶按加工方法分为全发酵茶、半发酵茶、不发酵茶等；纺织品按生产工艺不同，分为机织品、针织品、无纺布等。

这种分类方法能直接说明商品质量和商品品种的特征，特别适用于那些可以选用多种生产加工方法制造的商品。对于那些虽然生产加工方法不同，但产品质量、特征并未产生实质性区别的商品，则不宜使用这种分类方法。

**4. 将商品的主要成分或特殊成分作为分类标志**

商品的化学成分是形成商品质量和性能、影响商品质量变化的最基本因素。在很多情况下，商品的主要化学成分可以决定其性能、用途、质量或储运条件。对这类商品进行分类时，应以主要化学成分作为分类标志。例如，塑料制品可按其主要成分合成的树脂不同，分为聚乙烯塑料制品、聚氯乙烯塑料制品、聚苯乙烯塑料制品、聚丙烯塑料制品等。而有些商品的主要成分虽然相似，但所含有的特殊成分却会影响商品的质量、特征、性质和用途等。对这些商品进行分类时，应以特殊成分作为分类标志。例如，化妆品中的各种营养霜，虽主要成分相同，但含有不同的营养成分（即特殊成分），按其营养成分不同，可区分为珍珠霜、人参霜、胎盘霜等。

以商品的主要成分或特殊成分为标志进行分类，便于研究某类商品的特征及其储存和使用方法等。这种分类方法适用于化学成分对商品性能影响较大的商品，但对化学成分复杂且对商品性能影响不大的商品，则不宜采用这种分类标志。

除上述分类标志外，商品的形状、结构、尺寸、颜色、重量、产地、生产季节等均可作为商品分类的标志。

商品分类可采用的标志很多，但各种分类方法皆有一定的适应性和局限性，很难选择出一种能贯穿商品分类体系始终的分类标志。因此，在一个分类体系中常采用几种分类标志，往往是每一层级采用一个适宜的分类标志。图 2-2 是某商城的商品分类。

| 商品分类 | |
| --- | --- |
| **家用电器** | 大家电 \| 生活电器 \| 厨房电器 \| 个人护理 \| 健康电器 \| 五金电器 |
| **手机数码** | 手机通信 \| 手机配件 \| 摄影摄像 \| 数码配件 \| 时尚影音 |
| **计算机/办公** | 计算机整机 \| 计算机配件 \| 外设产品 \| 网络产品 \| 办公打印 \| 办公文具 \| 服务软件 |
| **个护化妆** | 面部护理 \| 身体护理 \| 口腔护理 \| 女性护理 \| 男士护理 \| 魅力彩妆 \| 香水SPA |
| **家居、厨具、家装** | 厨房用具 \| 精美餐具 \| 家纺 \| 家具 \| 灯具 \| 生活日用 \| 清洁用品 \| 宠物用品 \| 家装建材 |
| **服饰鞋帽** | 男装 \| 女装 \| 运动 \| 内衣 \| 配饰 \| 鞋靴 \| 童装 |

图 2-2 某商城的商品分类

## 第二节 商品目录和商品编码

由于科学研究和社会实践的需要，如商品生产、流通、销售、信息交流、贸易统计和计划安排的需要，需要有明确的商品目录。此外，同种类别商品的规格、型号、批次等不同，也需要对不同的商品进行编码，以便识别。

## 一、商品目录

商品目录是指将所经营管理的全部商品品种，按一定标志进行系统分类编制成的商品细目表。它是在商品逐级分类的基础上，用表格、符号和文字全面记录商品分类体系和编排顺序的书本式工具。具体而言，商品目录和商品分类的关系可用以下两点进行描述：

（1）商品分类是编制商品目录的前提和基础，商品目录的编制就是商品分类的具体体现。在编制商品目录时，国家或部门都是按照一定的目的，首先将商品按一定的标志进行定组分类，再逐次制定和编排。也就是说，没有商品分类就不可能有商品目录，只有在商品科学分类的基础上，才能编制层次分明、科学、系统、标准的商品目录。

（2）商品目录是商品分类成果的具体体现和推广应用。编制商品目录，便于国家、部门和企业对其经营范围内的商品进行科学管理；便于对商品生产和经营进行动态的了解与把握，为市场经济发展提供商品信息；便于消费者对市场商品供求情况的了解，能更好地满足消费者的需要。所以，编制商品目录是做好商品生产、经营及管理的一种重要手段。

**1. 商品目录的分类**

商品目录由于编制目的和作用不同，种类很多，可按不同标志进行分类。

按编制商品目录的目的和作用不同，目录可分为计划商品目录、统计归类商品目录、经营商品目录、必备商品目录、订货目录、商检目录、价格管理商品目录、铁路货物运价分级目录、水运货物运价分级目录、进出口关税率分类商品目录、储存（保管）商品目录、物资分配目录、工农业产品标准分类目录等。

按商品的产销地区不同，目录可分为生产资料商品目录、消费商品目录、食品目录、纺织品商品目录、交电商品目录、化工原料商品目录等。

按商品目录的适用范围不同，目录可分为国际商品目录、国家商品目录、部门商品目录、地区商品目录、企业商品目录等。

按商品用途不同，目录可分为食品商品目录、纺织品商品目录、交电商品目录、化工原料商品目录等；按编制对象不同，可分为工业产品目录、贸易商品目录和进出口商品目录等。

按适用范围不同，目录可分为国际商品目录、国家商品目录、部门商品目录、企业商品目录等。

**2. 主要商品目录**

现实中主要使用的商品目录有以下几种：

（1）国际商品目录。国际商品目录是指由国际组织或区域性集团通过商品分类所编制的商品目录。例如，联合国编制的《国际贸易标准分类》等。

（2）国家商品目录。国家商品目录是指由国家指定专门机构通过商品分类编制的商品目录。例如，我国由国务院批准、中国标准化研究院发布的《全国主要产品分类与代码　第1部分：可运输产品》（GB/T 7635.1—2002）和《全国主要产品分类与代码　第2部分：不可运输产品》（GB/T 7635.2—2002），是我国国民经济各部门、各地区进行从事经济管理工作时必须一致遵守的全国性统一商品目录。

（3）行业（部门）商品目录。行业（部门）商品目录是指由行业主管部门编制的商品目录。例如，国家统计局编制发布的《统计用产品分类目录》等。这些商品目录是该部门（行业）共同遵守的准则。

（4）企业商品目录。企业商品目录是指由企业在兼顾国家和部门商品目录分类原则的基础上，为充分满足本企业的工作需要，而对本企业生产或经营的商品所编制的商品目录。企业商品目录的编制，必须符合国家和部门商品目录的分类原则，并在此基础上结合本企业的业务需要，进行适当的归并、细分和补充。如营业柜组经营商品目录、仓库保管商品经营目录等，都具有分类类别少、品种划分更详细的特点。

## 一、商品编码

### 1. 商品编码的概念

商品编码又称商品代码，或商品代号、货号，它是赋予某种或某类商品的一个或一组有序的符号排列，是便于人或计算机识别与处理的代表符号。

商品代码可以区别不同产地、不同原材料、不同色泽、不同型号的商品品种；便于企业经营管理（如统计、物价和核算等）工作的开展，有助于避免差错，提高工作效率；为计算机进行数据处理创造条件，是现代化的基础。

### 2. 商品编码与商品目录的关系

商品编码是商品目录的组成部分。商品的科学分类为编码的合理性创造了前提条件；反之，商品编码本身是否科学实用，也会直接影响商品目录的实用价值和应用效果。因为一个科学的商品目录，如果没有一套运用方便、条目清楚、人机共识、统一协调的编码，就会给实际应用带来困难，不能发挥商品科学分类的一系列重要作用。所以，商品编码是商品目录的有机组成部分。商品分类与编码共同构成了商品目录的完整内容，因此，商品目录又称"商品分类与代码集"。

### 3. 商品编码的编制原则

合理的商品编码，必须遵循以下基本原则：

（1）唯一性原则。在同一个商品分类编码集中，每一个（组）商品编码只能代表一类（种）商品。

（2）合理性原则。商品编码结构要与商品科学分类体系相适应，要与生产经营业务的需要相适应。

（3）可扩充性原则。编码时必须留有适当的后备容量（足够的备用编码），以便适应因新产品的出现而对编码不断扩充的需要。

（4）简明性原则。商品编码结构应在保证足够容量的前提下尽量简单，长度尽量短，以便节省计算机的存储空间和减少输入的误差，提高机器处理的效率。

（5）适用性原则。编码要尽可能反映各类型商品的特点，便于记忆、便于填写。

（6）规范性原则（统一与协调原则）。在同一套商品分类编码集中，编码的类型、结构以及编写格式，必须统一规范。

（7）稳定性。商品编码确定后要在一定时期内保持稳定，不能经常或轻易变更，以保证编码系统的稳定性，以利于实现信息交流或信息共享。

### 4. 商品编码的种类

商品编码主要有数字型代码、字母型代码、混合型代码和条码四种类型。

（1）数字型代码。数字型代码是用阿拉伯数字对商品进行编码而形成的代码符号。数字型代码是国际上应用最为广泛的一种代码，这种代码更便于国际之间的经济往来，其特点是结构简单、使用方便、易于推广、便于利用计算机处理。数字型代码是将每个商品的类别、品目、品种等排列成一个数字或一组数字。例如，我国国家标准《全国主要产品分类与代码　第1部分：可运输产品》（GB/T 7635.1—2002），采用的就是数字型代码。按其规定，针织用弹簧针的代码是"44641·552"，家用电风扇的代码是"44815·201"。

（2）字母型代码。字母型代码是用一个或若干个字母表示分类对象的代码。按字母顺序对商品进行分类编码时，一般用大写字母表示商品大类，用小写字母表示其他类目。字母型代码便于记忆，可提供便于人们识别的信息，但当分类对象数目较多时，往往会出现重复现象。所以，字母型代码不常被人们使用，只有在分类对象较少的情况下才会被使用。

（3）混合型代码。混合型代码又称数字、字母混合型代码，是由数字和字母混合组成的代码。字母常用于表示商品的产地、性质等特征，可放在数字前边或后边，用于辅助数字代码。例如，"H1226"代表浙江产的杭罗；"C8112"表示涤粘中长纤维色布。

（4）条码。条码是由条形符号构成的图形表示分类对象的代码。它是数字型代码、字母型代码和混合型代码的另一种表现形式。

## 【边学边练】

登录 https：//ungm.org.cn/home/ungm/unspsc，查询你随身携带的商品名称编码。

**5. 商品分类代码的编制方法**

编制商品分类代码的目的在于方便使用。商品代码的编制方法主要有顺序编码法、层次编码法、系列顺序编码法和平行编码法四种。

（1）顺序编码法。顺序编码法是按商品类目在分类体系中出现的先后次序，依次给予顺序代码的一种编码方法。这种编码法比较简单，常用于容量不大的编码对象集合体。

（2）层次编码法。层次编码法是以分类对象的从属、层次关系为排列顺序而编制代码的一种方法。这种方法常用于线分类体系，编码时，将代码分成若干层次，并与分类对象的分类层级相对应。代码自左至右表示层级由高至低，代码左端为最高层级代码，右端为最低层级代码，各层级的代码常采用顺序码或系列顺序码。

我国国家标准《全国主要产品分类与代码第1部分：可运输产品》（GB/T 7635.1—2002）就是采用六层8位数字型的层次码，各层次分别命名为大部类、部类、大类、中类、小类和细类，如图2-3所示。其编制方法是用8位阿拉伯数字表示代码。第一至五层各用1位数字表示，第一层代码为0～4，第二、五层代码为1～9，第三、四层代码为0～9，第六层用3位数字表示，代码为010～999，采用了顺序码和系列顺序码；第五层和第六层代码之间用"·"隔开，信息处理时省略圆点符号。例如，春小麦数字型代码"01111·100"中的"0"为农林渔业产品（大部类），"01"为种植业产品（部类），"011"为谷物、杂粮及其种子（大类），"0111"为小麦及混合物（中类），"01111"为小麦（小类），"100"为春小麦（细类）。

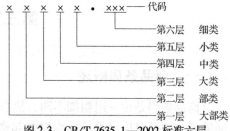

图2-3　GB/T 7635.1—2002 标准六层8位数字型的层次码

层次编码法的优点是代码较简单、逻辑性较强、信息容量大，能明确地反映出分类编码对象的属性或特征及其相互关系，便于计算机汇总数据。层次编码法的缺点是弹性较差，为延长其使用寿命，往往要采用延长代码长度的办法，预先留出相当数量的备用代码，从而出现代码的冗余。所以，这种编码方法最适用于编码对象变化不大的情况。

（3）系列顺序编码法。它是特殊的顺序编码法，通常是先将顺序数字代码分若干段，并与分类编码对象的分段相对应，然后赋予每段分类编码以一定的顺序代码的编码方法。其优点是可以赋予编码对象一定的属性和特征，提供有关编码对象的某些附加信息，但是附加信息的确定要借助于代码表。它的缺点是当系列顺序代码过多时，会影响计算机处理速度。我国国家标准《全国主要产品分类与代码 第1部分：可运输产品》（GB/T 7635.1—2002）中，"小麦"（第五层级，小类类目），在进一步细分到第六层级（细类类目）时，"冬小麦"和"春小麦"的代码采用了系列顺序编码法。其编制方法是：

| 第五层级（小类）代码 | 01111 | 小麦 |
| 第六层级（细类）代码 | 01111·010 | 冬小麦 |
| （与第五层级代码之间用圆点隔开） | —·099 | |
| | 01111·011 | 白色硬质冬小麦 |
| | 01111·012 | 白色软质冬小麦 |
| | 01111·013 | 红色硬质冬小麦 |
| | 01111·014 | 红色软质冬小麦 |
| | 01111·100 | 春小麦 |
| | —·199 | |
| | 01111·101 | 白色硬质春小麦 |
| | 01111·102 | 白色软质春小麦 |
| | 01111·103 | 红色硬质春小麦 |
| | 01111·104 | 红色软质春小麦 |

（4）平行编码法。平行编码法是将分类对象按其特征分成若干个面，再把每个面内的类目排列的顺序代码加以组合而形成代码的一种方法。这种方法常用于面分类体系，编码时，按照面的排列顺序，将各个面内类目的代码分别加以组合。其优点是编码结构有较好的弹性，可以比较简单地增加分类面的数目，必要时还可更换个别类面，可全部用代码，也可部分用代码。这种编码适用于多种查找任务，也便于计算机处理。但平行编码法也有代码过长的缺点，冗余度大，不便于计算机管理。

# 第三节 商品条码

## 一、商品条码概述

商品条码是由一组粗细不同、黑白（或彩色）相间的条、空及对应字符按规则组合起来，用以表示一定信息的图形，如图2-4所示。

条码技术开始于20世纪60年代。1973年，美国统一代码委员会（UCC）选定了IBM公司提出的条码系统，并将它作为北美地区的通用产品代码，简称

图2-4 商品条码实例

UPC 条码。其后，英国、原联邦德国、法国等欧洲 12 国开发出与 UPC 条码兼容的欧洲物品编码系统，简称 EAN 条码，又称国际物品条码。条码技术在仓储业的自动化立体仓库中发挥着重要作用，特别是对小型物品的管理和入库不均衡的物品管理，更显示出其优越性。当印有能够反映时间、品种、货号、编组号等信息的条码标签贴在物品上，而这些物品经传送带入库场时，固定的扫描器记录下条码的信息，并输入计算机内，即可对物品及其相关信息进行科学管理。

我国条码研究始于 20 世纪 70 年代。1988 年 12 月，中国物品编码中心成立，负责研究、推广条码技术，统一组织、协调和管理我国的条码工作，并在各地设立了物品编码分支机构。1991 年 4 月，我国加入国际物品编码协会（GS1）。同年，我国发布了《通用商品条码》（GB 12904—1991，现已废止）等五项条码国家标准。这些条码标准，既填补了我国标准的空白，又说明我国条码技术已走上标准化道路。目前，我国在多种商品内、外包装和图书刊物上已广泛印有条码标志，在零售业和储运部门中也将逐步扩大条码自动售货和现代化仓库管理的范围，不断提高条码技术和条码管理水平。

与条码相关的概念有：

（1）条码系统（Bar Code System）。条码系统是指由条码符号设计、制作及扫描阅读组成的自动识别系统。

（2）条（Bar）。条是条码中反射率较低的部分。

（3）空（Space）。空是条码中反射率较高的部分。

（4）空白区（Clear Area）。空白区是指条码左右两端外侧与空的反射率相同的限定区域。

（5）起始符（Start Character）。起始符是指位于条码起始位置的若干条与空。

（6）终止符（Stop Character）。终止符是指位于条码终止位置的若干条与空。

（7）条码字符（Bar Code Character）。条码字符是表示一个字符的若干条与空。

（8）条码校验符（Bar Code Check Character）。条码校验符是表示校验码的条码字符。

（9）条码长度（Bar Code Length）。条码长度是指从条码起始符前缘到终止符后缘的长度。

（10）条码密度（Bar Code Density）。条码密度是指单位长度的条码所表示的字符个数。

（11）模块（Module）。模块是组成条码的基本单位。

## 二、一维条码

目前，常用的条码主要有国际物品条码（简称 EAN 条码）、UPC 条码、交插二五条码（简称 ITF 条码）等一维条码。

**1. 国际物品条码——EAN 条码**

国际物品条码简称 EAN 条码，是国际物品编码协会（GS1，原 EAN）制定的一种国际通用商品条码，主要用于超级市场或一些自动销售系统的单件商品。凡进入国际市场的商品，其包装上必须印有 EAN 条码。我国的通用商品条码就是这种类型，其结构与国际物品编码协会推行的 EAN 条码相同。这种条码常用的有 EAN-13 和 EAN-8 两个版本，还有上述两种店内条码。

（1）EAN-13 条码。EAN-13 条码既可用于销售包装，又可用于储运包装。这种条码由

13 位数字的字符代码组成，也称 EAN 标准版条码，其代码结构如图 2-5 所示。

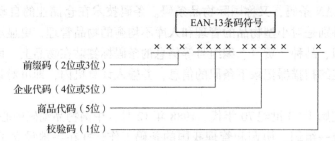

图 2-5　ENA-13 的代码结构

1）前缀码。前缀码用于标志商品来源的国家或地区，由国际物品编码协会总部分配和管理，如表 2-4 所示。国际物品编码协会分配给中国的前缀码为"690～699"。

2）企业代码。企业代码由该国或地区物品编码管理机构分配。我国的企业代码由中国物品编码中心分配。

表 2-4　国际物品编码协会已分配给各国（或地区）编码组织的部分前缀码

| 前　缀　码 | 编码组织所在国家（或地区）/应用领域 | 前　缀　码 | 编码组织所在国家（或地区）/应用领域 |
|---|---|---|---|
| 000～019 | 美国 | 481 | 白俄罗斯 |
| 030～039 | | 482 | 乌克兰 |
| 060～139 | | 484 | 摩尔多瓦 |
| 020～029 | 店内码 | 485 | 亚美尼亚 |
| 040～049 | | 486 | 格鲁吉亚 |
| 200～299 | | 487 | 哈萨克斯坦 |
| 050～059 | 优惠券 | 488 | 塔吉克斯坦 |
| 300～379 | 法国 | 489 | 中国香港特别行政区 |
| 380 | 保加利亚 | 500～509 | 英国 |
| 383 | 斯洛文尼亚 | 520～521 | 希腊 |
| 385 | 克罗地亚 | 528 | 黎巴嫩 |
| 387 | 波黑 | 529 | 塞浦路斯 |
| 400～440 | 德国 | 530 | 阿尔巴尼亚 |
| 450～459 | 日本 | 531 | 马其顿 |
| 490～499 | | 535 | 马耳他 |
| 460～469 | 俄罗斯 | 539 | 爱尔兰 |
| 470 | 吉尔吉斯斯坦 | 540～549 | 比利时和卢森堡 |
| 471 | 中国台湾 | 560 | 葡萄牙 |
| 474 | 爱沙尼亚 | 569 | 冰岛 |
| 475 | 拉脱维亚 | 570～579 | 丹麦 |
| 476 | 阿塞拜疆 | 590 | 波兰 |
| 477 | 立陶宛 | 594 | 罗马尼亚 |
| 478 | 乌兹别克斯坦 | 599 | 匈牙利 |
| 479 | 斯里兰卡 | 600～601 | 南非 |
| 480 | 菲律宾 | 603 | 加纳 |

（续）

| 前 缀 码 | 编码组织所在国家（或地区）/应用领域 | 前 缀 码 | 编码组织所在国家（或地区）/应用领域 |
|---|---|---|---|
| 604 | 塞内加尔 | 778～779 | 阿根廷 |
| 608 | 巴林 | 780 | 智利 |
| 609 | 毛里求斯 | 784 | 巴拉圭 |
| 611 | 摩洛哥 | 786 | 厄瓜多尔 |
| 613 | 阿尔及利亚 | 789～790 | 巴西 |
| 615 | 尼日利亚 | 800～839 | 意大利 |
| 616 | 肯尼亚 | 840～849 | 西班牙 |
| 618 | 科特迪瓦 | 850 | 古巴 |
| 619 | 突尼斯 | 858 | 斯洛伐克 |
| 621 | 叙利亚 | 859 | 捷克 |
| 622 | 埃及 | 860 | 塞尔维亚和黑山共和国 |
| 624 | 利比亚 | 865 | 蒙古 |
| 625 | 约旦 | 867 | 朝鲜 |
| 626 | 伊朗 | 868～869 | 土耳其 |
| 627 | 科威特 | 870～879 | 荷兰 |
| 628 | 沙特阿拉伯 | 880 | 韩国 |
| 629 | 阿拉伯联合酋长国 | 884 | 柬埔寨 |
| 640～649 | 芬兰 | 885 | 泰国 |
| 690～699 | 中国大陆 | 888 | 新加坡 |
| 700～709 | 挪威 | 890 | 印度 |
| 729 | 以色列 | 893 | 越南 |
| 730～739 | 瑞典 | 896 | 巴基斯坦 |
| 740 | 危地马拉 | 899 | 印度尼西亚 |
| 741 | 萨尔瓦多 | 900～919 | 奥地利 |
| 742 | 洪都拉斯 | 930～939 | 澳大利亚 |
| 743 | 尼加拉瓜 | 940～949 | 新西兰 |
| 744 | 哥斯达黎加 | 950 | GS1 总部 |
| 745 | 巴拿马 | 951 | GS1 总部（产品电子代码） |
| 746 | 多米尼加 | 960～969 | GS1 总部（缩短码） |
| 750 | 墨西哥 | 955 | 马来西亚 |
| 754～755 | 加拿大 | 958 | 中国澳门特别行政区 |
| 759 | 委内瑞拉 | 977 | 连续出版物 |
| 760～769 | 瑞士 | 978～979 | 图书 |
| 770～771 | 哥伦比亚 | 980 | 应收票据 |
| 773 | 乌拉圭 | 981～983 | 普通流通券 |
| 775 | 秘鲁 | 990～999 | 优惠券 |
| 777 | 玻利维亚 | | |

注：表中数据截至 2020 年 5 月。

（数据来源：http://www.ancc.org.cn/Service/queryTools/GS1PrefixCode.aspx.）

3）商品代码。商品代码由制造厂商自行分配。

4）校验码。校验码用于计算机自动校验整个代码录入是否正确，通过一定计算而来。

（2）EAN-8条码。EAN-8条码只用于商品销售包装。当商品包装上没有足够的面积印刷标准版条码时，可将商品编成8位数字代码。这种条码也称为缩短版条码，其代码结构如图2-6所示。其中，前缀码和校验码与EAN-13条码相同；EAN-8条码无企业代码，只有商品代码，由国家物品编码管理机构分配，在使用上有严格控制。

（3）店内条码。店内条码是指零售商自己完成编制、打印，并在自己商店内部使用的条码。有些商品，如鲜肉、水果、蔬菜、乳酪、熟食品等是以随机重量销售的。这些商品的编码任务一般不宜由商品的生产者承担，而由零售商完成。零售商进货后，对商品进行包装，用专用设备对商品称重并自动编码和制成条码，然后将条码粘贴或悬挂在商品包装上。零售商编制的商品代码，只能用于商店内部的自动化管理系统。EAN系统推荐的店内条码结构分为两种：标准版（EAN-13）和缩短版（EAN-8）。标准版店内条码结构如图2-7所示。

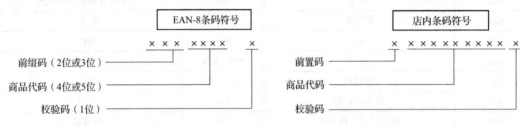

图2-6  ENA-8 的代码结构          图2-7  标准版店内条码结构

### 2. UPC 条码

UPC 条码是美国统一代码委员会于1973年制定的一种代码，主要用于美国和加拿大。这种条码常用的有 UPC-A 和 UPC-E 两种。各国出口到美国、加拿大等北美国家的商品，其包装上必须印有 UPC 条码。UPC 条码有标准版（UPC-A）和缩短版（UPC-E）两种形式。

（1）UPC-A 条码。它用于商品销售和商品储运两种包装，由12位数字的字符代码组成，称为标准版的 UPC 条码，其代码结构如图2-8所示。

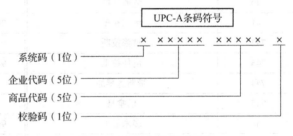

图2-8  UPC-A 的代码结构

系统码在左侧安全空间，数字不同含义也不同："0"表示规则数量包装的商品；"2"表示不规则数量的商品；"3"表示医药卫生用品；"5"表示用信用卡销售的商品；"7"表示中国申报的美国统一代码委员会会员专用。

（2）UPC-E 条码。它是 UPC-A 条码的一种特殊形式，是缩短版的 UPC 条码，可以视为删除 UPC-A 的4个或5个"0"得到的条码。只有当商品很小，无法印刷表示12位数字的 UPC-A 条码时，才允许使用 UPC-E 条码。例如，香烟、胶卷、化妆品等商品。UPC-E 条码由表示8位数字的条码符号构成，其代码结构如图2-9所示。在 UPC-E 条码中，系统码只能取"0"，也就是说，只有当 UCC 给企业分配的编码系统字符是"0"时，才可使用 UPC-E 条码。商品信息代码由6位数字构成，是根据一定规则，由企业代码和商品代码经删"0"后而得出的。UPC-E 的校验码计算方法与 UPC-A 相同，但是要首先将 UPC-E 还原成 UPC-A 形式。

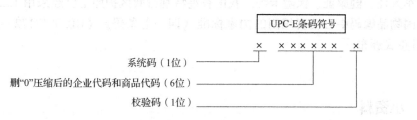

图 2-9　UPC-E 的代码结构

### 3. ITF 条码

ITF 条码又称交插二五条码，主要用于运输包装，是印刷条件较差、不允许印刷 EAN-13 和 UPC-A 条码时应选用的一种条码。1983 年，交插二五条码完整的规范，被编入有关物资储运条码符号的美国国家标准 ANSI MH10.8 中。1997 年，我国制定了 GB/T 16829—1997《交插二五条码》，2003 年，该标准被 GB/T 16829—2003《信息技术　自动识别与数据采集技术　条码码制规范　交插二五条码》所代替。

ITF 条码是有别于 EAN、UPC 条码的另一种形式的条码。在商品运输包装上使用的主要是由 14 位数字字符代码组成的 ITF-14 条码。交插二五条码是一种连续、非定长、具有自校验功能且条空都表示信息的双向条码。其结构如图 2-10 所示。

图 2-10　ITF-14 条码结构示例

## 三、二维条码

一维条码所携带的信息量有限，如商品上的条码仅能容纳 13 位（EAN-13 码）阿拉伯数字，更多的信息只能依赖商品数据库的支持，离开了预先建立的数据库，这种条码就没有意义了，这在一定程度上也限制了一维条码的应用范围。基于这个原因，二维条码于 20 世纪 90 年代被发明。二维条码除了具有一维条码的优点外，同时还有信息量大、可靠性高、保密性好、防伪性强等优点。

目前二维条码主要有 PDF417、Code 49、Code 16K、Data Matrix、Maxi Code 等。

二维条码通常为横向和纵向二维空间存储信息的方形结构条码。它不单由横向和纵向的条码组成，而且码区内还会有多边形的图案。同样，二维条码的纹理也是黑白相间、粗细不同的。二维条码是点阵形式，其示例如图 2-11 所示。

二维条码作为一种新的信息存储和传递技术，现已应用于国防、公共安全、交通运输、医疗保健、工业、商业、金融、海关及政府管理等多个领域。二维条码有错误修正技术及防伪功能，增强了数据的安全性；二维条码可把照片、指纹编制于其中，可有效地解决证件的可机读和防伪问题。因此，二维条码可广泛应用于护照、身份证、行

图 2-11　二维条码示例

车证、军人证、健康证、保险卡等。我国香港特别行政区护照上已经采用了二维条码技术。

中国物品编码中心负责编制的国家标准《四一七条码》（GB/T 17172—1997）于 1997 年 12 月正式颁布。

## 小资料

**中国物品编码中心是什么机构？**

中国物品编码中心是统一组织、协调、管理我国商品条码、物品编码与自动识别技术的专门机构，于 1988 年成立，1991 年 4 月代表我国加入国际物品编码协会，负责推广国际通用的、开放的、跨行业的全球统一标识系统和供应链管理标准。中国物品编码中心在全国设有47 个分支机构，形成了覆盖全国的集编码管理、技术研发、标准制定、应用推广以及技术服务为一体的工作体系。物品编码与自动识别技术已广泛应用于零售、制造、物流、电子商务、电子政务、医疗卫生、产品质量追溯、图书音像等国民经济和社会发展的诸多领域。

【扩展阅读】

登录 http://www.gs1cn.org/manage/down/%E7%AE%B1%E7%A0%81%E4%B8%8080%E7%BA%B8%E4%B9%A6.pdf，了解什么是箱码一纸书，了解箱码一纸书是如何使用的。

# 第四节 进出口商品归类

在海关管理过程中，对进出口商品，按照其所属类别分别适用不同的监管条件，并按照不同税率征收关税。海关统计中也将不同商品的类别作为一项重要的统计指标。因此，需要按照进出口商品的性质、用途、功能或加工程度等将其归入某一类别，这种为海关管理的不同目的而对进出口商品进行类别划分的行为称为海关进出口商品归类。海关进出口商品归类是海关监管、海关征税及海关统计的基础，归类的正确与否直接影响到进出口货物的顺利通关，与进出口货物收发货人或其代理人的切身利益密切相关。

## 一、《商品名称及编码协调制度》

《商品名称及编码协调制度》（*Harmonized Commodity Description and Coding System*）（以下简称《协调制度》或 HS）是指原海关合作理事会（1995 年更名为世界海关组织）在《海关合作理事会商品分类目录》（CCCN）和联合国的《国际贸易标准分类》（SITC）的基础上，参照国际上主要国家的税则、统计、运输等分类目录而制定的一个多用途的国际贸易商品分类目录。经国务院批准，我国海关自 1992 年 1 月 1 日起开始采用《协调制度》，这使进出口商品归类工作成为我国海关最早实现与国际接轨的执法项目之一。

**1.《协调制度》的基本结构**

《协调制度》自 1988 年 1 月 1 日起正式实施，至今已经过六次修订，形成了 1988 年版、

1992 年版、1996 年版、2002 年版、2007 年版、2012 年版、2017 年版七个版本。其中，2017 年版的《协调制度》共有 5205 个六位数编码。

它将国际贸易商品分为 21 大类、97 章（其中第七十七章为空章），共有 5000 多个六位数级的商品编码。该目录中具有法律效力的内容包括商品编码表、各种注释（包括在类标题下的注释，以下简称类注）、在章标题下的注释（以下简称章注）以及类或章标题下的子目注释和六条归类总规则。其中，商品编码表由协调制度编码（简称商品编码）和货品名称（包括前四位数级的品目条文和后两位数级的子目条文）构成，从属于 21 大类，分布在 97 章中（其中第七十七章为空章，保留为协调制度将来所用），任何缔约方都不能自行更改商品编码、货品名称、各种注释和归类总规则，所以它是一个以公约形式保证其统一实施的国际商品分类目录。

（1）商品编码表。《协调制度》基本上以商品所属的生产行业为类的划分依据，属于同一生产部类的产品归在同一类中。《协调制度》各章则基本上是按商品的属性或用途来划分的。其中，第一章至第六十八章（第六十四章至第六十六章除外）基本上是按商品的自然属性来分章的，第六十四章至第六十六章以及第八十四章至第九十六章是按货物的用途或功能来分章的。具体在每一章内，商品的排列也是有规律的，基本是原材料先于成品（原材料——半成品——制成品），加工程度低的先于加工程度高的（初级产品——粗加工产品——深加工产品），列名具体的先于列名一般的，整机先于零部件。在有些章中，如第二十八章、第二十九章等还细分有分章。章或分章下则是品目条文和子目条文。品目条文是《协调制度》中前四位数级商品编码所对应的货品名称，子目条文则是第五位和第六位数级商品编码对应的货品名称。其中，五位数级商品编码对应的货品名称栏目为一级子目，六位数级商品编码对应的货品名称栏目为二级子目。在商品编码表中归类时，具有法律效力的是品目条文和子目条文。

商品编码的前四位数码表示品目，其中前两位数码表示货品所在章，后两位数码表示此货品在该章的序次。例如，品目 01.05 表示该货品在第一章，是第五个品目。一些品目则被细分为一级子目，一级子目再细分为二级子目。一级子目用五位数码表示，第五位数码通常表示它在所属品目中的序号；二级子目用六位数码表示，第六位数码通常表示它在所属一级子目中的序号。例如 0105.12，表示该货品属于第一章第五个品目第一个一级子目中的第二个二级子目。没有设一级子目或二级子目的品目，第五位或第六位数码用"0"表示。例如 0205.00，表示第二章第五个品目下没有一级子目和二级子目。需要指出的是，作为未列名商品的第五位或第六位数码用"9"表示，不代表它在该级子目的实际序位，其间的空序号是为在保留原有编码的情况下适用日后新增添的商品而设的。在此，还需要注意的是，数字"9"被未列名零件占用时，数字"8"表示未列名整机。例如，8509.90 为家用电动器具零件；而 8509.80 为未列名其他家用电动器具。

另外需要说明的是，由于《协调制度》经过多次修改，目前的《协调制度》目录中某些品目或某些子目已被删除。例如，第五章中原第三个品目（05.03）和第九个品目（05.09），第十四章中原第二个品目（14.02）和第三个品目（14.03）等已被删除（类似的例子还有不少），又如第二十六章的一级子目 2620.50 也已删除（类似的例子还有许多），所以《协调制度》编码的连续性特点已被打破。

（2）类注、章注和子目注释。《协调制度》的注释有三种，即位于类标题下的类注、位于章标题下的章注、位于类或章标题下的子目注释。这些注释也是商品归类的依据，它们与品目条文和子目条文具有同等法律效力。需要指出的是，子目归类时子目注释的运用具有优先性，其次是章注和类注。为了有效地说明和限定品目范围，注释通常有以下几种表述方法：

1) 排他列举类、章、品目或子目所不包括的商品。排他列举在《协调制度》的注释中极为常见，例如，第二章章注列举了该章不包括的肉及杂碎。

2) 典型列举即列出有代表性的商品来说明类、章、品目或子目的商品范围。例如，第十二章的章注一用列举形式限定了品目12.07含油子仁及果实的范围；第四十四章子目注释中罗列了大量的"热带木"。

3) 列出技术指标来限定某些特定的商品范围。例如，第十一章的章注二和章注三，对归入该章的谷物细粉和粗粉规定了技术指标。

4) 给重要的名词做出解释。例如，第十一类的子目注释一，解释了该类子目中使用的九个名词。

5) 阐述某些商品的归类规则。例如，第十一类的类注二，规定了由多种材料混纺的货品的归类原则。

上述注释因为具有法律效力而被称为"法定注释"，它与《商品名称及编码协调制度注释》不同，前者内容受到《协调制度国际公约》的约束，而后者仅作为最有权威的解释存在而不具有法律约束力。此外，各国还可以根据本国的需要增加补充注释，其效力仅受本国法律约束。

(3) 归类总规则。《协调制度》还有六条归类总规则，也是具有法律效力的归类依据，它们适用于品目条文、子目条文以及有关的注释无法解决商品归类的情况，是指导整个协调制度商品归类的总原则。关于归类总规则的具体内容详见下文解释。

**2.《协调制度》的主要优点**

《协调制度》是各国专家长期共同努力的结晶，它综合了国际上多种商品分类目录的长处，成为国际贸易商品分类的一种"标准语言"，从而方便了国际贸易，避免了各工作环节的重新分类和重新编号。其主要优点包括：

(1) 完整。《协调制度》的目录将迄今世界上国际贸易的主要商品全部分类列出，同时，为了适应各国征税、统计等商品分类的要求和满足将来技术发展的需要，还在各类、章列有起到"兜底"作用的"其他"税（品）目或子目，使国际贸易中的任何商品，包括目前还无法预计到的新商品，都能在目录的体系中归入合适的位置，以确保任何一种商品都不会被排斥在该目录范围之外。例如，第六类化学产品的税（品）目号"3824"，包括了该类中其他税（品）目号未列名的化学工业及其相关工业的商品，这样，凡在其他地方找不到合适税（品）目号的化工商品，就可放在该项"兜底"税（品）目号中。加之归类总规则四"最相类似"原则的综合运用，这就保证了目录对所有商品无所不包的特点。

(2) 系统。《协调制度》的分类原则遵循了一定的科学原理和规则，将商品按人们所了解的自然属性、生产部类和不同用途来分类排列，同时，还照顾了商业习惯和实际操作的可能，从而便于理解、归类、查找、记忆。

(3) 通用。该目录在国际上影响很大，目前已为200多个国家（地区）所采用，并且还有许多国家正积极准备，以期尽快采用。由于采用同一分类目录的国家的进出口商品相互之间具有可比性，同时由于该目录既适合用作海关税则目录，又适合用作对外贸易统计目录，还适合用作国际运输、保险、生产、贸易等部门的商品分类目录，因而《协调制度》目录的通用性超过了以往任何一个商品分类目录。加之作为《协调制度》主体的《协调制度国际公约》规定了缔约国的权利和义务，这就保证了该目录的有效统一实施。

（4）准确。《协调制度》目录所列税（品）目的概念明确，内涵和外延明了、不重复。为保证做到这一点，除了目录的税（品）目条文有非常清楚的表述外，还有作为归类总纲的归类总规则以及类注、章注、子目注释加以具体说明，各条税（品）目的范围都非常清楚。例如，税（品）目号"1209"的条文为"种植用的种子、果实及孢子"，凡种植用的种子一般均可归入此号，但第十二章的章注三又特地注明了谷物等项商品即使作种子用，也不归入税（品）目号"1209"，这样就把税（品）目号"1209"所包括的范围规定得十分清楚了。

此外，《协调制度》目录作为《协调制度国际公约》的一个附件，在国际上有专门的机构和人员对其进行维护和管理，各国还可通过对《协调制度》目录提出修正意见，维护本国的经济利益，统一疑难商品的归类。

以上这些优点都不是一个国家的力量所能办到的，也是国际上采用的其他商品分类目录所无法比拟的。

## 二、我国海关进出口商品分类目录

海关进出口商品分类目录是进出口商品归类的基本依据。我国的海关进出口商品分类目录是指根据海关征税和海关统计工作的需要，分别编制的《中华人民共和国进出口税则》（以下简称《进出口税则》）和《中华人民共和国海关统计商品目录》（以下简称《统计商品目录》）。这两个分类目录品目号列在第一章至第九十七章完全一致，均是以《协调制度》为基础，结合我国进出口货物的实际情况编制而成的。

2017年1月1日起，《协调制度》第六次修订本生效。根据《协调制度国际合约》对缔约国权利、义务的规定，经国务院批准，我国于2017年1月1日起实施以新的《协调制度》为基础制定的进出口税则。2017年版《进出口税则》共分21类、97章（其中第七十七章为空章），8547个八位数税目。

《进出口税则》中的商品编码号列称为税则号列（简称税号），为征税需要，每项税号后列出了该商品的税率；《统计商品目录》中的商品号列称为商品编码，为统计需要，每项商品编号后列出了该商品的计量单位，并增加了第二十二类"特殊交易品及未分类商品"（内分第九十八章和第九十九章）。

以《协调制度》为基础的海关商品分类目录对商品的分类和编排是有一定规律的。从类来看，基本上按社会生产的分工（或称生产部类）划分，即将属于同一生产部类的产品归在同一类里；从章来看，基本上按商品的属性或功能、用途划分。而每章中各税（品）目的排列顺序，一般按照动物、植物、矿物质产品或原材料、半制品、制成品的顺序编排。

目录采用结构号列，即税（品）目的号列不是简单的顺序号，而是有一定含义的编码。我国进出口商品编码的表示方法如下例所示：

```
编　　码：01  01    1  0  1  0    改良种用野马
位数含义：章 税（品）目 五 六 七 八
                    位 位 位 位
                    数 数 数 数
                    级 级 级 级
                    子 子 子 子
                    目 目 目 目
```

其中，五、六位数级子目号列为《协调制度》原有的编码（又称《协调制度》子目），七、八位数级子目号列为我国增加的编码（又称本国子目）。

### 三、《协调制度》归类总规则

我国《进出口税则》是以《协调制度》为基础制定的，因此我国《进出口税则》的归类总规则与《协调制度》的总规则完全一致。《进出口税则》的归类总规则共有六条，其中前四条承继《海关合作理事会商品分类目录》的归类总规则，后两条是《协调制度》新增加的。归类总规则作为《协调制度》结构的重要组成部分，是进出口商品归类必须遵循的原则和方法。《协调制度》的归类总规则共有六条，现逐条介绍如下：

**1. 规则一**

规则一包括以下几方面的含义：

（1）各类、章及分章的标题对商品归类不具有法律效力，标题的设置目的仅仅在于查找方便而已。所以在商品归类时，不能完全凭借类、章或分章的标题来确定商品的税则号列。例如，第一章的标题是"活动物"，但并非所有的活动物都归入第一章，如活鱼就应归入第三章，流动马戏团的活动物则应归入第九十五章；又如第六十二章的标题是"非针织或非钩编的服装及衣着附件"，按标题这一章不应包括针织品和钩编制品，但品目 62.12 却又列明了包括针织或钩编的紧身胸衣等货品。

（2）品目条文和有关的类注或章注才是具有法律效力的归类依据。许多货品可直接按品目条文进行归类，例如，鲜牛肉可直接归入品目 02.01，而无须运用其他的归类总规则。有的货品要按照类注或章注的规定来归类，例如，牛尾毛应根据第五章章注四的规定按"马毛"归入品目 05.11 中。

（3）只有在品目、类注和章注无专门规定时，才可按照归类总规则的其他规则归类。也就是说，在确定归类时，首先应考虑品目条文、相关的类注和章注的规定，其次才能考虑其他归类规则。例如，对机器的成套零件，品目没有条文规定，类注、章注也无专门规定，它的归类不能确定，因此就需要按其他归类规则进行归类。

**2. 规则二**

规则二（一）与规则二（二）的共同特点是扩大品目所列货品的范围。品目所列货品应视为包括不完整品或未制成品，以及货品的未组装件或拆散件；品目所列材料或物质应视为包括该种材料或物质与其他材料或物质混合或组合的货品；品目所列某种材料或物质构成的货品，应视为包括全部或部分由该种材料或物质构成的货品。

其中，规则二（一）有条件地将不完整品、未制成品也包括在品目所列货品范围之中，具体包括以下三种情况：

（1）品目所列的货品，不仅包括完整的货品，还包括具有完整品或制成品基本特征的不完整品或未制成品。例如，缺少车门的小汽车仍然具有小汽车的基本特征，所以应按小汽车归入相应品目。

（2）完整品或制成品的未组装件或拆散件，应按已组装货品归入完整品或制成品的相应品目中。这里通常是由于包装、装卸或运输上的需要而将货品以未组装或拆散形式进出口的。例如，未拼装或拆散的木制品，如果各零部件同时进出口，则应按相应的完整木制品归类。此外，对于某一货品的未组装零部件，如超出组装成品所需数量的，则超出部分应单独归类。

（3）对于以未组装或拆散形式进口或出口的不完整品或未制成品，只要它们具有完整品或制成品的基本特征，也应按已组装的完整品或制成品归入相应品目中。例如，进出口时各零部件未组装的自行车，如果组装起来缺少坐垫，这种未组装的不完整自行车仍然按完整自行车归类。

需要指出的是，上述规则二（一）的规定一般不适用于第一类至第六类所包括的货品，即该规则主要适用于第三十九章及以后各章的货品。

规则二（二）则是有条件地将该品目货品的组合物或混合物也归入该品目中，这里具体也包括三层含义：

（1）品目所提到的某种材料或物质，应包括该种材料或物质与其他材料或物质的混合品或组合品，但这种混合品或组合品不能因添加了其他材料或物质而失去品目条文所列货品的特征。例如，加碘的食用盐，这种混合物并未实质性改变食用盐的基本特征，不会产生是不是盐的疑问，因此仍应按盐归入相应品目。

（2）品目所列出的由某种材料或物质制成的货品，应包括部分或全部由该种材料或物质制成的货品。对于部分由该种材料或物质制成的货品，不能因添加了其他材料或物质而失去了品目条文所列货品的特征。例如，品目53.09的亚麻机织物既包括全部由亚麻制成的机织物，也包括主要由亚麻并含有部分其他纺织材料制成的机织物；又如，涂有石蜡的软木塞并未因涂有石蜡而改变软木塞的特性，所以仍应按软木制品归入品目45.03。

（3）对于混合品或组合品，以及由一种以上材料或物质制成的货品，如果改变了品目条文所列货品的特征，看上去可归入两个或两个以上品目的，则不能按本规则而应按规则三进行归类。

必须指出的是，规则二只有在品目条文、类注、章注无特别规定的条件下才能运用。也就是说，如果规则一能够解决归类问题的货品，就不必运用规则二及其他规则去解决。

**3. 规则三**

规则三专用于有歧义的归类。只要是按规则一和规则二不能解决的归类问题，都应先按规则三寻求正确的归类。规则三共有三种归类方法，应按规定的先后次序加以运用，其运用优先顺序为：①具体列名；②基本特征；③从后归类。

（1）具体列名归类法。规则三（一）指出归类时列名较为具体的品目应优先于列名一般的品目，即当某种货品似乎有两个或更多的品目都涉及的情况下，应该将其归入描述得更为详细、更为接近要归类货品的品目。一般来说包括以下两种情况：

1）同一类别货品的比较，货品的具体名称与货品的类别名称相比，货品的具体名称要具体。例如，机织丝制紧身胸衣是一种女式内衣，有两个品目涉及，一个是62.08所列的"女式内衣"，另一个是62.12所列的"紧身胸衣"。显然，后者要比前者列名更为具体详细，因此，女性紧身胸衣尽管也是女式内衣的一种，仍应归入品目62.12而不是品目62.08。

2）不同类别货品的比较，如果某一品目所列名称更为明确地包括某一货品，则该品目要比所列名称不完全包括该货品的其他品目更为具体。例如，飞机用钢化玻璃，看起来可归入两个品目，一是按飞机零件归入品目88.03，二是按钢化玻璃归入品目70.07。但相对来说，后者要比前者描述得更为具体明确，所以该货品应归入品目70.07。

但是，运用这条标准时必须注意，用来比较的有关品目条文必须完全包括了所要归类的货品。如果两个或两个以上品目都仅述及混合或组合货品所含的某部分材料或物质，或零售成套货品中的某些货品，即使其中某个品目比其他品目对该货品的描述更为全面、详细，这些货品在有关品目的列名也应视为同样具体。也就是说在这种情况下，货品不能按具体列名的方法归类，而应按规则三（二）或（三）的规定进行归类。例如，由塑料和橡胶两种材料制成的传动带，这种货品涉及两个品目，即品目39.26"塑料制品"和品目40.10"硫化橡胶制的传动带"，由于这两个品目所列商品都不能完全包括上述传动带，所以它们的列名应视为同样具体。因此，这个商品的归类不能运用规则三（一），而应运用规则三（二）来解决。

（2）基本特征归类法。规则三（二）适用于不能按以上规则归类的混合物、不同材料的组合货品、不同部件的组合货品以及零售的成套货品。这些货品如能确定构成其基本特征的材料或部件，则应按这种材料或部件归类。

这里所称"不同部件的组合货品"，不仅包括部件相互固定组合在一起，构成实际不可分离整体的货品，还包括其部件可分离的货品，但这些部件必须是相互补充、配合使用、构成一体并且通常不单独销售的。这类组合货品的各个部件一般都装于同一个包装内。

这里所称"零售的成套货品"，必须同时符合以下三个条件：①由至少两种看起来可归入不同品目的不同货品构成；②为了适应某种需要或开展某项专门活动而将这几种货品包装在一起，其用途是互相补充、配合使用的；③其包装形式适用于直接销售给用户而货物无须重新包装，即零售包装。

例如，一个包装内有一团速食面和一小包调味料的方便面，构成其基本特征的应是速食面而不是调味料，因此，这种方便面应按面食归入品目19.02，而不应按调味品归入品目21.03。

又如，由50%的大麦（品目10.03）、30%的玉米（品目10.05）和20%的稻谷（品目10.06）组成的混合物，由于大麦比重最大，是构成该混合物的基本特征，因此应按大麦归入品目10.03。

再如，将一把绘图尺（品目90.17）、绘图圆规（品目90.17）、一支铅笔（品目96.09）和一把铅笔刀（品目82.14）装在一个塑料盒子（品目42.02）中用于零售的成套绘图器具，由于绘图尺构成这套器具的基本特征，所以应按绘图器具归入品目90.17。

需要指出的是，规则三（二）不适用于组件分别包装的货品，不论它们是否装入一个共同包装内。该规则也不适用于不论是否供零售的包装在一起的混合产品。例如，一个礼品盒内装有一瓶威士忌酒（品目22.08）、一瓶葡萄酒（品目22.04）以及一块电子表（品目91.02），由于这种零售的成套货品不符合规则三（二）基本特征归类法的条件，因此应将每种货品分别归入各自的品目中。

（3）从后归类法。规则三（三）指出，如果是按规则三（一）或（二）都不能解决的归类问题，则应根据规则三（三）按号列顺序将货品归入其可归入的最后一个品目。

例如，由40%的猪肉、40%的鱼肉、15%的面粉及5%的其他调料混合制成的肉丸，由于猪肉和鱼肉比重相等，无法判断构成肉丸基本特征的材料，所以应按规则三（三）从后归类原则归入品目16.04中。

再如，铜、锌各占50%的铜锌合金管材，如果按铜合金管材归类则应归入品目74.11，而按锌合金管材归类则应归入品目79.07，由于铜、锌两种元素的比重相同，所以应按从后归类原则归入品目79.07。

需要指出的是，规则三只有在品目条文、类注、章注无其他规定的条件下才能运用。如果品目条文、类注或章注有专门规定，则直接按这些规定归类，而不必运用规则三。例如，由缝衣针、线、小剪刀、纽扣等货品组成的零售成套旅行用针线包，由于品目96.05条文中有具体列名，所以不必运用规则三就可直接归入品目96.05；又如清代"龙票"，既可归入品目97.04，又可归入品目97.06，但是根据第九十七章章注四（二）的规定，既可归入品目97.01～97.05中的某一个品目，又可归入品目97.06的货品，不应归入品目97.06，所以清代发行的这种邮票不应根据规则三（三）的规定归类，而应按章注的规定归入品目97.04。

**4. 规则四**

规则四适用于不能按照规则一至规则三归类的货品，这些货品应归入与其最相类似货品的品目中，所以这种方法又称为最相类似归类法。由于规则一到规则三能解决绝大多数的归类问题，而且基本上《进出口税则》中的每章都设有"其他未列名货品"的品目，每个品目下基本上都设有"其他"子目，所以规则四极少被运用。

在按照规则四归类时，必须将进出口的货品与类似货品加以比较，以确定其与哪种货品最相类似，然后将该货品归入与其最相类似货品的同一品目。当然，所谓"类似"要看许多因素，包括货品名称、特征、用途等。

**5. 规则五**

规则五是关于包装容器和包装材料归类的专门规定，它是由原CCCN中有关包装容器和包装材料的品目条文等集中归纳而成的。

（1）适合供长期使用的特制箱、盒及类似包装容器的归类。规则五（一）主要适用于特制的适合供长期使用的箱、盒等非简单包装容器的归类。这些容器必须同时符合下列条件：①必须制成特殊形状或形式，专门盛装某一物品或某套物品，即是专门按所要盛装的物品进行设计的。②必须适合长期使用，即容器的使用期限与所盛装的物品的使用期限是相称的。在物品不使用期间，这些容器还能起到保护物品的作用。③必须与所包装的物品同时进出口，不论其是否为了运输方便而与所装物品分开包装。④通常情况下是与所装物品一同出售的。⑤包装容器本身并不构成整个货品的基本特征。也就是说，容器本身只是物品的包装物，无论是从价值还是从作用来看，它们都是附属于物品的。

例如，内装镶嵌钻石铂金戒指的首饰盒应按铂金戒指归入品目71.13。又如，内装小提琴的提琴箱应按小提琴这种乐器归入品目92.02。而本身构成货品基本特征的容器不适用本款规则。例如，装有茶叶的银质茶叶罐，银罐本身价值昂贵，已构成整个货品的基本特征，因此应按银制品归入品目71.14。

（2）一般无法重复使用的简单包装材料及包装容器的归类。规则五（二）是对规则五（一）的补充，适用于明显不能重复使用的包装材料和包装容器。这些材料和容器通常是货品的一次性包装物，在向海关报验时，它们必须是包装着货品的。当货品开拆后，包装材料和容器一般不能够再作原用途使用。例如，装着玻璃器皿的纸板箱，应与所装的玻璃器皿一同归类。又如，内装电视机的纸箱，应按电视机归入品目85.28，而不是按纸箱归入品目48.19。但对于明显可以重复使用但又不属于规则五（一）所述的包装材料或包装容器，就不能按此规则归类。例如，内装液化气体的钢铁容器，就不能按液化气体而应按钢铁制品归入品目73.11。

**6. 规则六**

规则六是专门针对品目项下子目的归类而做出的规定。在我国《进出口税则》中，税则号列的前四位数码称为品目，后四位数码称为子目。子目又可分为四级，即第五位数为一级子目（又称一杠子目，因为在货品名称栏中用一小横杠表示，下同），第六位数为二杠子目（又称二杠子目），第七位数为三级子目（又称三杠子目），第八位数为四级子目（又称四杠子目）。其中，前六位数码是《协调制度》的法定编码，对参加《协调制度国际公约》的缔约国具有法律约束力，而最后两位数码是我国增加的子目，只在我国具有法律效力。

规则六包括以下几层含义：

（1）货品在子目层面归类的法律依据是子目条文或有关的子目注释，在子目条文或子目注释没有专门规定的情况下，可按类注或章注以及归类总规则一至五的规定归类。因此，当某一货品确定了其应归入某个品目后，要归入该品目项下的某一子目时，其依据首先是该品目项下的子目条文或子目注释，其次才是类注、章注或其他归类规则。

（2）子目的比较只能在同一数级上进行，即子目的归类必须遵循同级比较的原则。当按照规则三（一）的规定考虑某一货品在同一品目项下的两个及两个以上一级子目的归类时，只能依据有关的一级子目条文来确定哪个一级子目所列名称更为具体或更为类似。只有确定了哪个一级子目列名更为具体后，而且该子目项下又再细分出二级子目，在这种情况下，才能根据有关二级子目条文考虑货品应归入这些二级子目中的哪个子目。三级子目和四级子目的归类依此类推。简言之，归类时，首先应考虑归入哪个品目，其次是该品目项下的哪个一级子目，然后才是该一级子目项下的二级子目，依次类推。而不能对分属于不同品目的子目进行比较，更不能对分属于不同章或不同类的子目进行比较。

（3）当类注或章注与子目条文或子目注释不相一致时，品目的归类应依据类注、章注或品目条文，而子目的归类应依据子目条文或子目注释。例如，第七十一章章注四（二）所规定"铂"的范围就与该章子目注释二所规定"铂"的范围不相同。因此，铂金属在归类时，应先按第七十一章章注四（二）的规定将其归入品目71.10；而在归入子目时，应根据该章子目注释二的规定将其归入子目7110.11或子目7110.19。

（4）下一级子目的货品范围不得超过其上一级子目的货品范围。也就是说，四级子目的货品总和不得超出其所属的三级子目的货品范围，三级子目的货品总和也不得超出其所属的二级子目的货品范围，依此类推，二级子目的货品总和不得超出其所属的一级子目的货品范围，一级子目的货品总和则不得超出其所属的品目的货品范围。例如，羽毛球拍归类时应按运动用品先确定归入第九十五章，再按一般体育运动或户外游戏用品确定归入该章品目95.06，然后根据归类总规则六的规定，将其归入子目9506.5900中。

归类总规则对于正确归类是极其重要的。但是，仅仅熟练掌握归类总规则，而不熟练掌握各类章的结构及类章的归类规则，不熟练掌握商品知识特别是作为归类要点的商品知识，则仍然不能做到正确归类。

## 技能实训

**【实训目的】**

熟悉商品分类、商品目录、商品编码等工作。

**【实训主题】**

商品分类、商品编码、条码等在实际中的应用。

**【实训时间】**

本章课堂教学内容结束后的双休日和课余时间，为期一周；或者由指导教师另外指定时间。

**【阅读材料】**

北京大学图书馆介绍

北京大学图书馆的前身是始建于 1902 年的京师大学堂藏书楼，是我国最早的近代新型图书馆之一，辛亥革命之后正式改名为北京大学图书馆。

作为一流大学的图书馆，北京大学图书馆的发展可谓历经坎坷，但成就卓著，不仅对北京大学教学科研的发展起到强有力的文献信息的支撑、保障作用，也对促进我国图书馆事业的发展，乃至我国社会的发展起到了重要的作用。

很多人提到北京大学，往往会调侃它是"一塔湖图"。这一"图"，当然就是指图书馆了。可见，图书馆与博雅塔和未名湖并列作为北京大学的标志之一。

北京大学图书馆目前的馆舍由 1975 年落成的西楼与 1998 年落成的东楼相连而成，外观具盛唐风格，宏伟大气，坐落于校园中心，观之如知识圣殿。其建筑面积近 53 000m²，设施先进，环境舒适，是读书学习的好去处，也是拍照留念的好景观。

到 2015 年年底，总分馆文献资源累积量约 1100 余万册（件），其中纸质藏书 800 余万册，以及大量引进和自建的国内外数字资源，包括各类数据库、电子期刊、电子图书和多媒体资源 300 余万册（件）。"汗牛充栋"远不能比喻馆藏之丰富，"书山""智海"或能勉强形容之。

作为"211 工程"公共服务项目之一的"中国高等教育文献保障系统"（CALIS）的管理中心以及"文理中心"都设在北京大学图书馆，将为我国高等教育的资源共享和数字化建设做出重要贡献。

**【实训过程设计】**

（1）指导教师布置学生课前预习"阅读材料"。

（2）将全班同学平均分成几个小组，按每组 5~6 人进行讨论。实训小组就近选择学校图书馆进行调研。

（3）根据"阅读材料"，通过对你所在学校图书馆的调研，了解你的学校图书馆是如何进行图书管理的。

（4）根据讨论，你对学校图书馆在图书借阅上有哪些建议？

（5）各实训小组对本次实训进行总结和点评，撰写作为最终成果的"商品学实训报告"。

（6）各小组提交填写"项目组长姓名、成员名单"的"商品学实训报告"，将优秀的实训报告在班级展出，并收入本课程教学资源库。

## 综合练习

**一、名词解释**

商品分类　商品大类　商品中类　商品小类　商品品类　商品品种　商品细目　分类标志　商品目录　商品代码　商品条码　EAN 条码　UPC 条码　协调制度

**二、多项选择题**

1. 商品分类标志的实质是商品本身的（　　　）。

A. 自然属性
B. 经济属性

C. 社会属性      D. 形态

E. 价值

2. 以下说法正确的是（     ）。

A. 品目条文是《协调制度》中前四位数级商品编码所对应的货品名称

B. 子目条文则是第五位和第六位数级商品编码对应的货品名称

C. 其中五位数级商品编码对应的货品名称栏目为一级子目

D. 六位数级商品编码对应的货品名称栏目为二级子目

E. 在商品编码表中归类时具有法律效力的是品目条文和子目条文

3. 世界范围内广泛使用的条码系统包括（     ）。

A. 厂家条码      B. 店内条码

C. 商店条码      D. EAN 条码

E. UPC 条码

4. 商品分类的基本方法有（     ）。

A. 线分类法      B. 点分类法

C. 面分类法      D. 条块分类法

E. 地区分类法

5. 我国现行的进出口税则（     ）。

A. 是 2017 年 1 月 1 日起实施的

B. 共分 21 类、97 章（其中第七十七章为空章）

C. 5205 个六位数子目

D. 8547 个八位数税目

E. 是以新的《协调制度》为基础制定的，是第六次修订

6. 《协调制度》自 1988 年 1 月 1 日正式实施起至今已经过六次修订，从而形成包括
（     ）七个版本。

A. 1988 年版、1992 年版      B. 1996 年版、2002 年版

C. 2007 年版、2012 年版      D. 1988 年版、1995 年版

E. 2017 年版

### 三、问答题

1. 什么是商品分类？简述商品分类的基本方法和特点。

2. 商品分类标志选择的基本原则是什么？

3. 常用的商品分类标志有哪些？各自适应性如何？

4. 什么是商品目录和商品编码？各有哪些种类？

5. 什么是商品条码？条码技术有何作用？

6. EAN 条码有几种？

7. 《协调制度》的基本结构是什么？

8. 如何理解归类总规则二、规则三和规则六？

**第二章**

# 商品质量

## 学习要点

- 商品质量的概念
- 对不同类别商品质量的基本要求
- 影响商品质量的因素
- 商品质量管理的相关概念及常用方法

## ◆ 案例导读

### "哄睡神器"暗藏致命隐患

儿童节将至，婴儿床、衣橱等大件儿童家具持续走俏。但是近期，由于存在隐含风险、标识不清等问题，包括美国"费雪"在内的多家国内外公司对婴儿摇床、床护栏、抽屉柜等儿童家具进行了召回，市场监管总局也发布了消费提示。儿童家具，尤其是婴幼儿家具的质量、款式、使用方法以及隐含的安全问题，越来越成为消费者关注的焦点。

"费雪"摇床、摇椅，可是宝爸宝妈眼中的"哄睡神器"。2019年4月，知名母婴品牌"费雪"宣布召回470万件婴儿摇床，引发关注。美国消费产品安全委员会表示，由于婴儿未绑系带、身体翻转而导致窒息等原因，该款"费雪"婴儿摇床在过去10年间已导致超过30名婴儿死亡。以"享受在妈妈肚子中的律动与安全感"为卖点的婴儿摇床，极有可能成为隐形"杀手"。

**启示**：商品质量关系到每一个消费者的利益，事关重大。那么，如何判断商品质量？其实，商品质量是商品学研究的重要内容之一，只有重视商品质量，才能既更好地满足人们的消费需求，又给企业带来经济效益。

## 第一节　商品质量概述

### 一、商品质量的概念

商品质量也称为商品品质，是指商品满足规定或潜在需要的特性和特征的总和。这里的

"规定"是指国家法律、法规和有关标准中所明确做出的限制，也包括买卖双方经济合同中商定的对商品的要求。潜在需要是指用户或消费者对商品的期望，例如对商品安全性、耐用性、时代性、民族性等方面的期望，如汽车中的豪华车、经济车、越野车、节能车等。特性则是指事物所固有的性质，如食品的营养成分和食用价值，日用工业品的各种物理化学性质等；特征则是事物的象征和标志，如食品的色、香、味等。

## 【边学边练】

### 对商品质量概念的理解

以手机为例，搜集相关资料，指出国家法律、法规和有关标准中对手机商品所明确做出的限制，以及手机消费者对手机有哪些期望，并对手机商品的特性和特征做一个列举描述。

需要指出的是，商品质量是一个动态的概念，表现在其具有时间性、空间性和消费对象性，不同时代、不同地区、不同消费对象，对同一商品有不同的质量要求，并随着科学技术的进步、生活水平的提高和社会的发展而不断变化。例如，我国消费者对服饰的要求，以前注重实用价值，而现在对服饰既要求具有实用价值又要符合审美要求，对款式、舒适度以及表现出来的时尚等要求更高。人们消费商品时，在满足享受需求的同时，还要求能获得一定程度的精神享受。

## 知识链接

### 质量观念的演变

随着科学技术和经济的发展，人们对质量的要求不断提高，质量的观念也随之不断发生变化，具有代表性的质量观念主要有：

（1）"符合性质量"。符合性质量是指质量只是符合标准的要求。这是长期以来人们对质量的理解，但是标准不先进，即使是百分之百符合，也不能认为是质量好的产品，于是质量的概念在满足符合性的基础上又产生了"适用性质量"的概念。

（2）"适用性质量"。它是以满足顾客需要的程度作为衡量的依据，即从使用的角度来定义质量，认为产品质量是产品在使用时能成功满足顾客需要的程度。"适用性质量"概念的发展，说明了人们在质量概念的认识上逐渐把顾客的需要放在首位，但是满足顾客使用需要的产品质量还不一定使顾客满意，于是质量的概念向"顾客满意质量"演变。

（3）"顾客满意质量"。由于顾客（和相关方）满意的"要求"是广义的，它除了适用性外，还包含隐含的要求。如对汽车来说，顾客要求除了美观、舒适、轻便、省油和方便良好的售后服务等外，还有法律、法规方面的要求，如发动机排放物符合排放标准，制动器的安全可靠性高等。

## 二、商品质量评价

### 1. 商品质量评价内容

不同商品有不同的质量评价内容和评价方法。例如，美国对所有商品品质都要求从适应性、耐用性、通用性、式样、吸引力、惬意感、表现身份和价格八个方面进行评价。这些评价内容对商品质量的要求是相当高的。

不同类别的商品中可能各个项目的重要性有差异。质量评价最终表现为商品价值，其关系式为

$$V = \frac{F + U}{P}$$

式中，$P$ 是价格（Price）；$V$ 是价值（Value）；$F$ 是功能（Function）；$U$ 是适用性（Use）。

任何评价内容都可以量化，邀请有关人员（如专家、消费者、中间商）单独或会商评价。例如，对于果品、蔬菜及其加工品质量评价的内容主要是：①外观：激发购买欲望和食欲；②口感：能刺激食欲；③营养性：满足身体营养需要。

**2. 对商品质量评价的差异性**

在实际生活中，对同种商品，不同的人会有不同的质量评价。这里以园艺商品为例加以说明。商品学中的果实蔬菜品质与栽培学中的品质并不完全一致。通常栽培学中的品质属于自然科学范畴，强调内在品质和部分外观品质；而市场接受的果实蔬菜品质还要与外观、经济和知名度（如著名产区或名牌）相联系。尽管园艺商品的品质取决于主观和客观两个方面，然而在制定品质标准、商品交易、品质检验等活动中，人们还是把注意力集中在客观因素上。批发市场的成交和消费者在市场上购买园艺商品，通常总是对商品进行品质比较，而不是对商品进行品质测定，因而能进行比较的主要是感官品质。

因此，栽培者、收购和销售人员以及消费者对园艺商品质量评价有明显的区别：

（1）栽培者对园艺商品质量的评价。栽培者不仅关心园艺商品的外观品质，而且注重品种的高产性、抗病性、易于采收和运输等特性，也重视口感和风味。

（2）收购和销售人员对园艺商品质量的评价。收购和销售人员对园艺商品质量的认识主要是关心园艺商品的外观质量，而且涉及销售质量、食用质量、运输质量、生食质量，也关心质地品质、储运性能、货架寿命等。

（3）消费者对园艺商品质量的评价。消费者对园艺商品评价主要侧重于园艺商品的外观质量（如色泽、形状、整齐度、疵点）、口感风味、营养价值（食用质量、生食质量、营养价值以及可食部大小）等，以及花卉观赏的时间、经济性等。

不同的人对上述具体质量的要求和关心程度往往不同，因此园艺商品生产者应该充分考虑不同人的具体要求，满足各种需要，并最终落脚在满足消费者的要求上。

# 第二节　影响商品质量的因素

从全面质量管理的角度出发，商品质量不是检验出来的，而是设计、生产制造出来的。讨论与研究商品质量就必须从商品质量的产生过程入手，对商品质量在形成和实现的整个过程中所涉及的诸多因素逐一进行剖析。商品质量的高低，是由商品生产、流通、消费全过程中的许多因素共同决定的。

## 一、商品设计与商品质量

商品设计质量表示商品在各种使用条件下与其他同类商品相比较时的相对优劣程度。商

品设计质量不好，将会给商品质量留下许多"后遗症"。若设计上出了差错，制造工艺再好、生产操作再精细，也将毫无意义。因此，生产部门提高设计质量是保证商品质量的前提条件。为此，应控制以下几个环节：

**1. 加强设计工作的质量管理**

为保证设计质量符合用户或消费者的需要，就必须在整个设计过程中加强对设计工作的质量管理。在企业内部，要求在设计工作开始之前，加强对市场的调查和研究，并组织有关人员对设计方案的可行性、合理性和科学性等问题进行分析。设计方案不仅要考虑安全、环保及其他法规要求，同时还应考虑商品的适用性、可靠性、可维修性、耐用性、防误用措施等，然后才能开展设计工作。

在设计工作进行的整个阶段，应注意对设计的样品进行鉴定和确认。除此之外，还应加强对设计工作的评审，即对设计进行正式、全面、系统的检查，以保证最终设计满足用户需要。

**2. 采用先进的科学技术**

提高设计质量，应注意提高设计过程中的标准化水平，注意采用国际标准和国内外先进标准。在设计时，应以先进的科学技术为指导。所有设计人员在进行设计之前，必须根据市场调查获得的信息、商情与商品科技情报进行科学的整理，采用先进的科学技术，借鉴国内外同类先进商品的长处，设计出能适合我国资源条件、自然环境和消费习惯与水平的新商品。

在设计中，不仅要考虑商品结构的合理性，同时还应注意生产加工过程的方便性。例如，在设计园艺商品时，商品生产基地的选择建设、品种的选择、生产方式和生产技术等的选择与设计，都直接或间接影响园艺商品的质量。由于园艺商品的生产周期一般都较长，因此在设计时要有高起点，以及超前的意识。

## 二、质量形成过程与商品质量

**1. 原材料与商品质量**

原材料是构成商品的物质基础，是决定商品质量形成的关键性因素。商品质量的好坏，在很大程度上取决于所用原材料的质量。原材料的质量好坏与其成分、结构、性质及其与所制造的商品的适合性有直接关系。

（1）原材料的化学成分。任何物质的化学成分都是指组成物质的最基本单元（包括单体或化合物）。根据组成基本单元的元素不同，组成物质的化学成分可分为无机成分和有机成分两种。

1）无机成分。它是指在分子组成中不含有碳元素的无机物（碳酸、碳酸盐及氰化物除外）。以这种组成成分为主的商品有化肥、部分农药、搪瓷、玻璃、金属制品及部分化工商品等。

2）有机成分。它是指在组成中含有碳（C）、氢（H）、氧（O）等元素的有机物（碳酸、碳酸盐及氰化物除外）。属于这类组成成分的商品有：棉、毛、丝、麻及其制品，化纤、塑料、橡胶及其制品、石油产品、有机农药、有机化肥、木制品、皮革、纸张及其制品、蔬菜、水果、食品、副食品、粮食、油料及其制品，等等。

（2）原材料的结构。原材料的结构通常是指原材料的成分结构，它是原材料组成成分的组织与分子结构。由于此种结构需借助于显微设备及化学分析才能分析和了解，故称其为微观结构。正是由于各种原材料的微观结构不同，才使得原材料的性质存在差异。例如，有机化合物中的同分异构体，它们的组成元素相同、分子量相同但分子结构不一样，所以它们的性质也不一样。

在日常生活中，人们食用的葡萄糖与果糖，其基本组成都是碳（C）、氢（H）、氧（O），其分子式都是 $C_6H_{12}O_6$，但由于它们的结构不一样，故它们在甜度与吸湿性方面有较大差别。果糖的甜度比葡萄糖大 1.75 倍，而且也容易吸湿。

（3）加强原材料的质量管理工作。由于原材料的质量直接关系到商品质量，因此，为保证商品质量符合设计要求，一定要严把原材料质量关。例如，要想生产出高质量的园艺商品，就需要相应的高质量的原辅材料。俗话说"巧妇难为无米之炊"，在此也是一样的道理。

**2. 生产制造与商品质量**

商品设计能不能转变为商品，在很大程度上取决于生产制造过程。制造过程主要由生产工艺、生产过程、技术装备、工作环境以及操作人员等方面组成，只要其中某一环节达不到设计质量要求，那么此商品即为不合格品。农业生产上常提到的良种与良法配套，实际上讲的就是农产品生产制造过程、生产工艺的优化。

（1）生产工艺。生产工艺是商品质量形成过程的重要环节。它的职能是根据商品设计要求，对制造过程进行质量控制。例如，确定工艺路线、编制工艺文件和检验文件、设计制造工艺装备、验证工序能力、编制材料消耗定额和工时定额等。

（2）生产过程。生产过程是指从原材料进厂到加工成品的整个制造过程。生产过程的质量是商品质量环中的重要组成部分。其质量职能是根据设计和工艺技术文件的规定，对影响制造质量的诸因素进行控制，使它们处于正常受控状态，从而保证制造质量符合设计质量的要求。生产过程中应着重控制以下几个环节：物资控制及其可追溯性，设备的控制和维修保养，特殊工序、文件、工艺更改的控制，验证状况的控制，不合格品的控制，等等。

（3）技术装备。为确保产品质量符合设计规范要求，应对生产部门的实际加工能力即技术装备情况是否符合产品规范进行验证。其验证的内容包括材料、设备、计算机系统和软件程序以及人员配备。

还是以园艺商品生产为例。园艺商品生产也必须重视生产工艺、生产过程及技术装备的优化，注意生产技术人员的培训和操作人员素质的提高。加入世界贸易组织（WTO）之后，我国的园艺商品要参与国际市场竞争，比的就是商品质量，而商品质量取决于技术水平和生产技术人员的素质。

**3. 商品验证**

商品验证是企业进行生产过程控制的一种手段，是保证商品质量符合要求的有力措施。它的质量职能是根据图样、规范、工艺和其他技术文件规定，对原材料、外购件、加工工序的半成品和成品的质量进行严格检验，保证不合格的物资不入库、不合格的再制品不转序、不合格的零件不装配、不合格的成品不出厂。商品验证的基本工作包括：外购材料和外购件管理，工序间检验，成品检验（即出厂检验）等。

而流通过程中的商品检验主要包括：商业部门的验收检验，储运部门的入库与出库检验，市场的监督、检查，等等。

检验工作本身的质量对商品质量的确起着决定性作用。

## 三、流通过程对商品质量的影响

### 1. 商品包装

对商品进行包装，这是商品生产的最后一个环节，也是不可缺少的环节。商品的包装与装潢不仅可以保护商品，同时还能美化商品，是构成商品质量的重要因素，直接影响到商品使用价值的实现。

### 2. 商品运输

商品运输是指通过各种方式使商品在空间位置上发生转移的过程。商品运输是商品流通过程中不可缺少的环节。运输对商品质量的影响，通常受运输距离的远近、运时的长短、运输方式、运输工具、装卸方法等因素的制约。因此，对所有需经过运输过程的商品，应尽量减少运输环节，尽量选择最近的路线，用最短的运输时间，挑选适当的运输工具；同时，还要注意防止振动、撞击、磨损，保证商品安全、准确、迅速地到达目的地。

### 3. 商品储存

商品储存也称商品储备，它是商业企业收储待销商品的一个过程。商品在储存期间的质量变化，与储存场所、储存时间的长短、储存保管措施的完善与否、养护技术的优劣以及商品存放的种类与数量等有密切关系。

【案例 3-1】

#### 添加剂之惑

记者对超市中销售的食品进行调查之后发现，几乎所有的食品中都使用了食品添加剂，其中有相当一部分食品中使用了多种不同的添加剂。不少品牌的雪糕、饮料、饼干、蛋糕、薯片等食品中，所使用的食品添加剂多达十几种，而一些方便面中使用的食品添加剂竟多达20 多种。

在对消费者进行的随机采访中记者注意到，绝大多数消费者对食品中种类繁多的添加剂，都或多或少有所担心。很多消费者都觉得食品中的添加剂是导致食品安全问题的重要原因，因此对添加剂存在疑虑。

然而，记者在对消费者的进一步采访过程中却发现，消费者对食品中的多数添加剂并不了解。不少消费者表示，正是因为不了解才导致了他们对食品添加剂的怀疑和不信任。

记者随机选取了一根雪糕，请食品专家对其中的食品添加剂进行了分析介绍。

经中国农业大学食品学院专家分析，食品添加剂中最主要的就是乳化剂、增稠剂、膨松剂、着色剂、食用香精，这几样使人们感觉雪糕色、香、味俱全。乳化剂主要是一些酯类，它能让雪糕里面的小脂肪滴变成丝瓜瓤状的一种物质，还能够锁住一些小气泡，让人们吃的时候有一种松软的、入口即化的口感。增稠剂主要是一些胶类物质。雪糕化了会到处流淌，增稠剂能使雪糕保持一定的形状，还保持了一定的口感，让人们吃起来感觉更加浓稠。

专家介绍，食品添加剂主要的作用是为了改善食品的品质和色、香、味等感官特性，另外就是满足食品防腐、保鲜和加工工艺的需要。根据不同的作用，常见的食品添加剂大致可以分为防腐剂、着色剂、调味剂、膨松剂、稳定剂等不同的品种。

#### 四、消费过程对商品质量的影响

##### 1. 商品销售

生产企业通过销售环节将商品让渡给消费者，在实现商品使用价值的同时也获得了它的价值。商品销售工作本身也存在着质量问题。商品的陈列方式、销售方式、销售条件、经销人员的态度、礼仪及售后服务措施等，都直接影响着商品使用价值的实现。

##### 2. 售后服务

售后服务是指生产企业（或中间商）为及时满足用户或消费者从商品中获得最大质量效益的需要，在商品销售之后，向用户或消费者提供的技术服务。它主要包括提供必要的专用工具、使用说明书、备品配件、技术咨询和维修服务等。

售后服务质量如何，直接影响企业的形象，在很大程度上也决定了商品的销售量和商品质量的实现。

#### 五、社会因素对商品质量的影响

影响商品质量的因素除了以上提到的四个方面之外，还包括政治、经济、文化、艺术等其他因素，如消费者的审美观念、心理行为、消费习惯、宗教信仰、购买力水平等。以下仅就商品美与审美、经济因素及环境因素对商品质量的影响做初步分析。

##### 1. 商品美与审美对商品质量的影响

（1）商品的审美价值。商品的有用性不仅在于它能满足消费者对其使用功能的需要，同时还在于能满足消费者对其实用艺术美的精神需要。换句话说，消费者在使用商品的同时，希望能从商品的造型及装饰等美的因素中获得情感上的愉悦和精神上的享受。这就是商品的审美价值。

人们对商品审美价值的客观需要，使得商品美的问题不仅成为商品能否迅速实现其使用价值的重要外因，同时对商品生产和流通经济效益方面的影响也越来越大。在一般情况下，在商品内在质量达到一定标准的前提下，审美价值越高，其价值也就越高，而且销售也越快，资金周转速度也越快，因而可以获得更多利润，提高经济效益。

（2）影响商品美的因素。影响商品美的因素有主观与客观两方面。

客观因素是指商品本身的内在质量（如材质美、色彩美、图案美、造型美等）。从消费者的角度来看，一般要求企业生产出内外质量俱优的商品，即实用价值和审美价值和谐统一的商品。如果商品的内在质量很低，不仅其实用价值无法满足需要，而且其审美价值也无法得以实现；相反，有内在质量而无审美价值的商品，也会影响消费者对它的购买兴趣。只有商品的审美价值与其内在质量协调统一时，它才会受到消费者的青睐。

主观因素是指对商品审美价值的评价受到消费者审美观念的影响和制约。审美观念是指消费者对商品进行审美过程中的趣味、要求、理解、评价等主观情感和认识。由于消费者的审美观念不同，对同一件商品往往会得出不同的看法。

消费者审美观念的形成不仅受社会生产发展水平、社会经济状况、社会意识形态等环境氛围的影响，同时还与消费者本人的习惯、爱好、性别、年龄以及文化艺术修养等有密切关系。

生产企业想要提高商品自身的审美价值，根本在于在设计过程中要正确把握住形式美的原则（色泽、造型、材质等），同时还要把握住消费者对商品的审美观念，不失时机地生产出满足消费者各种需要的商品，从而改善贸易状况，促进物质文明和精神文明的协调发展，给企业和社会带来更大的经济效益。

**2. 经济因素对商品质量的影响**

影响商品质量的经济因素包括供求关系和物价政策。

供求关系是指社会产品生产总量与社会总需求相对应的问题。只有社会产品生产总量与社会需求总量保持适当的平衡，才能使商品使用价值全面满足社会需求成为可能。

消费者购买商品总希望物美价廉，其中"价廉"就涉及商品的供求平衡及价格问题。商品价格是商品价值的货币表现。商品价值与价格之间有着必然的联系。在通常情况下，商品的质量与其价格是一致的，即耗费在商品上的社会必要劳动量多，则其质量好、价格高。但在某些特殊情况下，二者不成正比，即耗费劳动量小、商品质量一般但其价格反而高。这种不成正比的情况往往受到社会购买力水平和商品供求关系的影响和制约。

**3. 环境因素对商品质量的影响**

环境因素对商品质量的影响有两个方面：

（1）环境条件对商品质量的影响。这主要是指生产制造环境、使用环境两方面影响商品质量。

（2）商品对环境的污染。商品对环境的污染包括它对自然环境及生态环境的污染。商品在使用和用后处置过程中一旦对环境造成污染，则商品使用价值的实现就会受到制约。

# 第三节　商品质量的基本要求

商品质量的基本要求是根据其用途、使用方法（或使用目的）以及消费者和社会需求而提出的。由于商品种类繁多、性能各异，又有着不同的用途、特点和使用方法，因此对不同商品质量的要求也各不相同。下面将分别介绍对几大类商品质量的要求。

## 一、对纺织品质量的基本要求

纺织品是人们日常生活中不可缺少的生活资料。随着社会的发展，纺织品的款式、品种日趋新颖、丰富，其功能已不再是简单的御寒遮体、保护身体。因此，对纺织品质量的最基本要求是，既要耐用舒适、卫生安全，又要美观、大方、流行、具有时代性等，主要包括以下几方面：

**1. 材料选择适宜性**

纺织品的基本性能及外观特征，主要由其所用的纤维材料决定。不同种类的纤维，如棉麻、毛涤纶等，其织品的性能各不相同；即使是同种纤维，由于品质不同，其织品也各有特色。因此，纺织品的用途不同，所选择的纤维的种类和品质也各不相同。

**2. 组织结构合理性**

纺织品的组织结构主要包括织物组织、重量和厚度、紧度和密度、幅宽和匹长等。纺织品的组织结构影响着织物的外观和机械性能，如纺织品的厚度、紧度等可影响其透气性、保暖性和柔软性等。

**3. 良好的机械性**

纺织品的机械性主要是指各种强度指标，它是衡量纺织品耐用性能的重要指标。另外，它对织物的尺寸稳定性和手感及成品风格也有影响。

**4. 良好的服用性**

服用性主要要求织品在穿用过程中舒适、美观、大方，要求其缩水率、刚挺性、悬垂性符合规定标准，具有良好的吸湿性、透气性，不起毛、起球，花型、色泽、线条图案应大方或富有特色等。

**5. 良好的工艺性**

工艺性主要要求纺织品面料必须方便裁剪缝制，易于洗涤、熨烫、定型，染色牢固等。

## 【边学边练】

王府井大街盛锡福帽店是北京著名的老字号，最早它是天津盛锡福总店的一个分号，开业于1937年。盛锡福帽子以其用料考究、手工制作、做工精细、品质优良而著称于世，受到海内外各界人士的广泛欢迎。改革开放促进了盛锡福的发展。目前，盛锡福帽子不仅雄踞于国内市场，还远销美国、德国、法国、加拿大、新加坡等国家。

请通过网络或其他途径，了解盛锡福帽店的发展历史、创始人、品牌创立以及目前的经营品种和运营情况，了解企业背后的中国故事，并与同学分享。

## 二、对食品质量的基本要求

食品是为人体提供热量、营养，维持人体生命，调节人体生理活动，形成和修补人体各组织的物质，是人们生长发育、保证健康不可缺少的生活资料。因此，对食品质量的基本要求是：具有营养价值，具有良好的色、香、味、形，无毒无害并符合卫生要求。

**1. 食品的营养价值**

营养价值能给人体提供营养物质，这是一切食品的基本特征。其功能是提供人体维持生命活动的能源，保证健康、调节代谢及延续生命。营养价值是决定食品质量高低的重要依据，是评定食品质量优劣的关键指标。

食品的营养价值包括营养成分、可消化率和发热量三项指标。

（1）营养成分。它是指食品中所含蛋白质、脂肪、碳水化合物、维生素、矿物质及水分等。由于各营养成分各自起着应有的作用，因此人们可以从各种不同的食品中获得各种营养成分。

（2）可消化率。它是指食品在被食用后，可能被消化吸收的百分率。它反映了食品中营养成分被人体消化吸收的程度。食品中营养成分只有被人们消化吸收后才能发挥其作用。营养学专家经过多年研究、实践得出结论：动物性食品的营养价值高于植物性食品的营养价值。

（3）发热量。它是指食品的营养成分经人体消化吸收后在人体内产生的热量。它是评价食品营养价值最基本的综合性指标。人体对食品的需要量通常采用能产生热量的碳水化合物、蛋白质和脂肪三种主要营养成分的发热量来表示。1g碳水化合物或1g蛋白质在体内经过消化和完全氧化后产生的热值均为4.1kcal（1cal = 4.186 8J），1g脂肪产生的热值为9.3kcal。

人们吃的主食，包括各种米、面等，是供给人体热量的主要来源；副食包括各种蔬菜、水果、鱼肉、禽蛋、乳品及加工制品等，是供给人体热量的重要来源。一般来说，营养成分和可消化率越高，产生的热量就越多，营养价值就越高。但也不完全如此，如粮食加工精度提高了，营养成分损失了，可消化率却提高了。

**2. 食品的色、香、味、形**

食品的色、香、味、形是指食品的色泽、香气、滋味和外观形状。食品的色、香、味、形不仅能反映食品的新鲜度、成熟度、加工精度、品种风味及变质状况，同时也可直接影响人们对食品营养成分的消化和吸收。食品的色、香、味、形良好，还可以刺激人们产生旺盛的食欲。许多食品的色、香、味、形还是重要的质量指标。例如，评价酒、茶等商品的质量时，主要从色泽、香气、滋味等方面进行鉴定。不同的色、香、味、形，可决定食品的档次和等级。

**3. 食品的卫生性**（无毒害性）

食品的卫生性（无毒害性）是指食品中不应含有或超过允许限量的有害的物质和微生物。食品卫生关系到人们的健康与生命安全，有的还影响子孙后代，所以卫生、无毒、无害、无污染是作为食品最起码的条件。食品卫生问题的主要来源，有以下五个方面：

（1）食品自身产生的毒素。例如，豚鱼、毒蘑菇、苦杏仁、土豆发芽部分产生的氰甙龙葵类毒素；死后的鳝鱼、鳖、河蟹体内的组胺毒素等。这些毒素对人体的消化系统、神经系统、血液循环系统都有严重的危害。

（2）生物对食品的污染。生物对食品的污染包括：①微生物污染，主要是细菌、细菌毒素、真菌、真菌毒素及大肠杆菌等；②寄生虫及虫卵污染，主要是旋毛虫、蛔虫、绦虫、蛲虫、姜片虫、肝吸虫等；③昆虫污染，主要是粮食中的甲虫类、蛾类、螨类以及鼠类活动所造成的污染。

（3）加工中混入的毒素。例如，方便面、罐头、小食品、饮料等，因配料不当或超范围使用防腐剂、色素、香精，放置时间过久引起铅、锌中毒；油炸、烧烤食品时生成甘油醛，造成食品污染，影响人体健康。

（4）保管不善产生的毒素。食品因保管不善有可能感染微生物腐败或霉烂变质。例如，温度过高使海产品发生变质，容易致癌；花生、小麦、玉米、豆类等发霉后则能产生黄曲霉毒素，可能致癌。

（5）环境、化学品造成的污染。这方面污染主要包括工业上"三废"的不合理排放、化肥农药使食物受到污染、不合乎卫生要求的食物添加剂和使用量不合理等。另外，食品在生产、储存、运输、销售时，受到环境、化学品、菌类、重金属的污染，也会使食品有毒有害。

### 三、对日用工业品质量的基本要求

日用工业品范围很广，有玻璃制品、搪瓷器皿、铝制品、日用塑料制品、皮革制品、胶鞋、纸张、洗涤剂、化妆品钟表、家具、电器、服装等。它是人们生活中不可缺少的生活资料，因此对其质量的基本要求主要是适用性、耐用性、卫生性和安全性、外观美观性、结构合理性等。

**1. 适用性**

适用性是指日用工业品满足主要用途所必须具备的性能或质量要求。不同商品的适用性各有不同要求，如保温瓶必须保温，洗涤剂必须去污，电冰箱必须制冷，钢笔必须书写流利，手表要求走时准确，雨鞋必须防水，化妆品对肌肤无刺激，服装、鞋帽要求保暖、透气、无毒，等等。即使同一类商品，由于品种不同，用途也各不相同。例如，印刷用纸对油墨应有良好的吸湿性，而包装用纸则要求有一定的厚度和机械强度；又如，玻璃制品中的茶杯要求耐热性高，镜子要求反映影像逼真，化学仪器要求耐酸性、耐碱性好。商品的多用性扩大了商品的适用范围，因此适用性是构成商品使用价值的基本条件，也是评价日用工业品质量的重要指标。

### 2. 耐用性

耐用性是指日用工业品抵抗各种外界因素对其破坏的能力，它反映了日用工业品坚固耐用的程度和一定的使用期限、次数。例如，皮革、橡胶制品和某些纸张常用强度和耐磨耗等指标可以评定其耐用性。电器开关可以开关多少次、手机电池可用多长时间、灯管在220V电压下工作多少小时等，这些都是通过使用寿命来反映其耐用性的。提高日用工业品的坚固耐用性，就能延长商品的使用寿命，就等于不用额外消耗原料和劳动力而提高了产品的质量。所以，耐用性是评价绝大多数日用工业品质量的主要依据。

### 3. 卫生性和安全性

卫生性和安全性是指日用工业品在使用时不能影响人体健康和人身安全的质量特性。例如，盛放食物的器皿、化妆品、玩具、太空杯、肥皂、牙膏及包装材料等商品，应具有无毒、无害性；各种家用电器不漏电、无辐射、安全可靠，在使用过程中不发生危险；玻璃器皿中有毒的重金属元素含量应在一定的标准内。所以，在评价日用工业品的质量时，必须重视它们的卫生性和安全性。

### 4. 外观美观性

日用工业品的外观主要是指其表面特征：一方面包括商品的外观疵点，即影响商品外观或影响质量的表面缺陷；另一方面包括商品的表面装饰，如造型、款式、色彩、花纹、图案等。对商品外观总的要求是式样大方新颖、造型美观、色彩适宜，具有艺术感和时代风格，并且应无严重影响外观质量的瑕疵。

### 5. 结构合理性

日用工业品的结构合理性主要是指其形状、大小和部件的装配要合理。若结构不合理，不仅影响其外观，而且直接影响其适用性和耐用性。例如，服装、鞋帽结构不当，不仅使人感到不舒服、不美观，而且无法穿戴，丧失了使用价值。对于那些起着美化装饰作用的日用工业品，它们的外观造型结构更具有特殊的意义。

## 四、对出口商品质量的基本要求

我国出口商品要面向全世界的广大用户和消费者，为了适应他们的需要，必须贯彻"以销定产"的方针和坚持"质量第一"的原则，大力提高出口商品的质量，使其符合下列具体要求：

### 1. 针对不同市场和不同消费者的需求来确定出口商品质量

由于世界各国经济发展不平衡，各国的生产技术水平、生活习惯、消费结构、购买力和各民族的爱好互有差异，因此要从国外市场的实际需要出发，搞好产销结合，使出口商品的品质、规格、花色、样式等适应有关市场的消费水平和消费习惯。

## 2. 不断更新换代和精益求精

凡质量不稳定或质量不过关的商品，不宜出口，以免损害名誉。即使是质量较好的商品，也不能满足现状，而要本着精益求精的精神不断改进，提高出口商品质量，加速更新换代，以赶上并影响世界的消费潮流，增强我国商品在国际市场上的竞争能力。

## 3. 适应进口国的有关法令的规定和要求

各国对进口商品的质量都有某些法令规定和要求，凡质量不符合本国法令规定和要求的商品，一律不准进口，有的甚至要就地销毁，并由货主承担由此引起的各种费用。因此，必须了解和熟悉各国对进口商品的质量规定，使我国出口商品的质量适应并符合这些规定，具有较强的市场适应性、针对性、竞争力，以便能顺利地进入国际市场。

## 4. 适应国外自然条件、季节变化和销售方式

由于各国的自然条件和季节变化不同、销售方式各异，商品在运输、装卸、存储和销售过程中，其质量可能会发生某种变化。因此，注意自然条件、季节变化和销售方式的差异，掌握商品在流通过程中的变化规律，使我国出口商品的质量适应这些方面的不同要求，也有利于增强我国出口商品的竞争能力。

【案例 3-2】

### 中国水果为什么很难出口到美国和欧洲？

中国是世界上的水果种植大国，不仅品种丰富，而且产量惊人，像苹果、柑橘、柚子、猕猴桃、葡萄、草莓等水果的产量都在世界上名列前茅。

这么大的产量，单单靠着内需消费是不够的，自然要向外出口。可是，你也许已经注意到了，中国水果出口的国家和地区，大部分集中在东亚、东南亚等地区。像欧洲和美国市场，中国水果的出口量却一直很低。

那么，中国水果为什么很难打进欧美的水果市场呢？是水果的品质不合格吗？

如果前些年说中国水果的品质是"量多质差"，或许还可能"忽悠"住一些不自信的外行人。但这些年，虽不能说中国所有水果的品质都已经达到了国际水准，但苹果、柚子、猕猴桃等几种水果的品质绝对不比欧美国家自家产的差。

品质问题，已经不是限制中国水果出口欧美国家的一大障碍了。

以苹果为例，目前中国鲜苹果出口仍然以中低端亚洲市场为主，占到 85.27%。其中孟加拉国和泰国位居第一、第二。

但中国苹果的品质，从综合排名和商品化程度来看，已经位居世界前列。大量的优质苹果也很难出口到欧美市场，令人唏嘘且好奇，这是为什么？

针对这一情况，认为有以下几点原因：

一是，从欧美国家的水果消费来看，欧美国家多数水果产量不低，也属于水果强国，而且环境也能种植大多数水果，相对来说，整个市场竞争非常激烈。

又由于欧美国家的水果消费市场偏高端水果消费。而中国正在经历着从量变到质变的转化过程，虽然品质有所提升，但像水果的品牌化、包装等都还没有形成竞争力。

二是，从检疫情况来看，欧美进口水果的检疫对中国非常严苛。比如中国福建的琯溪蜜柚，品质是全球数一数二的，但因为果蝇问题，一直被欧美等国家拒绝，最近才通过。

果蝇问题在任何水果中都会有，在中国果树的环境下，果树成果时天气变热，出现果蝇几乎是不可避免的问题。

至今仍没有任何能彻底解决这一问题的办法。所以，从这一点上设卡的话，很难解决。

三是，欧美国家消费者的口味和亚洲不同。

吃过纯进口的欧美品种草莓等水果的人可能会发现，无论是草莓还是苹果等，都比较酸，可以说口味以酸为主。实际上，欧美人吃水果比起甜口来更喜欢酸口，中国国产水果大多数都是以甜口为主的。

中国也不可能单纯为了出口欧美市场，就以欧美人的口味来种植水果，自然竞争力就弱多了。

虽然在出口欧美国家方面中国的水果的确不占优势，但国产水果也不用太担心，毕竟即便欧美市场出口有所提升，也不会提升太多，市场竞争压力太大。中国水果的出口未来应该盯住印度和俄罗斯两大市场，以这两大市场为主。

做好这两大市场，中国水果出口无忧。

### 五、进口商品质量的基本要求

进口商品的质量优劣，直接关系到国内用户和消费者的切身利益。凡品质、规格不符合要求的商品，不应进口，对于国内生产建设、科学研究和人们生活急需的商品，进口时要货比三家，切实把好质量关，使其品质、规格能满足国内的实际需要，以免影响国家的生产建设和人们的消费与使用。但是，也不应超越国内的实际需要，任意提高对进口商品品质、规格的要求，以免造成不应有的浪费。总之，对进口商品质量的要求，要从我国现阶段的实际需要出发，区别不同情况，实事求是地予以确定。

### 【扩展阅读】

登录 http：//gkml. samr. gov. cn/nsjg/zljdj/201902/t20190222_ 291060. html，阅读《中华人民共和国产品质量法》第三章，了解生产者、销售者的产品质量责任和义务。

## 第四节　商品质量管理

### 一、商品质量管理及相关概念

#### 1. 商品质量管理

质量管理是指确定质量方针、目标和职责并在质量体系中通过诸如质量策划、质量控制、质量保证和质量改进使其实施全部管理职能的所有活动。质量管理的概念是随着现代化工业生产的发展而逐步形成、完善和发展起来的，现已延伸到商品流通质量管理、商品经营质量管理、商品储运质量管理等领域中，并日益得到广泛应用。本书质量管理的概念是指，商品经营组织（者）确定质量方针、目标和职责并在质量体系中通过诸如质量策划、质量控制、质量保证和质量改进使其实施全部管理职能的所有活动。质量管理是一个组织总体管理的重要组成部分，它的职能是制定并实施质量方针、质量目标和质量职责。质量管理是以质量体系为依托，通过质量策划、质量控制、质量保证和质量改进等发挥其职能的。为了实施质量管理，需要建立质量体系。在上述概念中，涉及质量体系、质量策划、质量控制、质量保证和质量改进等术语。要做好商品质量管理工作，必须正确地理解和使用这些术语概念。

### 2. 质量方针

质量方针是指由组织的最高管理者正式发布的该组织总的质量宗旨和质量方向。其中，组织包括生产企业、商业企业、服务单位、独立的检验机构、独立的设计单位或者供货单位。质量方针反映了组织在质量方面的追求和对顾客的承诺，如所提供产品的质量水平、服务方向、质量管理的要求等，而不是具体的质量目标。质量方针是组织总体经营方针的一个组成部分，它与组织的总方针及进行的其他方针应协调，如投资方向、技术改造方针、人事方针等。

### 3. 质量体系

质量体系是指实施质量管理所需的组织结构、程序、过程和资源。除组织结构、程序、过程外，资源也是质量体系的重要组成部分，它包括：人才资源和专业技能，设计和研制设备、制造设备、检验和试验设备，仪器、仪表和计算机软件。质量体系的内容要以满足质量目标的需要为准。质量体系的建立和运行，要以质量标准的要求为依据来建立质量体系，以满足质量管理和为消费者或用户提供信任的需要为依据运行质量体系。质量体系的建立必须结合本组织的具体目标、产品类别、过程特点及具体实践来综合考虑。

### 4. 质量策划

质量策划是指确定质量以及采用质量体系要素的目标和要求的活动。确定质量体系要素的目标和要求包括对质量特性进行识别、分类和比较，以确定适宜的质量特性，并制定质量目标、质量要求和约束条件；采用质量体系的目标和要求的活动，主要包括为实施质量体系进行准备，为产品质量的实现配备资源和管理支持。

### 5. 质量控制

质量控制是指为达到质量要求所采取的作业技术和活动。在商品质量形成过程中，有许多影响质量的因素，为满足质量要求，必须对影响质量的诸因素进行控制，消除导致不满意的原因。因此，质量控制活动贯穿于商品质量形成的全过程。

### 6. 质量保证

质量保证是指为了提供足够的信任表明实体（组织）能够满足质量要求，而在质量体系中实施并根据需要进行证实的全部有计划、有系统的活动。质量保证通过提供证据表明实体（组织）有能力满足质量要求，从而使人们对这种能力产生信任。质量保证必须服务于提供信任的目的，所以，如何确定提供证据的范围、种类，提供证据的方式、方法和相应的程序以及证实的程度等，均以满足需要和能够提供信任为准则。质量保证分为内部质量保证和外部质量保证。内部质量保证是指质量管理的各个组成部分，它向组织内部各层管理者提供信任，使其相信本组织提供给消费者或用户的商品满足质量要求；外部质量保证是为了向消费者或用户或其他方面（如认证机构或行业协会等）提供信任，使其相信该组织有能力持续地提供满足要求的产品。为了提供足够的信任，质量要求必须全面反映消费者或用户的要求。

### 7. 质量改进

质量改进是指为向本组织及消费者或用户提供更多的利益，在整个组织内部所采取的旨在提高效益和效率的各种措施与活动的过程。质量改进是各级管理者追求的永恒目标，通过具体措施来实现，是一种以追求更高的过程效益和效率为目标的持续活动。

**8. 质量保证模式**

质量保证模式是指为了满足给定情况下质量保证的需要，标准化的或经选择的一组质量体系的综合要求。质量保证模式是出于提供信息的需要，对质量体系提出的一系列要求，这些要求是实体（组织）为提供信任而所需满足的最基本要求。为了向尽可能广泛的消费者或用户提供信任，并减少重复进行质量体系审核的次数以降低费用，常常依据标准化模式或根据经选择的一组质量体系的综合要求对该体系进行审核。

**9. 质量环**

质量环又称质量螺旋，是指从识别需要到评定这些需要是否得到满足的各阶段中影响质量相互作用活动的概念模式。质量环始于市场营销和市场调研（对市场的需求进行识别，根据市场的需要进行商品的开发和设计），同样也终止于市场营销和市场调研（根据市场对其商品的反馈信息，评价市场的需要是否已得到满足）。因此，质量环反映的是一个连续不断、周而复始的过程，通过不断地循环，实现持续的质量改进。质量环模型如图 3-1 所示。

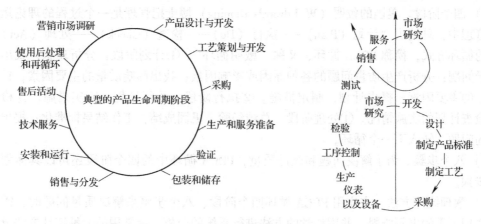

图 3-1　质量环模型

## 二、商品质量管理的发展阶段

商品质量管理的发展，大致经历了以下三个阶段，即质量检验阶段、统计质量控制阶段和全面质量管理阶段。

**1. 质量检验阶段**

从 20 世纪初到 20 世纪 30 年代末期，主要是按既定质量标准要求对商品进行检验，管理对象限于商品本身，管理领域限于生产制造过程，因此质量检验是一种消极防范性管理，依靠事后把关，杜绝不合格商品进入流通领域，无法在生产过程中起到预防、控制作用。

**2. 统计质量控制阶段**

从 20 世纪 40 年代到 20 世纪 50 年代末期，主要是按照商品标准，运用数理统计对从设计到制造的生产工序进行质量控制，预防产生不合格商品。管理对象包括商品质量和工序，管理领域从生产制造过程扩大到设计过程。统计质量控制管理是一种预防性（事先控制型）管理，依靠生产过程的质量控制，把质量问题消灭在生产过程。

**3. 全面质量管理阶段**

20 世纪 60 年代至今，世界各国积极推行全面质量管理。全面质量管理是一个管理途径，它是指一个组织以质量为中心，以全员参与为基础，目的在于通过让顾客满意和本组织所有成员及社会受益而取得长期成功。全面质量管理是一种全面、全过程、全员参与的积极进取型管理，强调调动人的一切积极因素，根据系统论的观点把管理对象看成一个整体，分析系统各要素之间的相互联系、相互作用的相关性，采取相应对策，使商品设计、开发、生产、流通和消费的全过程均处于监控状态，从而保证商品质量符合消费者和用户要求。

### 三、商品质量管理的常用方法

**1. 全面质量管理**

（1）全面质量管理的基本方法。全面质量管理的基本方法可以概况为四句话十八个字，即一个过程、四个阶段、八个步骤、数理统计方法。

1）一个过程，即企业管理是一个过程。企业在不同时间内，应完成不同的工作任务。企业的每项生产经营活动，都有一个产生、形成、实施和验证的过程。

2）四个阶段。美国的戴明（W. Edwards Deming）博士把管理是一个过程的理论运用到质量管理中，总结出"计划（Plan）——执行（Do）——检查（Check）——处理（Act）"四阶段的循环方式，简称PDCA循环，又称"戴明循环"。①计划阶段：分析现状，找出存在的质量问题；分析产生质量问题的各种原因或影响因素；找出影响质量的主要因素；针对影响质量的主要因素，提出计划，制定措施。②执行阶段：执行计划，落实措施。③检查阶段：检查计划的实施情况。④处理阶段：总结经验，巩固成绩，工作结果标准化；提出尚未解决的问题，转入下一个循环。

3）八个步骤。为了解决问题和改进质量，PDCA循环中的四个阶段还可以具体划分为八个步骤。

4）数理统计方法。在应用PDCA循环四个阶段、八个步骤来解决质量问题时，需要收集和整理大量的书籍资料，并用科学的方法进行系统的分析。最常用的七种统计方法分别是排列图、因果图、直方图、分层法、相关图、控制图及统计分析表。这套方法以数理统计为理论基础，不仅科学可靠，而且比较直观。

（2）PDCA循环在质量管理中的应用。PDCA循环在质量管理中的应用极为广泛，为了改进商品质量和解决商品质量问题，在进行PDCA循环时还可以利用相关的数据和资料以及质量管理中常用的统计分析方法做出科学的分析判断。

下面结合解决某一车间不合格品的案例来说明PDCA循环在质量管理中的应用，特别是它如何利用质量管理中常用的统计分析方法，见表3-1。

表3-1　某车间加工某工件的不合格品统计情况

| 原　　　因 | 数量（件） | 比率（%） | 累计百分比（%） |
|---|---|---|---|
| 包边不良 | 5207 | 10.8 | 10.8 |
| 小头破裂 | 6557 | 13.6 | 24.4 |
| 壳体开裂 | 34856 | 72.3 | 96.7 |
| 自检废品 | 1253 | 2.6 | 99.3 |
| 其他 | 337 | 0.7 | 100 |
| 总计 | 48210 | 100 | |

1）分析现状，找出存在的问题。本案例主要存在的问题是不合格品数量较大，需要找出相应的方法来解决。

2）分析产生问题的各种原因或影响因素。根据这个统计资料，就可以画出它的排列图（见图3-2）。从排列图中明显地可以看出，壳体开裂是影响商品质量的主要原因，如果解决了这个质量问题，就可以降低72.3%的不合格品率。

3）找出主要影响因素。可以利用因果分析图对壳体开裂这个质量问题进行分析。根据统计资料，我们知道构成工序的六大因素（即人、机器、材料、方法、测量和环境，简称"5MIE"）都同时对商品质量发生作用、产生影响，也就是说，它们决定着商品质量。对产生壳体开裂质量问题的"5M1E"因素逐步进行分析，画出因果关系图（见图3-3），从而找出主要原因。还可以应用分层法来分析，办法是把收集的数据按照不同的目的加以分类，并把性质相同、在同一生产条件下收集的数据归集在一起。这样，可以使数据反映的事实更明显、更突出，便于分析问题、找出原因，从而找出主要原因。根据质量管理小组（QC小组）的分析，假设壳体开裂主要为材料的原因。

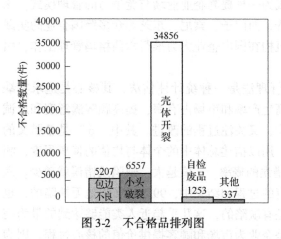

图3-2  不合格品排列图

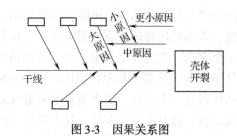

图3-3  因果关系图

4）制定解决措施。针对质量原因，可以采取更换原材料、采用各种方法对材料进行处理等措施来解决。

5）执行措施计划。按措施计划的要求严格执行各个步骤。

6）调查和评价阶段。采取措施后，还应再用排列图等方法检查并与最初的设想对比，从而评价实施效果。

7）提出尚未解决的问题并进行新的PDCA循环。

总之，PDCA循环在企业管理中有很广泛的用途，是人们在工作中经常使用的好方法。

（3）全面质量管理的特点。全面质量管理是一种预先控制和全面控制制度，它的主要特点就在于"全"。"全"包含三层含义：首先，管理的对象是全面的，这是就横向而言的；其次，管理的范围是全面的，这是就纵向而言的；最后，参加管理的人员是全面的。

（4）全面质量管理的基本工作程序。PDCA循环管理是全面质量管理最基本的工作程序，即计划——执行——检查——处理。PDCA循环管理具有以下三个特点：①PDCA循环工作程序的四个阶段顺序进行，组成一个大圈；②每个部门、小组都有自己的 PDCA 循环，并都成为企业大循环中的小循环；③阶梯式上升，循环前进。

### 2. 六西格玛

（1）六西格玛管理法简介。六西格玛（Six Sigma）又称"6σ"，此概念于 1986 年由摩托罗拉公司的比尔·史密斯（Bill Smith）提出。此概念属于品质管理范畴，旨在生产过程中降低产品及流程的缺陷次数，防止产品变异，提升品质。

（2）六西格玛的由来。六西格玛是在 20 世纪 90 年代中期开始被通用电气公司从一种全面质量管理方法演变成为一个高度有效的企业流程设计、改善和优化的技术，并提供了一系列同样地适用于设计、生产和服务的新产品开发工具。继而与通用电气公司的全球化、服务化、电子商务等战略齐头并进，成为世界上追求管理卓越性企业的最为重要的战略举措。六西格玛逐步发展成为以顾客为主体来确定企业战略目标和产品开发设计的标尺，是追求持续进步的一种管理哲学。

20 世纪 90 年代发展起来的六西格玛管理总结了全面质量管理的成功经验，提炼了其中流程管理技巧的精华和最行之有效的方法，成为一种提高企业业绩与竞争力的管理模式。该管理模式被摩托罗拉、通用电气、戴尔、惠普、西门子、索尼、东芝等众多跨国企业的实践证明是卓有成效的。为此，我国一些部门和机构在国内企业大力推行六西格玛管理工作，引导企业开展六西格玛管理。

（3）六西格玛管理法的概念。六西格玛管理法是一种统计评估法，其核心是追求零缺陷生产，防范产品责任风险，降低成本，提高生产率和市场占有率，提高顾客满意度和忠诚度。六西格玛管理法既着眼于产品、服务质量，又关注过程的改进。其中"σ"是希腊文的一个字母，在统计学上用来表示标准偏差值，用以描述总体中的个体与均值的偏离程度，测量出的 σ 表征着诸如单位缺陷、百万缺陷或错误的概率，σ 值越大，缺陷或错误就越少。六西格玛是一个目标，这个质量水平意味着所有的过程和结果中，99.99966% 是无缺陷的，也就是说，做 100 万件事情，其中只有三四件是有缺陷的，这几乎趋近人类能够达到的最为完美的境界。六西格玛管理法关注过程，特别是企业为市场和顾客提供价值的核心过程。因为过程能力用 σ 来度量后，σ 越大，过程的波动越小，过程的成本损失越低、时间周期越短，满足顾客要求的能力就越强。六西格玛理论认为，大多数企业在 3σ ~ 4σ 运转，也就是说每百万次操作失误为 6210 ~ 66800，这些缺陷要求经营者以销售额 15% ~ 30% 的资金进行事后弥补或修正。而如果能做到六西格玛，事后弥补的资金将降低到约为销售额的 5%。从这个意义上说，六西格玛是帮助企业集中于开发和提供近乎完美的产品和服务的一个高度规范化的过程，可测量一个指定的过程偏离完美有多远。

六西格玛的中心思想是，如果你能"测量"一个过程有多少个缺陷，你便能系统地分析出怎样消除它们和尽可能地接近"零缺陷"。

在六西格玛里，"流程"是一个很重要的概念。举一个例子来说，一个人去银行开账户，从他进入银行开始到办理开户结束的整个过程，就称为一个流程。而在这个流程里面还套着一个流程，即银行职员会协助他填写开户单，然后把这个单据拿给主管去审核，这是银行的一个标准程序。去银行开户的人是一线员工的"顾客"，这是当然的顾客，称为"外在的顾客"；而因为一线员工要把资料给主管审核，所以主管也是一定意义上的"顾客"，称为"内在的顾客"。工厂与这个例子很像，即上一道工序是下一道工序的

"顾客"。

在六西格玛里，另一个重要的概念是"规格"。客户去银行办理业务，时间是很宝贵的。办理业务需要多长时间就是客户的"规格"。如果客户要求在 15min 内办完，15min 就是这个客户的规格。而如果银行一线职员要用十七八分钟才能办完，就称为"缺陷"。假如职员要在一张单据上的五个地方打字，有一个地方打错了，就产生了一个"缺陷"，而整张纸称为"一个单元"。"机会"是指产生缺陷的机会，如果一张单据上有五个地方要打字，那么这个单元的缺陷机会就为 5。

**3. 质量管理七大工具**

质量管理七大工具是常用的统计管理方法，又称为初级统计管理方法。它主要包括控制图（管制图）、鱼骨图（因果图）、散布图（相关图）、排列图（帕累托图）、检查表（统计分析表）、数据分层法、直方图。

1972 年，日本科技联盟的纳谷嘉信教授从许多推行全面质量管理建立体系的手法中，研究归纳出一套有效的质量管理方法，这个方法恰巧也有七项，为了有别于上述原有的质量管理七大工具，所以就称其为新质量管理七大工具。新质量管理七大工具主要运用于全面质量管理 PDCA 循环的 P（计划）阶段，用系统科学的理论和技术方法，整理和分析数据资料，进行质量管理。常用的初级统计管理方法主要运用于生产过程质量的控制和预防，新质量管理七大工具与其相互补充。

新质量管理七大工具包括：

（1）箭线图法。箭线图法（Arrow Diagram Method，ADM）又称矢线图法，是网络图在质量管理中的应用。箭线图法是制订某项质量工作的最佳日程计划和有效地进行进度管理的一种方法，效率高，特别适用于工序繁多、复杂、衔接紧密的一次性生产项目。

（2）关联图法。关联图法（Inter Relationship Diagraph）是指用一系列的箭线来表示影响某一质量问题的各种因素之间的因果关系的连线图。质量管理中运用关联图要达到的目的有：制订全面质量管理活动计划；制订 QC 小组活动计划；制定质量管理方针；制定生产过程的质量保证措施；制定全过程质量保证措施。

通常，在绘制关联图时，将问题与原因用"○"框起，箭线，表示因果关系，箭头指向结果。其基本图形如图 3-4 所示。

（3）系统图。系统图（Tree Diagrams）是指系统寻找达到目的的手段的一种方法。它的具体做法是对要达到的目的所需要的手段逐级深入，如图 3-5 所示。

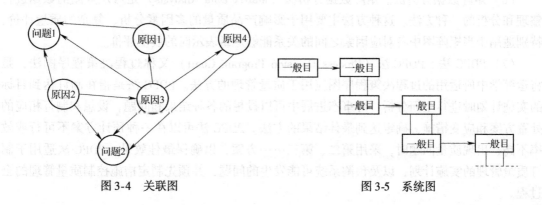

図 3-4　关联图　　　　　　　　　　　　図 3-5　系统图

应用系统图可以系统地掌握问题，寻找到实现目的的最佳手段，因此系统图被广泛应用于质量管理中，如质量管理因果图的分析、质量保证体系的建立、各种质量管理措施的开展等。

（4）KJ法。KJ法是日本专家川喜田二郎创造的。KJ法针对某一问题广泛收集资料，按照资料的近似程度、内在联系进行二分类整理，抓住事物的本质，找出结论性解决办法。这种方法是开拓思路、集中集体智慧的好办法，尤其是针对未来和未知的问题时，可以进行不受限制的预见、构思，对质量管理方针和计划的制订、新产品和新工艺的开发决策以及质量保证都有积极的意义。

（5）矩阵图法。矩阵图法（Matrix Diagrams）是运用二维、三维……多维矩阵表格，通过多因素分析找出问题和造成问题的原因。矩阵图的基本形式见表3-2。

表3-2　矩阵图的基本形式

| 问题成因 | | $R$ | | | | | | |
| --- | --- | --- | --- | --- | --- | --- | --- | --- |
| | | $R_1$ | $R_2$ | $R_3$ | $\cdots$ | $R_i$ | $\cdots$ | $R_n$ |
| $L$ | $L_1$ | | | | | | | |
| | $L_2$ | | | | | | | |
| | $L_3$ | | | | | | | |
| | $\vdots$ | | | | | | | |
| | $L_i$ | | | | | $\bigcirc\longleftarrow$ 着眼点 | | |
| | $\vdots$ | | | | | | | |
| | $L_n$ | | | | | | | |

在二维矩阵图中，从造成问题的因素中找出对的因素形成 $R$（$R_1$，$R_2$，$R_3$，…）和 $L$（$L_1$，$L_2$，$L_3$，…）一列一行因素，在列 $R_i$ 和行 $L_i$ 的交点上表示各因素的关联程度，从而找出解决问题的着眼点。

矩阵图主要运用于寻找改进老产品的着眼点、研制新产品、开发市场的战略、寻找产品质量问题产生的原因、确立质量保证体系的关键环节等质量管理工作。

（6）矩阵数据分析法。矩阵数据分析法（Matrix Data Analysis）是对矩阵图的数据进行整理和分析的一种方法。这种方法主要用于影响产品质量的多因素分析、复杂的质量评价，特别适用于当矩阵图中各对应因素之间的关系能够定量表示时的质量评价。

（7）PDPC法。PDPC法（Process Decision Program Chart）又称过程决策程序图法，是将运筹学中所运用的过程决策程序图应用于质量管理的方法。PDPC法是指在制订达到目标的实施计划时进行全面分析，对事态进展中可以设想的各种结果和问题，设想和制订相应的处置方案和应变措施，确定达到最佳结果的方法。PDPC法可以在一种预计方案不可行或效率不高、出现质量问题时，采用第二、第三……方案，以确保最佳效果。PDPC法适用于制订质量管理的实施计划，以及预测系统可能发生的问题，并预先制定措施控制质量管理的全过程。

**技能实训**

**【实训目的】**

通过案例讨论，加深对商品质量相关概念的认识。

**【实训主题】**

理解对商品质量的基本要求。

**【实训时间】**

本章课堂教学内容结束后的双休日和课余时间，为期一周；或者由指导教师另外指定时间。

**【阅读材料】**

### 达芬奇造假引发热议，国产品牌取洋名由来已久

不少人曾经很信任洋品牌，不过伴随着"达芬奇家居"造假事件的负面声音，越来越多的人意识到，市场上的"洋品牌"中其实混杂了不少"假洋鬼子"。

有的明明是国产商品，却起了个洋名字；有的是跑到国外注册了一个品牌，然后再拿回国内卖，并号称是来自国外的高档品牌，价格更是翻了几倍；有的纯属虚假宣传，直接"拉大旗作虎皮"。

某品牌专家在接受记者采访时表示，消费者崇尚洋品牌的观念决定了国内品牌爱起洋名字，商家迎合消费者本无可非议，但关键是不能存在价格欺诈，就是说不能打着一流品牌的价格，却提供三流的品质。

1. 行业怪象——国产品牌取洋名

在家居市场，尤其是橱柜和洁具，取洋名更是司空见惯，而且价格贵得离奇。一些商家有时会以"原装进口""进口组装""国际品牌"等模糊概念来混淆视听。

"卫浴就是讲品质，几千元的洁具根本算不上贵，比顶级品牌差多了。"某品牌销售人员说。不过满目皆是的洋品牌也让消费者感到疑惑，留学回国的刘先生说："我在意大利三年，听说过的品牌还没有在北京一天见到的多。"

类似这样的现象，在服装、化妆品、餐饮、建材等行业都有。

2. 鱼龙混杂引来"假洋鬼子"

北京零点前进策略咨询有限责任公司相关负责人在接受记者采访时称，很多国产商品之所以愿意起外国名，主要与目标消费者的品牌偏好有关。

他指出，对于某些商品，由于国内和国外在技术、设计、质量等方面存在较大差距，国内消费者明显偏好国外的商品，取洋名，容易让消费者产生"这个商品和国外有联系"这种联想。

由于近代中国在科技等诸多方面落后于国外，所以消费者对国外的东西曾经有一种雾里看花、水中望月的模糊感，很多人抱着外国的商品质量好的观点，对"洋品牌"有崇拜心理。

改革开放之后，庞大的消费市场就像是摆在人们面前的金山银山，"洋品牌"开始进入中国市场，美国、法国、英国、日本、瑞士、加拿大、澳大利亚等国家的品牌，都想在这个庞大的市场上分一杯羹。

而假"洋品牌"也跟着"洋品牌"的进入应运而生,并得到快速发展。

**【实训过程设计】**

(1) 指导教师布置学生课前预习"阅读材料"。

(2) 将全班同学平均分成几个小组,按每组 5~6 人进行讨论。

(3) 根据"阅读材料",对达芬奇造假案的原因进行剖析。

(4) 根据"阅读材料",讨论如何应对假"洋品牌"。

(5) 各实训小组对本次实训进行总结和点评,撰写作为最终成果的"商品学实训报告"。

(6) 各小组提交填写"项目组长姓名、成员名单"的"商品学实训报告"。将优秀的实训报告在班级展出,并收入本课程教学资源库。

## 综合练习

### 一、名词解释

商品质量　商品内在质量　商品外观质量　食品的营养价值　营养成分　可消化率　发热量　食品卫生性　商品质量管理　全面质量管理　戴明循环

### 二、多项选择题

1. 日用工业品质量的基本要求是（　　）。

A. 适用性　　　　　B. 坚固耐用性　　　　　C. 卫生安全性

D. 美观性　　　　　E. 吸湿透气性

2. PDCA 循环,表示质量管理的（　　）阶段。

A. 计划　　　　　　B. 检查　　　　　　　　C. 执行

D. 奖励　　　　　　E. 处理

3. 质量评价最终表现为商品价值,其评价内容包括（　　）。

A. 价格　　　　　　B. 价值　　　　　　　　C. 功能

D. 适用性　　　　　E. 产地

4. 流通过程中,对商品质量的影响因素有（　　）。

A. 商品运输　　　　B. 商品储存　　　　　　C. 商品养护

D. 销售服务　　　　E. 消费习惯

5. 商品质量管理的发展包括的阶段有（　　）。

A. 检验质量阶段　　B. 统计质量阶段　　　　C. 全面质量管理阶段

D. 检查质量管理阶段　E. 验收质量管理阶段

### 三、问答题

1. 什么是商品质量? 提高商品质量有何重要意义?

2. 对食品质量的基本要求有哪些?

3. 简述对纺织品质量的基本要求。

4. 简述对进出口商品质量的要求。

5. 影响商品质量的因素有哪些?

6. 试述全面质量管理的基本方法。

# 第四章

## 商品标准与标准化

### 学习要点

- 理解商品标准的概念
- 理解商品标准对企业的作用
- 了解商品标准的种类、分级和表示方法
- 理解标准化的作用

### ◆ 案例导读

**强制性国家标准是养老服务质量的底线**

2020 年 1 月 13 日，国新办举行《养老机构服务安全基本规范》强制性国家标准国务院政策例行吹风会。相关部门领导在回答记者提问时表示，《养老机构服务安全基本规范》区别于一般的推荐性标准，作为强制性的国家标准，社会各方都要依法强制执行，该规范是养老服务质量的底线要求。

**启示**：这项标准编制的主要指导思想就是要总结实践经验，建立养老机构服务安全提升的长效机制，这个标准希望达到的目的是老百姓能够看得懂、养老机构经过努力能够达得到、养老院的服务人员能够操作、监管部门的监管有依据。可见，标准在社会生活中作用巨大。

## 第一节　商　品　标　准

"没有规矩，不成方圆。"没有统一的标准，人们对任何事物的评价判断或控制管理就失去了准则和依据。标准的制定和实施是市场经济运行的保证，是企业进行规范和管理的一项基础性工作，也是手段。

### 一、标准与商品标准的概念

#### 1. 标准的概念

GB/T 20000.1—2014《标准化工作指南　第 1 部分：标准化和相关活动的通用术语》

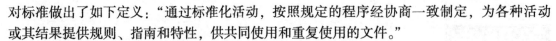

对标准做出了如下定义："通过标准化活动，按照规定的程序经协商一致制定，为各种活动或其结果提供规则、指南和特性，供共同使用和重复使用的文件。"

该定义包含以下几方面的含义：

（1）标准是标准化活动的产物。它是一种规范性文件，即为各种活动（技术活动、经济活动和社会生活活动）或其结果提供规则、指南和特性的文件。标准的本质属性是一种统一规定，这种规定是有关各方共同遵守的准则和依据。

（2）标准具有共同使用和重复使用的特征。从本质上说，标准是以科学合理的规定为公众提供一种可供使用和重复使用的最佳选择。"重复"是指同一事物反复多次出现的性质。例如，批量生产的产品在生产过程中的重复投入、重复加工、重复检验等，同一类技术管理活动中反复出现同一概念的术语、符号、代号等。只有作为标准制定对象的事物或概念具有重复出现的特征时，标准才能重复使用，才有制定标准的必要。

（3）标准产生的基础是科学、技术和实践经验的综合成果。标准既是科学技术的成果，又是实践经验的总结，并且这些成果和经验总结都是在分析、比较、综合和验证基础上进行规范化的，只有这样制定出来的标准才具有科学性。

（4）标准制定的程序包括标准的立项、起草、征求意见、送审和报批。通常，起草的标准在内部讨论后，先形成标准征求意见稿。征求意见稿通过会审或函审向各有关利益方征求意见，然后将意见交由起草者进行修改，完成标准草案送审稿。通常由相应的技术工作委员会对送审稿进行会审，再由起草者根据会议审查的主要修改意见对送审稿进行修改，完成标准草案报批稿，最后由专业标准化协会将报批稿报送标准化主管部门批准。

（5）制定标准的过程要"经有关方面协商一致"，是指制定标准要发扬技术民主，与有关方面协商一致，做到"三稿定标"，即征求意见稿、送审稿和报批稿。例如，制定产品标准不仅要有生产部门参加，还应当有用户、科研、检验等部门参加，共同讨论研究，"协商一致"，这样制定出来的标准才具有权威性、科学性和适用性。

**2. 商品标准的概念**

商品标准是产品标准和服务标准的总称，这是广义的标准的概念。狭义的商品标准是指产品标准，大多数情况下，我们所说的商品标准是狭义的。

GB/T 20001.1—2014《标准化工作指南 第1部分：标准化和相关活动的通用术语》将产品标准定义为："规定产品需要满足的要求以保证其适用性的标准。"同时注明：产品标准除了包括适用性的要求外，也可直接包括或以引用的方式包括诸如术语、取样、检测、包装和标签等方面的要求，有时还可包括工艺要求；产品标准根据其规定的是全部的还是部分的必要要求，可区分为完整的标准和非完整的标准。由此，产品标准又可分为不同类别的标准，如尺寸类、材料类和交货技术通则类产品标准。

GB/T 20000.1—2014将服务标准定义为："规定服务需要满足的要求以保证其适用性的标准。"同时也注明：服务标准可以在诸如洗衣、饭店管理、运输、汽车维护、远程通信、银行、保险、贸易等领域内编制。

商品标准是科学技术和生产力发展水平的一种标志，它是社会生产力发展到一定程度的产物，又是推动生产力发展的一种手段。凡正式生产的各类商品，都应制定或符合相应的商品标准。商品标准由主管部门批准、发布后，就是一种技术法规，具有法律效力，同时也具有政策性、科学性、先进性、民主性和权威性。它是生产、流通、消费等部门在商品质量出现争议时执行仲裁的依据。

## 二、商品标准的作用

商品标准的作用主要表现在以下方面：

**1. 商品标准是评定商品质量的准则**

商品的种类繁多、质量千差万别，如何判断商品质量的好坏，其依据就是商品标准。尤其是当产销双方、销售与使用双方对商品质量发生争议时，标准是仲裁的统一准则和依据。生产部门按技术标准生产，质量检验部门按技术标准对商品质量进行检验。所以，《中华人民共和国标准化管理条例》规定，对于正式生产的商品，都必须制定标准。

**2. 商品标准能促进商品质量的提高**

商品标准体现了一个国家的技术经济政策，反映了一个国家生产力发展水平的高低。制定标准的过程是科学的反映过程，使商品的设计、生产、加工、流通都建立在科学的基础之上，都能"有章可循""有法可依"，从而使商品质量得到基本保证。对于不符合标准的商品、服务，《中华人民共和国标准化法》规定，不得生产、销售、进口或提供。企业如能认真贯彻，必能保证和促进商品质量不断提高。

**3. 商品标准是冲破技术壁垒、扩大对外贸易的手段**

商品标准代表一定的质量和技术水平，不同国家间商品的交换、人员与信息的交流以及运输的实现等，都是建立在标准的基础之上的。标准化是国际贸易的一个出色的"推动器"。随着经济全球化，贸易国际化快速发展，商品的国际竞争也越来越激烈。但是，由于相关标准不统一，往往会形成技术性贸易壁垒，阻碍国际贸易的发展。开展标准化，特别是国际标准化，使相关标准协调统一，特别是更多国际标准的发布和应用，为衡量进出口商品质量提供了重要依据，为技术法规和合格评定程序的制定和实施提供了技术支撑，大大推动了国际贸易的发展。

由于各国、各地区的消费者对商品和服务的要求不同，以及各国、各地区在技术水平和技术发展政策上存在差异，各国、各地区的各行各业就同一商品和服务制定的标准必然存在着差异。在国际贸易中的贸易摩擦，起因于标准和合格评定程序的事例不断增多。通过标准和合格评定程序的协调一致，可以减少技术性贸易壁垒，促进贸易自由化。可以说，标准化是打破技术性贸易壁垒、简化贸易的有效手段，是沟通国际贸易和国际技术合作的技术纽带。通过标准化，能够很好地解决商品交换中的质量、安全、可靠性和互换性配套等问题。

## 三、商品标准的分类、级别和代号

**1. 商品标准的分类**

商品标准的分类方法很多，常见的有以下几种：

（1）商品标准按表达形式，分为文件标准和实物标准。文件标准是以文字（包括表格、图等）的形式对商品质量所做的统一规定。绝大多数商品标准都是文件标准。文件标准在其开本、封面、格式、字体、字号等方面都有明确的规定，应符合 GB/T 1.1—2009《标准化工作导则　第 1 部分：标准的结构和编写》中的有关规定。实物标准是指对某些难以用文字准确表达的质量要求（如色泽、气味、手感等），由标准化主管机构或指定部门用实物做成与文件标准规定的质量要求完全或部分相同的标准样品，作为文件标准的补充，同样是生产、检验等有关方面共同遵守的技术依据。例如，粮食、茶叶、羊毛、蚕茧等农副产品，都有分等级的实物标准。实物标准是文件标准的补充，要经常更新。

（2）商品标准按约束程度，分为强制性标准和推荐性标准。强制性标准又称法规性标准，是国家通过法律的形式，明确对于一些标准所规定的技术内容和要求必须严格执行，不允许以任何理由或方式加以违反、变更，这样的标准称为强制性标准，包括强制性的国家标准、行业标准和地方标准。对违反强制性标准的将依法追究当事人的法律责任。强制性标准包括：药品标准，食品卫生标准，兽药标准；产品及产品生产、储运和使用中的安全、卫生标准，劳动安全、卫生标准，运输安全标准；工程建设的质量、安全、卫生标准及国家需要控制的其他工程建设标准；环境保护的污染物排放标准和环境质量标准；等等。推荐性标准又称自愿性标准，是指国家鼓励的自愿采用的具有指导作用而又不宜强制执行的标准，即标准所规定的技术内容和要求具有普遍的指导作用，允许使用单位结合自己的实际情况，灵活地加以选用。实行市场经济的国家大多数实行推荐性标准，如美国、日本等国的大多数标准。我国从1985年开始实行强制性和推荐性标准相结合的标准体制。

（3）商品标准按成熟程度，分为正式标准和试行标准。试行标准与正式标准具有同等效用，同样具有法律约束力。试行标准一般在试行2～3年后，经过讨论修订，再作为正式标准发布。现行标准绝大多数为正式标准。

（4）商品标准按保密程度，分为公开标准和内部标准。我国的绝大多数标准是公开标准。少数涉及军事技术或尖端技术机密的标准，只准在国内或有关单位内部发行，这类标准称为内部标准。

另外，商品标准还可以按性质分为产品标准、方法标准、基础标准、安全标准、卫生标准、管理标准、环保标准、其他标准等。

### 知识链接

**加快标准"走出去"，助力国际产能和装备制造合作**

国家标准化管理委员会积极组织落实《标准联通"一带一路行动计划（2015—2017）"》，加快中国标准"走出去"，助推国际产能和装备制造合作，发布航空航天、钢铁、工程机械、家用电器等领域74项国家标准外文版。同步发布《中国造船质量标准》《中国修船质量标准》等国家标准中文版和英文版，更好地带动中国船舶产品技术和服务"走出去"。中国提出豆浆机和弹性结构电压力锅国际标准提案，使中国家电领域九阳、和美等企业的相关产品的出口额在3年内取得了4倍和9倍增长的奇迹，让世界各国深切感受到中国家电行业正在由"中国制造"向"中国创造"转变；中国石油天然气集团川庆钻探工程有限公司在土库曼斯坦承担了南约罗坦气田100亿 m³ 商品气产能建设交钥匙工程，项目合同金额超过30亿美元，相关部门积极推动83项中国标准在土库曼斯坦注册并授权使用，为川庆钻探工程有限公司承建项目节省投资15%；山东省昌邑市康洁环卫工程有限公司以独具特色的"标准环卫服务"模式，中标巴基斯坦最大城市卡拉奇环卫服务项目，合同金额达10亿元人民币，开创了"中国标准"引领"中国服务"走出去的先河；中国铁建和中国中铁两家央企承建的首条在国外采用全套中国标准和中国装备建造的第一条现代铁路——亚吉铁路，是中国第一个集投融资、设计、施工、主要装备材料、监理、机车、运营为一体的全产业链、全流程"中国化"的跨国电气化铁路项目，全部采用中国标准，对中国铁路标准"走出去"有着重要的示范意义。

**2. 商品标准的级别**

为了适应不同的技术水准，满足各种不同的经济要求，按使用领域和有效范围的不同，商品标准可分为不同的级别。从全球范围来看，商品标准一般可以分为国际标准、区域标准、国家标准、行业标准、地方标准和企业标准等。

（1）国际标准。GB/T 20000.1—2014 将国际标准定义为："由国际标准化组织或国际标准组织通过并公开发布的标准。"国际标准化组织（ISO）是世界上最大的国际标准化机构，国际电工委员会（IEC）、国际电信联盟（ITU）和 ISO 合称为三大国际标准化机构。

（2）区域标准。GB/T 20000.1—2014 将区域标准定义为："由区域标准化组织或区域标准组织通过并公开发布的标准。"目前，国际上较为重要的区域标准主要有欧洲标准化委员（CEN）标准、欧洲电工标准化委员会（CENELEC）标准、欧洲广播联盟（EBU）标准、非洲地区标准化组织（ARSO）标准、亚洲标准咨询委员会（ASAC）标准等。

（3）国家标准。国家标准是指对全国经济技术发展具有重大意义，需要在全国范围内统一的技术要求所制定的标准。国家标准在全国范围内适用，其他各级标准不得与之相抵触。国家标准是四级标准体系中的主体。国家标准制定的对象包括以下几个方面：

1）通用技术术语、符号、代号（含代码）、文件格式、制图方法等通用技术语言要求和互换配合要求。

2）保障人体健康和人身、财产安全的技术要求，包括：产品的安全、卫生要求，生产、储存、运输和使用中的安全、卫生要求，工程建设的安全、卫生要求，环境保护的技术要求。

3）基本原料、燃料、材料的技术要求。

4）通用基础件的技术要求。

5）通用的试验、检验方法。

6）工农业生产、工程建设、信息、能源、资源和交通运输等通用的管理技术要求。

7）工程建设的重要技术要求。

8）国家需要控制的其他重要产品和工程建设的通用技术要求。

国家标准由国务院标准化行政主管部门（国家市场监督管理总局）制定，即由其负责编制计划，组织草拟，统一审批、编号和发布。工程建设、药品、食品卫生、兽药、环境保护的国家标准，分别由国务院工程建设主管部门、卫生主管部门、农业主管部门、环境保护主管部门组织草拟、审批，其编号、发布办法由国务院标准化行政主管部门会同国务院有关行政主管部门制定。特别重大的，报国务院审批和发布。

（4）行业标准。行业标准是指对没有国家标准而又需要在全国某个行业范围内统一的技术要求所制定的标准。行业标准是对国家标准的补充，是专业性、技术性较强的标准。行业标准的制定不得与国家标准相抵触。在相应国家标准公布实施后，该项行业标准即行废止。

行业标准由国务院有关行政主管部门负责制定和审批，并报国务院标准化行政主管部门备案。

对没有国家标准又需要在行业范围内统一的下列技术要求，可以制定行业标准。行业标准制定的对象包括以下几个方面：

1）技术术语、符号（含代码）、文件格式、制图方法等通用技术语言。

2）工农业产品的品种、规格、性能参数、质量标准、试验方法以及安全、卫生要求。

3）工农业产品的设计、生产、检验、包装、储存、运输过程中的安全、卫生要求。

4）通用零部件的技术要求。

5）产品结构要素和互换配合要求。

6）工程建设的勘察、规划、设计施工及验收的技术要求和方法。

7）信息、能源、资源、交通运输的技术要求及其管理技术要求。

（5）地方标准。地方标准是指对没有国家标准和行业标准而又需要在省、自治区、直辖市范围内统一工业产品的安全、卫生要求所制定的标准。地方标准在本行政区域内适用，不得与国家标准和行业标准相抵触。

地方标准由省、自治区、直辖市人民政府标准化行政主管部门制定和审批，并报国务院标准化行政主管部门和国务院有关行政主管部门备案。在相应国家标准或行业标准批准实施之后，该项地方标准即行废止。

对没有国家标准和行业标准而又需要在省、自治区、直辖市范围内统一的下列技术要求，可以制定地方标准。地方标准制定的对象包括以下几个方面：

1）工业产品的安全、卫生要求。

2）药品、兽药、食品卫生、环境保护、节约能源、种子等法律、法规规定的要求。

3）其他法律、法规规定的要求。

（6）企业标准。企业标准是指企业所制定的产品标准和对在企业内需要协调、统一的技术要求和管理、工作要求所制定的标准。企业标准是企业组织生产、经营活动的依据。企业标准主要有以下几种：

1）企业生产的产品，没有国家标准、行业标准和地方标准而又需要制定的企业产品标准。

2）为提高产品质量和促进技术进步，制定严于国家标准、行业标准或地方标准的企业产品标准。

3）对国家标准、行业标准进行选择或补充的标准。

4）工艺、工装、半成品等方面的技术标准。

5）生产、经营活动中的管理标准和工作标准。

企业产品标准应在批准发布30日内向当地标准化行政主管部门和有关行政主管部门备案。

**3. 商品标准的代号**

（1）国际标准代号。国际标准代号一般是用其标准组织的代号作为标准代号。

其编号方式为：国际标准代号＋顺序号＋发布年号＋标准名称。

例如，ISO/CIE 20086：2019 表示 2019 年发布的第 20086 号《光和照明——建筑物照明的能源性能》国际标准。

（2）国家标准代号。"GB"——强制性国家标准代号；"GB/T"——推荐性国家标准代号。

其编号方式为：国家标准代号 + 标准顺序号 + 发布年号。

例如，GB 37489.2—2019 表示 2019 年发布的第 37489 号强制性国家标准《公共场所设计卫生规范 第 2 部分：住宿场所》，"37489"后面的".2"表示是第 2 部分的内容。

又如，GB/T 903—2019 表示 2019 年发布的第 903 号推荐性国家标准《无色光学玻璃》。

（3）行业标准代号。行业标准代号由国务院标准化主管部门即国家市场监督管理总局规定，见表 4-1。

表 4-1 中华人民共和国行业标准代号

| 序 号 | 行业标准名称 | 行业标准代号 |
|---|---|---|
| 1 | 农业 | NY |
| 2 | 水产 | SC |
| 3 | 水利 | SL |
| 4 | 林业 | LY |
| 5 | 轻工 | QB |
| 6 | 纺织 | FZ |
| 7 | 医药 | YY |
| 8 | 民政 | MZ |
| 9 | 教育 | JY |
| 10 | 烟草 | YC |
| 11 | 黑色金属 | YB |
| 12 | 有色冶金 | YS |
| 13 | 石油天然气 | ST |
| 14 | 化工 | HG |
| 15 | 石油化工 | SH |
| 16 | 建材 | JC |
| 17 | 地质矿产 | DZ |
| 18 | 土地管理 | TD |
| 19 | 测绘 | CH |
| 20 | 机械 | JB |
| 21 | 汽车 | QC |
| 22 | 民用航空 | MH |
| 23 | 兵工民品 | WJ |
| 24 | 船舶 | CB |
| 25 | 航空 | HB |
| 26 | 航天 | QI |
| 27 | 核工业 | EJ |
| 28 | 铁路运输 | TB |
| 29 | 交通 | JT |
| 30 | 劳动和劳动安全 | LD |

（续）

| 序　号 | 行业标准名称 | 行业标准代号 |
|---|---|---|
| 31 | 电子 | SJ |
| 32 | 通信 | YD |
| 33 | 广播电影电视 | GY |
| 34 | 电力 | DL |
| 35 | 金融 | JR |
| 36 | 海洋 | HY |
| 37 | 档案 | DA |
| 38 | 商检 | SN |
| 39 | 文化 | WH |
| 40 | 体育 | TY |
| 41 | 商业 | SB |
| 42 | 物资管理 | WB |
| 43 | 环境保护 | HJ |
| 44 | 稀土 | XB |
| 45 | 城镇建设 | CJ |
| 46 | 建筑工业 | JG |
| 47 | 新闻出版 | CY |
| 48 | 煤炭 | MT |
| 49 | 卫生 | WS |
| 50 | 公共安全 | GA |
| 51 | 包装 | BB |
| 52 | 地震 | DB |
| 53 | 旅游 | LB |
| 54 | 气象 | QX |
| 55 | 外经贸 | WM |
| 56 | 海关 | HS |
| 57 | 邮政 | YZ |

行业标准分为强制性标准和推荐性标准。表4-1中给出的是强制性行业标准代号，推荐性行业标准代号是在强制性行业标准代号后面加"/T"。例如，农业行业的推荐性行业标准代号是"NY/T"。

其编号方式为：行业标准代号＋标准顺序号＋发布年号。

例如，HB 8547—2019表示2019年发布的第8547号强制性航空行业标准。

又如，NY/T 3413—2019表示2019年发布的第3413号推荐性农业行业标准。

（4）地方标准代号。强制性地方标准代号为DB＋地区代码；推荐性地方标准代号为DB＋地区代码/T。

其编号方式为：地方标准代号＋标准顺序号＋发布年号。

其中，地区代码各省、自治区、直辖市行政区域代码为前两位数字，如"11"表示北京市，"12"表示天津市，"13"表示河北省，"14"表示山西省等。

例如，DB12/856—2019 表示 2019 年发布的第 856 号强制性天津地方标准《铅蓄电池工业污染物排放标准》。

又如，DB44/T 2131—2018 表示 2018 年发布的第 2131 号推荐性广东省地方标准《政务公开　术语》。

表 4-2 所示为我国各省、自治区、直辖市、特别行政区代码表。

**表 4-2　我国各省、自治区、直辖市、特别行政区代码表**

| 名　　称 | 罗马字母拼写 | 数 字 码 | 字 母 码 |
|---|---|---|---|
| 北京市 | Beijing Shi | 110000 | BJ |
| 天津市 | Tianjin Shi | 120000 | TJ |
| 河北省 | Hebei Sheng | 130000 | HE |
| 山西省 | Shanxi Sheng | 140000 | SX |
| 内蒙古自治区 | Nei Mongol Zizhiqu | 150000 | NM |
| 辽宁省 | Liaoning Sheng | 210000 | LN |
| 吉林省 | Jilin Sheng | 220000 | JL |
| 黑龙江省 | Heilongjiang Sheng | 230000 | HL |
| 上海市 | Shanghai Shi | 310000 | SH |
| 江苏省 | Jiangsu Sheng | 320000 | JS |
| 浙江省 | Zhejiang Sheng | 330000 | ZJ |
| 安徽省 | Anhui Sheng | 340000 | AH |
| 福建省 | Fujian Sheng | 350000 | FJ |
| 江西省 | Jiangxi Sheng | 360000 | JX |
| 山东省 | Shandong Sheng | 370000 | SD |
| 河南省 | Henan Sheng | 410000 | HA |
| 湖北省 | Hubei Sheng | 420000 | HB |
| 湖南省 | Hunan Sheng | 430000 | HN |
| 广东省 | Guangdong Sheng | 440000 | GD |
| 广西壮族自治区 | Guangxi Zhuangzu Zizhiqu | 450000 | GX |
| 海南省 | Hainan Sheng | 460000 | HI |
| 重庆市 | Chongqing Shi | 500000 | CQ |
| 四川省 | Sichuan Sheng | 510000 | SC |
| 贵州省 | Guizhou Sheng | 520000 | GZ |
| 云南省 | Yunnan Sheng | 530000 | YN |
| 西藏自治区 | Xizang Zizhiqu | 540000 | XZ |
| 陕西省 | Shaanxi Sheng | 610000 | SN |
| 甘肃省 | Gansu Sheng | 620000 | GS |
| 青海省 | Qinghai Sheng | 630000 | QH |
| 宁夏回族自治区 | Ningxia Huizu Zizhiqu | 640000 | NX |
| 新疆维吾尔自治区 | Xinjiang Uygur Zizhiqu | 650000 | XJ |
| 台湾省 | Taiwan Sheng | 710000 | TW |
| 香港特别行政区 | Hongkong Tebiexingzhengqu | 810000 | HK |
| 澳门特别行政区 | Macau Tebiexingzhengqu | 820000 | MO |

（5）企业标准代号。企业标准代号由"Q"和斜线加企业代号组成。企业代号的规定分两种情况：一是凡中央所属企业的企业代号，由国务院有关行政主管部门规定；二是各地方所属企业的企业代号，则由其所在省、自治区、直辖市政府标准化主管部门规定。企业代号可用汉语拼音或阿拉伯数字或两者兼用表示。

其编号方式为：企业标准代号（即 Q/—）+ 标准顺序号 + 发布年号。

例如，Q/ZFXTJ 007—2019 表示 2019 年发布的郑州市方轩堂生物科技有限公司的第 007 号《甲状腺保健贴》企业标准。

由省、自治区、直辖市发布的标准，还要在其企业标准代号"Q"前加上本省、自治区、直辖市的简称汉字，如"京 Q/—""皖 Q/—"等。

# 第二节　商品标准的制定

## 一、商品标准的制定程序

商品标准由科学技术的成果转化而来，是科研、生产、销售、使用等实践经验的科学总结。因此，制定商品标准应当充分发挥由用户、生产单位、行业协会、科学研究机构、学术团体及有关部门的专家组成的标准化技术委员会的作用。目前，我国是在市场监督管理总局领导下，由全国专业标准化技术委员会或全国专业标准化归口单位负责标准的制定和修订工作。制定和修订商品标准一般按以下程序进行：

**1. 确定项目**

根据国民经济发展的需要，首先确定制定哪种、哪一级标准，然后将项目下达到制定标准的部门，并组织由专家组成的标准化技术委员会，负责标准的起草。

**2. 调查研究，收集资料**

标准起草人员通过调查或其他途径，了解国内外同类商品的生产水平、质量水平、研究成果、用户要求、发展方向；收集有关的技术数据和统计资料以及相应的国际标准和国外先进标准。

**3. 科学研究、试验论证、起草标准，形成标准草案**

对各种数据和资料进行统计分析和综合研究，对有关技术规定进行验证，得到可靠数据和正确结论。在此基础上编写标准草案，并通过各种形式广泛征求意见。

**4. 修改标准，形成送审稿**

根据汇总的意见对标准草案进行修改，形成标准送审稿以后，组织各方面代表对标准草案（送审稿）的技术内容、技术指标和有关规定进行全面审查，确保标准的先进性和合理性，并使所制定的标准和其他相关标准协调。

标准草案审查通过后，整理成报批稿送主管部门审批后发布生效。

## 二、商品标准的制定原则

制定和修订商品标准，必须依据标准化原理和方法，在国家有关方针政策的指导下，提出明确的原则，以保证制定和修订的商品标准满足国家在一定历史时期内经济建设的需要。制定商品标准的基本出发点是建立最佳秩序和取得最佳经济效益，这也是制定商品标准的目的。为了实现这一目的，提出以下商品标准的制定原则：

**1. 充分考虑使用要求**

所谓使用要求，是指用户或消费者对商品的质量要求。在社会主义市场经济体制下，企业生产必须面向市场，按用户或消费者的需要和使用要求组织生产。商品标准是为保证商品的适用性而对商品的质量特性应达到的要求所做的规定，它是商品设计、生产和检验的技术依据。因此，在制定和修订商品标准时，首先要从社会需要出发，广泛听取、用户或消费者等方面的意见，充分考虑用户或消费者的使用要求以及实现这些要求的可能性，千方百计地满足用户或消费者的需要。在规定商品质量指标时，要考虑商品的用途和实际使用条件。

**2. 要有利于保障安全和人身健康，保护消费者权益，保护环境**

在制定和修订商品标准时，必须充分考虑商品生产、运输和使用中的安全、卫生、可靠以及环境保护、消费者保护等要求。特别是在制定药品标准、食品卫生标准、压力容器标准、电器商品标准、危险品包装运输标准等时，必须把人身健康和卫生安全放在首位。在制定生产工艺标准时，要考虑生产技术方法对环境的污染问题。

**3. 技术先进，经济合理**

技术先进就是商品标准中规定的各项质量指标和要求应当适应国家技术经济发展的水平，力求反映科学、技术和生产的先进成果，有利于发展生产，促进企业技术进步和商品质量、经济效益的不断提高。因此，在制定和修订商品标准时，要以科学技术和生产的先进经验的综合成果为基础，适应现代科学技术和生产发展的要求，以及赶超世界先进水平和超越国际市场竞争的要求。确定质量指标和检验方法，力求科学合理；各项质量指标的规定既不能过高，也不能过低，并要符合使用要求。

经济上的合理性是衡量技术可行性的重要标志和依据。任何先进技术的推广和应用，都受经济条件的制约。真正先进的商品或技术，应是在同等水平中较经济的。因此，制定和修订商品标准时，不仅要考虑技术先进，而且要通过全面的技术经济分析和论证，寻求经济上的合理性，把提高商品标准水平、商品质量与取得最佳经济效益统一起来。

**4. 结合自然条件，合理利用社会资源**

资源是一个国家发展经济最基本的物质基础。制定商品标准时，要密切结合本国的自然资源情况，努力提高资源的利用率，尽可能节约原材料，努力开发新材料，尽可能采用代用品，大力回收利用废旧物资。在开发利用资源时，还必须考虑资源保护、生态环境等问题。

任何商品总是在一定的环境条件下使用的，有些商品的性能要受到环境条件的制约。因此，制定商品标准时，要研究如何使商品既适应环境条件，又合理利用社会资源。

**5. 积极采用国际标准和国外先进标准，以适应对外贸易发展的需要**

中国已加入世界贸易组织，进出口贸易呈现快速发展的趋势，而发达国家凭借先进标准这一技术壁垒保护本国市场。积极采用国际标准和国外先进标准已成为世界各国技术经济发展的普遍趋势。

采用国际标准和国外先进标准，要从我国经济技术发展和对外贸易的需要出发，对于国际标准中的基础标准、方法标准、原材料标准、通用零部件标准以及有关安全、卫生、环境保护标准，要尽量优先采用；对于商品质量指标和测试方法，可以择优采用，以提高商品质量，开拓国际市场，增强我国商品在国际市场上的竞争能力，促进我国对外经济技术合作和对外贸易的发展。

**6. 商品标准尽量协调、配套**

在制定标准时，要对国内外同类商品的品种、规格、性能、用途等进行选优和合理的分类、分档，形成系列，特别是那些工业商品中量大面广的零件、部件、元件、配件等，做到尽量扩大使用范围，提高通用互换的程度，使各类商品的标准尽量协调、配套。

**7. 商品标准要做到与时俱进**

商品标准要视国内外科技和生产发展的情况，适时地、主动地进行修订，以适应新变化的环境。根据我国标准化管理条例的规定，每隔 3 ~ 5 年复审一次，分别予以确认、修订和废止。

### 三、商品标准的构成要素和基本内容

根据 GB/T 1.1—2009《标准化工作导则　第 1 部分：标准的结构和编写》、GB/T 20001.10—2014《标准编写规则　第 10 部分：产品标准》、GB/T 24421.3—2009《服务业组织标准化工作指南　第 3 部分：标准编写》以及 GB/T 28222—2011《服务标准编写通则》，我国商品标准（产品标准、服务标准）的构成要素如图 4-1 所示。

**（一）商品标准的构成要素**

商品标准的构成要素有四个类型：资料性概述要素、规范性一般要素、规范性技术要素和资料性补充要素。

资料性要素是指标识标准、介绍标准和提供标准的附加信息的要素，它又分为资料性概述要素和资料性补充要素。前者是标识标准，介绍其内容、背景、制定情况以及该标准与其他标准的关系的要素，具体来说，就是指标准的封面、目次、前言、引言；后者是提供附加信息，以帮助理解和使用标准的要素，具体指资料性附录、参考文献、索引。

规范性要素是指符合标准而应遵守的要素，又分为规范性一般要素和规范性技术要素。前者包括标准名称、范围和规范性引用文件；后者包括图 4-1 所示的各种技术要素。

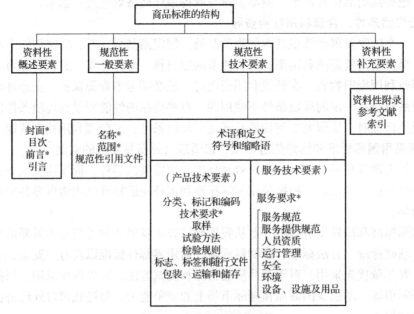

图 4-1　商品标准构成要素

应该说明，图4-1中标有"＊"者为必备要素，即标准中必须存在的要素；其他无标记者为可选要素，即在标准中不是必须存在的要素，其存在与否应视标准条款的具体需求而定。一项标准不需要包括图4-1的所有要素，但可以包括图中所示之外的其他要素。

**（二）产品标准和服务标准必须或可能共同具备的要素和内容**

**1. 封面和前言**

（1）封面是必备要素。每项产品标准和服务标准均有封面。以国家标准为例，封面的内容有："中华人民共和国国家标准"字样和"GB"标志、标准的中文名称和英文名称、实施日期和标准的发布部门等，若标准有对应的国际标准，则在封面上会标明一致性程度的标识，一致性程度的标识由对应的国际标准编号、国际标准英文名称、一致性程度代号［IDT（等同）、MOD（修改）、NEQ（非等效）］等内容组成。如果标准的英文名称与国际标准的名称相同，通常不标出国际标准名称。

（2）前言也是必备要素。每项商品标准均有前言。前言由特定部分和基本部分组成。在特定部分中，要说明标准代替或废除的全部或部分其他文件（标准）；说明与前一版标准相比的重大技术变化；说明标准和其他标准或文件的关系；说明标准中的附录，哪些是规范性附录，哪些是资料性附录。在基本部分中，一般视情况依次给出以下信息：标准的提出单位；标准的批准部门（适用于非国务院标准化行政主管部门批准的国家标准）；标准归口管理的标准化组织；标准的起草单位（需要时，可指明负责起草单位和参加起草单位）；标准的主要起草人；标准所代替标准的历次版本发布情况；等等。

**2. 标准名称、范围和规范性引用文件**

（1）标准名称为必备要素。标准名称应简练、明确，置于范围之前。

（2）范围是必备要素。范围一般位于标准正文的起始位置。范围的文字应简洁，可视为标准的内容提要。范围的主要内容是说明该标准的对象和所涉及的各个方面，以及该标准或其特定部分的适用界限。有时，还明确指出该标准不适用的界限。

（3）规范性引用文件是可选要素。规范性引用文件是指那些对于适用该标准来说必不可少的、相关的文件（主要是相关的标准）。其中，注明日期的引用文件，都标明版本号或年号以及完整的名称；不注明日期的引用文件，则不应标明版本号或年号。规范性引用文件通常以一览表的形式存在于标准正文中，一览表引用文件的排列顺序依次为：国家标准、行业标准、地方标准、国内有关文件、ISO标准、IEC标准、ISO或IEC有关文件、其他国际标准以及其他国家有关文件。其中，国家标准、ISO标准、IEC标准按标准顺序号排列；行业标准、地方标准、其他标准先按标准代号的拉丁字母顺序排列，再按标准顺序号排列。规范性引用文件中的国家标准或行业标准如果有对应的国际标准，还要注明与国际标准的一致性程度。

**3. 术语的定义、符号和缩略语**

（1）术语和定义是可选要素，仅给出为理解标准中某些术语所必需的定义。

（2）符号和缩略语是可选要素，仅给出为理解标准所必需的符号和缩略语的一览表。

**（三）产品标准的其他技术要素及内容**

**1. 分类、标记和编码**

分类、标记和编码是可选要素，它们可为符合规定要求的产品建立一个分类（分级）、标记和（或）编码体系。

可根据产品不同的特性（如来源、结构、性能或用途）进行分类。产品分类一般包括下述内容：①分类原则与方法；②划分的类别，如产品品种、型式（或型号）和规格及其系列；③类别的识别，通常可用名称（一般由文字组成）、编码（一般由数字、字母或它们的组合组成）或标记（可由符号、字母、数字构成）进行识别。

产品分类要符合下列基本要求：①划分的类别应满足使用的需要；②应尽可能采用系列化的方法进行分类；③对于系列产品应合理确定系列范围与疏密程度等，尽可能采用优先数和优化数系或模数制。

**2. 技术要求**

技术要求为必备要素，也是商品标准技术要素的重要组成部分，过去常常称作商品的"质量要求"。技术要求应包括下述内容：①直接或以引用方式规定的产品的所有特性；②可量化特性所要求的极限值。

（1）适用性的要求

1）可用性。为了保证可用性，需要根据产品的具体情况规定产品的使用性能、理化性能、环境适应性、人类工效学等方面的技术要求。

① 使用性能。使用性能是产品在使用中才能表现出来的特性。根据产品的具体情况，选择直接反映产品使用性能的指标或者间接反映产品使用性能的可靠代用指标，如功率、速度、耐磨性、可靠性等要求。

② 理化性能。当产品的理化性能对其使用十分重要，或者产品的要求必须用理化性能加以保证时，应规定产品的物理（力学、电学、光学、热学、声学等）性能和化学性能，如产品的密度、强度、硬度、塑性、黏度、电容、电阻、电感、磁感，化学成分、纯度、杂质含量极限等。

③ 环境适应性。根据产品在运输、储存和使用中可能遇到的实际环境条件规定相应的指标，如产品对温度、湿度、气压、烟雾、盐雾、工业腐蚀、冲击、振动、辐射等的适应程度，产品对气候、酸碱度等影响的反应，以及产品抗风、抗磁、抗老化、抗腐蚀的性能等。

2）健康、安全，环境或资源合理利用。如果保障健康、安全，保护环境或促进资源合理利用成为编制标准的目的之一，则应根据具体情况编制相应条款。诸如：对产品中有害成分的限制要求；对产品运转部分的噪声限制、平衡要求；防爆、防火、防电击、防辐射、防机械损伤的要求；产品中的有害物质以及使用中产生的废弃物排放对环境影响的要求；对直接消耗能源产品的耗能指标的规定，如耗电、耗油、耗煤、耗气、耗水等指标。

3）接口、互换性、兼容性或相互配合。便于接口、互换性、兼容性或相互配合等要求是编制产品标准的重要目的之一。

4）品种控制。对于广泛使用的材料、物资、机械零部件、电子元器件或电线电缆等，利于品种控制是编制产品标准的重要目的。品种可包括尺寸和其他特性。

（2）其他要求

1）结构。需要对产品的结构提出要求时，应做出相应的规定。规定产品结构尺寸时，应给出结构尺寸图，并注明长、宽、高三个方向的相应尺寸，或者注明相应尺寸代号等。

2）工艺、材料。产品标准通常不包括对工艺、材料的要求。为了保证产品性能和安全，不得不限定工艺条件时，或可在技术要求中规定工艺要求。不得不指定所用材料时，已有现行标准的，应引用有关标准或规定，可使用不低于有关标准规定的其他材料；如无现行标准的，可在附录中对材料性能做出具体规定。

**3. 取样**

取样为可选要素。它规定取样的条件和方法，以及样品保存方法。

**4. 试验方法**

试验方法为可选要素。编写试验方法的目的在于给出证实技术要求中的要求是否得到满足的方法。技术要求、取样和试验方法是相互关联的，应统筹考虑。

通常，试验方法应包括试样的制备和保存、试验步骤和结果的表述（包括计算方法以及试验方法的准确度）。

**5. 检验规则**

检验规则为可选要素。它是针对产品的一个或多个特性，给出测量、检查、验证产品是否符合技术要求所应遵循的规则、程序或方法等内容。

**6. 标志、标签和随行文件**

含有产品标志内容的产品标准应规定：用于识别产品的各种标志的内容，主要包括产品名称、产品执行的标准编号；生产者或销售商的名称、地址、商标、标记；根据产品特点和使用要求，所标明的产品的不同种类、规格、型号、等级、主要成分及含量、主要参数；对限期使用的产品，还要标明产品的生产日期、保质期或失效日期；使用不当而容易危及人身、产品、设备安全，或损坏产品、设备或污染环境时，要规定警示标志或警示说明。

包装标志的基本内容包括：商品包装材料外观上的收发货标志、包装储运图示标志、危险货物包装标志、包装回收标志及其他标志。

如果要求使用标签，则标准还应规定标签的类型，以及在产品或其包装上如何栓系、粘贴或涂刷标签。

产品标准可要求提供产品的某些随行文件，如产品合格证、产品说明书、装箱单、随机备件附件清单、安装图、搬运说明等。

**7. 包装、运输和储存**

此项为可选要素，需要时可规定产品的包装、运输和储存条件等方面的技术要求，这样既可以防止因包装、运输和储存不当引起危险、毒害或污染环境，又可保护产品。

**（四）服务标准的服务要求要素及内容**

服务要求是服务标准的主要组成部分，包括以下七方面的内容：

**1. 服务规范**

服务规范规定服务应达到的水平和要求，描述对服务提供过程和结果的质量要求，质量要求包括明示的、隐含的，以及必须履行的期望或需求等。

服务业组织在编写服务规范时，要充分考虑以下六方面的质量特性要求：

（1）功能性。服务业组织应根据自身的服务性质，规定预期交付给顾客的服务特性的要求和目标。如媒体主要从四方面规定功能性：检测社会环境、协调社会关系、提供娱乐和传承文化。

（2）经济性。经济性是指用较少的输入获得同质量的服务，在顾客层面是指获得服务所需的费用的合理性，在组织层面是指资源投入和服务提供过程中成本的合理性，服务业组织应从这两个方面规定相应的要求和目标。

（3）安全性。服务业组织应根据识别出的现在的和未来的安全风险规定安全性方面的要求。例如，消防、人身财产安全、保密和健康卫生等方面的要求和工作目标。

（4）舒适性。舒适性是顾客对服务设施、服务环境、服务人员和服务活动的一种综合感受，服务业组织应规定相关的要求和目标。有时无法直接规定这些要求，可以通过对服务人员、服务设施、服务用品和服务环境等方面的要求体现对舒适性的要求。

（5）时间性。服务业组织应规定，按与顾客约定的或组织承诺的时间完成服务活动的要求和目标，应规定等待时间、服务提供过程的时间（包括开始和结束时间）、顾客意见反馈处理的时间及工作效率等。

（6）文明性。文明性属于服务提供过程中为满足精神需求而规定的要求和目标。服务业组织应通过对服务行为的规定体现对文明性的要求，为接受服务者营造自由、亲切、受尊重、友好、自然和谅解的气氛；同时，也通过对员工保障和社会责任方面的要求体现对文明性的要求。

**2. 服务提供规范**

为确保服务提供过程满足服务规范的要求，应制定服务提供规范，规定服务的方法和手段。

在编写服务提供规范时，要考虑以下四方面的基本要求：①服务流程要求；②职责和权限要求；③事件预防性措施要求；④与顾客沟通的安排。

**3. 人员资质**

应从教育与培训、技能与经验、健康与素养等方面规定对从业人员的资质要求。

**4. 运行管理**

应规定对各项运行管理活动的要求，包括对计划、组织、领导和控制等方面的要求。在编写对运行管理的相关要求时，要考虑方针目标管理、信息管理、沟通管理、财务管理、人力资源管理、能源管理、市场营销管理、合同管理、采购管理、评价和持续改进 11 个方面的要求。

**5. 安全**

应制定与服务结果及服务提供过程相关的安全管理规定。在编写安全相关要求时，要考虑安全保障措施、对服务场所的安全要求、对服务用品使用的安全要求、对服务设施的安全要求、对服务从业人员的安全要求五方面的基本要求。

**6. 环境**

为保证向顾客提供适宜的环境，以及保护环境、文化和人类遗产，应制定环境方面的相关要求，规定组织应具备的环境条件和对环境保护的要求。

在编写环境相关要求时，要考虑环境条件要求（提供服务所需温度、湿度、光线、空气质量、卫生、噪声限值、场地面积等）、环境因素的识别和评价要求、环境因素实施控制要求（如废物处理、减少资源和能源的消耗、减少噪声和视觉污染）、环境意识要求。

**7. 设施、设备及用品**

应规定设施、设备和用品相关的购置、验收、使用、存放、维护保养和报废处置等方面的要求。

## 四、商品标准的实施

商品标准的实施是整个标准化活动的一个重要环节。商品标准的贯彻与实施，要依靠质检部门、工商管理部门、产品或服务归口部门、设计部门和企业等各方面相互配合，分工协作，共同努力。

商品标准一经批准发布，就成为商品生产、流通、消费领域的技术依据，各部门在贯彻执行中不得擅自更改或降低标准。从事科研、生产、经营的单位和个人，必须严格执行强制性标准。不符合强制性标准的商品，禁止生产、销售和进口。国家鼓励企业自愿采用推荐性标准，凡按国家标准、行业标准、地方标准或企业标准组织生产的企业，应在其产品或说明书、包装物上标注所执行标准的代号、编号和名称。企业研制开发新产品，改造老产品，进行技术改造，应当符合标准化要求，不允许没有标准依据的商品上市销售。质检部门和工商管理部门要严格按照标准进行商品质量监督与认证，这是保证标准贯彻实施的重要手段。对因违反标准造成不良后果以致重大事故者，由质检部门或有关行政主管部门按照《中华人民共和国标准化法》和实施条例的有关规定，根据不同情节进行处理。

在贯彻实施商品标准过程中，还要做好信息反馈、调查研究等工作，为将来的修订做好准备。

## 第三节 标准化和商品标准化

### 一、标准化

#### 1. 标准化的概念及含义

GB/T 20000.1—2014《标准化工作指南 第 1 部分：标准化和相关活动的通用术语》对标准化的定义是："为了在既定范围内获得最佳秩序，促进共同效益，对现实问题或潜在问题确立共同使用和重复使用的条款以及编制、发布和应用的活动。"该定义具有以下含义：

（1）标准化是一项活动过程。其实质是一种编制、发布、实施和修改标准的活动过程。标准是标准化活动的中心。

（2）标准化涉及的问题范围非常广，除了生产、流通、消费等经济活动以外，还包括科学、技术、管理等多种活动。

（3）标准化的目的是通过其活动使其研究对象达到统一，并最终获得"最佳秩序"。所谓"最佳"，是指通盘考虑了目前和长远、生产与消费等各个方面因素后所能取得的综合的最佳效益。所谓"秩序"，是指有条不紊的生产秩序、技术秩序、经济秩序、管理秩序和安全秩序。

#### 2. 标准化的基本原理

标准化的基本原理通常是指统一原理、简化原理、协调原理和最优化原理。

（1）统一原理。统一原理就是为了保证事物发展所必需的秩序和效率，对事物的形成、功能或其他特性，确定适合于一定时期和一定条件的一致规范，并使这种一致规范与被取代的对象在功能上达到等效。统一原理包含以下要点：

1）统一是为了确定一组对象的一致规范，其目的是保证事物所必需的秩序和效率。

2）统一的原则是功能等效，从一组对象中选择并确定一致规范，应能包含被取代对象所具备的必要功能。

3）统一是相对的，确定的一致规范只适用于一定时期和一定条件，随着时间的推移和条件的改变，旧的统一就要被新的统一所代替。

(2) 简化原理。简化原理就是为了经济、有效地满足需要，对标准化对象的结构、形式、规格或其他性能进行筛选、提炼，剔除其中多余的、低效能的、可替换的环节，精练并确定出能满足全面需要所必需的高效能的环节，保持整体构成精简合理，使之功能效率最高。简化原理包含以下要点：

1) 简化的目的是经济、有效地满足需要。

2) 简化的原则是从全面满足需要出发，保持整体构成精简合理，使之功能效率最高。所谓功能效率，是指功能满足全面需要的能力。

3) 简化的基本方法是对处于自然存在状态的对象进行科学的筛选和提炼，剔除其中多余的、低效能的、可替换的环节，精练出高效能的、能满足全面需要所必需的环节。

4) 简化的实质不是简单化而是精练化，其结果不是以少替多，而是以少胜多。

(3) 协调原理。协调原理就是为了使标准系统的整体功能达到最佳，并产生实际效果，必须通过有效的方式协调好系统内外相关因素之间的关系，确定为建立和保持相互一致、适应或平衡关系所必须具备的备件。协调原理包含以下要点：

1) 协调的目的在于使标准系统的整体功能达到最佳并产生实际效果。

2) 协调的对象是系统内相关因素的关系以及系统与外部相关因素的关系。

3) 相关因素之间需要建立相互一致关系（连接尺寸）、相互适应关系（供需交接条件）和相互平衡关系（技术经济招标平衡，有关各方利益矛盾平衡），为此必须确立条件。

4) 协调的有效方式有：有关各方面的协商一致、多因素的综合效果最优化、多因素矛盾的综合平衡等。

(4) 最优化原理。按照特定的目标，在一定的限制条件下，对标准系统的构成因素及其关系进行选择、设计或调整，使之达到最理想的效果，这样的标准化原理称为最优化原理。

**3. 标准化的地位和作用**

(1) 标准化是组织现代化生产的手段，是实施科学管理的基础。随着科学技术的发展和生产的社会化、现代化，生产规模越来越大，分工越来越细，生产协作越来越广泛，许多产品和工程建设，往往涉及几十个、几百个甚至上千个企业，协作点遍布全国各地甚至几个国家。这样广泛、复杂的生产组合，需要在技术上保持高度的统一和协作一致。要达到这一点，就必须制定和执行一系列的统一标准，使得各个生产部门和生产环节在技术上有机地联系起来，保证生产有条不紊地进行。标准化又是实施科学管理的基础。要实施科学管理，必须做到管理机构高效化、管理工作计划化、管理技术现代化，建立符合生产活动规律的生产管理、技术管理、物资管理、劳动管理、质量管理、安全管理等一整套科学管理制度，制定一系列工作标准和管理标准，实现管理工作规范化。

(2) 标准化是不断提高产品质量的重要保证

1) 产品质量合格与否，这个"格"就是标准。标准不仅对产品的性能和规格做了具体规定，而且对产品的检验方法、包装、标志、运输、储存也做了相应规定。只有严格按标准组织生产，按标准检验和包装，产品质量才能得到可靠的保证。

2) 随着科学技术的发展，标准需要适时地进行复审和修订。特别是企业产品标准，企业应根据市场变化和用户要求及时进行修订，不断满足用户需求，才能保持自己的产品在市场上的竞争力。

3）不仅产品本身要有标准，而且对生产产品所用的原材料、零部件、半成品以及生产工艺工装等都应制定相互适应、相互配套的标准。只有这样，才能保证企业有序地组织生产，保证产品质量。

4）标准不仅是生产企业组织生产的依据，也是国家及社会对产品进行监督检查的依据。《中华人民共和国产品质量法》第十五条规定："国家对产品质量实行以抽查为主要方式的监督检查制度。"监督检查的主要依据就是产品标准。通过国家组织的产品质量监督检查，不仅能促进产品质量的提高，而且对标准本身的质量完善也是一种促进。

（3）标准化是合理简化品种、组织专业化生产的前提。现在有许多企业生产品种多，批量小，质量差，管理混乱，劳动生产效率不高，经济效益差。改变这种落后状况的主要途径就是要广泛组织专业化生产，而标准化正是组织专业化生产的重要前提。标准化活动的一项重要内容是"合理简化品种"，提高零部件"通用化"程度，变品种多、批量小为品种少、批量大，这有利于组织专业化生产，有利于采用先进技术装备，达到优质、高产、低耗、低成本、高效率的效果。

（4）标准化有利于合理利用国家资源、节约能源、节约原材料。标准化对合理利用国家资源有重要的作用。例如，我国新修订的水泥国家标准，由于合理地规定了氧化镁的含量，可使一些石灰石矿山资源延长开采期10年以上；发达国家木材利用率达95%，我国只有50%～60%；能源有效利用率，日本达57%，美国是51%，西欧国家在40%以上，而我国只有30%。世界各国都把节约能源、节约资源作为今后标准化工作的中心任务之一，我国在这方面的任务更为艰巨，标准化工作可谓是任重而道远。

（5）标准化可以有效地保障人体健康和人身、财产安全，保护环境。《中华人民共和国标准化法》第十条规定："对保障人身健康和生命财产安全、国家安全、生态环境安全以及满足经济社会管理基本需要的技术要求，应当制定强制性国家标准。"强制性标准的广泛制定和强制实施对保障人体健康和人身财产安全、保护环境将起重要作用。生产、销售、进口产品或者提供服务不符合强制性标准的，依照《中华人民共和国产品质量法》《中华人民共和国进出口商品检验法》《中华人民共和国消费者权益保护法》等法律、行政法规的规定查处，记入信用记录，并依照有关法律、行政法规的规定予以公示；构成犯罪的，依法追究刑事责任。

（6）标准化是推广应用科研成果和新技术的桥梁。标准化是科研、生产和使用三者之间的桥梁。一项科研成果，包括新产品、新工艺、新材料和新技术，开始时只能在小范围内试验和试制。只有在试验成功，并经过技术鉴定，纳入相应标准之后，才能得到迅速推广和应用。

（7）标准化可以消除贸易技术壁垒，促进国际贸易的发展，提高我国产品在国际市场上的竞争力。WTO中有一个《关税与贸易技术壁垒协议》，也称为"标准守则"，要求缔约方准备建立或采用某一标准系统或认证系统时，必须遵守这些规定。其要点包括：

1）缔约方标准的制定应以有关的国际标准或其中有关部分作为依据。

2）应保证制定和采用技术规则与标准的目的不是在国际贸易中制造壁垒。

3）标准的实施在任何可能采用标准的地方进行。

4）鼓励参加有关国际标准和认证方面活动。

5）为国家级和区域性认证系统的评定创造条件。

6）缔约方对进口国产品和国内产品的测试一视同仁，并鼓励接受另一缔约方做出的测试数据。测试方法和测试数据的互相承认，可以极大地促进国际贸易自由化。为达到这一目的，各国缔结双边或多边协议是必要的。

根据"标准守则"规定，应采取的对策和措施有：

1）积极采用国际标准和国外先进标准，使产品质量达到国际水平。

2）积极参与国际标准化活动。在积极采用国际标准，完善我国标准体系的同时，应积极参加国际标准化活动，反映我国的要求，维护我国的利益。

3）积极推行 GB/T 19000—ISO 9000 质量管理和质量保证系列标准，开展产品质量认证，包括取得进口国或第三方权威机构的质量认证或安全认证，提高我国产品在国际市场上的竞争力。

## 二、商品标准化

商品标准化的水平是衡量一个国家或地区生产技术和管理水平的尺度，是现代化的一个重要标志。现代化水平越高，就越需要商品标准化。

商品标准化是现代技术经济科学体系中的一个重要组成部分，它对于发展社会生产力、促进科技进步、扩大对外经济技术交流、提高社会效益及经济效益等都有着重要的作用。

**1. 商品标准化的概念**

商品标准化是指在商品生产和流通的各个环节中制定、发布以及实施商品标准的活动。推行商品标准化的最终目的是达到统一，从而获得最佳市场秩序和社会效益。

**2. 商品标准化的内容**

商品标准化的内容包括名词术语统一化，商品质量标准化，商品零部件通用化，商品品种规格系列化，商品质量管理与质量保证标准化，商品检验与评价方法标准化，商品分类编码标准化，商品包装、储运、养护标准化等。

商品标准化是一项系统管理活动，涉及面广，专业技术要求高，政策性强，因此只有遵循统一管理与分级管理相结合的原则，吸取国外标准化的先进经验，建立一套完善的标准化机构和管理体系，做好分工协作，调动各方面的积极性，才能顺利完成商品标准化的任务。

依据《中华人民共和国标准化法》的规定，国务院标准化行政主管部门统一管理全国标准化工作，国务院有关行政主管部门分工管理本部门、本行业的标准化工作。

## 三、采用国际标准和国外先进标准的程度和表示方法以及原则

1978 年 9 月，中国标准化协会加入了"国际标准化组织"，为加强标准化的国际交流提供了条件，也为扩大我国标准的使用范围奠定了基础。为适应市场经济和国际贸易的需要，我国国家标准积极采用国际标准和国外先进标准。采用国际标准，不仅能给我国的技术、经济的发展带来巨大的经济利益，使生产更加有利，更容易了解市场实际需要，而且容易打破国际贸易技术壁垒，使我国商品直接进入国际贸易市场。在采用国际标准和国外先进标准时，要从我国经济发展和对外贸易的需要出发，充分考虑我国的资源情况和自然条件，要求技术先进、经济合理、安全可靠，符合我国有关法规政策，正确地确定采用程度，以有利于建设我国的标准体系和适应当前经济发展的需要。

**1. 采用国际标准和国外先进标准的程度和表示方法**

采用国际标准，包括采用国外先进标准，是指把国际标准和国外先进标准的内容，通过

分析研究，不同程度地纳入我国的各级标准中，并贯彻实施以取得最佳效果的活动。

等同采用国际标准是采用国际标准的基本方法之一。它是指我国标准在技术内容上与国际标准完全相同，编写上不做或稍做编辑性修改，可以用图示符号"≡"表示，其缩写字母代号为"idt"或"IDT"。

等效采用国际标准是采用国际标准的基本方法之一。它是指我国标准在技术内容上基本与国际标准相同，仅有小的差异，在编写上则不完全相同于国际标准的方法，可以用图示符号"="表示，其缩写字母代号为"eqv"或"EQV"。

非等效采用国际标准是采用国际标准的基本方法之一。它是指我国标准在技术内容的规定上，与国际标准有重大差异，可以用图示符号"≠"表示，其缩写字母代号为"neq"或"NEQ"。

我国标准采用国际标准或国外先进标准程度的表示方法见表4-3。

表4-3　我国标准采用国际标准或国外先进标准程度的表示方法

| 采用程度 | 符　号 | 缩写字母 |
|---|---|---|
| 等同 | ≡ | idt 或 IDT |
| 等效 | = | eqv 或 EQV |
| 非等效 | ≠ | neq 或 NEQ |

在我国标准目录中，分别用三种符号表示；在电报传输或电子数据处理中，分别用三种缩写字母表示。

采用国际标准（不包括即将制定完成的国际标准）的我国标准，其采用程度在我国标准的封面上和首页上的表示方法如下：

GB×××—××××（idt ISO ××××：××××）

GB×××—××××（eqv ISO ××××：××××）

GB×××—××××（neq ISO ××××：××××）

### 知识链接

**国家标准委新建一批全国专业标准化技术委员会**

为更加有效地发挥标准化工作服务经济发展的作用，2019年11月20日，国家标准化管理委员会（简称"国家标准委"）官网公告，国家标准委近日成立一批全国专业标准化技术委员会。一方面，继续加大国际国内同步推进力度，成立了全国资产管理标准化技术委员会（SAC/TC 583）、全国微细气泡技术标准化技术委员会（SAC/TC 584）；另一方面，围绕我国经济发展、社会治理中产生的标准化工作需求，成立了全国卫生检疫标准化技术委员会（SAC/TC 582）、全国少数民族服饰保护传承标准化技术委员会（SAC/TC 585）和全国机关事务管理标准化工作组（SAC/SWG 17）等一批新建的标准化技术组织。同时，在区块链技术、共享经济、婴童用品等社会关注的热点领域，国家标准委也加快推动标准化技术组织建设工作，启动区块链和分布式记账技术等一批技术委员会筹建工作，目前各项工作都正在有序推进中。

下一步，国家标准委将切实履行职责，持续做好技术委员会组建、管理工作，指导相关技术委员会依托强大的标准化专家资源，充分发挥技术支撑作用，建立完善相关领域标准体系，制定具有前瞻性、引领性、系统性和严谨性的高质量标准，以高标准助力高技术创新，促进高水平开放，引领高质量发展。

**2. 采用国际标准和国外先进标准的原则**

（1）采用国际标准和国外先进标准，应当符合我国有关的法律和法规，保障国家安全，保护人体健康和人身财产安全，保护动植物的生命和健康，保护环境，适合我国气候、地理条件和资源合理利用，做到技术先进、经济合理、安全可靠。如采用涉及人体健康和人身财产安全的国际标准，必须符合我国法律、法规规定，也不能同我国强制性标准相抵触。

（2）凡已有国际标准（包括即将制定完成的国际标准）的，应当以其为基础制定我国标准；凡尚无国际标准或国际标准不能满足需要的，应当积极采用国外先进标准。例如，近几年我国高新技术行业采用国际标准的比率比较高，促进了高新技术发展和管理水平的提高。又如，电子行业、邮电行业制定的国家标准采标率达70%；信息技术方面制定的300多个国家标准采标率达到80%，加速了我国高新技术产品同国际接轨，有的技术已达到国际先进水平。

（3）对于国际标准中的安全标准、卫生标准、环境保护标准和贸易需要的标准，应当先行采用，并与相关标准相协调。

国外特别重视产品的安全、卫生标准和环境保护标准。对家用电器来说，在欧洲国家 IEC 标准是重要的标准，在美国市场则要求符合 UL 标准。为了使我国更多的产品参与国际市场竞争，对国际标准中的安全标准、卫生标准、环境保护标准和贸易需要的标准应当优先采用。

（4）采用国际标准和国外先进标准，是我国的一项重要技术经济政策，是技术引进的重要组成部分。采用国际标准或国外先进标准，应当同我国的技术引进、技术改造和新产品开发相结合。

（5）积极参加国际标准化活动和国际标准的制定工作，跟踪国际标准化发展，积极承担国际标准化组织和国际电工委员会专业技术委员会秘书处工作，积极争取把我国标准或提案发展为国际标准。

## 技能实训

**【实训目的】**
运用商品标准鉴别商品。

**【实训主题】**
加深学生对商品标准及标准化的理解和运用。

**【实训时间】**
本章课堂教学内容结束后的双休日和课余时间，为期一周；或者由指导教师另外指定时间。

**【阅读材料】**

**如何从产品执行的标准鉴别地板品质？**

强化木地板的国家标准是相当严格的，目前市场上不少小厂生产的低价地板不能达到国家标准要求。因此，我们建议消费者选择标明执行国家标准的品牌，这样万一地板质量有缺陷，根据其执行国家标准的承诺易于和商家交涉。

相关国家标准的全称和编号是：《浸渍纸层压木质地板》（GB/T 18102—2007），还有强制性标准《室内装修材料人造板及其制品中甲醛释放限量》（GB 18580—2017）。消费者可据此谨慎选择地板以保护自身权益。

**【实训过程设计】**

（1）指导教师布置学生课前预习"阅读材料"。

（2）将全班同学平均分成几个小组，按每组5~6人进行讨论。实训小组就近选择市场进行调研。

（3）根据"阅读资料"，选择三个品牌的地板，看看都符合哪些标准。

（4）根据调研资料，列表比较三个品牌地板的标准、价格。

（5）各实训小组对本次实训进行总结和点评，撰写作为最终成果的"商品学实训报告"。

（6）各小组提交填写"项目组长姓名、成员名单"的"商品学实训报告"，将优秀的实训报告在班级展出，并收入本课程教学资源库。

 **综合练习**

**一、名词解释**

商品标准　商品标准化　国家标准　国际标准　产品质量认证　强制认证

**二、多项选择题**

1. 商品标准的内容可分为（　　　）。

A. 封面 　　　　　　　　　　　B. 补充部分

C. 概述部分 　　　　　　　　　D. 技术内容部分

E. 目录

2. 商品标准按表达形式分为（　　　）。

A. 文件标准 　　　　　　　　　B. 管理标准

C. 约束性标准 　　　　　　　　D. 工作标准

E. 实物标准

3. 标准化的基本原理通常是指（　　　）。

A. 统一原理 　　　　　　　　　B. 简化原理

C. 协调原理 　　　　　　　　　D. 最优化原理

E. 重复原理

**三、问答题**

1. 标准的含义有哪些？如何理解？

2. 商品标准是如何分类的？

3. 我国商品标准是如何分级的？各级的使用范围有何不同？

4. 商品标准化的基本内容有哪些？

5. 简述商品标准的表示方法。

6. 标准化有何意义？

7. 商品标准的基本内容有哪些？

# 第五章

## 商品质量监督与质量认证

### 学习要点

- 了解商品质量监督和认证的概念和作用
- 熟悉商品质量监督的种类、形式
- 了解我国产品质量认证的条件和类型
- 掌握 ISO 9000 系列标准

### ◆ 案例导读

**质量认证助力浙江产业，为实现绿色发展再谋新篇**

整合各类绿色产品，建立统一的绿色产品标准、认证、标识体系是浙江省委 2019 年全面深化改革的重点任务，也是市场监管综合改革的重点工作。全国首个"绿色产品认证"试点城市在湖州市落地，绿色产品认证改革试点工作持续推进推高。一是强化技术支撑。组建浙江省绿色认证联盟，并在湖州市设立中心。构建认证实施框架，制定了《绿色产品认证实施规则》等 34 项认证制度和技术文件。在木业、家具和纺织印染业三大传统优势产业中遴选行业龙头企业，开展先行先试。2019 年新增涂料、纸和纸制品、陶瓷砖（板）、蓄电池等新 5 类产品的认证试点工作，已为 25 家企业颁发 41 张认证证书。二是出台配套政策。出台《湖州市人民政府办公室关于加快推进绿色产品认证试点工作的九条政策意见（试行)》，融合绿色智造发展、绿色产品认证标准创新、采信互认、绿色金融项目评估、招标投标、政府采购等"涉绿"政策内容，为企业减本降负，促进转型升级，进一步推进绿色产品认证改革扩面提质。三是营造宣传氛围。加大对绿色产品认证相关政策、措施、成果的宣传力度，在中国绿色产品标识认证信息平台上开设湖州试点专栏，组团参展首届中国-中东欧博览会，上线浙江绿色认证联盟微信公众号，为绿色产品认证营造良好氛围。

**启示**：从质量认证助力产业发展来看，质量认证在社会经济中具有重要作用。市场经济是法治经济，更需要监督。只有加强商品质量监督，才能保证市场经济秩序，维护生产者、消费者权益。了解商品标准、认证、标识体系及相关知识同样是很重要的。

## 第一节　商品质量监督

商品质量监督是贯彻执行商品标准的手段，是保证和提高商品质量并取得经济效益的措施，也是标准化工作的重要组成部分。只有通过商品质量监督，才能及时反馈商品标准的执行情况，为制定、修订商品标准提供可靠的依据。

### 一、商品质量监督的概念和作用

**1. 商品质量监督的概念**

商品质量监督是指由国家指定的商品质量监督专门机构，按照国家的质量法规和商品质量标准的规定，对生产和流通领域的商品质量和质量保证体系进行监督的活动。对商品质量监督的概念，可以从以下方面把握：

（1）商品质量监督的主体通常是用户或第三方。我国各级人民政府都设有商品质量监督机构，各级质量监督机构按照国家有关规定，可单独组织或会同有关部门，对商品的生产、储运和经销等各个环节实行经常性的监督抽查，并定期公布商品质量抽查结果。社会团体、新闻机构和广大消费者也有权对商品质量进行社会监督。商品质量监督的目的是保证商品满足质量要求，维护国家和消费者的利益。

（2）国家对商品质量的监督是技术监督，因此监督检验是商品质量监督的重要手段。监督检验是指由政府规定的商品检验机构，按照国家颁布的质量法规和商品标准，对企业生产的产品和市场销售的商品进行抽样检验和质量评价，对企业的质量保证体系进行检查。

（3）商品质量监督与商品质量管理不同。商品质量监督所要解决的问题，是企业生产经营的商品是否达到既定法规和标准的要求，并在此基础上对企业的质量保证工作实行监督；履行商品质量监督的职能部门，是由国家授权的法定机构，而不是普通的群众团体和民间组织；履行商品质量监督的依据，主要是国家的质量法规和批准发布的正式标准，并多属于强制性标准；商品质量监督是一个过程，它包括要求商品在符合标准的前提下所做出的连续性评价和促进改善的一系列工作。

**2. 商品质量监督的作用**

商品质量监督是国家对生产领域和流通领域商品质量进行宏观调控的一种手段。它对于维护正常的社会经济秩序、保护消费者利益、保证和提高商品质量、增强我国商品的竞争力等方面都具有重要的作用。

（1）维护社会主义市场经济的正常秩序。在市场经济的条件下，企业和个人对各自利益的追求，不可避免地会出现粗制滥造、以次充好、短斤少两、弄虚作假来欺骗广大消费者等牟取暴利的现象。这必然会扰乱市场的正常秩序。通过有关部门加强对生产领域和流通领域商品质量的监督，可以及时发现和纠正商品质量中存在的问题，打击各种损害商品质量的不正之风，从而维护市场的良好秩序。

（2）维护消费者的合法权益，保障消费者安全、健康。商品质量的好坏，直接关系到广大消费者的切身利益。不符合国家质量要求的商品，特别是一些伪劣商品流入市场，会直接危害消费者的安全和健康。国家有关部门通过对商品质量的监督抽查，可以防止不合格商品，尤其是假冒伪劣商品进入消费领域，依法查处假冒伪劣商品的责任者，帮助解决商品质量问题，从而有效地维护消费者的合法权益，保护消费者的安全和健康。

（3）促进企业增强质量意识，健全质量保证体系。通过质量监督部门对工商企业质量的检查和评价，可以促进企业增强质量意识，帮助企业认识商品质量对于企业生存、发展的重大意义，促使其健全质量保证体系，使商品质量不断提高。

（4）通过对商品质量的监督，可以推动国家质量法规和技术标准的贯彻执行。国家颁布的质量法规，需要通过质量监督予以维护和贯彻执行。因此，质量监督是贯彻质量法规的有力措施。同时，国家颁布的强制性标准和推荐性标准也需要通过商品质量监督部门的监察和督导，促进其在企业内贯彻执行。因此，商品质量监督又是实现和推广质量标准的重要途径。

（5）加强商品质量监督有利于国家计划质量目标的实现。国家为保证商品质量的提高，在国民经济计划中制定了质量方针和目标。而质量方针和目标，需要通过具体工作落实到各产业部门和基层企业。强化商品质量监督，可以促使企业采用先进的技术和设备，开发新商品，提高商品质量，从而保证国家计划、质量目标的实现。

## 二、商品质量监督的种类和形式

### 1. 商品质量监督的种类

我国的商品质量监督可分为国家的质量监督、社会的质量监督和用户的质量监督三类。

（1）国家的质量监督。国家的质量监督是指国家授权指定第三方专门机构，以公正的立场对商品进行的质量监督检查。国家质量监督是法定的质量监督，它以政府行政的形式，对可能危及人体健康和人身、财产安全的商品，影响国计民生的重要工业产品，以及用户、消费者组织反映有质量问题的商品，实行定期或不定期但经常的监督、抽查和检验，公布商品质量抽查检验结果，并根据国家有关法规及时处理质量问题，以维护社会经济生活的正常秩序和保护消费者的合法权益。国家的商品质量监督由国家质量监督管理部门进行规划和组织实施。

（2）社会的质量监督。社会的质量监督是指社会团体、组织和新闻机构根据消费者和用户对商品质量的反映，对流通领域的某些商品质量进行的监督检查。这种质量监督从市场中一次抽样，委托第三方检验机构进行质量检验和评价，对检验结果，特别是不合格商品的质量状况和生产企业名单予以公布，以造成强大的社会舆论压力，迫使企业改进质量，停止销售不合格商品，对消费者和用户承担质量责任，实行包修、包换、包退，赔偿经济损失。中国质量管理协会用户委员会、中国消费者协会、中国质量万里行促进会等组织是社会质量监督的组织者和职权的行使者。

（3）用户的质量监督。用户的质量监督是指内、外贸部门和使用单位为确保所购商品的质量而进行的质量监督。这种质量监督是在购买大型成套设备和装置，以及采购生产企业生产的商品时，由进驻承制单位和商品生产厂进行质量监督，发现问题有权通知企业改正或停止生产，及时把住质量关，以保证商品质量符合规定的要求。这种质量监督包括用户自己派人或委托技术服务部门进驻承制单位实行质量监督，内、外贸部门派驻厂人员进行质量监督，以及进货时进行验收检验。

### 2. 商品质量监督的形式

商品质量监督的形式很多，可以归纳为抽查型质量监督、评价型质量监督和仲裁型质量监督三种。

（1）抽查型质量监督。抽查型质量监督是指国家质量监督机构通过对从市场或企业抽取的商品样品进行监督检验，判定其质量，从而采取强制措施责令企业改进质量，直至达到商品标准要求的一种监督活动。抽查型质量监督形式下，一般只抽检商品的实物质量，不检查企业的质量保证体系。抽查的主要对象是涉及人体健康和人身、财产安全的商品，影响国计民生的重要工业产品，重要的生产资料商品，以及消费者反映有质量问题的商品。

（2）评价型质量监督。评价型质量监督是指国家质量监督机构通过对企业的产品质量和质量保证体系进行检验和检查，合格后，以颁发产品质量证书、标志等方法确认和证明产品已经达到某一质量水平，并向社会提供质量评价信息，实行必要的事后监督，以检查产品质量和质量保证体系是否保持或提高的一种质量监督活动。评价型质量监督是国家干预产品质量、进行宏观管理的一种重要形式。产品质量认证、企业质量体系认证、环境标志产品认证、评选优质产品、产品统一检验制度和生产许可证发放等都属于这种形式。

（3）仲裁型质量监督。仲裁型质量监督是指质量监督检验机构通过对有质量争议的商品进行检验和质量调查，分清质量责任，做出公正处理，维护经济活动正常秩序的一种质量监督活动。仲裁型质量监督具有较强的法制性，这项任务由质量监督管理部门承担，应选择经省级以上人民政府产品质量监督管理部门或其授权的部门审查认可的质量监督检验机构作为仲裁检验机构。

**【案例 5-1】**

## 市场监管总局关于 3 批次食品不合格情况的通告

〔2019 年 第 21 号〕

近期，市场监管总局组织的食品安全监督抽检⊖中，发现保健食品和特殊膳食食品 3 批次样品不合格，涉及微生物等问题。现将具体情况通告如下：

一、保健食品类

淘宝网某商家在淘宝网（网站）销售的新效减肥茶，霉菌和酵母不符合食品安全国家标准规定。检验机构为山东省食品药品检验研究院。

二、特殊膳食食品类

（一）黑龙江省哈尔滨市道里区某孕婴用品商店销售的、标称广东省某食品有限公司（中国经销商）进口的婴幼儿多种谷物混合水果米粉（原产国：葡萄牙），钠检出值低于产品包装标签明示值的 80%。检验机构为黑龙江省质量监督检测研究院。

（二）黑龙江省哈尔滨市道里区某孕婴用品商店销售的、标称广东省某食品有限公司（中国经销商）进口的苹果樱桃香蕉泥（原产国：法国），总钠检出值低于产品包装标签明示值的 80%。检验机构为黑龙江省质量监督检测研究院。

对抽检中发现的不合格产品，市场监管总局已责成相关省级市场监管部门依法予以查处。江西、广东等省市场监管部门已督促食品生产企业、进口商查清产品流向，召回不合格产品，分析原因进行整改；黑龙江、山东等省市场监管部门已督促食品经营环节有关单位立即采取下架等措施控制风险；浙江省市场监管部门已督促网络食品交易平台依法采取风险控制措施。以上省级市场监管部门应按规定的时限和要求，将采取的风险防控措施和核查处置

---

⊖　产品抽检结果可查询 http://sac.nifdc.org.cn.

情况，及时向市场监管总局报告并向社会公布。

**思考：**国家市场监督管理总局对商品质量的监督抽查属于哪种形式的质量监督？你认为这种监督能发挥哪些作用？

## 【扩展阅读】

阅读《建设质量强国的基本遵循——学习贯彻习近平同志关于质量问题的重要论述》，谈谈新时代质量强国的重要意义。

### 建设质量强国的基本遵循
### ——学习贯彻习近平同志关于质量问题的重要论述

党的十八大以来，习近平同志就质量问题发表了一系列重要论述。这些重要论述立意高远、内涵丰富，思想深邃、针对性强，是经济新常态下做好质量工作、建设质量强国的基本遵循和行动指南。在全面建成小康社会决胜阶段，认真学习领会这些重要论述，对于贯彻创新、协调、绿色、开放、共享的新发展理念，把握质量工作新规律，为经济社会发展提供新动力，具有重要而深远的意义。

深刻认识质量的战略地位，大力推进质量强国建设

经济新常态下，支撑我国经济增长的传统优势正在减弱，新的动力、新的优势亟待培育，质量的地位和作用进一步凸显。习近平同志把握大势、高瞻远瞩，深刻指出要"切实把推动发展的立足点转到提高质量和效益上来"，强调"以提高发展质量和效益为中心"。2014年5月，他在河南考察时提出，要"推动中国制造向中国创造转变、中国速度向中国质量转变、中国产品向中国品牌转变"，指明了我国质量发展的方向、目标、任务和路径，意义重大而深远。习近平同志带着对人民群众健康安全的深切关注，从加强党的执政能力建设的高度阐述质量安全的重要性，强调"能不能在食品安全上给老百姓一个满意的交代，是对我们执政能力的重大考验"，把质量安全摆到了特别突出的位置。

改革开放以来，我国的产品和服务质量明显改善，产品质量国家监督抽查合格率近两年稳定在90%以上。我国经过30多年的高速经济增长，已成为世界第二大经济体、第一大进出口贸易国，这离不开质量的重要支撑。但毋庸讳言，我国质量水平的提高仍然滞后于经济社会发展。虽有200多种产品产量居全球第一位，但缺少核心技术和品牌优势，有相当比重的高档数控机床、集成电路、高端芯片等依赖进口。质量技术基础比较薄弱，特别是标准整体水平有待提升。

深入学习贯彻习近平同志关于质量战略地位的重要论述，要求各地各部门和全社会更加重视质量，切实把质量摆到中心位置。质检总局作为国家质量工作主管部门，必须带头抓好落实。要推动质量强国战略的实施，认真落实《质量发展纲要（2011—2020年）》和年度行动计划，推动各地各部门把质量纳入发展规划和考核体系，深入推进质量强省、强市、强县活动。坚持"质量为先"，下大力气提高农产品、工业产品质量安全水平，加快提高服务质量和工程质量，全面提升我国质量总体水平。健全质量评价和激励机制，加快建立健全质量评价指标体系，完善国家质量奖励制度和配套政策。深入推进政府质量工作考核，引导各方面把推动发展的立足点真正转到提高质量和效益上来。

深刻认识质量发展的新特征，积极推动经济转型升级

　　新常态是我国经济发展的一个新的历史阶段，转型升级是这一发展阶段的重要任务，而质量与经济转型升级有着深刻的内在联系。习近平同志阐释的新常态下9个方面的趋势性变化，许多方面与质量密切相关。例如，从消费需求看，"个性化、多样化消费渐成主流，保证产品质量安全、通过创新供给激活需求的重要性显著上升"；从投资需求看，"新技术、新产品、新业态、新商业模式的投资机会大量涌现，对创新投融资方式提出了新要求"；从出口和国际收支看，"高水平引进来、大规模走出去正在同步发生，必须加紧培育新的比较优势"；从市场竞争特点看，"过去主要是数量扩张和价格竞争，现在正逐步转向质量型、差异化为主的竞争"。习近平同志近期在阐述供给侧结构性改革时强调，在适度扩大总需求的同时，要着力提高供给体系质量和效率。提高质量，已经成为新常态下经济发展的内生动力和主攻方向。

　　随着我国经济发展的资源环境约束不断强化，通过提质增效实现结构调整、转型升级，是实现质量效率型集约增长的必由之路。在扩大内需方面，国内消费需求不旺的一个重要原因是质量信心不足，以致出现了我国游客出国抢购电饭煲、马桶盖等"扫货"现象。在投资增长方面，质量是投资的重要考量。产品质量好、市场销路好，企业效益就好，投资回报率就高，带动经济增长的效果就明显。反之则相反。在激烈的市场竞争特别是国际市场竞争中，我国制造业每年的直接质量损失超过2000亿元，间接损失超过1万亿元。在品牌建设方面，我国先后培育、认定了一大批品牌，但进入"全球品牌100强"和"全球最佳品牌排行榜"的屈指可数。

　　习近平同志关于新常态下质量发展的重要论述，洞悉质量与发展的内在联系，要求我们大力推动质量升级，以质量提档升级推动经济转型升级。当前，要深入开展质量品牌提升行动，支持企业开展技术创新和管理创新，通过改善和创新质量供给激活消费需求，引导我国居民海外消费回流。加强质量服务，积极扶持电子商务等新业态健康发展。坚持走以质取胜之路，依托技术标准开拓海外市场，培育以技术、标准、品牌、质量、服务为核心的对外经济新优势，力促"优进优出"。进一步加大品牌培育、推广和保护力度，加快培育一批在国内、国际叫得响的品牌，树立我国品牌大国形象。

　　深刻认识质量管理的科学方法，切实提高质量治理能力

　　习近平同志对加强质量管理做了许多重要论述，深刻透彻、鞭辟入里。例如：食品安全首先是"产"出来的，也是"管"出来的；制度建设是质量工作的根本，"质量问题关键是制度和措施"；标准是质量的基础，"标准决定质量，有什么样的标准就有什么样的质量，只有高标准才有高质量"；质量国际合作十分重要，他在对德国进行国事访问时指出，"中国速度和德国质量的联手，将为中欧乃至世界经济创造巨大增长空间"。这一系列重要论述，包含丰富的质量管理理论和原则，为提高质量治理能力指明了现实路径和有效方法。

　　加强和改进政府质量治理能力，是落实党的十八届三中全会关于加强政府宏观管理、改善公共服务、创新社会治理机制的重要工作。我国仍处于社会主义初级阶段，市场机制不够成熟，人民群众的质量需求与质量安全保障能力之间的矛盾还比较突出。我国产品质量监管体系特别是质量法律法规和监管制度还不够完善，质量监管力量特别是基层力量严重不足，社会诚信体系还不健全，质量安全事故时有发生。我国国家质量技术基础与发达国家相比，整体水平差距较大。我国被承认的校准测量能力数量列世界第四位，但仅为第一名美国的53%。在3万余项国际标准中，由我国主导制定的仅占0.7%。我国在国际产业分工中总体

处于中低端水平，亟须加强国际合作、参与国际竞争，把产业发展推向价值链的中高端。

适应和引领经济新常态，进一步做好质量工作，必须以习近平同志关于质量管理的科学论断为指导，着力提高质量治理能力。加大简政放权力度，继续清理、取消和下放行政审批事项，研究制定权力清单、责任清单、负面清单，进一步激发市场活力，促进大众创业、万众创新。充分运用大数据等现代信息技术手段，建立健全"双随机"抽查机制，建立质量安全风险管理、产品伤害监测和服务质量监测制度，推进质量信用分类监管，依法严厉打击质量违法行为。将国际上越来越重视的标准、计量、合格评定（包括认证认可、检验检测）等质量技术基础纳入国家战略，加强集中统一管理，深化标准化工作改革，完善国家量值传递溯源体系，推行电子商务等新业态认证认可制度，加快检验检测认证机构整合，加强技术性贸易措施的研究和应对。加强质量国际合作，深化质量技术国际交流，建立健全监管合作机制，做到产品和服务质量"双提高"，实现国内和国外消费者"双满意"。

（资料来源：支树平．人民日报［N］．2016-02-16（07）．）

# 第二节　产品认证

## 一、认证制度

认证制度又称为合格评定程序，是指任何直接或间接确定技术法规或标准中相关要求被满足的程序。它是为进行认证工作而建立的一套程序和管理制度，其中包括认证和认可两类活动。

### 1. 认证

认证是指由认证机构证明产品、服务、管理体系符合相关技术规范、相关技术规范的强制性要求或者标准的合格评定活动。

认证通常分为产品、服务和管理体系认证。人们较为熟悉的 CCC 认证就是强制性产品认证。而管理体系认证包括：以 ISO 9001 标准为依据开展的质量管理体系认证；以 ISO 14001 标准为依据开展的环境管理体系认证；以 GB/T 28001 标准为依据开展的职业健康安全管理体系认证；食品安全管理体系（HACCP）认证等；还有以体育场所服务标志为依据开展的体育服务认证等。

### 2. 认可

认可是正式表明合格评定机构具备实施特定合格评定工作能力的第三方证明。通俗地讲，认可是指认可机构按照相关国际标准或国家标准，对从事认证、检测和检查等活动的合格评定机构实施评审，证实其满足相关标准要求，进一步证明其具有从事认证、检测和检查等活动的技术能力和管理能力，并颁发认可证书。

## 二、产品质量认证的概念和作用

我国于 2003 年 9 月颁布了《中华人民共和国认证认可条例》，其中将"认证"定义为："由认证机构证明产品、服务、管理体系符合相关技术规范、相关技术规范的强制性要求或者标准的合格评定活动。"

随着商品交换和国际贸易的发展，商品的买方（消费者、用户等）总是想要买到自己满意的商品。然而，面对越来越多的新商品，面对铺天盖地的卖家广告宣传，大多数不具备鉴定商品质量手段和知识的买方，为了避免上当受骗，希望能有一个可信任的、公正的第三方出来证明该商品的质量。于是，商品质量认证制度从20世纪50年代开始在世界各国普及并发展起来。

为了避免因各国采用的技术标准和实行的认证制度不同而形成新的贸易壁垒，ISO自20世纪70年代以来致力于协调各国的认证工作，谋求建立统一的国际认证制度，并将其从产品质量认证进一步扩展到质量体系认证等领域。产品质量认证分为强制性认证和自愿性认证两种。一般来说，对有关人身安全、健康和其他法律法规有特殊规定者为强制性认证，即"以法制强制执行的认证制度"，其他产品实行自愿性认证制度。

产品质量认证已成为一种科学的商品质量监督制度，被世界许多国家采用，并收到明显效果。其关键在于，这种制度是由一个公证机构站在第三方的立场上，对认证对象做出正确与可靠的评价，从而使人们对商品质量建立信心。

实行产品质量认证的目的是保证产品质量，提高产品信誉，保护用户和消费者的利益，促进国际贸易和发展国际质量认证合作。其好处具体表现在以下几个方面：

第一，通过产品质量认证标志指导消费者的购买方向。经过认证的产品，企业可以获得认证标志，并且有权在产品、包装物、产品合格证、产品使用说明书上使用认证标志，为消费者购买到满意的商品提供信誉指南和质量信息。

第二，获准认证的产品具有较强的市场竞争力。因为获准认证的产品质量符合国家标准的严格要求，证明企业可以连续生产合格产品。这些企业自然会受到消费者的好评，有利于企业参与激烈的市场竞争，获得较好的经济效益。

第三，享受免检的优惠待遇。经过认证的产品，不仅在国内市场上受到消费者的信赖，在国际市场上也会抬高身价。特别是经过国际认证的产品，经过了国际间相互认可认证的产品，得到各个成员国的普遍认证，可以享受免检等优惠待遇。

第四，优先参与国优产品的评定，可提高企业的知名度。

【案例5-2】

### 未开展RoHS认证产品将不能在电商销售

2019年12月4日，中国电器电子产品有害物质限制使用公共服务平台正式成立。"这个平台就是业界期待的中国RoHS公共服务平台。"工业和信息化部相关负责人表示，该平台由工业和信息化部联合市场监督管理总局建立，旨在落实中国RoHS各项要求，按照全生命周期绿色管理理念，对电器电子产品设计、生产等环节提出要求，从源头减少有害物质使用，降低环境安全风险。

据了解，RoHS是欧盟制定的一项强制性标准，目的在于规范电器电子产品材料及工艺的标准。目前，欧盟、日本等发达国家都已实施该标准，采取法律法规形式约束企业，从源头减少或避免使用铅、汞、六价铬等有害物质，最大程度降低对环境和人体健康的影响。

我国是全球最大的电器电子产品生产国、消费国和出口国，2018年生产手机18亿部、计算机3亿台，占全球总产量90%以上，其中约有2/3出口。同时，每年电视机、冰箱、洗衣机、空调和计算机等的报废量约1.8亿台，回收拆解量8077万台。大量电器电子产品废弃后如得不到妥善处置，其中的有害物质就将危害环境和人体健康。

工业和信息化部相关负责人介绍："随着公共服务平台上线运行，我国电器电子产品有害物质限制使用管理基本框架已建立，逐步实现企业管理有标准、消费者购买有标识、政府监管有抓手、行业发展有保障。"

中国电子技术节能协会相关负责人则表示："欧盟 RoHS 标准实施后，不符合标准的产品一经查出，企业将被高额罚款。建立这个平台时之所以工业和信息化部要联合市场监督管理总局，就是为了加强执法检查。"

不过，相关企业也不用担心平台上线会使产品上市周期变长。市场监督管理总局认证监管司负责人说，企业可根据自身情况和需求，自主选择合格评定方式。具备相应技术能力的企业可选择更为便捷的自我声明方式，缩短产品上市周期；不具备相应技术能力的企业则可选择第三方认证方式，发挥专业认证机构的作用。

据介绍，企业可随时使用该平台提交符合性信息，缩短新产品上市周期，提升市场竞争力；认证机构可使用该平台及时提交认证评价信息，保障认证有效性；社会各方可使用该平台查询合格评定结果，对合格评定过程及其结果实行监督；管理部门可使用该平台对报送信息开展分析统计，并发布相关信息。

市场监督管理总局认证监管司负责人介绍：将把公共服务平台收集的合格评定信息与电商平台联网，没有开展合格评定和不符合标准的产品将不能在电商平台销售；涉企行政处罚信息也将向社会公示，实现"一处失信，处处受限"；各地市场监管部门也将开展日常执法和联合执法，对产品进行抽查；同时，加强认证活动监管，严厉打击非法从事认证活动和伪造、冒用、买卖认证证书或标志等行为，切实规范认证市场秩序。

电器电子产品种类繁多、数量庞大，我国推行 RoHS 管理是一项复杂的系统工程。要强化部门合作，建立健全电器电子产品有害物质限制使用推行机制；指导企业切实承担主体责任，大力设计开发绿色产品；加强监督管理，逐步提升绿色发展水平；积极开展法规政策宣贯，营造良好的工作氛围；加强国际合作，不断完善我国 RoHS 政策。

## 三、产品质量认证的条件

按《中华人民共和国产品质量认证管理条例》规定，中国企业、外国企业均可提出认证申请。提出申请的企业应当具备以下条件：

（1）产品符合国家标准或者行业标准要求。

（2）产品质量稳定，能正常批量生产。

（3）生产企业的质量体系符合国家质量管理和质量保证标准及补充要求。

企业可以按下列程序办理认证：

（1）中国企业向认证委员会提出书面申请，外国企业或者代销商向国务院标准化行政主管部门或者其指定的认证委员会提出书面申请。

（2）认证委员会通知承担认证检验任务的检验机构对产品进行检验。

（3）认证委员会对申请认证的生产企业的质量体系进行审查。

（4）认证委员会对认证合格的产品颁发认证证书，并准许使用认证标志。

## 四、产品质量认证的类型

产品质量认证，从世界范围看可分为以下八种类型：

（1）形式试验。按规定的试验方法对产品的样品进行试验，以证明样品符合标准或技术规范的要求。

（2）形式试验加认证后监督——市场抽样检验。这是一种带有监督措施的形式试验。它从市场上购买样品或从批发商、零售商的仓库中随机抽样进行检验，以证明认证商品的质量持续符合标准或技术规范的要求。

（3）形式试验加认证后监督——供方抽样检验。这种类型与第（2）种相类似，但它不是从市场上抽样，而是从供方发货前的产品中随机抽样进行检验。

（4）形式试验加认证后监督——市场抽样和供方抽样检验。这是第（2）、第（3）种认证类型的综合，监督检验所用的样品来自市场抽样和供方随机抽样。

（5）形式试验加供方质量体系认证再加认证后监督——质量体系复查加供方和市场抽样检验。这种认证类型是在批准认证的资格条件中增加了对产品供方质量体系的检查和评定，在批准认证后的监督措施中也增加了对供方质量体系的复查。

（6）供方质量体系的评定和认可。这种认证类型是按既定标准或技术规范要求对供方所提供产品的质量保证能力进行评定和认可，而不对最终产品进行认证，故又称质量保证能力认证。

（7）批量检验。这种认证类型是根据规定的方案，对一批产品进行抽样检验，并据此做出该批产品是否符合标准或技术规范的判断。

（8）百分之百检验。每一件产品在出厂前都要依据标准由认可的独立检验机构进行检验。

## 五、产品认证制度

产品认证，按其性质和约束力，可分为强制性产品认证和自愿性产品认证（非强制性产品认证）两类。我国产品认证实行强制性认证和自愿性认证相结合的制度。

### 1. 强制性产品认证制度

强制性产品认证制度简称 CCC 认证（CCC 为英文 China Compulsory Certification 的缩写，意为"中国强制认证"，也可简称为"3C"），是我国政府为切实保护广大消费者人身和动植物生命安全、保护环境、保护国家安全，依照法律法规实施的一种产品合格评定制度。它要求产品必须符合国家强制标准和技术法规。

国家对强制性产品认证实施"四个统一"，即统一目录，统一标准、技术法规和合格评定程序，统一标志，统一收费标准。

强制性产品认证制度是各国政府普遍实施的一项市场准入制度。其主要通过制定《强制性产品认证的产品目录》（以下简称《目录》）和实施强制性产品认证程序，对列入《目录》中的产品实施强制性检测和审核。凡列入强制性产品认证的产品目录内的产品未获得指定机构的认证证书，未按规定加施认证标志，不得出厂、进口、销售和在经营服务场所使用。强制性产品认证制度在推动国家各种技术法规和标准的贯彻、规范市场经济秩序、打击假冒伪劣行为、促进产品的质量管理水平和保护消费者权益等方面，具有其他制度不可替代的作用和优势。认证制度由于其科学性和公正性，已被世界大多数国家广泛采用。实行市场经济制度的国家，政府利用强制性产品认证制度作为产品市场准入的手段，正在成为国际通行的做法。

国家认监委按照国务院授予的工作职能，统一负责国家强制性产品认证制度的管理和组织实施工作。根据《中华人民共和国认证认可条例》等法律、行政法规以及国家有关规定，国家质量监督检验检疫总局于 2009 年 7 月 3 日以总局令第 117 号发布了《强制性产品认证管理规定》（以下简称《管理规定》），自 2009 年 9 月 1 日起施行。

我国强制性产品认证制度的是以《中华人民共和国产品质量法》《中华人民共和国进出口商品检验法》和《中华人民共和国标准化法》为基础建立的。强制性产品认证制度的对象为涉及人体健康、动植物生命安全、环境保护、公共安全、国家安全的产品。强制性产品认证的技术依据为国家强制性标准或国家技术规范中的强制性要求。强制性产品认证制度的基本框架为三个部分：一是认证制度的建立；二是认证的实施；三是认证实施有效性的行政执法监督。强制性产品认证制度的建立由中央政府负责，国家认监委负责按照法律法规和国务院的授权，协调有关部门按照"四个统一"的原则建立国家强制性产品认证制度；指定认证机构在授权范围内承担具体产品的认证任务，向获证产品颁发 CCC 认证证书；地方质量技术监督局和各地出入境检验检疫局负责对列入《目录》产品的行政执法监督工作，确保未获得认证的列入《目录》内的产品不得进口、出厂、销售和在经营服务性活动中使用。对于特殊产品（如消防产品），国务院有关行政主管部门按照授权职能承担相应的监管职能。

强制性产品认证标志如图 5-1 所示。

强制性产品认证标志基本图案是椭圆形的，在椭圆形边缘上印有黑色边框，图案中间印有三个黑色的"C"，按顺序排列，底纹为激光全息银色图案。

图 5-1　强制性产品认证标志

**2. 自愿性产品认证**

自愿性产品认证，也称非强制性产品认证，是企业根据自愿原则向认证机构提出产品认证申请，由认证机构根据认证基本规范、认证规则和技术标准进行的合格评定活动。自愿性产品认证的依据为相关的国家标准、行业标准、国际标准、其他先进标准或认证机构的技术要求。经认证合格的，由认证机构颁发产品认证证书，准许企业在产品或其包装上使用产品认证标志。一般对于未列入 CCC 认证范围的其他产品，经其企业申请都可以实施自愿性产品认证。

目前我国自愿性产品认证涉及的产品领域有电器电子及部件类、医疗器械类、玩具、建材、家具、铁路产品、纺织品及鞋、汽车零部件、饮品、机械、化工产品、体育用品、中文字符及软件、燃气具，以及农产品和食品、可再生资源/新能源产品等。

## 六、服务认证

服务认证是由认证机构证明某项服务符合相关标准和技术规范的合格评定活动。我国已经开展了服务认证，但与产品认证相比，显得零零散散，仅为尝试而已。国家认监委 2014 年第 38 号公告的"认证领域的划分"中，将服务认证"按照国家标准 GB/T 635.2《全国主要产品分类与代码第二部分 不可运输产品》划分为 23 个认证领域"。目前，我国已开展的服务认证有信息安全服务资质认证、体育场所服务认证、商品售后服务评价体系认证、汽车玻璃零配安装服务认证、绿色市场认证、品牌认证、防爆电器设备修理服务认证、电子商务交易服务认证等。

## 第三节　质量体系认证及其他认证

### 一、质量体系认证

质量体系认证是指由取得质量管理体系认证资格的第三方认证机构，依据质量标准体系，对企业质量体系实施评定，评定合格的由第三方认证机构颁发质量体系认证证书，并予以注册公布，以证明企业质量管理和质量保证能力符合相应标准或有能力按规定的质量要求提供产品的活动。

目前，世界各国大多按照 ISO 9000 质量管理和质量保证系列标准开展认证，并且形成了世界通行的质量体系认证制度。质量体系认证的主要依据是 ISO 9001、ISO 9002、ISO 9003 和 ISO 9004 四种质量保证模式标准。由于该系列标准总结、吸取了各国质量管理理论的精华，澄清并统一了质量术语的概念，反映和发展了世界上先进、发达国家管理的实践经验，具有系统性、实用性和适时性，标准一经发布，很快被 120 多个国家和地区等同或等效采用，开始主要是工业企业，很快扩展到外贸、建筑、金融、服务、行政机关等领域。组织采用 ISO 9000 标准，受益明显，归纳起来有以下几方面：

（1）通过全员培训，能够培养和造就一支管理队伍，提高组织的整体素质，提高管理水平，增强工作积极性，人人参与，增强内部团结和凝聚力。

（2）有效地保证产品质量，提高生产率和产品合格率，降低成本，有利于新产品开发、研制。

（3）可以减少客户的投诉，增强客户的信任感，留住老客户，吸引新客户，并且更好地吸引客户的投资、增资。

（4）提高企业知名度，增强企业信誉，拿到了通往国际市场的"通行证"。特别是我国加入 WTO，关税壁垒削弱后，外国为保护本国利益，限制没有获得 ISO 9000 国际认证的企业所生产的产品准入的非关税壁垒势必加强，而推行 ISO 9000 对打破非关税壁垒有极大好处。

（5）根据国家规定，各职能部门对获得 ISO 9000 认证的企业有一定的优惠政策。

质量体系认证和产品质量认证不同，其主要区别是：质量体系认证的对象是质量体系；质量体系认证的依据是质量体系标准；质量体系认证的目的是证明供方的质量体系有能力确保其产品满足规定的要求；质量体系认证的证实方式是对质量体系审核而不对产品实物实施检验；质量体系认证的证明方式是颁发证书，注册公布，供方可使用注册标志做宣传，但不得直接用于产品或以其他方式误导产品已经认证合格；质量体系认证后定期监督供方质量体系，但不对产品实物实施监督检验；从认证的性质上来讲，产品质量认证有强制性和自愿性两种，质量体系认证则是自愿性的。

### 二、环境管理体系认证

环境管理体系认证是指由第三方认证机构依据环境管理体系标准，对供方的环境管理体系实施评定，合格者由第三方机构颁发环境管理体系认证证书，并给予注册公布，证明供方具有按既定环境保护标准和法规要求提供产品的环境保护能力。

随着社会、经济的不断发展，人口不断增加，越来越多的环境问题摆到人们面前：温室效应加剧、酸雨漫延、臭氧空洞的出现、水体遭到严重污染、土地荒漠化、草原退化、森林锐减、许多珍稀野生动物濒临灭绝……这些环境问题已经危及人类社会的健康生存和可持续发展。面对如此严峻的形势，人类开始考虑采取一种行之有效的办法来约束自己的行为，使各组织重视自己的环境行为和环境形象，并希望以一套比较系统、完善的管理方法来规范人类自身的环境活动，以求达到改善生存环境的目的。国际标准化组织于 1993 年 6 月成立 ISO/TC 207 环境管理标准化技术委员会，该委员会制定了 ISO 14000 系列标准。

在 ISO 14000 系列标准中，以 ISO 14001 环境管理体系标准最为重要。它是组织建立环境管理体系以及审核认证的准则，是一系列后续标准的基础。

当前，世界各国正在积极推行 ISO 14001 环境管理系列标准，并以此开展环境管理体系认证。通过环境管理系列标准的实施，可以规范企业和社会团体等所有组织的环境行为，减少人类各项活动所造成的环境污染，保持环境与经济发展相协调，促进经济的持续发展。通过环境管理体系认证，可以证实生产厂使用的原材料、生产工艺、加工方法以及产品的使用和用后处理是否符合环境保护标准和法规的要求。

为提高企业建立环境管理体系的主动性，ISO 14000 系列标准实施环境标志制度。通过环境标志对企业的环境行为加以确认，以标志图形、说明标签等形式向市场展示标志产品及非标志产品环境行为的差别，形成强大的市场压力，从而达到改善组织环境行为的目的。

进行 ISO 14000 认证的好处主要有以下几点：

（1）节省开支，降低成本，如节省能源和减少废物排放。

（2）提高管理水平，采用清洁工艺和革新生产过程，取得经济效益。

（3）可以降低由于污染事故或违反法律、法规所造成的环境风险。

（4）通过获取认证证书，在国际贸易中避免绿色壁垒。

（5）满足客户环保要求，提高组织形象，增强组织市场竞争能力。

（6）增加组织获得优惠信贷和保险政策的机会。

由于实施 ISO 14001 环境管理体系可以带来节能降耗、增强组织竞争力、赢得客户等诸多好处，ISO 14001 标准自发布之日起就得到各界的积极响应，被视为通往国际市场的"绿色通行证"。现在，是否取得过 ISO 14000 认证，已经成为组织向客户、当地居民以及行政部门等相关方证明其环保能力的有效手段，因此这项认证正以极其迅猛之势在全世界普及开来。

## 三、职业安全健康管理体系

面对严重的全球化职业安全健康问题，国际社会对职业安全健康问题日益关注，人们在寻求有效的职业安全健康管理方法，期待有一个系统化的、结构化的管理模式。随着 ISO 9000 和 ISO 14000 系列标准在各国得到广泛认可与成功实施，考虑到质量管理、环境管理与职业安全健康管理的相关性，ISO 于 1996 年 9 月 3 日组织召开了国际研讨会，讨论是否制定职业安全健康管理体系的国际标准，结果未就此达成一致意见。随后，ISO 在 1997 年 1 月召开的技术工作委员会（TMB）会议上决定，ISO 目前暂不颁布该类标准。但许多国家和国际组织都继续在本国或所在地区发展这一标准，使得职业安全健康管理标准化问题成为继质量管理、环境管理标准化之后世界各国关注的又一管理标准化问题。

从 20 世纪 80 年代末开始，一些发达国家率先开展了研究及实施职业安全健康管理体系的活动，发展十分迅速。据不完全统计，世界上已有 20 多个国家有相应的职业安全卫生管理体系标准，最典型的当属澳大利亚，其国家内部有较为完整的标准系列、正规的培训机构及完善的国家认证制度。职业安全卫生管理体系标准化在国际区域范围内发展也较为迅速，亚太地区职业安全卫生组织（APOSHO）在近年来的几次年会上，都组织各成员对此进行研讨，特别是在 1998 年的第 14 届年会上建议，各成员组织参照 OHSMS 18001 和 APOSHO 1000（草案）开发本国的标准。为了适应全球日益增加的职业健康与安全认证需求，1999 年 3 月，全球数家最知名的标准制度研究、认证机构共同制定了 "Occupational Health and Safety Assessment Series（OHSAS 18000）"（职业安全与卫生评价系列），现已颁布了 "Occupational Health and Safety Management System（OHSMS）—Specification（OHSMS 18001）"（职业安全与卫生管理体系——计划书），成为目前国际社会普遍采用的职业健康与安全认证标准。此外，国际劳工组织（ILO）也在开展职业安全卫生管理体系标准化工作，在 1999 年 4 月召开的第 15 届世界职业安全卫生大会上，ILO 负责人指出，ILO 将像贯彻 ISO 9000 和 ISO 14000 认证那样，推行企业安全卫生评价和规范化的管理体系。

我国质量监督检验检疫总局于 2011 年颁布了 GB/T 28001—2011《职业安全健康管理体系规范》，在全国范围内推行职业安全健康标准。

## 四、食品安全管理体系

HACCP（Hazard Analysis and Critical Control Point）即危害分析及关键控制点的概念和方法，是在 1959 年，美国品食乐（Pillsbury）公司应美国宇航局要求为其生产 "100% 不含有致病性微生物和病毒的宇航食品"，以保证太空实验室人员所需要的安全、卫生的食品而提出的。HACCP 自提出来已被世界上许多国家运用和发展，1993 年受到联合国粮农组织与世界卫生组织（FAO/WHO）下属食品法典委员会（CAC）的食品卫生部（CCFH）的关注，于第 20 届委员会议上，CCFH 提出《危害分析和关键控制点（HACCP）体系及其应用指南》并考虑修改《食品卫生通则》，把 HACCP 纳入该通则内。1997 年，最终修订版发布。自此，HACCP 在国际上得到更广泛的应用。根据我国国务院的有关规定，国家认监委负责全国 HACCP 管理体系认证认可工作的统一管理、监督和综合协调工作，监督管理 HACCP 管理体系的实施。

HACCP 质量管制法是一套确保食品安全的管理系统。这种管理系统一般由下列各部分组成：对原材料采购、产品加工、消费等各个环节可能出现的危害进行分析和评估；根据这些分析和评估来设立某一食品从原材料直至最终消费这一全过程的关键控制点；建立起能有效监测关键控制点的程序。

该系统的优点是将安全保证的重点由传统的对最终产品的检验转移到对工艺过程及原材料质量进行管制。这样可以避免因批量生产不合格产品而造成的巨大损失。

在食品的生产过程中，控制潜在危害的先期察觉决定了 HACCP 的重要性。通过对主要的食品危害，如微生物、化学和物理污染的控制，食品工业可以更好地向消费者提供消费方面的安全保证，降低食品生产过程中的危害，从而提高人们的健康水平。

实施 HACCP 体系有以下优越性：

（1）强调识别并预防食品污染的风险，打破食品安全控制方面传统方法（通过检测，而不是预防食物安全问题）的限制。

（2）有完整的科学依据。

（3）由于保存了食品企业符合食品安全法的长时间记录，而不是保存某一天的符合程度，使政府部门的调查效率更高、结果更有效，有助于法规方面的权威人士开展调查工作。

（4）使可能的、合理的潜在危害得到识别，即使以前未经历过类似的问题。因而，对于新操作工有特殊的用处。

（5）有更充分的允许变化的弹性。例如，在设备设计方面的改进，在与产品相关的加工程序和技术开发方面的提高等。

（6）与质量管理体系更能协调一致。

（7）有助于提高食品企业在全球市场上的竞争力，提高食品企业的信誉度，促进贸易发展。

 技能实训

【实训目的】

通过案例讨论加深对商品质量监督管理的认识。

【实训主题】

理解认证认可与商品的关系。

【实训时间】

本章课堂教学内容结束后的双休日和课余时间，为期一周；或者由指导教师另外指定时间。

【阅读材料】

### 认证认可保驾护航镇江食醋全球飘香

一、企业概况

镇江香醋是古城镇江对外交往的"金字招牌"和"城市名片"，与山西老陈醋、浙江玫瑰米醋以及四川保宁醋并称为中国四大名醋。

江苏恒顺醋业股份有限公司（以下简称恒顺醋业）为"中华老字号"企业，始创于1840年清道光年间，是现存镇江最早的香醋生产者。恒顺香醋从19世纪晚期开始行销南北，20世纪30年代出口南洋，由江南小城走向了世界。恒顺醋业作为中国调味品首家上市公司，也是目前亚洲生产规模最大的食醋谷物酿造生产基地之一，主要生产香醋、保健醋、陈醋等系列产品，产品广销全国和世界50多个国家（地区），并供应我国驻160多个国家的200多个使（领）馆。

二、主要成效

恒顺醋业以弘扬中华传统饮食文化、振兴民族工业为己任，在传承古法酿造技艺的基础上，大胆引进现代高新技术和先进管理经验，公司先后通过ISO 9001国际质量体系认证、ISO 22000食品安全管理体系认证、HACCP认证以及GAP认证，先进的管理使得恒顺醋业这家传统发酵生产企业历经百年而长盛不衰。面对行业竞争的日益激烈、经营形势的日趋严峻，公司清醒地意识到管理机制急需转变。自2008年开始，公司利用先进的质量管理工具开展了食品卫生量化分级管理、安全性评价、危害分析与关键控制点管理等多项管理活动。通过引入认证认可制度，贯彻先进的管理体系，向管理要效益，为传统产业的腾飞插上了翅膀。

1. 持续改进的管理思路推动技术革新

在管理体系运行过程中，公司高度关注质量改进，将审核发现与数据分析紧密结合，查找生产管理过程中的问题，将问题点变为创新点，不仅使产品特色得以保持，而且工艺也得到了传承与改良，推进了技术改造。

醋槽生产微生物有机肥技术获得国家科技进步二等奖，国家星火计划"酿造槽渣和园艺植物秸秆农用资源化循环利用技术及产业化"项目也顺利通过验收。公司先后成功进行了食醋煎煮的热交换系统和煎醋循环系统的改造，降低了能源消耗和生产成本，产生了管理效益。食醋煎煮的热交换系统还在行业中得到应用推广，为产业发展提供了有益的探索与实践。

2. GAP 认证完善溯源体系

通过食品链的可追溯管理，公司将眼光瞄向了食醋产业链的上游，即原辅料管理。公司利用镇江独特的地理种植优势，在镇江市周边建立了 1000 亩（1 亩 $= 666.\dot{6}\,m^2$）香陈醋专用粮种植基地。为确保从谷物种植、生产管理、采收储藏、包装运输等全过程对食醋卫生安全进行有效的控制，在江苏省检验检疫局的支持和指导下，恒顺醋业通过实施良好农业规范（GAP）认证，公司在基地、加工厂全面推行"统一农资供应、统一技术管理、统一收获储存、统一加工销售、统一监督检测、统一使用标识"的"六统一"管理原则，建立了一整套从农田到餐桌的管理体系，并成为江苏首批出口工业食品类质量安全示范基地。

3. 精细化管理提升企业竞争力

在建立完善科学管理体系、溯源体系的基础上，公司又开始将目光转向计量控制管理，从能源、资源消耗报表数据的小数点后面盘算着每一天资产的进出方向和空间，不仅降低了市场风险，也降低了企业经营成本。通过计量保证确认体系的建设，计算得出的数据能够实实在在地说明计量促管理、管理出效益的道理，增强了公司管理者的信心。公司销售额呈现上升态势，2010 年销售 5.3961 亿元，2011 年销售 6.7177 亿元，2012 销售 7.3339 亿元，2017 年为 15.4 亿元，2019 年为 18.32 亿元。

恒顺醋业日益发展，它始终坚持走质量诚信发展之路，国内外美誉度节节攀升。恒顺传统酿醋技艺入选"首批国家级非物质文化遗产"。恒顺产品五次获国际金奖、三次蝉联国家质量金奖，为国家地理标志保护产品，先后被评为"中国名牌产品""最具市场竞争力品牌""中国食醋产业领导品牌"。2010 年，还获得上海世博会食醋行业唯一的产品质量奖。公司先后荣获"国家级农业产业化重点龙头企业""全国守合同重信用企业""中国调味品行业食醋十强品牌企业""中国食品工业 20 大著名品牌企业""中国调味品行业最具资本竞争力企业""江苏省管理创新优秀企业"等一系列荣誉和称号。

【实训过程设计】

（1）指导教师布置学生课前预习"阅读材料"。

（2）将全班同学平均分成几个小组，按每组 5~6 人进行讨论。

（3）根据"阅读材料"，认证认可对恒顺醋业的发展有何影响？

（4）根据"阅读材料"，列举我国的认证认可制度体系，谈谈案例对你有哪些启示？

（5）各实训小组对本次实训进行总结和点评，撰写作为最终成果的"商品学实训报告"。

（6）各小组提交填写"项目组长姓名、成员名单"的"商品学实训报告"，将优秀的实训报告在班级展出，并收入本课程教学资源库。

 **综合练习**

**一、名词解释**

商品质量监督　产品质量认证　强制认证　认证　认可

**二、多项选择题**

1. 认证通常包括（　　　）。

A. 产品体系认证　　　　　　　　B. 服务认证体系

C. 管理认证体系　　　　　　　　D. 技术认证体系

E. 产地认证体系

2. 商品质量监督的形式有（　　　）。

A. 抽查型监督　　　　　　　　　B. 质量型监督

C. 评价型监督　　　　　　　　　D. 数量型监督

E. 仲裁型监督

3. 体育服务认证标牌（以下简称认证标牌）由（　　　）等内容组成。

A. 认证标志　　　　　　　　　　B. 体育服务提供者名称

C. 获得认证的服务项目名称　　　D. 认证机构名称

E. 其他

**三、问答题**

1. 什么是商品质量监督？如何理解商品监督的含义？

2. 实施产品质量认证制度有何现实意义？

3. 我国产品质量认证标志主要有哪几类？

# 第六章

## 商 品 检 验

- 商品检验的概念、依据
- 商品品级的概念、商品质量等级的划分原则和方法
- 商品检验的基本内容、感官检验法和理化检验法
- 商品抽样的概念、原则、要求和方法

### ◆ 案例导读

#### 如何让"僵尸肉"远离我们的餐桌

"僵尸肉"的消息被公布出来后，立马引起各方惊叹与热议。海关总署查处走私冻品货价超 30 亿元，其中包括冻鸡翅、冻牛肉等副产品 10 余万吨，甚至有超过 40 年的陈年"僵尸肉"，它们悄无声息地出现在夜宵摊、餐厅。"僵尸肉"多为国外替换的战略储备物资，流向二三线城市的小餐馆。更令人担忧的是，"僵尸肉"还面临肉龄检测难，无法判断出实际存放年限等问题。

2014 年 9 月，广西防城海关缉私分局联合防城出入境检验检疫局，集中销毁 1000 余吨涉嫌走私的冻品，案值约 1000 万元，销毁的涉嫌走私冻品包括鸡爪、鸡肾、牛肉、牛肚、猪脚等。没想到，时隔一年，"僵尸肉"不但没有销声匿迹，反而愈演愈烈。如果不加大打击力度，不完善相关配套制度，恐怕我们餐桌上的"僵尸肉"仍难绝迹。

进口这种"僵尸肉"涉嫌多个罪名，如果逃避海关监管，系走私入境的，首先是涉嫌逃脱关税、涉嫌走私普通货物罪；如果"僵尸肉"经检测不符合安全标准，相关人员就涉嫌销售不符合安全标准食品罪；如果"僵尸肉"是有毒、有害的，相关人员就涉嫌销售有毒、有害食品罪。所以，目前对这些进口并出售"僵尸肉"的犯罪分子，并非无法可依，而是执法不够严厉，必须加大执法力度，让他们无缝可钻。

有些"僵尸肉"是通过海关正规渠道进入国内的，堂而皇之地盖上了海关检疫的标志，那么，这就有可能是海关或商检人员或者放纵，或者因工作失职而导致的。相对应的，海关人员就涉嫌放纵走私罪，商检人员就可能涉嫌商检徇私舞弊罪、商检失职罪。

更值得注意的是，这些"僵尸肉"大摇大摆地被销售，主要在于国内市场监管不力，

有些没有相关检验标志却公然销售，有些则可能勾结检验人员随意盖章并销售，还有些则可能是检验人员马虎了事，没有认真检测就盖章放行。那么，相关公职人员就可能涉嫌滥用职权罪、玩忽职守罪甚至受贿罪。虽然"僵尸肉"肉龄具有检测难的特点，但它们是否腐败变质，是否细菌超标，是否含其他有毒、有害物质，这些还是能检测出来的，公职人员并不能卸责。

而那些购买"僵尸肉"给消费者吃的小餐馆，他们可能并不清楚这些"僵尸肉"从何处来，也不知道有什么危害，按照现行法律很难治罪。但这些"僵尸肉"就是经由他们的手最终流向了消费者，危害了公众身心健康，因此应当考虑修改法律或出台相关司法解释，对于那些通过不正规渠道进货、没有相关检验标志，并且价格明显低于市场价格的肉类，经过检测是"僵尸肉"的，就可以推定其经营者为"明知"，对其以销售不符合安全标准的食品罪或销售有毒、有害食品罪治罪。

只有严厉打击铤而走险的违法犯罪分子，堵塞法律漏洞，并且严惩渎职、失职的公职人员，"僵尸肉"才能远离我们的餐桌。

**启示**：这一案例说明，商品没有经过严格的质量检验就很难保证质量，国家市场监督管理部门的商品检验与鉴定是商品质量保证的一个重要组成部分。

# 第一节　商品检验与鉴定

## 一、商品检验与鉴定的概念

### 1. 商品检验的概念

商品检验是指商品的生产方、销售方或者第三方在一定条件下，借助一定的仪器、器具、试剂或检验者的感觉器官等手段和方法，按照合同、标准以及国内国际法律、法规，对商品的质量、规格、重量、数量以及包装等方面进行检验，并做出合格与否和等级的判定的业务活动。

商品检验是商品质量监督和认证的一项基础工作，是商品生产和流通中不可缺少的一个重要环节，它对于确保商品质量、维护消费者正当利益，具有重要意义。生产企业通过对生产各环节的质量检验来保证产品质量，促进产品质量不断提高；商品流通部门在流通各环节进行商品检验，及时防止假冒伪劣商品进入流通领域，以减小经济损失，维护消费者利益；质量监督部门通过商品检验，实施商品质量监督，向社会传递准确的商品质量信息，促进我国市场经济的发展。

### 2. 商品鉴定的概念

商品鉴定是指评价商品质量的全部工作，即对商品满足人们某种需要的程度做出审评和估价。具体说来，商品鉴定包括以下工作内容：根据商品的用途和使用条件，研究商品的成分、结构、性质及其对商品质量的影响；拟订商品的质量指标并确定检验方法；进行商品检验并确定商品质量的高低；根据实际情况，对商品发展提出可行性意见等。

### 3. 商品鉴定与商品检验的关系

商品鉴定是评价商品质量的全部工作，而商品检验仅是评价和确定商品质量高低及商品品级的工作。因此，商品检验包含在商品鉴定的范围之内，是商品鉴定的一个组成部分，二者是一种从属关系。

## 二、商品检验的类别

**1. 按检验方所处的位置和地位，可分为生产检验、验收检验和第三方检验**

（1）生产检验。生产检验也称为第一方检验，是指商品制造商为了在竞争中得以生存和发展，为了保证商品质量，获得较好的经济效益，对原材料、半成品和成品进行的检验。

（2）验收检验。验收检验也称第二方检验，是指商品的购买方为了维护自身及消费者的利益，保证所购商品符合合同或标准规定所进行的检验。

（3）第三方检验。第三方检验是指处于交易双方利益之外的第三方，以公正、中立的身份，应有关方面的请求或指派，依据有关法律、合同或标准，对商品进行的检验。第三方检验可以合理维护交易双方的权利以及国家和消费者的权益，及时协调和解决商品贸易或交换中出现的纠纷，促进商品流通的顺畅进行。

**2. 按检验是否具有破损性，可分为破损性检验和非破损性检验**

（1）破损性检验。破损性检验是指为了对商品进行各项技术指标的测定、试验，经测定、试验后的商品遭受破坏，甚至再无法使用的检验。例如，加工食品罐头、饮料及茶类等的检验。

（2）非破损性检验。非破坏性检验是指经过检验的商品仍能发挥其正常使用性能的检验。例如，电器类、纺织品类、黄金首饰等的检验。

**3. 按被检验商品的数量，可分为全数检验、抽样检验和免于检验**

（1）全数检验。全数检验是对被检验商品逐一进行的检验。它适合于批量小、质量特征少且质量不稳定、较贵重的商品检验。该检验的特点是可以提供完全的质量信息，给人以安全、可靠感。但由于它实行全数商品检验，所以检验费用昂贵、检验工作量大，为此应该预防重复单调的检验工作给检验人员造成疲劳而产生漏检或错检现象。

（2）抽样检验。抽样检验是按合同或标准中规定的抽样方案，从被检验商品中随机抽取样品，然后对样品逐一进行测试的检验形式。抽样检验适合于批量较大的商品检验，它可以节省检验时间和费用，有利于商品流转。但由于该种检验提供的商品信息量少，可能导致检验结果和实际商品品质的偏差，所以不适于批次质量差异大的商品。

（3）免于检验。为鼓励企业提高产品质量，提高产品质量监督检查的有效性，扶优扶强，避免重复检查，规范产品免于质量监督检查工作，依据《中华人民共和国产品质量法》和《国务院关于进一步加强质量工作若干问题的决定》，对商品质量保证体系良好、质量控制完备、成品质量长期稳定的生产企业所生产的产品，在企业自检合格后，免于检验。

**4. 按检验的目的，可分为监督性检验、公正性检验、仲裁性检验、评价性检验和委托性检验**

（1）监督性检验。监督性检验是指根据政府法令或规定，由政府技术监督部门代表国家实施产品质量管理职能，对产品（商品）质量进行的检验。监督检验的依据是国家有关质量的法律以及政府有关质量的标准、法规、规章、条例等。其目的是检查商品是否符合上述有关规定，以保证正常的经济秩序。对不符合规定要求的产品及企业，有权进行行政、经济和法律的处罚。其中，强制性监督检验最具有公正性、科学性和权威性。

（2）公正性检验。公正性检验是由检验机构进行的，这些机构是政府有关部门认可的，具有公正性、权威性，其检验结果具有法律性。检验机构具有符合规定的检验设备、技术条件和技术人员，可以为他人进行第三方检验。公正性检验的特征是对商品提供科学的质量信息，出具检验结果，供他人应用。

（3）仲裁性检验。仲裁性检验是对有质量争议的商品进行的检验，以分清质量责任，做出公正、科学的仲裁结论。

（4）评价性检验。评价性检验即由质量监督管理部门，对企业的产品或市场上的商品进行检查或验证，做出质量综合评价，以证书、标志和发布信息的方式向社会提供质量评价信息。

（5）委托性检验。委托性检验即供方或购买方委托国家法定的质量检验机构所进行的检验。

## 【案例6-1】
### 广东湛江检验检疫，促小家电勇闯国际大市场

电饭锅产业市场巨大，全球有40亿人口以米饭为主食，电饭锅可销往至少12亿个家庭，按目前的生产量计算，至少需要30多年时间，电饭锅市场才可能饱和。但电饭锅也就是七八年的使用寿命，旧去新又来，应当说是无止境的。

正因为看到了广阔的市场前景，湛江市检验检疫局在积极扶持当地电饭锅行业发展、壮大中，始终做到不遗余力、全力以赴。可以说检验检疫就是攻克国外技术性贸易难关的先锋队、排头兵。部分发达国家推出许多技术法规、标准、指令等，从过去的对电饭锅的性能、质量提出许多苛刻要求，发展到如今的对产品生产、包装、标签标识、能耗等多重限制，各项检测标准日趋复杂，形式不断更新，加之各种认证认可的限制要求，都极大地增加了产品出口成本和延长了产品出口周期。面对这些问题，湛江市检验检疫局在广东省检验检疫局的指导帮助下，先后开展了8个项目的课题研究，并密切收集和跟踪国外技术性贸易措施变化的最新动向，及时为企业提供相关信息和法律法规培训，提高企业应对技术壁垒的认识水平和能力，先后帮助20余家企业取得了CE、CB、GS、RoHS等认证证书，有效打破了十余个技术壁垒，先后帮助"伊莱顿""聚信"等几家电饭锅出口企业拿到了打开欧洲、中东、巴西市场的"金钥匙"。同时，该局还建立了一个公共技术服务平台，专门供小家电企业进行信息查询与交流，为企业提供全面、权威、及时的信息咨询服务。

## 三、商品检验的依据

商品检验是一项科学性、技术性、规范性较强的复杂工作，为使检验结果更具有公正性和权威性，必须根据具有法律效力的质量法规、标准及合同等开展商品检验工作。

### 1. 商品质量法规

国家有关商品质量的法律、法令、条例、规定、制度等，规定了国家对商品质量的要求，体现了人民的意志，保障了国家和人民的合法权益，具有足够的权威性、法制性和科学性。商品质量法规是国家组织、管理、监督和指导商品生产与商品流通、调整经济关系的准

绳，是各部门共同行动的准则，也是商品检验活动的重要依据。商品质量法规包括商品检验管理法规、产品质量责任制法规、计量管理法规、生产许可证及产品质量认证管理法规等。

**2. 技术标准**

技术标准是指规定和衡量标准化对象的技术特征的标准。它对产品的结构、规格、质量要求、实验检验方法、验收规则、计算方法等均做了统一规定，是生产、检验、验收、使用、洽谈贸易的技术规范，也是商品检验的主要依据。它对保证检验结果的科学性和准确性，具有重要意义。

**3. 购销合同**

供需双方约定的质量要求，必须共同遵守。一旦发生质量纠纷，购销合同的质量要求，即为仲裁、检验的法律依据。但是，购销合同必须符合《中华人民共和国经济合同法》的要求。

### 四、商品检验的程序

商品质量检验程序一般由定标、抽样、检验、判定、处理五大步骤组成。

（1）定标是指检验前根据合同或标准规定，明确技术要求，掌握检验手段和方法，拟订商品检验计划。

（2）抽样是指按合同或标准规定的抽样方案抽取样品，使样品对商品总体具有充分的代表性，同时对样品进行合理的维护。

（3）检验是指在规定要求的环境下，使用一定的检验设备和条件，采用测量、测试、试验等检验方法，检测样品的质量特性。

（4）判定是指通过将检测的结果与合同及标准要求的技术指标进行对照，根据合格判定原则，对被检商品合格与否做出判定。

（5）处理是指对检验结果出具检验报告，反馈质量信息，对不合格商品做出处理。

# 第二节 商品抽样

### 一、抽样的概念和原则

**1. 抽样的相关概念**

（1）总体。总体又称全及总体，是指所要认识的对象的全体，由具有共同性质的许多单位组成。一般用大写字母 $N$ 表示总体单位数。抽样调查首先要弄清总体的范围、单位的含义，构成明确的抽样框（指包含全部抽样单位的名单框架，即总体单位的名单），作为抽样的母体。例如，要研究市场上食用油的质量状况，则全国市场上的所有食用油就是总体，每个品牌、规格的食用油都是一个单位。

（2）样本。样本又称子样，是指从总体中随机抽取出来的部分单位所构成的集合。在统计研究中，以样本代表总体，并用样本的数量特征对总体的数量特征进行估计和推断。样本的单位数称为样本容量，一般用小写字母 $n$ 表示。在抽样调查中，总体是唯一确定的，而样本则不是唯一的，从一个总体中可以抽取出很多个样本来，并且每次可能抽到哪个样本也不是确定的。

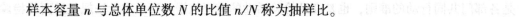

样本容量 $n$ 与总体单位数 $N$ 的比值 $n/N$ 称为抽样比。

**2. 抽样的优点和缺点**

抽样是商品检验的一项重要工作，在商品检验工作中起着非常重要的作用。但用抽样来进行商品检验既有优点，也有缺点。

抽样检验的优点是：检查的商品数量少，省时、省力，比较经济；检查人员能集中精力仔细检查，便于发现问题；生产方或卖方必须保证自己的产品质量，否则会出现整批商品被拒收的情况，造成经济损失；适用于破坏性测试，通过少数商品的破坏性检查，正确判断整批商品的质量；抽样检查中，搬运损失少；对商品的生产部门和检查部门的组织管理工作是一个促进，可以及时发现问题、采取措施加以改进，能起某种预防检查的作用。

抽样检验的缺点是：由于是进行抽样，有时会将优质批误判为不合格批，或将劣质批误判为合格批，因而存在接受"劣质"批和拒收"优质"批的风险；由于抽样样本较少，所以反映整批产品质量状况的信息一般不如 100% 检验那么多，有时会存在片面性。

**3. 抽样的原则与要求**

（1）抽样的原则。为了保证抽样能满足商品检验的需要，必须遵循以下原则：

1）代表性原则。要求被抽取的一部分商品必须具备整批商品的共同特征，以使鉴定结果能成为决定此整批商品质量的主要依据。

2）典型性原则。它是指被抽取的样品能反映整批商品在某些（个）方面的重要特征，能发现某种情况对商品质量造成的重大影响。例如，食品的变质、污染、掺杂及假冒劣质商品的鉴别。

3）适时性原则。针对组分、含量、性能、质量等会随时间或容易随时间的推移而发生变化的商品，要求及时地抽样并进行鉴定。例如，新鲜果蔬中各类维生素含量的鉴定及各类农副产品中农药或杀虫剂残留量的鉴定等。

（2）抽样的要求。抽样要求是对抽样过程的操作提出的技术性要求，也是一定的工作技巧，主要包括以下内容：

1）抽样应当依据抽样对象的形态、性状，合理选用抽样工具与样品容器。抽样工具与样品容器必须清洁，不含被鉴定成分，供微生物鉴定的样品应无菌操作。

2）外地调入的商品，抽样前应检查有关证件，如商标、运货单、质量鉴定证明等，然后检查外表，包括检查包装以及起运日期、整批数量、产地厂家等情况。

3）按各类商品的抽样要求抽样，注意抽样部位分布均匀，每个抽样部位的抽样数量（件）保持一致。

4）抽样时应做好记录，内容包括抽样单位、地址、仓位、车间号、日期、样品名称、样品批号、样品数量、抽样者姓名等。

5）抽取的样品应妥善保存，保持样品原有的品质特点，抽样后应及时鉴定。

## 二、抽样的方法和组织形式

**1. 抽样的方法**

根据样本是否能够被反复抽取，抽样可以分为重复抽样和不重复抽样两种方法。

（1）重复抽样。重复抽样也称放回式抽样，是指从总体中抽取样本时，每次抽取的样本单位，在记录其有关标志表现后都要放回总体中去参加下一次抽取，直到抽满 $n$ 个样本单位为止。在进行重复抽样时，总体单位数在抽选过程中始终未减少，因此每个单位中选或者不中选的机会在每次抽样中都是完全相同的，而且各单位都有被重复抽中的可能。

（2）不重复抽样。不重复抽样也称不放回式抽样，是指从总体中抽取样本时，每次抽取的样本单位，在记录其有关标志表现后不再放回总体，这样在下次抽样时就不会再次抽到前面已经抽过的样本单位。在进行不重复抽样时，总体每经过一次抽样，下次抽样的总体单位数就减少一个，因此每个单位的中选机会在各次是不同的。

**2. 抽样的组织形式**

抽样有如下五种组织形式：

（1）简单随机抽样。简单随机抽样又称单纯随机抽样，是按照随机原则从总体中逐个地抽取样本单位，因此每个单位的入样概率是相等的。简单随机抽样最符合抽样调查的随机性原则，是抽样调查中最基本的组织形式。

通过简单随机抽样的方法抽取样本单位时，可以先给总体的每个单位编上序号，并制成签条，从中随机抽选，直到抽满预定的单位。也可以使用随机数字表，在使用随机数字表时，首先应根据编号的位数确定使用随机数字表的列数，然后从任意一列、任意一行的数字开始，向任意一个方向查过去，并摘录属于编号范围内的数字，直到抽够预定的样本单位数。

简单随机抽样需要对样本一一编号，或将被抽单位列成目录，当总体规模很大、范围很广时，编号和列目录的工作量也变得十分巨大。因此，这种组织形式主要适用于总体单位数较少、范围较窄的情况。例如，全国市场牙膏抽样调查，要将全国市场牙膏进行编号实际上是很难办到的。

（2）类型抽样。类型抽样也称分层抽样，是将总体中的各单位按照某种特征或某种规则划分成若干个不同的类型组，然后从各类型组中独立、随机地抽取样本，再将各类型组的样本结合起来，对总体进行估计。

类型抽样可以保证样本中包含有各种特征的抽样单位，使样本的结构更近似于总体的结构，从而可以有效地提高总体指标估计值的精确度。同时，除了估计总体的指标值，还可以分别估计各个层内的情况，这些优点使类型抽样在实践中得到了广泛的应用。

例如，某家电厂生产的电风扇有5000台，其中，豪华型有1000台，普通型有2000台，微型有2000台。为了解电风扇质量的某项指标，要从中抽取一个容量为500台的样本，由于电风扇质量与型号这项指标有关，因而决定采用分层抽样方法进行抽样。因为样本容量与总体的个数的比为1:10，所以在各型号抽取的个数依次为1000/10、2000/10、2000/10，即100台、200台、200台。

（3）等距抽样。等距抽样又称系统抽样，是将总体中各单位按照某一标志顺序排列，在规定的范围内随机确定起点，然后按照一定的间隔抽取其他样本单位的抽样组织形式。

在等距抽样中，先将总体从 $1-N$ 相继编号，并计算抽样距离公式为

$$K = N/n$$

式中，$N$ 为总体单位总数；$n$ 为样本容量。

然后在 $1-K$ 中随机抽取一个数字 $k_1$，作为样本的第一个单位，接着取 $k_1+K$，$k_1+2K$，直至抽满 $n$ 个单位为止。

等距抽样能够使样本单位均匀分布在总体中，使样本结构与总体结构相似，因此抽样的

精确性比简单随机抽样好，同时操作简便，在很多方面都有应用。

例如，为了解宏业印刷公司 5000 名员工的家庭收入水平，现要从中抽取一个容量为 100 名的样本。按姓名笔画对总体进行排列，把总体划分为 $K = 5000$ 名/100 名 $= 50$ 个相等的间隔，在第 1 至第 50 名中随机抽取一名，如抽到第 10 名，则后面间隔依次抽取第 60 名，110 名，160 名，210 名，…，4960 名，共抽取 100 名员工组成一个抽样总体。

（4）整群抽样。整群抽样是将总体各单位划分为若干群，然后以群为单位从中随机抽取一些群，对抽中群的所有单位都进行调查的抽样组织形式。

例如，育华中学为了调查中学生患近视的情况，从 3 个年级共 36 个班级中抽取一个班级的学生，对其视力状况进行统计研究。

由于整群抽样抽取的单位较为集中，因此调查实施起来较为方便，能够有效地缩减调查经费和时间。但是整群抽样中抽样单位的集中，会影响样本单位在总体中的均匀分布，因此抽样误差较大。一般来说，为了减少抽样误差，整群抽样时应尽可能多抽一些群，并且这些群应均匀分布于样本总体中。

（5）多阶段抽样。多阶段抽样也称多级抽样或阶段抽样，是将对总体单位的整个抽样过程分为两个或更多个阶段进行，先从总体中抽选若干个大的样本群，称为第一阶段单位，然后从被抽中的若干个大的单位群中，抽选较小的样本单位，以此类推。

在大规模的社会调查中，面对的总体单位数往往很庞大，并且总体范围很广，这时如果只用某一种抽样方式或通过一次抽样来选出样本，不仅工作量大，而且在精度上很难把握。在这种情况下，往往采用多阶段抽样的方式来组织抽样调查。

例如，为了调查某品牌的手机在我国的产品售后服务满意度，可以首先从全国各个省份中抽取几个省，然后从抽中的省中抽取若干个城市，从抽中的城市中，再抽取若干个县、区。这种抽样方式就是多阶段抽样。

多阶段抽样保持了整群抽样的优点，保证了样本相对集中，从而节约了调查费用。同时，也可以根据各阶段单位的分布情况，采取不同的抽样方法，以提高抽样的估计效率。另外，对于没有抽到的单位不需要再进行编号或制定抽样框，节约了大量的人力、物力。我国许多全国性的大规模抽样，采用的都是多阶段抽样的组织形式。

需要指出的是，由于多阶段抽样的每个阶段都会产生抽样误差，因此，即便是大规模的抽样，抽取样本的阶段也应当尽可能地减少。

## 第三节　商品检验的方法

商品检验的方法因项目的不同而不同，需要按照有关标准或技术规定的要求执行，一般而言，有感官检验法和理化检验法两种商品检验方法。

### 一、感官检验法

**1. 感官检验法的概念及优缺点**

感官检验是以人体感觉器官作为检验器具，对商品的色、香、味、形、手感、音质、音色等感官质量特性做出判定和评价的检验方法。

感官检验法的优点是：操作简便、灵活易行、费用节省，不易破坏商品体，不受抽样数量的限制等；特别适用于目前还不能用仪器定量评价其感官指标的商品和不具备组织昂贵、复杂仪器进行检验的能力的企业和团体。感官检验法的缺点是：受鉴定人的生理条件、工作经验及鉴定时的外界环境干扰等限制，检验结果往往带有主观片面性；感官检验的结果难以用准确数字来表示，商品质量的表示也只能使用专业术语或计分的方法表示，使用效果差。

适用感官检验的商品主要有食品、纺织品及服装、乐器等。

**2. 感官检验的类别**

感官检验依据检验时所主要使用的感觉器官的不同，分为视觉检验、嗅觉检验、味觉检验、听觉检验和触觉检验。

（1）视觉检验。视觉检验是通过视觉器官来观察商品的外形、结构、色泽、外观疵点、包装装潢等感官指标，并据此评定商品的质量特性的检验方法。视觉检验在检验日用工业品、纺织品时主要检验其美学特点和表面缺陷，在检验食品时则主要检验其新鲜度、成熟度和加工程度。

例如，在茶叶品质评审中，决定茶叶品质的外形、香气、滋味、汤色和叶底五项指标中的外形、汤色和叶底这三项，均需通过视觉检验来判定。外形评定须取样茶于茶盘中，在用双手波浪式筛转后，样茶大体分为面张茶、中段茶和下盘茶。先看粗松轻薄的面张茶，再观察紧结重实的中段茶，最后拨开中段茶看细小的下盘茶。最后取一小撮混合均匀的样茶，观察其条索形态、色泽、整碎、净度，与标准样茶进行比较，综合分析，做出外形评审结论。汤色评审主要是对茶汤汤色的深浅、明暗、清浊、新陈等做出判定。叶底判定则是依据叶底色泽的明暗、有无花杂、叶张的软硬、粗老与否、芽头的多少和匀齐程度等得出评审结论。

视觉检验应注意以下几点：

1）为使检验者对商品外观评定有所依据，应制定相应的样品标准。

2）检验者应具备丰富的感官检验的知识和经验，并熟悉标准样品各等级的条件、特征和界限。

3）光线强度应适合。由于视觉检验是用肉眼观察评定商品的外观质量，因此鉴定场所的光线强弱，是直接影响鉴定结果的重要条件。

（2）嗅觉检验。嗅觉检验是凭借嗅觉器官（鼻）来鉴定商品气味、评定商品品质的检验方法。嗅觉是由于商品体发散于空气中的物质颗粒作用于鼻腔嗅觉细胞，产生兴奋传入大脑皮层而引起的。嗅觉检验应用于食品、家用化工用品和香精香料等商品的质量检验。凡品质优良的商品，均具有其特有的正常气味或香气；而劣质商品的气味特征也会各有不同，有的乏味，有的则会有霉、臭等怪味。正常无异味是对商品气味的基本要求，对不同的商品，嗅觉检验的内容和要求也相应不同。

例如，在茶叶香气检验中，茶叶香气是指将 3g 样茶置于容积为 150mL 的审茶杯内，用沸水冲泡 5min，倾茶汤于审茶碗后，评审茶杯中的香气。审评时左手持杯送至鼻下，右手掀开杯盖，半掩半开，反复嗅闻叶底的香气。首先要鉴定香气是否正常，有无异味，继而区别香气类型，最后鉴定香气的持久度。

嗅觉检验的结果能否正确反映商品的品质，除了检验者自身的素质外，检验场所的清洁度（有无异味）对检验结果也有很大影响。因此，进行嗅觉检验时，检验场所、盛样器皿、检验者的手和衣物等均不应有不利于嗅觉检验的异种气味。

(3) 味觉检验。味觉检验是借用人的味觉器官来检查有一定滋味要求的商品品质的过程。它是溶解于水或唾液中的物质作用于舌面和口腔黏膜上的味觉细胞，产生兴奋传入大脑皮层而引起的感觉。基本味觉有酸、甜、苦、辣、咸五种。其中，辣味也被认为是热觉、痛觉和味觉的混合。食品的滋味和风味是决定食品品质的重要因素，凡品质正常的食品均具有应有的滋味和风味。同一原料来源的食品，由于加工调制方法的不同，滋味和风味也各异。质量发生变化的食品，滋味必然变劣，产生异味。所以，味觉评定是检验食品品质的重要手段之一。

例如，在茶叶滋味审评中，茶叶滋味是决定茶叶品质的五项指标之一，品尝时需用汤匙取少许茶汤入口，使茶汤留在舌上部，通过舌的轻缓转动使茶汤在舌与口腔黏膜间充分接触，然后将茶汤吐出，继而判定滋味类型、滋味的强度水平（醇厚、平淡、乏味、无味）、味道滞留度等，并依此对茶叶滋味品级做出判定。

味觉检验应注意被检样品的温度要与对照样品的温度一致，在一些检验细节上必须严格遵循检验规程，如检验前后必须漱口等。

(4) 听觉检验。听觉检验是凭借听觉器官来鉴定商品质量的方法。它是通过外界商品的音响刺激耳膜引起大脑神经反应而产生的一种感觉。听觉检验一般用来检验玻璃制品、瓷器、金属制品有无裂痕或其他内在缺陷；评价以声音作为重要指标的乐器、音响装置、家用电器；评定食品的成熟度、新鲜、冷冻程度等。

例如，人们在购买鸡蛋时，常将鸡蛋放在耳边轻轻摇动，如有明显的晃动声发出，说明鸡蛋由于放置时间较长，内部蛋清因水分散失而体积收缩，这时就有一个空间在人们摇动时使蛋清与蛋壳碰撞发出声音。又如，罐头"打检"是判定罐头食品品质的行之有效的简易方法。检验人员手持打检杆，轻敲罐盖，发出清脆的"叮叮"声则品质正常，而发出混浊的声音则属次品。听觉检验需要适宜的环境条件，力求安静，尽量避免外界因素对听觉灵敏度的影响。

(5) 触觉检验。触觉检验是利用人的触觉器官感受商品，从而对商品品质做出判定的检验方法。触觉是皮肤受到外界刺激而引起的感觉，如触压觉、触摸觉等。人的手指和头面部的触觉感受性较强。触觉检验主要用于检查纸张、塑料、纺织品、食品和其他日用工业品的表面光滑细致程度、强度、厚度、弹性、紧密程度、软硬等质量特性。触觉检验时，应注意环境条件的稳定及手指皮肤正常状态的保持。

**3. 感官检验的评价分析方法**

感官检验的评价分析方法一般可分为以下三种：

(1) 差别检验。差别检验是用于判定两种样品之间是否存在感观差别的检验。例如，检验某种商品样品与标准样品在感官特性上是否存在差别。

(2) 使用标度和类别检验。这是对于两种以上的商品，在采用差别检验确定其具有明显差别的基础上，为进一步明确差别的大小或估计样品归属的类别而采用的方法。具体方法是排序、量值估计、评分、评估、分类等。

(3) 分析或描述性检验。这种检验方法要求检验员对构成商品的各个特性的指标进行定性、定量描述，以尽可能完整地描述商品品质。

## 知识链接

### 如何选购西服、大衣

一、西服、大衣产品上的各种标注项目必须齐全

（1）产品上必须有商标和中文厂名、厂址，这有利于了解该企业产品质量的信誉度和知名度。例如，产品上有标明为"中国名牌"等标记和文字，说明该产品的生产企业具有一定的规模和知名度。

（2）产品上必须有服装号型标识，并可选择与自己的体形相适宜的规格尺寸。

（3）产品上必须有明确的纤维含量标识，主要是指服装的面料、里料的纤维含量标识，各种纤维含量的百分比应清晰、正确。这样便于消费者更好地了解服装面料质地，挑选自己喜欢的面料，也有利于掌握该西服、大衣的基本价位，因为面料质地的优劣是决定西服、大衣价格的重要因素，常见面料有羊绒、羊毛、羊驼毛、兔毛及仿毛型化学纤维等。羊绒含量越高，价格就越高。如果产品名称标注为"羊绒大衣"，就一定要看一下产品的标识上羊绒的含量是多少，再来衡量是否物有所值。

（4）产品上必须有明确的洗涤标识图形符号及说明，使消费者能了解洗涤和保养的方法要求，特别是看清是否有可以水洗或干洗等标识，做到心中有数，按标识要求进行洗涤保养。

一旦消费者按照产品标识上规定的洗涤方法进行洗涤、保养后出现问题，就可以与销售商或生产企业联系，并能取得相应的赔偿；如果未按照标识规定洗涤、保养，则一切后果由消费者自己承担。

（5）产品上有产品合格证、产品执行标准编号、产品质量等级及其他标识。查看产品上的标识是否齐全，可以衡量和评价产品的生产、质量、销售等方面的规范程度，以衡量该产品的可信度。

二、西服、大衣的外观质量的鉴别

（1）西服、大衣的主要表面部位无明显织疵、条痕（主要表面部位指大身的外露部位）。

（2）西服、大衣的主要缝接部位无色差（需要在一定的光亮度下看色差情况）。

（3）西服、大衣面料和里料结构是否紧密，如果面料、里料的结构疏松，会使西服、大衣接缝部位的强力达不到标准规定要求而引起织物纰裂。

（4）西服、大衣面料的花型、倒顺毛是否顺向一致。条格面料的服装，主要部位是否对称、对齐。

（5）注意西服、大衣上各种辅料、配料的质地，如纽扣是否牢固、纽眼是否毛出等。

（6）有黏合衬的表面部位如领子、驳头、袋盖、门襟处有无脱胶、起泡等现象。

三、西服、大衣试穿时的造型和感觉

（1）西服、大衣穿在身上后，各部位是否平整、自然。例如，衣领的左右是否对称，肩部是否平服，袖笼处是否圆顺，胸部是否丰满、自然，无裂形，门襟是否自然下垂成直线，是不绞不豁，后背领下是否平服，后背下摆处不起翘，等等。

（2）西服、大衣穿在身上后，整体感觉是否有舒适感和轻松感。如：两手前后、上下摆动是否舒畅，颈部及肩胛部是否有压迫感或负重感，腋下处有无不舒服的感觉，等等。

（3）西服、大衣穿在身上后，各主要部位的规格大小是否适宜，如衣长、袖长、肩宽、胸围等处的宽松度是否适合。规格尺寸的过大、过小也会引起穿着时的不舒服及外观整体不平服的感觉。

## 二、理化检验法

### 1. 理化检验法的概念及优缺点

理化检验法是在实验室的一定环境条件下，利用各种仪器、器具和试剂等手段，运用物理、化学、生物学原理测试商品质量的方法。它主要用来检验商品的成分、结构、物理性质、化学性能、安全性、卫生性等。

理化检验法的优点是：该方法可用数据定量表示测定结果，与感官检验相比其结论更客观和精确。但该方法对检验设备、仪器要求较为严格，同时对检验人员的素质也有较高要求。

### 2. 理化检验法的类别

理化检验方法根据使用原理可分为物理检验法、化学检验法和生物学检验法。

（1）物理检验法。它是运用各种物理仪器、量具对商品的各种物理性质和指标进行测试检验，以确定商品质量的方法。根据测试检验的内容不同，可分为以下几类：

1）度量衡检验。度量衡检验是利用各种量具、量仪来测定商品的长宽度、细度、厚度、体积、密度、容重、表面光洁度等物理特性的检验方法。例如，测定纤维的长度、细度，粮谷的容重，水果个体的体积和重量。

2）力学检验。力学检验是用各种力学仪器测定商品的力学性能的检验方法。这些机械性能包括抗拉强度、抗压强度、抗冲击强度、硬度、弹性、耐磨强度等，商品的力学性能与商品的耐用性密切相关。例如，水泥的抗压强度是用水泥试样被压碎时，试样单位面积（$cm^2$）所承受的外力表示的，单位为 $kg/cm^2$。水泥标号表明水泥具有的抗压强度，如普通水泥有 225、295、325、425、625 等标号。

3）热学检验。热学检验是使用热学仪器测定商品热学特性的方法。商品的热学特性有沸点、熔点、凝固点、耐热性等。橡胶、塑料制品、玻璃和搪瓷制品、金属制品、化工制品、皮革制品等，其热学特性与商品质量相关。例如，搪瓷制品的耐热性测定，是将搪瓷制品加热到一定温度后，将其迅速投入冷水中，以珐琅层在突然受冷时不致炸裂和脱落的温度差来表示。温度差越大，耐热性越好。

4）电学检验。电学检验是利用电学仪器测量商品电学特性的检验方法。例如，测量电阻、电容、导电率、介电常数等。对于电器类商品，其电学特性直接决定商品的质量。

5）光学检验。光学检验是利用光学仪器（如光学显微镜、折光仪、旋光仪等）来检验商品光学特性的方法。光学显微镜用于观察商品的细微结构，进而判定商品的使用性能。折光仪用于测定液体的透射率，通过透射率的测定可分析液体商品的品质。例如，通过测定油脂的透射率可判定油脂的新陈与掺假与否。旋光仪是通过对旋光性物质（如蔗糖、葡萄糖等）的旋光度进行测定，从而判定旋光性物质的纯度。

（2）化学检验法。化学检验法是用化学试剂和仪器对商品的化学成分及含量进行测定，从而判定商品质量的检验方法。化学检验法按检验手段可分为化学分析法和仪器分析法。

1）化学分析法。它是根据检验过程中试样和试剂所发生的化学反应和在化学反应中试样和试剂的用量，鉴定商品的化学组成和化学组成中各成分的相对含量的检验方法。以物质的化学反应为基础的化学分析法是一种传统的化学分析方法，其设备简单、准确度高，是其他化学分析方法的基础，又称常规分析法。

2）仪器分析法。仪器分析法是采用光学、电学方面较为复杂的仪器，通过测量商品的光学性质、电化学性质来确定商品的化学成分的种类、含量以及化学结构，以判断商品质量的检验方法。仪器分析法分为光学分析法和电化学分析法。光学分析法是通过被测成分吸收或发射电磁辐射的特性差异来进行化学鉴定的；电化学分析则是利用被测物的化学组成与电物理量之间的定量关系来确定被测物的组成和含量的。仪器分析法适用于微量成分含量的分析。

（3）生物学检验法。生物学检验主要是用于对食品、动植物及其制品、医药类商品进行的检验，它包括微生物学检验和生理学检验。

1）微生物学检验是对商品中有害微生物存在的种类及数量进行的检验，它是判定商品卫生质量的重要手段。一般有害微生物有大肠菌群、致病菌等，它们直接危害人体健康及商品的储存安全。

2）生理学检验是用于测定食品可消化率、发热量、维生素种类、含量、矿物质含量等指标的检验。生理学检验一般用活体动物进行试验。

# 第四节　商品品级

## 一、商品品级概述

### 1. 商品品级的概念

商品品级是依据商品质量高低确定的商品级别，也是表示商品质量高低优劣的标志。根据商品质量标准（包括实物质量标准）和实际质量检验标准，一般来说，工业品分为三个等级；而食品，特别是农副产品、土特产等多分为四个等级，最多可分为六七个等级，如茶叶、棉花、卷烟等。

对商品质量分级有利于从整体上综合反映我国工业产品质量水平，有助于推动技术和管理进步，有利于促进产品更新换代和质量提高。

### 2. 商品质量等级的划分原则

商品质量水平可以划分为优等品、一等品和合格品三个等级。

（1）优等品。它是指商品的质量标准必须达到国际先进水平，且实物质量水平与国外同类产品相比达到近五年内的先进水平。

（2）一等品。它是指商品的质量标准必须达到国际一般水平，且实物质量水平达到国际同类产品的一般水平。

（3）合格品。它是指按照我国一般水平标准组织生产，实物质量水平必须达到相应标准的要求。

**3. 商品质量等级的评定**

商品质量等级的评定，主要依据商品的标准和实物质量指标的检测结果，由行业归口部门统一负责。

优等品和一等品等级的确认，须有国家级检测中心、行业专职检验机构或受国家、行业委托的检验机构出具的实物质量水平的检验证明；合格品由企业检验判定。

## 二、商品品级的划分

商品品级的划分方法很多，一般有百分法和限定法两种方法。

**1. 百分法**

百分法是将商品的各项质量指标规定为一定的分数，重要指标占高分，次要指标占低分。如果各项指标都符合标准要求或认为无瑕可挑的，则打满分；如果某项指标欠缺，则在该项中相应扣分。全部合格为满分100分。例如，酒的评分方法，满分为100分，那么：

白酒：色10分、香25分、味50分、风格15分。

啤酒：色10分、香20分、味50分、泡沫20分。

葡萄酒：色20分、香30分、味40分、风格10分。

香槟酒：色15分、香20分、味40分、风格10分、气15分。

**2. 限定法**

限定法是对商品的各种疵点规定一定的限量，可分为限定记分法和限定数量和程度法。

（1）限定记分法。该方法将商品的各种疵点规定为一定的分数，由疵点分数的总和确定商品的等级，疵点分数越高，则商品的等级越低。这种方法一般在日用工业品中采用。

（2）限定数量和程度法。该方法在标准中规定商品每个等级限定疵点的种类、数量和程度。例如，全胶鞋有13个外观指标，其中鞋面起皱或麻点的指标要求：一级品稍有；二级品有。鞋面砂眼：一级品不许有；在二级品中，砂眼直径不超过1.5mm、深不超过鞋面厚度者，低筒鞋限二处，半高筒鞋限四处，但不得集中于下部，弯曲处不许有。此外，还有其他疵点限制要求。在13项指标中，如果一级品有超过四项不符合要求，降为二级品；二级品超过六项不符合要求，则降为不合格品。

**【案例6-2】**

**市场监管总局关于2018年电动平衡车产品质量国家监督专项抽查情况的通报**

国市监质监函〔2019〕39号

各省、自治区、直辖市及新疆生产建设兵团市场监管局（厅、委）：

近期，市场监管总局组织开展了电动平衡车产品质量国家监督专项抽查。现将抽查情况通报如下：

一、基本情况

（一）本次抽查概况。共抽查23家企业生产的23批次产品（不涉及出口产品），抽查区域覆盖浙江、江苏、广东等主产区。共检出2批次不合格，不合格发现率为8.7%。

（二）本次抽查特点。一是采取"双随机"抽查方式。招标遴选入围检验机构，入围后通过"双随机"信息化系统，随机确定抽查企业，随机确定承检机构，并进行随机匹配。二是实施抽检分离。抽样由企业所在地市场监管部门组织实施，检验由"双随机"确定的技术机构承担。三是远程监控抽样全过程，提供可追溯性的证据。四是此次抽查为市场监管总局首次对电动平衡车产品组织开展产品质量国家监督专项抽查。

二、抽查结果分析

本次专项抽查重点对电动平衡车的最高设计车速、超速保护、低电量保护、充电锁止、防飞转保护等 8 个项目进行了检验。不合格项目涉及充电锁止、防飞转保护等 2 个安全项目。

一是充电锁止项目不符合标准要求。该指标主要是防止在充电过程中，消费者产生误操作直接骑行，导致充电器和车辆损坏，甚至引发触电事故。该项目技术相对成熟，多数企业都能对此项目给予充分重视。本次抽查中有 1 批次产品该项目不合格，导致不合格的原因主要是企业对标准不了解，对产品安全不够重视。

二是防飞转保护项目不符合标准要求。该指标主要是防止用户在将车辆提起时，引发伤人或将衣物绞进车里的风险。本次抽查的产品中，只有一家企业的 1 批次产品出现提起时车辆不停止、持续飞转的状况，导致该项目不合格的原因主要是企业未考虑设计产品的防飞转保护功能。

三、工作要求

针对本次产品质量国家监督专项抽查发现的问题，各省、自治区、直辖市及新疆生产建设兵团市场监管局（厅、委）要按照《中华人民共和国产品质量法》《产品质量监督抽查管理办法》等规定，认真做好后处理工作。

（一）对于本次抽查中产品质量不合格的生产企业，督促企业整改，并依法进行处理。

（二）针对本次抽查中不合格的项目，有关省份市场监管局（厅、委）要强化地方监督抽查，督促企业提升生产工艺水平，加强产品质量控制，保证产品质量安全。

（三）将本次抽查不合格产品情况通报地方政府及相关部门，采取有力措施，督促企业依法落实产品质量安全主体责任，引导企业严格按照标准组织生产，维护产品质量安全。

市场监管总局

2019 年 1 月 18 日

# 第五节 假冒伪劣商品的识别

所谓假冒伪劣商品，是指生产、经销的商品违反了我国现行的有关法律、法规的规定，其质量、性能指标达不到标准所规定的要求；或是冒用、伪造他人商标，冒用优质产品标志、质量认证标志和生产许可证标识的商品；或是经销已经失去了使用价值的商品。

## 一、生产、销售假冒伪劣商品行为的认定

2011 年，原国家质量监督检验检疫总局在《关于实施〈中华人民共和国产品质量法〉若干问题的意见》中，就认定了以下 8 类生产、销售假冒伪劣商品的行为：

（1）生产国家明令淘汰的产品，销售国家明令淘汰并停止销售的产品和销售失效、变质产品的行为。国家明令淘汰的产品，是指国务院有关行政部门依据其行政职能，按照一定的程序，采用行政的措施，通过发布行政文件的形式，向社会公布自某日起禁止生产、销售的产品。失效、变质产品，是指产品失去了原有的效力、作用，产品发生了本质性变化，失去了应有使用价值的产品。

（2）伪造产品产地的行为。这类行为是指在甲地生产产品，而在产品标识上标注乙地的地名的质量欺诈行为。2019年6月10日，绍兴市柯桥区市场监督管理局根据举报线索成功查获了一起伪造产地销售日化用品案，对当事人绍兴某贸易有限公司处罚没款16.97万元。经查，当事人绍兴某贸易有限公司于2018年12月11日委托李某在日本注册核准××××商标，并在香港注册某科技有限公司。自2018年12月18日起，当事人先后从东莞市某美妆服务器有限公司采购总计货值20000元。当事人对上述商品重新进行包装并粘贴标签及条形码，其中标签标识虚假标注原产国为日本，经销商为注册的科技有限公司，至查获日止，共违法所得共计人民币40012.4元。

（3）伪造或者冒用他人厂名、厂址的行为。这类行为是指非法标注他人厂名、厂址标识，或者在产品上编造、捏造不真实的生产厂厂名和厂址以及在产品上擅自使用他人的生产厂厂名和厂址的行为。2019年4月12日，临澧县市场监督管理局接到×××有限公司的投诉举报，临澧县某鞭炮原材料经营部销售的标示为"×××牌"注册商标，生产厂家为中国××××天然气净化总厂，厂址为重庆长寿桃园新村等内容的硫磺产品为侵权产品。经核实，上述硫磺产品未经该商标持有人许可。

（4）伪造或者冒用认证标志等质量标志的行为。这类行为是指在产品、标签、包装上，用文字、符号、图案等方式非法制作、编造、捏造或非法标注质量标志以及擅自使用未获批准的质量标志的行为。质量标志包括我国政府有关部门批准或认可的产品质量认证标志、企业质量体系认证标志、国外的认证标志、地理产品保护标志等。2019年4月，常德市市场监督管理局对湖南××检验有限公司授权认可的分支检测机构开展检验检测机构专项执法检查，发现当事人自2019年1月以来，未按《检验检测机构资质认定管理办法》和《民用建筑工程室内环境污染控制规范（2013版）》的规定开展室内环境检测，先后出具了室内环境检测报告2份作为建设单位新建Ⅰ类民用建筑工程验收时所需的必备证明材料。经调查核实，当事人在室内环境检测参数氨的检验过程中使用了过期试剂和未经校准的仪器，而且在民用建筑工程室内环境检测布点方案、采样点数量及样品数量等方面，均不符合规范要求，无法满足、支撑相应检测的开展和判定，从而造成所出具的参数氨的检测数据结果失实。

（5）在产品中掺杂、掺假的行为。这类行为是指生产者、销售者在产品中掺入杂质或者造假，进行质量欺诈的违法行为。其结果是，致使产品中有关物质的成分或者含量不符合国家有关法律、法规、标准或者合同要求。

（6）以假充真的行为。这类行为是指以此产品冒充与其特征、特性等不同的他产品，或者冒充同一类产品中具有特定质量特征、特性的产品的欺诈行为。

（7）以次充好的行为。这类行为是指以低档次、低等级产品冒充高档次、高等级产品或者以旧产品冒充新产品的违法行为。

（8）以不合格产品冒充合格产品的行为。不合格产品是指产品质量不符合《中华人民共和国产品质量法》第二十六条规定的产品。以不合格产品冒充合格产品是指以质量不合格的产品作为或者充当合格产品。2019年4月，台州市仙居县市场监督管理局联合公安部门成功查获了一起生产、销售假冒知名品牌洋酒大案，涉案案值1500余万元。经查，当事人王某忠于2018年11月至2019年3月期间，通过微信以200元/箱的价格销售黑牌调配型苏格兰威士忌102箱、红牌调配型苏格兰威士忌100箱，以1800元/箱的价格销售蓝牌调配苏格兰威士忌7箱，销售金额共计53000元。上述洋酒系当事人以"尊尼获加"黑牌、红牌、轩尼诗、人头马及部分散装的低价酒作为原料酒，通过添加色素、香精等添加剂后灌装、封装制成，经抽样检测判定为不合格产品。

## 二、假冒伪劣商品的危害

近年来，广大消费者及许多企业饱受假冒伪劣商品的坑害之苦。有关调查资料表明，90%以上的消费者和几乎所有名牌产品的生产企业均曾受到假冒的侵扰。当前，我国的假冒伪劣商品有以下几个特点：

（1）假冒商品品种多、数量大。从生产资料到生活日用品，从内销商品到外贸出口商品，从日常生活用品到高科技产品，假冒伪劣商品几乎无所不有，尤以利润高、销售快的假冒名烟、名酒和药品等最为严重。

（2）出现区域性产、供、销"一条龙"假冒地，违法活动更具有隐蔽性、流动性。有的地方造假已形成规模，有的已形成"专业村""集散地""黑窝点"，并有人提供仓库、银行账号、代办运输服务等，显然是有组织的犯罪活动，具有很强的再生能力和扩散能力。由于我国国内对造假活动打击严厉，相当一部分造假活动已形成境内外勾结，在境外制造，通过走私再偷运到国内销售，人称"走私假冒商品"。

（3）假冒国外名牌的现象突出。

（4）重大的恶性案件增多，违法数额攀升。假冒伪劣商品对消费者及生产厂家的危害主要表现为：侵害名牌商标形象，真假难辨使消费者和用户望而生畏；严重影响名牌企业的经济效益；严重败坏出口商品的信誉，对我国国际贸易造成不良的影响；名牌产品被挤出市场，生产企业面临停产甚至陷入破产倒闭的窘境；等等。

有的生产者和经营者受高利诱惑与驱动，甚至铤而走险；有的生产者和经营者在生产和经销中缺乏严格控制，管理混乱无序；法律、法规不完善，处罚条款规定偏轻及个别地方保护主义等。基于上述原因，市场上出现的假冒伪劣商品屡禁不止，造成的危害严重主要表现在以下几个方面：

（1）假冒伪劣商品充斥市场，导致市场商品质量合格率下降。

（2）假冒伪劣商品屡禁不止，严重干扰了市场经济秩序，危及深化改革和对外开放的顺利进行。

（3）假冒伪劣商品造成的恶性事故产生了不良的社会影响，已经成为一大社会公害。

（4）假冒伪劣商品泛滥，给国家、集体和个人造成了巨大的经济损失，消费者的合法权益受到严重损害。

（5）假冒伪劣商品影响了我国的对外贸易，既造成了重大经济损失，又损害了我国的声誉，造成极坏的政治影响。

## 三、我国关于禁止生产、经销假冒伪劣商品的法律和法规

（1）《中华人民共和国标准化法》。

（2）《中华人民共和国计量法》。

（3）《中华人民共和国民法通则》。

（4）《产品质量监督试行办法》。

（5）《中华人民共和国食品卫生法》。

(6)《中华人民共和国药品管理法》。

(7)《中华人民共和国商标法》。

(8)《中华人民共和国广告法》。

(9)《建筑工程质量监督条例（试行）》。

(10)《中华人民共和国工业产品生产许可证管理条例》。

### 四、假冒伪劣商品的识别

假冒伪劣商品的特征很多，也非常复杂。然而，只要掌握一定规律，认准商品的商标标识，认真查看商品外包装上的标记，注意商品包装、厂名、厂址，仔细观察商品质量和商品包装，是一定能识别出假冒伪劣商品的。一般来说，识别方式主要包括以下几种：

**1. 从产品包装上鉴别**

根据《中华人民共和国产品质量法》第十五条规定，产品或其外包装必须具备以下标识：①产品质量检验合格证明；②中文标明的产品名称、生产厂厂名和厂址；③产品规格、等级、所含主要成分的名称和含量；④生产日期、安全使用期或失效日期；⑤使用不当易造成产品本身损坏或可能危及人身、财产安全的产品，要有警示标志或中文警示说明。

名优产品大多具有以上标识，而且包装比较科学、合理，包装材料讲究，装潢、商标印刷精美，套印精确、光泽度好。而假冒伪劣产品因制造粗陋、工序简单，不具备或部分具备以上标识。应该提醒消费者的是，这些标识都以中文体现，全部用外文表述的也属于不合格的产品。

**2. 从商标上鉴别**

许多名优产品的商标，由于产品的质量高、信誉好而久负盛名，也往往成为不法分子假冒的对象。假冒注册商标有这样几种情况：一是完全假冒，不仅名称一样，而且图案色彩也一样；二是图案相似，名称近似，甚至用同音字，以混淆视听；三是变换商标图案颜色或是图案略有差异，名称不同。以上情况只要引起警惕，仔细观察，是会发现漏洞的。

**3. 从标志上识别**

商品或其包装上的标志有多种，除了商标以外，还有质量认证标志、生产许可证标志、防伪标志等。在选购商品时，应该注意选择有质量标志的商品，并要注意其印刷、制作得是否精细、准确。其中，防伪标志是近年来正规厂家使用比较多、防伪效果比较好的一种方法，要注意真品的防伪标志的特征。

**4. 利用感官鉴别**

感官鉴别就是利用人的感觉器官，即视觉、听觉、嗅觉、味觉、触觉等，对商品的包装、结构、外观、色泽、气味等方面进行识别。感官鉴别又称为"经验识别"。由于此种方法易受感官的敏锐程度和鉴别经验的影响，因而其结果难免带有主观性。感官检验商品质量的方法详见本章第三节中的相关内容。

 **技能实训**

【实训目的】

熟悉商品检验的基本方法。

**【实训主题】**

商品真假的鉴别。

**【实训时间】**

本章课堂教学内容结束后的双休日和课余时间，为期一周；或者由指导教师另外指定时间。

**【阅读材料】**

### 鉴别真假矿泉水的方法

天然矿泉水是根据国家标准 GB 8537—2018《食品安全国家标准 饮用天然矿泉水》规定，在不改变饮用天然矿泉水水源水基本特性和主要成分含量的前提下，在加工工艺上，允许通过曝气、倾析、过滤等方法去除不稳定组分，包装后，其游离二氧化碳含量不超过为保持溶解在水中的碳酸氢盐所必需的二氧化碳含量的天然矿泉水。在保证原水卫生安全条件下开采和灌装，不改变天然矿泉水的特性和主要成分，允许曝气、倾析、过滤和除去或加入二氧化碳，但不得加入其他化学添加剂。外包装标签的内容有：产品名称、净含量、制造者（或经销者）的名称和地址、生产日期、保质期、标准号、特征性界限指标、pH 值、溶解性总固形物、主要阳离子（$K^+$、$Na^+$、$Ca^{2+}$、$Mg^{2+}$），主要阴离子（$HCO_3^-$、$SO_4^{2-}$、$Cl^-$）的含量范围，产品类型（含或不含二氧化碳，是天然存在的，还是人工加入的）。天然矿泉水可以从以下几个方面来识别：

1. 看瓶质量及外包装

真的天然矿泉水外包装上印的字体、标志，以及瓶上的日期、条码、条纹都非常清晰，不易抹掉；外包装黏合好，不易撕下；瓶盖紧，封盖质量好，瓶盖螺纹清晰光滑没有磨损。假的矿泉水外包装上的字体模糊，生产日期容易抹掉；瓶盖松，瓶盖螺纹与瓶不很吻合。假冒者多数是回收旧瓶制造，塑料瓶不光滑，有磨损、陈旧现象，外包装也显得陈旧。有的外包装塑料纸有明显重黏合痕迹。有的瓶盖颜色有差异。例如，杭州娃哈哈集团公司生产的矿泉水在瓶盖中间位置有明显凸起的一点，瓶颈上有 WAHAHA 字母，矿泉水有蓝色的标签。

2. 看透明度

天然矿泉水在阳光下呈无色透明，因不含杂质，所以也无浑浊现象。允许有极小量的天然矿物盐沉淀，但不得含有其他异物。

3. 看射光度

将天然矿泉水倒入清洁的玻璃杯内，将竹筷放进去，可观察到其射光弯曲程度。而假冒矿泉水就不具备这一特征，这是因为天然矿泉水富含矿物质的缘故。

4. 试比重

天然矿泉水因矿化度较大，所以水的表面张力相对增大。将天然矿泉水注满玻璃杯，如水面稍微浮隆，则属于正宗矿泉水。

5. 观察热容量

在相同温度条件下，天然矿泉水的吸热、放热速度较慢。在夏季高温时，其瓶表面一般有冷凝小水滴现象出现；反之，假冒矿泉水就没有这些现象。

6. 品尝口感

真正的天然矿泉水口感甘冽无异味，喝下去很顺口，碳酸型天然矿泉水则带有一些苦涩感。而假冒矿泉水有漂白粉或氯气味。还可以用白酒做一试验，倒入真矿泉水的白酒中无异味，而倒入假冒矿泉水的白酒会变味。

**【实训过程设计】**

（1）指导教师布置学生课前预习"阅读材料"。

（2）将全班同学平均分成几个小组，按每组 5~6 人进行讨论。实训小组成员每人购买一瓶矿泉水。

（3）根据"阅读材料"，对小组购买的矿泉水进行鉴别，并填写表6-1。

表6-1　矿泉水的鉴别结果

| 品　牌 | 外观鉴别 | | | | | 口　感 |
|---|---|---|---|---|---|---|
| | 瓶质量 | 外包装 | 透明度 | 配　料 | 执行标准 | |
| | | | | | | |
| | | | | | | |
| | | | | | | |
| | | | | | | |
| | | | | | | |

（4）根据讨论，写出本次购买商品与鉴别商品的体会。

（5）各实训小组对本次实训进行总结和点评，撰写作为最终成果的"商品学实训报告"。

（6）各小组提交填写"项目组长姓名、成员名单"的"商品学实训报告"，将优秀的实训报告在班级展出，并收入本课程教学资源库。

## 综合练习

### 一、名词解释

商品检验　包装检验　品质检验　卫生检验　安全性能检验　感官检验法　理化检验法
抽样　商品品级　假冒伪劣商品

### 二、多项选择题

1. 商品检验按检验方所处的位置和地位，可分为（　　　）。

A. 生产检验　　　　　　　　　B. 破坏性检验

C. 非破坏性检验　　　　　　　D. 第三方检验

E. 验收检验

2. 商品检验的依据是（　　　）。

A. 国家质量法规　　　　　　　B. 技术标准

C. 购销合同　　　　　　　　　D. 产地

E. 消费者要求

3. 商品质量检验程序一般由（　　　）步骤组成。

A. 定标　　　　　　　　　　　B. 抽样

C. 检验　　　　　　　　　　　D. 判定

E. 处理

4. 商品检验的内容一般包括（　　　）。

A. 品质检验　　　　　　　　B. 包装检验

C. 卫生检验　　　　　　　　D. 重量和数量检验

E. 安全性能检验

5. 抽样应坚持的原则有（　　）。

A. 典型性　　　　　　　　　B. 代表性

C. 适时性　　　　　　　　　D. 先进性

E. 地区性

6. 感官检验法包括（　　）。

A. 视觉检验　　　　　　　　B. 嗅觉检验

C. 味觉检验　　　　　　　　D. 听觉检验

E. 触觉检验

7. 以下属于假冒伪劣商品的是（　　）。

A. 限时使用而未标失效时间的商品

B. 有检查合格证而无有关单位销售证明的商品

C. 冒用优质或认证标志和伪造许可证标志的商品

D. 未有中文标明商品名称、生产者和产地的商品

E. 未注明商品的有关知识和使用说明的商品

### 三、问答题

1. 说明商品检验的概念及意义。

2. 商品检验的依据及基本内容有哪些？

3. 感官检验法和理化检验法各有何优缺点？

4. 什么叫抽样？常见的商品抽样方法有哪些？

5. 举例说明你所熟悉的一种商品的感官检验法。

6. 什么是商品的品级？试分析几种主要商品品级划分方法的不同之处。

7. 如何识别假冒伪劣商品？

# 第七章

## 商 品 包 装

### 学习要点

- 商品包装的概念和作用
- 商品包装的材料及其特性
- 商品包装的标志和我国对商标的有关规定
- 商品包装的种类、主要包装材料及其特点

### ◆ 案例导读

**在天猫找到绿色环保的理想生活**

一直以来，天猫都在追求为消费者带去极致的"理想消费生活"。当然，这之中也包括倡导绿色、可持续的消费观念，减少消费行为对环境的影响，给消费者一个真正高品质的绿色消费生活。

这一理念也与世界地球日倡导的"爱护地球、保护家园、促进资源开发与环境保护、改善地球环境"等倡议十分契合。

2019年4月22日，天猫对外发布了"天猫地球日绿色账单"，用于总结过去一年时间里，天猫和众多商家、消费者从细微之处关注环境，日积月累所产生的巨大收获。天猫也通过与各大国际品牌的合作，让绿色环保消费成为一种时尚、前沿的生活方式。这份账单包括：

（1）绿色设计。2018年，天猫对"天猫直送"快递箱进行了设计优化。调整后，快递箱印刷表面积从原先的约50%，降低到20%。设计优化后的快递箱已发出超过15亿只，减少油墨使用4500t。

（2）绿色合作。2018年，天猫与欧莱雅（中国）有限公司签署备忘录，约定共同促进电子商务绿色、可持续发展。截至2018年年底，欧莱雅（中国）有限公司在天猫直营的品牌旗舰店，已经将超过200万只"绿色包裹"送达消费者手中。

（3）绿色循环。2018年，天猫超市做了两件事：第一，原箱发货，即对出厂包装满足配送要求的，不再进行"二次包装"。第二，纸箱复用，即对符合再次使用条件的商品包装箱，会贴上绿色标签并再次使用。最终，这一年天猫超市节约了超过1亿只纸箱。

（4）绿色创新。2018年夏天，天猫对"改良型物流箱"开展了实单测试。在性能一致的前提下，"改良型物流箱"可节约30%的纸浆、50%的塑料胶带。该箱型有独创卡扣结构，简单折叠后可用于收纳，方便再利用。

（5）绿色激励。2018年，"天猫金妆奖"颁发了"环境贡献奖"，用于鼓励在天猫上批量使用"绿色包装"的美妆品牌。如今，已经有超过100个品牌在使用"绿色包装"处理天猫订单。越来越多的商家正在参与这场绿色化变革。

实际上，这些绿色环保账单，既代表了天猫过去一年在倡导绿色可持续消费上的成绩，也说明了大众在绿色可持续消费观念上的接受度。越来越多的人正在把这种绿色消费当作一种值得推行的前沿消费。

此前，阿里研究院也曾出具了一份报告，该报告表明：随着绿色消费人群的扩大，绿色消费带来的经济价值、环境价值和产业价值等会进一步突显，最终将需求快速传导到价值链上游，推动绿色产业升级。

未来，通过天猫与合作伙伴的共同努力，越来越多的消费者将与绿色消费产生更加紧密的联系，让绿色不再是一个"概念"，让消费者真实感受到理想绿色消费生活带来的高品质感。

**启示**：商品包装涉及的问题还真不少，认识和了解商品包装是商品学的一项重要研究内容。

# 第一节 商品包装的概念和分类

## 一、商品包装的概念及功能

### 1. 商品包装的定义

商品包装是指为在流通过程中保护产品，方便储运，促进销售，按一定的技术方法而采用的容器、材料及辅助物等的总名称。它也是指为了达到上述目的而采用容器、材料及辅助物的过程中施加一定技术方法等的操作活动。

### 2. 商品包装的属性

现代商品包装既具有生产属性，又具有艺术属性。商品包装的属性可以从以下几方面来理解：

（1）商品和包装共同组成了统一的商品体。任何一个商品包装，都是人类劳动的凝结，包括物化劳动和活劳动，是社会必要劳动的一部分。商品包装本身具有价值和使用价值，商品包装的价值包括在商品的价值中，通过出售商品得到补偿。因此，商品包装具有生产属性。

（2）使用某种材料、按照一定技术方法形成的包装容器是为了在流通和消费领域中实现商品的价值和使用价值，它是一种工具和手段，能提高商品的价值。这同样决定了商品包装的生产属性。

（3）商品包装是商品生产的一个重要组成部分。绝大多数商品，只有经过包装工序以后，才算完成生产过程，即包装是商品生产的最后一道工序。从这种意义上讲，商品包装不仅是一种物质形态，而且也是一种技术、经济活动，具有生产属性。

（4）优美的包装装潢是通过画面和文字来表现的，是美化、宣传和介绍商品的主要手段。这决定了商品包装具有一定的艺术属性。

**3. 商品包装的功能**

商品包装主要有以下五种功能：

（1）保护商品。商品包装的一个重要功能就是保护包装内的商品不受损伤。为防止商品在空间位移和储存过程中发生破碎、挥发、污染、渗漏等数量的减少和质量的变化，包装要选用适宜的包装物料、采用相应的防护措施，从而起到保护商品的作用。

（2）方便物流。合理的包装物料、包装技术、包装标志等，不仅在整个物流过程中起到保护商品的作用，同时也有利于物流过程中的安全装卸、合理运输、科学堆码等物流作业的顺利进行。

（3）促进销售。商品的包装就是企业的"面孔"，是无声的"推销员"。商品包装在一定程度上能传递商品信息，促进商品的销售。商品包装上大都标示着某种信息。例如，运输包装上标示着运输标志和储运要求等；销售包装上标示着商标、商品名称、品种、规格、产地、原料成分、性能特点、功能用途以及使用方法、保管储藏方法等有关商品的信息。一些消费品包装上还标有建议零售价格，从而起到介绍商品、宣传商品、传递相关信息的作用。

销售包装的信息传递与促销功能的延伸就发展成广告宣传、装饰（美化）性包装。包装是商品的"外衣"，把商品的性能特点、质量特征通过包装优美的造型、色彩、图案和合理的定位来表现、装饰和美化，常给人以美的享受，同时诱导、激发消费者的购买欲望和兴趣。尤其是在自选超级市场中，包装常起到无声"推销员"的作用。有些包装，当内装商品消费完后，还可被用作陈设或收藏品。例如，五粮液酒的十二生肖包装，有的消费者甚至为了积攒包装而购买这种酒。当然，过度包装污染环境，要严厉禁止。

透明包装和开窗包装也有独特的信息传递功能。通过透明包装和开窗部位，消费者可以直接看到商品的形象、颜色和质量，达到了利用商品本身的形态美去宣传和促销的目的。

（4）便利消费。企业在进行包装设计时，应考虑如何方便商家经营和消费者使用。例如，在运输领域中，方便展销陈列、销售计价以及利用自动售货机等；在消费领域，方便携带、使用、开启、存放以及重新封装等；在用后处置领域，方便回收、处理等。目前市场上各种便携式结构、易开启结构、气压式喷雾结构等包装，都是便利功能的表现形式。虽然使用它们会造成商品价格提高，但仍受到了消费者的欢迎。

便利功能的延伸形式是复用功能包装和改用功能包装。复用功能是指包装内的商品用完（卸完）后，包装还可以反复使用。改用功能是指包装内的商品用完后，包装可以改作其他用途继续使用。这样，不仅扩大了包装的用途，而且能长期发挥包装上广告的宣传效用。

（5）增值价值。消费者认知商品时，首先看到的是包装，包装的档次习惯上被认为是代表着内装商品的质量和档次的，人们甚至会以包装的精度来判定内装商品的真伪。当然，过度包装并不被提倡。

包装不仅能保护商品体，而且有着美化商品、美化环境、传播文化的作用，能把物质的东西和文化的、精神的内涵有机地结合起来。其增加的精神内容也可以转变为、体现为包装的价值，并随着商品价值的实现而得到补偿。这具体表现在商品附加值的增加上。因此，一种精致、相宜的包装能反衬商品的价值，可以大大改善商品的形象，使消费者对商品的价值有较高的认可度，进而提高了商品的身价，使商品获得增值，同时也提高了商品的国际竞争力，有利于对外贸易的发展和国家声誉的提升。

## 二、商品包装的分类

商品包装因商品流通的不同需要和商品本身的不同需要而有不同的种类。为了分析研究不同种类商品包装使用价值的特点，商品包装常按包装在流通中的作用、包装的销售市场、包装材料和包装内容物来分类。

### 1. 按包装在流通中的作用分类

按包装在商品流通中的作用分类，商品包装可分为销售包装和运输包装。

销售包装是指以一个商品作为一个销售单元的包装形式，或以若干个单体商品组成一个小的销售整体的包装形式，也称为小包装或个包装。销售包装的技术要求是美观、安全、卫生、新颖、易于携带，其印刷、装潢要求较高。销售包装一般随商品销售给顾客，起着直接保护商品、宣传商品和促进商品销售的作用，还可方便商品陈列展销和顾客识别选购。

运输包装是指用于安全运输、保护商品的较大单元的包装形式，又称为外包装或大包装，如纸箱、木箱、集合包装、托盘包装等。运输包装一般体积较大，外形尺寸标准化程度高，坚固耐用，表面印有明显的识别标志。其主要功能是保护商品，方便运输、装卸和储存。

### 2. 按包装的销售市场分类

按包装的销售市场不同，商品包装可分为内销商品包装和出口商品包装。

内销商品包装是指用于国内市场的商品包装。出口商品包装是指用于出口商品的包装。内销商品包装和出口商品包装所起的作用基本是相同的，但因为国内外物流环境和销售市场不相同，所以它们之间会存在差异。内销商品包装必须与国内物流环境和国内销售市场相适应，要符合我国的国情；出口商品包装则必须与国外销售市场相适应，能满足出口国的不同要求。

### 3. 按包装材料分类

以包装材料作为分类标志，是研究商品包装材料的主要分类方法。一般商品包装可分为纸制包装、木制包装、金属包装、塑料包装、玻璃与陶瓷包装、纤维织品包装、复合材料包装和其他材料包装等。其中，复合材料包装是指以两种或两种以上材料黏合制成的包装，也称复合包装，主要有纸与塑料、塑料与铝箔和纸、塑料与铝箔、塑料与木材、塑料与玻璃等材料制成的包装。

### 4. 按包装内容物分类

以包装的内容物作为分类标志，商品包装可分为食品包装、土特产包装、纺织品包装、医药品包装、化工商品包装、化学危险品包装、机电商品包装等。

## 第二节　商品包装材料与包装容器

商品包装材料一般分为主要包装材料和辅助包装材料。纸和纸板、金属、塑料、玻璃、陶瓷、竹木、天然纤维与化学纤维、复合材料、缓冲材料属于主要包装材料；涂料、黏合剂、油墨、衬垫材料、填充材料、捆扎材料、钉结材料等属于辅助包装材料。

## 一、包装材料应具备的性能

从现代包装功能要求来看，包装材料应具备以下几方面的性能：

**1. 保护性能**

保护性能主要是指保护内装物，防止其变质、损失，保证其质量的性能。包装的保护性能主要取决于包装材料的机械强度、防潮防水性、耐腐蚀性、耐热耐寒性、抗老化性、透光及遮光性、透气性、防紫外线穿透性、耐油性、适应气温变化性、卫生安全性、无异味性等。

**2. 加工操作性能**

加工操作性能主要是指易加工、易包装、易充填、易封合以及适应自动包装机械操作、生产效率高的性能。包装的加工操作性能主要取决于包装材料的刚性、挺力、光滑度、可塑性、可焊性、易开口性、热合性、防静电性等。

**3. 外观装饰性能**

外观装饰性能主要是指包装材料的形、色、纹理的美观性，能产生陈列效果，提高商品身价和激发消费者购买欲的性能。包装的外观装饰性能主要取决于包装材料的透明度、表面光泽、印刷适应性及防静电吸尘性等。

**4. 方便使用性能**

方便使用性能主要是指便于开启和取出内装物、便于再封闭等的性能。包装的方便使用性能主要取决于包装材料的启闭性能、不易破裂以及包装容器的结构等。

**5. 节省费用性能**

节省费用性能主要是指经济合理地选择包装材料，体现在节省包装材料、包装机械设备费、劳动费以及降低自身重量和提高包装效率等方面。

**6. 易处理性能**

易处理性能主要是指包装材料要有利于生态环境保护，有利于节省资源，体现在易回收、可复用、可再生、可降解、易处置等方面。

## 二、主要包装材料及其性能特点

**1. 纸及纸制品**

在包装材料中，纸的用途最为广泛，其品种也非常多，如牛皮纸、玻璃纸、植物羊皮纸、沥青纸、板纸、瓦楞纸板。其特点是价格低、耐摩擦、耐冲击、容易黏合、质地细腻、无毒、无味、不受温度的影响、适于包装生产机械化。但是，纸的防潮、防湿性能差。

**2. 塑料及塑料制品**

塑料在整个包装材料中的使用比例仅次于纸和纸板。用于包装的塑料材料主要有聚乙烯、聚丙烯、聚苯乙烯、聚氯乙烯、钙塑材料。塑料包装材料是近年来发展较快的包装材料之一。塑料包括软性的薄膜、刚性的成型材料和纤维材料。其优点是：物理机械性能优良，具有一定的强度和弹性、耐折叠、耐冲击、抗震动、防潮、防水，能阻隔气体；化学稳定性好，耐酸碱、耐油脂、耐腐蚀；比重较小，属于轻质材料，制成的包装容器重量轻，满足包装轻量化的发展需要；适合采用各种包装新技术，如真空技术、充气技术、拉伸技术、收缩技术、贴体技术、复合技术；具有优良的透明性、表面光泽性、可印刷性和装饰性，为包装装潢提供了很好的条件。

塑料作为包装材料也有不足之处：强度不如钢铁，耐热性不如玻璃，在外界因素长时间作用下易发生老化；有些塑料在高温下会软化，在低温下会变脆，强度下降；有些塑料带有异味，某些有害成分可能渗入内装物；易产生静电；容易造成污染；塑料包装废弃物处理不当会造成环境污染；等等。因此，在选用塑料包装材料时，要注意以上问题。

### 3. 木材

几乎所有的木材都可以作为包装材料。木材具有特殊的耐压、耐冲击和耐气候的能力，并有良好的加工性能，目前仍是大型和重型商品运输包装的重要材料，也用于包装那些批量小、体积小、重量大、强度要求高的商品。常用的木制包装容器有木箱（包括胶合板箱和纤维板箱）、木桶（包括木板桶、胶合板桶和纤维板桶）。木材作为包装材料虽然具有独特的优越性，但由于森林资源匮乏、环境保护要求、价值高等原因，其发展潜力不大。目前，木材作为包装材料的地位受到冲击，木制包装容器已逐渐减少，正在被其他包装容器所取代。

### 4. 金属材料

包装所用的金属材料主要是指钢材、铝材及其合金材料。包装用钢材包括薄钢板、镀锌薄钢板、镀锡薄钢板（俗称马口铁）。包装用铝材及其合金材料有纯铝板、合金铝板和铝箔。金属材料作为包装材料的优点是：具有良好的机械强度，牢固结实，耐碰撞，不破裂，能有效地保护内装物；密封性能优良，阻隔性好，不透气，防潮，耐光，用于食品包装（罐藏）能达到中长期保存的目的；具有良好的延伸性，易于加工成型；金属表面有特殊的光泽，易于进行涂饰和印刷，可获得良好的装潢效果；易于回收再利用，不污染环境。

但是，金属材料成本高，一些金属材料，如钢铁，化学稳定性差，在潮湿的空气下易发生锈蚀，遇酸、碱会发生腐蚀，因而限制了其在包装上的应用。通过镀锌、镀锡、镀铝、涂层，可以提高钢铁的耐腐蚀性、耐酸碱性。

目前，刚性金属材料主要用于制造运输包装，如桶、集装箱，以及饮料、食品和其他商品销售包装，如罐、盒。薄钢板桶广泛用于盛装各类食用油脂、石油和化工商品；铝和铝合金桶用于盛装酒类商品和各种食品；镀锌薄钢板桶主要用于盛装粉状、浆状和液体商品；铁塑复合桶适于盛装各种化工产品及腐蚀性、危险性商品；马口铁罐、镀铬钢板罐、铝罐是罐头和饮料工业的重要包装容器；金属盒适用于盛装饼干、奶粉、茶叶、咖啡、卷烟等。

软性金属材料主要用于制造软管和金属箔。例如，铝制软管广泛用于包装膏状化妆品、医药品、清洁用品、文化用品及食品等；铝箔多用于制造复合包装材料，也常用于食品、卷烟、药品、化妆品和化学品等的包装。

### 5. 玻璃、陶瓷

玻璃是以硅酸盐为主要成分的无机性材料，它用作包装材料渊源已久，目前仍是现代包装的主要材料之一。

玻璃本身的优良特性使其作为包装材料具有如下优点：化学稳定性好，耐腐蚀，无毒无味，卫生安全；密封性优良，不透气，不透湿，有紫外线屏蔽性，有一定的强度，能有效地保护内装物；透明性好，易于造型，具有特殊的宣传和美化商品的效果；原料来源丰富，价格低；易于回收复用、再生，有利于环境保护。但是，玻璃、陶瓷用作包装材料，存在着耐冲击强度低、碰撞时易破碎、自身重量大、运输成本高、能耗大等缺点。

目前，玻璃的强化、轻量化技术以及复合技术已有一定发展，增强了其适应性。玻璃主要用来制造销售包装容器，如玻璃瓶和玻璃罐，广泛用于酒类、饮料、罐头食品、调味品、药品、化妆品、化学试剂、文化用品等的包装。此外，玻璃也用于制造大型运输包装容器，用来存装强酸类产品；还用来制造玻璃纤维复合袋，用于包装化工产品和矿物粉料。

**6. 复合材料**

复合材料是将两种及两种以上具有不同特性的材料复合在一起，以改进单一包装材料的性能，发挥包装材料的更多的优点。常见的复合材料有几十种，得到广泛利用的有塑料与塑料复合、塑料与玻璃复合、金属箔与塑料复合、纸张与塑料复合，以及金属箔、塑料、玻璃复合等。

**7. 绿色包装材料**

绿色包装材料是近几年包装材料发展的新趋势。绿色包装材料按照环保要求及材料用毕后的归属大致可分为三大类：可回收处理再造的材料、可环境降解回归自然的材料、可焚烧回收能量且不污染大气的材料。

## 三、包装容器

包装容器是包装材料和包装造型相结合的产物，主要有以下类型：

**1. 包装袋**

包装袋是柔性包装中的重要技术，包装袋材料是柔性材料，有较高的韧性、抗拉强度和耐磨性。一般包装袋结构是筒管状结构，一端预先封死，在包装结束后再封装另一端，包装操作一般采用充填操作。包装袋广泛适用于运输包装、商业包装、内装、外装，使用较为广泛。包装袋一般有以下三种类型：

（1）集装袋。这是一种大容积的运输包装袋，盛装重量在 1t 以上。集装袋的顶部一般装有金属吊架或吊环等，便于铲车或起重机的吊装、搬运。卸货时可打开袋底的卸货孔，即行卸货，非常方便。它适于装运颗粒状、粉状的货物。集装袋一般多用聚丙烯、聚乙烯等聚酯纤维纺织而成。由于集装袋装卸货物、搬运都很方便，装卸效率明显提高，近年来发展很快。

（2）一般运输包装袋。这类包装袋的盛装重量是 0.5 ~ 100kg，大部分是由植物纤维或合成树脂纤维纺织而成的织物袋，或者由几层柔性材料构成的多层材料包装袋。例如，麻袋、草袋、水泥袋等。其主要用于包装粉状、粒状和个体小的货物。

（3）小型包装袋（或称普通包装袋）。这类包装袋盛装重量较小，通常用单层材料或双层材料制成。对某些具有特殊要求的包装袋，也有用多层不同材料复合而成的。其包装范围较广，液状、粉状、块状和异形物品等都可采用这种包装。

**2. 包装盒**

包装盒是介于刚性和柔性包装两者之间的包装技术。包装材料有一定柔性，不易变形，有较高的抗压强度，刚性高于袋装材料。包装结构是规则几何形状的立方体，也可裁制成其他形状，如圆盒状、尖角状，一般容量较小，有开闭装置。包装操作一般采用码入或装填，然后将开闭装置闭合。包装盒整体强度不高，包装量也不大，不适合作为运输包装，适合用作商业包装、内包装，适合包装块状及各种异形物品。

**3. 包装箱**

包装箱是刚性包装技术中的重要一类。包装材料为刚性或半刚性材料，有较高强度且不易变形。包装结构和包装盒相同，只是容积、外形都大于包装盒，两者通常以 10L 为分界。包装操作主要为码放，然后将开闭装置闭合或将一端固定封死。包装箱整体强度较高，抗变形能力强，包装量也较大，适合作为运输包装、外包装，包装范围较广，主要用于固体杂货包装。包装箱主要有以下几种类型：

（1）瓦楞纸箱。瓦楞纸箱是用瓦楞纸板制成的箱形容器。瓦楞纸箱按外形结构分类，有折叠式瓦楞纸箱、固定式瓦楞纸箱和异形瓦楞纸箱三种；按构成瓦楞箱箱体的材料来分类，有瓦楞纸箱和钙塑瓦楞箱。

（2）木箱。木箱是流通领域中常用的一种包装容器，其用量仅次于瓦楞箱。木箱主要有木板箱、框板箱和框架箱三种。

**4. 包装瓶**

包装瓶是瓶颈尺寸有较大差别的小型容器，是刚性包装中的一种，包装材料有较高的抗变形能力，刚性、韧性要求一般也较高。个别包装瓶介于刚性与柔性之间，瓶的形状在受外力时虽可发生一定程度的变形，然而外力一旦撤除，仍可恢复原来瓶形。包装瓶结构是瓶颈口径远小于瓶身，且在瓶颈顶部开口；包装操作是填灌操作，然后将瓶口用瓶盖封固。包装瓶的包装量一般不大，适合用于美化装潢，主要供商业包装、内包装使用，主要包装液体、粉状货物。包装瓶按外形可分为圆瓶、方瓶、高瓶、矮瓶、异形瓶等若干种。瓶口与瓶盖的封盖方式有螺纹式、凸耳式、齿冠式、包封式等。

**5. 包装罐（筒）**

包装罐（筒）是罐身各处横截面形状大致相同，罐颈短，罐颈内径比罐身内颈稍小或无罐颈的一种包装容器，是刚性包装的一种。其包装材料强度较高，罐体抗变形能力强。其包装操作是装填操作，然后将罐口封闭，可用作运输包装、外包装，也可用作商业包装、内包装。包装罐（筒）主要有三种：

（1）小型包装罐。这是典型的罐体，可用金属材料或非金属材料制造，容量不大，一般用作销售包装、内包装，罐体可采用各种方式装饰美化。

（2）中型包装罐。其外形也是典型罐体，容量较大，一般用作化工原材料、土特产的外包装，起运输包装作用。

（3）集装罐。这是一种大型罐体，外形有圆柱形、圆球形、椭球形等，卧式、立式都有。集装罐往往罐体大而罐颈小，采取灌填式作业，灌填作业和排出作业往往不在同一罐口进行，另设卸货出口。集装罐是典型的运输包装，适合包装液状、粉状及颗粒状货物。

 **小资料**

**CIPPME 2020 上海国际包装制品与材料展览会**

2020 第十四届上海国际包装制品与材料展览会（China International Packaging Products & Materials EXPO，CIPPME）是亚太地区领先的包装行业盛会。CIPPME 2020 于 2020 年 8 月12—14 日在上海世博展览馆（浦东）隆重举办，展会集中展示各类创新包装制品与绿色环保新材料，涵盖纸、塑料、金属、无纺布、木质、复合材料、玻璃等包装。CIPPME 自创办至今已成功举办了十三届，展会规模逐年扩大，专业观众成倍增加。十年砥砺奋进，使 CIPPME 成为包装制品与包装材料行业最具权威性、最值得业内信任的国际专业展会之一。

1. 目标观众

下列各行业的生产厂商、制造商、经销商、出口贸易商决策人将亲临展览会现场。

(1) 各类快消品、食品、酒类、肉类、盐、果蔬、饮料、糖果、乳品、咖啡、烟草、焙烤、外卖等。

(2) 药品、保健品、茶叶、香水、化妆品、精油、面膜、农药、洗涤用品。

(3) 各类电商、综合电商、跨境电商、垂直领域电商、仓储物流、快递、邮政等。

(4) 印刷厂、文化用品、精装书籍、文件夹、证书、相册、台历、金融。

(5) 电子电器、汽车零部件、精密仪器、光电产业、通讯制造业、医疗器械、机械、民航、铁路等。

(6) 艺术品、赠品、礼品工艺品、家居用品、灯饰、珠宝、钟表、眼镜、玩具、文具、体育用品。

(7) 化工、建材、家具、五金、百货、日用品、农产品、厨卫产品。

(8) 纺织品、面料、服装服饰、箱包、鞋类、寝具。

(9) 商场、超市、大卖场、专卖店、酒店、加盟店、外贸公司、传媒公司、广告公司、设计公司。

(10) 从事包装制品包装材料的上下游企业；从事包装制品包装材料的经销商、代理商、加盟商、贸易商。

(11) 包装设计院校、科研单位、金融系统、政府机构、相关商会人士及相关媒体。

2. 展品范围

(1) 包装制品：纸包装制品、塑料包装制品、金属包装制品、铝箔容器、布包装、植绒包装制品、皮革包装制品、木/玻璃包装制品及各类新材料包装制品、创意环保包装制品、各类复合材料包装制品等。

(2) 包装材料：纸包装材料、塑料包装材料、包装革/布、新型包装材料、可降解包装材料、复合包装材料、其他包装材料等。

(3) 包装辅料：标签、条码、丝带、防伪、干燥剂、胶黏剂、油墨、母粒、泡棉、发泡包装、内衬、纸浆。

(4) 模塑、缓冲包装、打包带/扣、封箱胶带、中空板、周转箱、护角、托盘、集装袋、编织袋、阀口袋等。

(5) 特色专题：奢侈品包装、餐饮/外卖包装、真空与保鲜包装、电商包装、彩盒包装、软包装、物流运输包装等。

(6) 包装设备：各类制盒/制袋/制罐机械、自动化包装机械、彩盒设备、塑料包装机械、喷码/贴标等标签、标识设备、包装检测设备等。

## 第三节　商品包装设计与包装技术

### 一、商品包装设计

包装设计是将美术与自然科学相结合，运用到产品的包装保护和美化方面。它不是广义的"美术"，也不是单纯的装潢，而是包含科学、艺术、材料、经济、心理、市场等综合要素的多功能的体现。商品包装设计的基本任务是科学地、经济地完成产品包装的造型、结构和装潢设计。

**1. 包装造型设计**

包装造型设计又称形体设计，大多是指包装容器的造型设计。它运用美学原则，通过形态、色彩等因素的变化，将具有包装功能和外观美的包装容器造型，以视觉形式表现出来。包装容器必须能可靠地保护商品，必须有优良的外观，还须具有相适应的经济性等。

**2. 包装结构设计**

包装结构设计是从包装的保护性、方便性、复用性等基本功能和生产实际条件出发，依据科学原理对包装的外部和内部结构进行具体考虑而得的设计。一个优良的结构设计，应当以有效地保护商品为首要功能；其次应考虑使用、携带、陈列、装运等的方便性；最后要尽量考虑能重复利用、能显示内装物等功能。

**3. 包装装潢设计**

包装装潢设计是以图案、文字、色彩、浮雕等艺术形式，突出商品的特色和形象，力求造型精巧、图案新颖、色彩明朗、文字鲜明，装饰和美化商品，以促进商品的销售。包装装潢是一门综合性科学，既是一门实用美术，又是一门工程技术，是工艺美术与工程技术的有机结合，并涉及市场学、消费经济学、消费心理学及其他学科。

一个优秀的商品包装设计，是包装造型设计、包装结构设计和包装装潢设计三者的有机统一，只有这样，才能充分地发挥商品包装设计的作用。

### 二、商品包装技术

商品包装技术是指为实现商品包装目的和满足包装要求而采用的包装方法，它直接影响包装的质量与效果。商品包装技术体现在销售包装和运输包装上，两者有所不同。

**1. 销售包装技术**

销售包装技术是指销售包装操作时所采用的技术和方法。目前，商品销售包装的技术有贴体包装技术、泡罩包装技术、收缩包装技术、拉伸包装技术、真空包装技术、充气包装技术、吸氧剂包装技术等。

（1）贴体包装技术。贴体包装技术是将单件商品或多件商品置于带有微孔的纸板上，由经过加热的软质透明塑料薄膜覆盖，在纸板下面抽真空使薄膜与商品外表紧贴，同时以热熔或胶黏的方法使塑料薄膜与涂黏结剂的纸板黏合，使商品紧紧固定在其中。这种技术广泛地用于商品销售包装。它的特点是：通常形成透明包装，顾客几乎可看到商品体的全部，加上不同造型和有精美印刷的彩底，大大增加了商品的陈列效果；能牢固地固定住商品，有效地防止商品受各种物理机械作用而损伤，也能在销售中起到防止顾客触摸以及防盗、防尘、防潮等保护作用；往往能使商品悬挂陈列，提高货架利用率。贴体包装技术广泛适用于形状复杂、怕压易碎的商品，如日用器皿、灯具、文具、小五金和一些食品。

（2）泡罩包装技术。泡罩包装技术所形成的包装结构主要由两个构件组成：一个是刚性或半刚性的塑料透明罩壳（不与商品贴体）；另一个是可用塑料、铝箔或纸板作为原材料的盖板。罩壳和盖板两者可采用黏结、热封合或钉装等方式组合。这种技术广泛地用于药品、食品、玩具、文具、小五金、小商品等的销售包装。按照泡罩形式不同，可分为泡眼式、罩壳式和浅盘式三类。泡眼是一种尺寸很小的泡罩，常见的如药片泡罩包装；罩壳是一种用于玩具、文具、小工具、小商品的泡罩，类似于贴体包装的形式；浅盘是杯、盘、盒的统称，主要用于食品，如熟肉、果脯、蛋糕等的包装。

泡罩包装技术的效果基本与贴体包装技术一样：具有良好的陈列效果；能在物流和销售中起保护作用；适用于形状复杂、怕压易碎的商品；可以悬挂陈列、节省货位；可以形成成组、成套包装。泡罩包装技术还有不同于贴体包装的特点：泡罩包装有较好的阻气性、防潮性、防尘性，用于食品时清洁卫生，可增加货架寿命；对于大批量的药品、食品、小件物品，易实现自动化流水作业；泡罩有一定的立体造型，在外观上更吸引人。

（3）收缩包装技术。收缩包装技术是将经过预拉伸的塑料薄膜、薄膜套或袋，在考虑其收缩率的前提下，将其裹包在被包装商品的外表面，以适当的温度加热，薄膜的长度和宽度产生急剧收缩，紧紧地包裹住商品。它广泛地应用于销售包装，是一种很有前途的包装技术。收缩包装技术的特点是：所采用的塑料薄膜通常是透明的，经收缩紧贴于商品，能充分显示商品的色泽、造型，大大增强了陈列效果；所用薄膜材料有一定的韧性，且收缩比较均匀，在棱角处不易撕裂；可将零散多件商品方便地包装在一起，如几个罐头等，有的借助于浅盘，可以省去纸盒；对商品具有防潮、防污染的作用，对食品能起到一定的保鲜作用，有利于零售，延长货架寿命；可保证商品在到达消费者手中之前保持密封，防止启封、偷盗等。

（4）拉伸包装技术。拉伸包装技术是用具有弹性（可拉伸）的塑料薄膜，在常温和张力作用下，裹包单件或多件商品，在各个方向上牵伸薄膜，使商品裹紧并密封。它与收缩包装技术的效果基本一样。拉伸包装技术的特点是：采用此种包装不用加热，适合于那些怕加热的产品，如鲜肉、冷冻食品、蔬菜等；可以准确地控制裹包力，防止商品被挤碎；由于不需加热收缩设备，可节省设备投资和设备维修费用，并可节省能源。

（5）真空包装技术。真空包装技术是将商品装入气密性的包装容器，密封前再排除包装内的气体，使密封后的容器内达到一定真空度，此法也称减压包装技术。真空包装技术的特点是：用于食品包装，能防止油脂氧化、维生素分解、色素变色和香味消失；用于食品包装，能抑制某些霉菌、细菌的生长和防止虫害；用于食品软包装，进行冷冻后，表面无霜，可保持食品本色，但也往往造成褶皱；用于轻泡工业品包装，能使包装体明显缩小（有的缩小50%以上），同时还能防止虫蛀、霉变。

（6）充气包装技术。充气包装技术是将商品装入气密性的包装容器内，在密封前，充入一定的惰性气体，置换内部的空气，从而使密封后的容器内仅含少量氧气（1%~2%），故也称为气体置换包装技术。这种技术的特点是：用于食品包装，能防止氧化，抑制微生物繁殖和害虫的发育，能防止香气散失、变色等，从而能较大限度地延长保存期；对粉状、液状以及质软或有硬尖棱角的商品都能包装；用于软包装，外观不起褶皱而美观；用于日用工业品包装，能起防锈、防霉的作用；但因内部有气体，不适合进一步加热杀菌处理。

（7）吸氧剂包装技术。吸氧剂包装技术是在密封的包装容器内，使用能与氧气起化学作用的吸氧剂，从而除去包装内的氧气，使内装物在无氧条件下保存。目前吸氧剂包装技术主要用于食品保鲜、礼品、点心、蛋糕、茶叶等的包装，还用于毛皮、书画、古董、镜片、精密机械零件及电子器材等的包装。吸氧剂包装技术的特点是：可完全杜绝氧气的影响，防止氧化、变色、生锈、发霉、虫蛀等；能把容器内的氧气全部除掉，使商品在包装容器内长时间处于无氧状态下保存；方法简便，不需大型设备。

**2. 商品运输包装技术**

商品运输包装技术是指在运输包装作业时所采用的技术和方法，常用的方法有以下几种：

（1）一般包装技术。它是针对产品的不同形态特点而采用的技术和方法，是多数商品都要采用的，因而称为一般包装技术。对于不同形态的商品如何进行包装，一个中心问题是如何合理选择内外包装的形态和尺寸。所以，一般包装技术通常包括以下几种：内装物的合理置放、固定和加固；对松泡商品应压缩体积；内、外包装形状尺寸的合理选择；包装外的捆扎。

（2）缓冲包装技术。缓冲包装又称防振包装，是为减缓内装物受到冲击和振动而损坏，采取一定防护措施的包装方法。缓冲包装技术方法主要有妥善衬垫、现场发泡、浮吊包装和机械固定等。

1）妥善衬垫。衬垫的作用是在包装系统中，在内装物间、内装物与容器之间、包装件与地面、外物之间，受外来冲击、振动作用时，保持适当的缓冲余地和阻尼力。典型的衬垫方式有全面衬垫、二端与四角和八角的衬垫、侧衬垫与底衬垫等。家用电器、精密仪器等，常用泡沫塑料衬垫；玻璃、陶瓷器皿等，常在包装箱内加瓦楞纸板衬垫，如瓦楞纸箱制成多层折叠式盛装玻璃器皿与瓷器；或用带有固定内格的塑料箱来盛装瓶装商品；精密仪器、电子产品等包装容器内塞满防震填充剂，如胶黏丝、木纤维、纤维素填料、泡沫塑料颗粒等。

2）现场发泡。这种方法采用泡沫体在现场喷入外包装内成型，能将任何形状的物品包裹住，起到缓冲衬垫作用。现场发泡适用于玻璃陶瓷制品、各种仪器、家用电器、工艺品和其他不规则商品的包装。

3）浮吊包装。浮吊包装适用于防振要求较高的商品，如精密仪器、仪表、机电设备等。其方法是将商品放入纸盒，商品与纸盒间各面用柔软泡沫塑料衬垫，盒外用帆布包缝或装入胶合板箱，再用弹簧张吊在外包装箱内，使内装物悬浮吊起，通过弹簧及泡沫塑料起缓冲作用。

4）机械固定。机械固定可用橡胶模压件将物品的金属件连接，把橡胶件紧扣包装箱内。大型工具可利用其底脚孔，经螺栓与箱底或滑木连接固定或木框固定，再将木框拴在箱板上。

（3）防潮包装技术。防潮包装技术是指采用防潮材料对商品进行包封，以隔绝外部空气相对湿度的变化对商品的影响，使得包装内的相对湿度符合商品的要求，从而保护商品质量的方法。在具体进行防潮包装时，应注意以下几点：

1）商品在包装前必须是清洁干燥的，不清洁处应先进行适当的处理，不干燥时应先进行干燥处理。所用缓冲衬垫材料应采用不吸湿或吸湿性小的材料，不干燥时应进行干燥处理。

2）防潮阻隔性材料应具有平滑一致性、无针孔、砂眼、气泡及破裂等现象。

3）商品有尖突部，并可能损伤防潮阻隔层时，应预先采取包扎等保护措施。

4）为防止在运输途中损伤防潮阻隔层材料，应使用缓冲衬垫材料予以卡紧、支撑和固定，并应尽量将其放在防潮阻隔层的外部。

5）应尽量缩小内装物的体积和防潮包装的总表面积，尽可能使包装表面积对体积的比率达到最小。

6）防潮包装应尽量做到连续操作，一次完成包装，若要中间停顿作业，则应采取有效的临时防潮保护措施。

7）包装场所应清洁干燥，温度应不高于35℃，相对湿度不大于75%，温度不应有剧烈变化以避免发生结露现象。

8）防潮包装的封口，不论是黏合还是热封合，均须良好地密封。

（4）防锈包装技术。防锈包装技术是在运输储存金属制品与零部件时，为防止其生锈而降低价值或性能所采用的各种包装技术和方法。在进行防潮包装操作时，应注意以下几点：

1）作业场所的环境应尽量对防锈有利，有可能的话，应进行空气调整，最好能在低湿度、无尘和没有有害气体的条件下进行包装。

2）进行防锈包装时，特别应使包装内部所容空气的容积达到最小，这样能减少潮气、有害气体和尘埃等的数量。

3）在处理包装金属时，不要沾上指纹、留下指汗，否则要妥善地进行处理。

4）要特别注意防止包装对象的突出部分和锐角部分的损坏，或因移动、翻倒使隔离材料遭到破坏。因此，在应用缓冲材料进行堵塞、支撑和固定等方面，要比其他一般包装更周密。

（5）防霉包装技术。防霉包装技术是为防止霉菌侵袭内装商品，或为防止霉菌的生长污染商品，影响商品质量所采取的一种防护措施，能够对内装商品起到防霉保护的作用。为使商品和包装不利于霉菌的生长，可以在所用的材料上，或选用抗菌性强的材料，如金属材料；或改进材料的配方和工艺以提高其抗霉性，如减少塑料中有利于霉菌生长的增塑剂、稳定剂等有机物质的含量；或加工时在涂布过程中加入防霉剂，杀死或抑制霉菌的生长。

（6）集合包装技术。集合包装技术是将一定数量的商品或包装件，装入具有一定规格、强度和长期周转使用的更大的包装容器内，形成一个更大的搬运单元的包装形式。它包括集装箱、集装托盘、集装袋和滑片集装、框架集装与无托盘集装等。其中常见的是集装箱、集装托盘。

集装箱的出现和发展，是包装方法和运输方式的一场革命，它的出现为实现运输管理现代化提供了条件。集装箱有多种类型：按照集装箱的不同用途，可分为通用集装箱与专用集装箱两大类；按照集装箱的结构形式，可分为保温式集装箱、通风集装箱、冷藏集装箱、敞顶式集装箱、平板式集装箱、罐式集装箱、散装货集装箱、牲畜集装箱、折叠式集装箱、柱式集装箱、挂式集装箱、多层合成集装箱和航空集装箱等；按集装箱的制造材料，可分为钢质集装箱、铝合金集装箱和玻璃钢质集装箱。集装箱式样如图7-1所示。

集装托盘又称集装盘，简称托盘，是为了便于运输、装卸和储存，在一件或一组货物下面附加一块垫板，板下有脚，形成插口，方便铲车的铲叉插入，便于进行搬运、装卸、堆码作业。集装托盘兼备包装容器和运输工具双重作用，它的最大特点是使装卸作业化繁为简，完全实现机械化；同时也可简化单体包装，节省包装费用，保护商品安全，减少损失和污染；还能够进行高层堆垛，合理利用存储空间。集装托盘按其结构形式分为平板式托盘、格式托盘、立柱式托盘、塑料垫块托盘、三合箱式托盘和滑片托盘等多种。托盘式样如图7-2所示。

图7-1 集装箱式样

图7-2 托盘式样

（7）危险品包装技术。危险品有上千种，按危险性质、交通运输及公安消防部门规定分为十大类，即爆炸性物品、氧化剂、压缩气体和液化气体、自燃物品、遇水燃烧物品、易燃液体、易燃固体、毒害品、腐蚀性物品和放射性物品，有些物品同时具有两种以上的危险性。

1）对有毒商品的包装要明显地标明有毒的标志。防毒的主要措施是包装严密不漏、不透气。

2）对有腐蚀性的商品，要注意防止商品和包装容器的材质发生化学变化。金属类的包装容器，要在容器壁涂上涂料，防止腐蚀性商品对容器的腐蚀。

3）对黄磷等易自燃商品的包装，宜将其装入壁厚不少于1mm的铁桶中，桶内壁须涂耐酸保护层，桶内盛水，并使水面浸没商品，桶口严密封闭，每桶净重不超过50kg。再如，遇水引起燃烧的物品，如碳化钙，遇水即分解并产生易燃乙炔气，对其应用坚固的铁桶包装，桶内充入氮气。如果桶内不充氮气，则应装置放气活塞。

4）对于易燃、易爆商品，如有强烈氧化性的，遇有微量不纯物或受热即急剧分解引起爆炸的商品。防爆炸包装的有效方法是采用塑料桶包装，然后将塑料桶装入铁桶或木箱中，每件净重不超过50kg，并应有自动放气的安全阀，当桶内达到一定气体压力时，能自动放气。

## 第四节 商品包装的标准化、合理化与发展趋势

### 一、商品包装的标准化

商品包装的标准化是指为在一定的范围内获得最佳秩序，对实际的或潜在的问题制定共同的和重复使用的规则包装活动。包装标准化工作就是制定、贯彻实施包装标准的全过程活动。目前，我国的商品包装标准主要包括建材、机械、电工、轻工、医疗机械、仪器仪表、

中西药、食品、农畜水产、邮电、军工等 20 大类。包装标准是以包装为对象制定的标准，具体包括以下内容：

（1）包装基础标准。基础标准主要包括包装术语、包装尺寸、包装标志、包装基本试验和包装管理标准。

（2）包装材料标准。材料标准主要包括各类包装材料的标准和包装材料试验方法。

（3）包装容器标准。容器标准主要包括各类容器的标准和容器试验方法。

（4）包装技术标准。技术标准主要包括包装专用技术、包装专用机械、防毒包装技术方法、防锈包装等标准。

（5）相关标准。相关标准主要是指与包装关系密切的标准，如集装箱技术条件、尺寸，托盘技术条件、尺寸，叉车规格等。

## 二、商品包装的合理化

### 1. 商品包装合理化的含义

商品包装合理化既包括总体的合理化，这种合理化往往用整体物流的效益与微观包装的效益来统一衡量；也包括包装材料、包装技术、包装方式的合理组合及应用；还包括更大范围内的，如社会法规、废弃物治理、资源利用等有关方面的问题。

### 2. 商品包装合理化的内容

（1）商品包装合理化的具体内容主要包括以下方面：

1）商品包装应根据相应的标准要求，妥善保护好包装内的商品，使其数量不发生减少和质量不受损伤。

2）包装材料及包装容器应当安全无害。

3）包装容量应当适中，便于物流作业。

4）包装标志应当简单、醒目、清晰。

5）包装费用应当与内装商品相适应。

6）包装过程中应当节省资源。

7）包装应当便于废弃物的治理，有利于环境保护。

（2）商品包装合理化应注意的问题主要包括：

1）防止包装不足。由于包装强度不足、包装材料不足等因素而造成商品在流通过程中发生的损耗不可低估。

2）防止包装过剩。由于包装物强度设计过高、包装材料选择不当而造成包装过剩。这一点在发达国家表现尤为突出，日本的调查结果显示，发达国家包装过剩约在 20% 以上。

3）防止包装成本过高。包装成本过高，一方面是指包装成本的支出大大超过了减少损失可能获得的效益；另一方面是指包装成本在物流成本中所占的比例过大，损害消费者和用户的利益。

（3）影响包装合理化的因素。从物流总体角度出发，应用科学方法确定最优包装。由于物流各个因素都是可变的，因此包装也是在不断发生变化的。要确定最优包装，必须与物流各个因素的变化相适应。对包装发生影响的因素有：

1）产品设计。包装的合理化应该从源头抓起，产品设计便是包装合理化的源头。传统的工业在产品设计时，往往主要考虑产品的质量、性能、款式、原材料选用、成本、大小以及紧凑性等，不太重视包装的合理性、包装材料的节省性，以及搬动、抓取、安装、拆解、装箱、捆包、仓储、运输的方便性。

2）装卸。不同装卸方法决定着包装。目前我国铁路运输和汽车运输，特别是汽车运输，还大多采用手工装卸，因此，包装的外形和尺寸就要适合于人工操作。另外，装卸人员作业不规范也会直接引发商品损失。广州某快运公司的总经理曾谈起这样一件案例：一件进口大木箱，内装精密设备，要求运输途中不能倾斜。当木箱运至客户手中时，货主肯定地认为货物已被倾斜了，因为木箱外包装上有一个标识变成了红色——原来当该货物倾斜45°时，外包装上的标识就会变色。因此，引进先进装卸技术、提高装卸人员素质、规范装卸作业标准等，都会相应地促进包装、物流的合理化。

3）保管。在确定包装时，应根据物流中商品或货物的不同的保管条件和方式，采用与之相适合的包装材料、包装容器、包装技术等，以保证商品或货物的质量。

4）运输。运送工具类型、输送距离长短、道路情况等对包装都有影响。我国现阶段存在很多种不同类型的运输方式，如航空的直航与中转、铁路快运集装箱、包裹快件、行包专列等，不同的运输工具，如汽车的篷布车、密封厢车等。以上不同的运送方式和不同的运输工具对包装都有着不同的要求和影响。

5）包装要考虑"人格因素"和环境保护。包装本身除了要考虑物流因素外，还要考虑"人格因素"和环保要求。包装的商品要适合携带、陈列、摆放，要美观、大方、兼顾装饰性，有的包装设计还要考虑人的情感性、宗教信仰、民族习惯、消费心理等，如"怀旧包装""怪相包装""动物形象包装""拟音包装"。包装物对人体健康不能造成影响，并要便于回收和再生利用，应该强调绿色包装意识，提高包装的环保水平。

## 三、商品包装的发展趋势

面对物流的迅速发展，包装作为物流中一个重要组成部分，又迎来了新的机遇和要求。

### 1. 智能化

物流信息化发展和管理的一个基础条件就是包装的智能化。因为在物流活动过程中，信息的传递大部分由包装来完成的。也就是说，如果包装上信息量不足或错误，将会直接影响物流管理中各活动的进行。随着物流信息化程度的提高，包装上除了表明内装物的数量、重量、品名、生产厂家、保质期及搬运储存所需条件等信息外，还应粘贴商品条形码、流通条码等，以便实现电子数据交换（EDI）。智能化的信息包装是形成物流信息管理的有力媒介。

### 知识链接

**日本优衣库：IC 标签印刷大幅度提高工作效率**

日本优衣库母公司迅销集团在 2015 年夏天引进自助结账台。店内所有商品都将贴上通过无线方式读取商品信息的 IC 标签，顾客可在结账台快速完成结账，从试点效果看，可提高一倍结账速度。

这种嵌在价签内的无线 IC 标签宽 2cm、长 7.5cm。顾客将购物筐放入自助结账台后，无须逐一取出商品扫码，就可以直接扫出筐内所有商品的总计金额，使用现金或银行卡完成支付。

该模式目前已在迅销集团旗下休闲服装店 G. U. 位于东京都内和神奈川县的 4 家门店试点。如果顺利，将逐步推广到全日本的 300 家 G. U. 。

除了提高结账销量，IC 标签还可以用于掌握顾客行为。例如，在试衣间内放置读取 IC 标签信息的无线设备，就能分析出"虽然有人试穿，但难以售出"的商品，从而适当调整营销和生产计划。

在日本，自助结账台在超市卖场多有使用，但主要为条码结账方式。而 IC 标签因为成本高昂，仅在一些消费水平较高的精品店内引进。

目前 IC 标签的价格已经降至 10 日元以下的水平，由于迅销集团的大量引进，价格有可能进一步下降。随着 IC 标签不断低价化，其商品管理体系不断成熟，IC 标签很有可能在零售业得到大规模推广。

**2. 绿色化**

从整个物流过程看，唯有包装这一环节如此依赖于资源和如此影响着人类的生态环境。包装工业要消耗大量的资源，并增加商品的投入，同时包装废弃物又会污染环境等。但包装对于商品和物流活动又是必需的，因此，研究这种现代包装工业亚效应问题就成为一个重大课题，即包装绿色化的研究。绿色包装一般应具有五个方面的内涵：

一是实行包装减量化（Reduce）。包装在满足保护、方便、销售等功能的条件下，应使用量最少。

二是包装应易于重复利用（Reuse），或易于回收再生（Recycle）。通过生产再生制品、焚烧利用热能、堆肥化改善土壤等措施，达到再利用的目的。

三是包装废弃物可以降解腐化（Degradable）。其最终不形成永久垃圾，进而达到改良土壤的目的。

Reduce、Reuse、Recycle 和 Degradable 即当今世界公认的发展绿色包装的 3R1D 原则。

四是包装材料对人体和生物应无毒无害。包装材料中不应含有有毒性的元素、病菌、重金属，或将这些的含有量控制在有关标准以下。

五是包装制品从原材料采集、材料加工、制造产品、产品使用、废弃物回收再生，直到其最终处理的生命全过程，均不应对人体及环境造成损害。

包装绿色化可以从两个方面来考虑：一方面，对资源的索取应尽量降低短缺和贵重资源的消耗；另一方面，包装的废弃物对环境污染最少或可回收和使之再生成为有用材料。基于这样的要求，已提出了诸如管道运输的无垃圾包装、集装运输的活包装、智能材料 ERF 的可重复包装以及可降解材料的无污染包装等。

## 【扩展阅读】

### 《绿色包装评价方法与准则》新国标发布

国家市场监督管理总局于 2019 年 5 月 10 日发布推荐性国家标准《绿色包装评价方法与准则》，针对绿色包装产品低碳、节能、环保、安全的要求，规定了绿色包装评价准则、评价方法、评价报告内容和格式，其中一次性餐饮具废弃物实际回收利用率应大于75%。

　　标准定义了"绿色包装"的内涵：在包装产品全生命周期中，在满足包装功能要求的前提下，对人体健康和生态环境危害小、资源能源消耗少的包装。标准从资源属性、能源属性、环境属性和产品属性4个方面规定了绿色包装等级评定的关键技术要求。

　　据介绍，我国包装行业规模庞大，目前国内生产企业20余万家，但超过80%的企业以生产传统包装产品为主，缺乏绿色化先进技术。新国标的出台，将通过"绿色包装评价"这一技术杠杆，倒逼企业更新产品，推动我国包装产业向绿色模式转变。

## 【边学边练】

　　请通过网络，查看《绿色包装评价方法与准则》，了解相关内容，并与同学就绿色包装的内涵进行讨论。

### 3. 标准化

　　包装标准化包括包装的规格尺寸标准化、包装工业的产品标准化和包装强度的标准化三方面内容。这里只讨论与物流效率有密切关系的包装规格尺寸标准化。最先决定包装规格尺寸标准化的是产品本身的形状、体重及体积等因素。但是，若把物流作为一个整体进行研究时，包装的规格尺寸又必须适应运输、装卸等要求，尽量采用和集装箱、托盘等集合包装相适应的规格。这正好说明包装生产（规格尺寸）决定流通，同时也体现了流通对包装生产的反作用。对于这种情况，应先确定物流模数（即物流集装单元基础尺寸），然后分割物流模数得到包装的规格尺寸系列。这样包装货物的尺寸在装运时就不会有空间的浪费，另外利用托盘装卸时也就有较好的堆码效率。

### 4. 方便化

　　方便功能是包装本身所应具有的，但在物流活动中的配送、流通加工等环节，对包装的方便性提出了更高的要求，即对分装、包装的开启和再封合包装，要求简便。

### 5. 单元化

　　单元化的概念包含两个方面：一方面是对物品进行单元化的包装（即标准的单元化物流容器的概念），将单件或散装物品，通过一定的技术手段，组合成尺寸规格相同、重量相近的标准"单元"。"单元"作为一个基础单位，又能组合成更大的集装单元。另一方面是围绕这些已经单元化的物流容器，它们的周边设备，包括工厂的工位器具的应用和制造，也有单元化技术的含义在里面，包括规格尺寸的标准化、模块化的制造技术和柔性化的应用技术。从运输角度来看，单元化集装所组合的组合体往往又是一个装卸运输单位，非常方便运输和装卸，如托盘或其他集装方式；从包装角度来看，单元化是按照一定单元将杂散物品组合包装的形态，由于杂、散货物难以像大型的单件货物那样进行处理，而且体积、重量都不大，因而需要进行一定程度的组合才能有利于使用，有利于物流活动的开展。

### 6. 系统化

　　包装作为物流的一个组成部分，必须把包装置于物流系统中加以研究。如果只片面强调节约包装材料和包装费用，虽然包装费用降低了，但由于包装质量低，在运输和装卸搬运等物流过程中容易造成破损。物流大系统及其他子系统是相互联系、相互制约的，所以，只有把作为物流基础的包装子系统与它们紧密衔接、密切配合，才能为物流大系统取得经济效益创造最佳条件。

## 第五节　商品包装标志

为了便于商品的流通、销售、选购和使用，在商品包装上通常都印有某种特定的文字或图形，用以表示商品的性能、储运注意事项、质量水平等含义，这些具有特定含义的图形和文字被称为商品包装标志。它的主要作用是便于识别商品，便于准确、迅速地运输货物，避免差错，加速流转等。

### 一、商品销售包装标志

商品的销售包装标志一般是指附属于商品销售包装的一切文字、符号、图形及其他说明。其主要包括下列内容：

**1. 销售包装的一般标志**

不同种类的商品的销售包装标志要求和内容也不相同。一般商品销售包装标志的基本内容包括商品名称、生产厂厂名和厂址、产地、商标、规格、数量或净含量、商品标准或代号、商品条码等。对已获质量认证或在质量评比中获奖的商品，应分别标明相应的标志。

另外，随着对环境保护的重视，各国在商品包装方面，力求对包装物再生利用，对可回收的包装物应该在罐盖上或包装上注明识别标记。

**2. 商品的质量标志**

商品的质量标志就是在商品销售包装上的一些反映商品质量的标记。它说明商品达到的质量水平，主要包括优质产品标志、产品质量认证标志、商品质量等级标志等。

**3. 使用方法及注意事项标志**

商品的种类用途不同，反映使用注意事项和使用方法的标志也各有不同。例如，我国服装已采纳国际通用的服装洗涤保养标志等。

**4. 产品的性能指示标志**

产品的性能指示标志是指用简单的图形、符号表示产品的主要质量性能。例如，电冰箱用星级符号表示其冷冻室的温度范围。

**5. 销售包装的特有标志**

销售包装的特有标志是指名牌商品在其商品体的特定部位或包装物内标有的让消费者更加容易识别本品牌商品的标记。它由厂家自行设计制作，如名牌西服、衬衫、酒等都有独特的、精致的特有标志。

**6. 产品的原材料和成分标志**

产品的原材料和成分标志是指国家专门机构经检验认定后，颁发的证明产品的原材料或成分的标志。例如，目前已实施的属于此类的标志有纯新羊毛标志、真皮标志等。

**7. 商品使用说明**

商品使用说明是一种由文字、符号、图示、表格等分别或组合构成，向消费者传递商品信息和说明有关问题的工具。商品使用说明是交付商品的组成部分，也是保护消费者利益的一种手段。商品使用说明可分使用说明书、在商品或包装上的使用说明和说明性标签三种。

### 二、商品运输包装标志

商品运输包装标志是用简单的文字或图形在运输包装外面印刷的特定记号和说明事项，

以便于商品的储存、运输和装卸。运输包装标志按表现形式，可分为文字标志和图形标志；按内容和作用，又可分为运输包装收发货标志、包装储运图示标志和危险品货物包装标志等。

**1. 运输包装收发货标志**

运输包装收发货标志是运输过程中识别货物的标志，也是一般贸易合同、发货单据和运输保险文件中有关标志事项的基本部分。

运输包装收发货标志通常印刷在外包装上，其内容如下：

(1) 分类标志（代号：FL），即用几何图形和简单的文字表明商品类别的特定符号。

(2) 供货号（GH），即供应该货物的供货清单号码（出口商品用合同号码）。

(3) 货号（HH），即商品顺序编号，以便出入库、收发货登记和核定商品价格。

(4) 品名规格（PG），即商品名称或代号，标明单一商品的规格、型号、尺寸、花色等。

(5) 数量（SL），即包装容器内含商品的数量。

(6) 重量（ZL），即包装件的重量（kg），包括毛重和净重。

(7) 生产日期（CQ），即产品生产的年、月、日。

(8) 生产工厂（CC），即生产该产品的工厂名称。

(9) 体积（TJ），即包装件的外径尺寸（体积＝长×宽×高）。

(10) 有效期限（XQ），即商品有效期至×××年××月。

(11) 收货地点和单位（SH），即货物到达站、港和某单位（人）收。

(12) 发货单位（FH），即发货单位（人）。

(13) 运输号码（YH），即运输单号码。

(14) 发运件数（JS），即发运商品的件数。

上述各项标志内容，除一定要有分类标志外，其他各项可合理选用。外贸出口商品根据国外客户的要求，以中文、外文对照的形式印制相应的标志和附加标志。

分类标志的图形，收发货标志的字体、颜色、标志方式、标志位置等，在 GB/T 6388—1986《运输包装收发货标志》标准中均有具体规定，如图 7-3 所示。

图7-3　商品分类图形标志

**2. 包装储运图示标志**

包装储运图示标志根据不同商品对物流环境的适应能力，用醒目简洁的图形和文字标明在装卸运输及储存过程中应注意的事项，GB/T 191—2008《包装储运图示标志》有所规定，部分如图7-4所示。

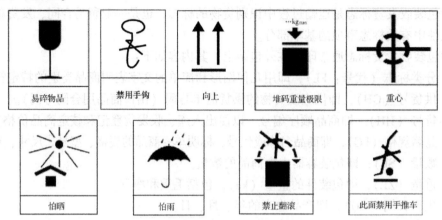

图7-4　包装储运图示标志

**3. 危险品货物包装标志**

危险品货物包装标志是用来标明化学危险品的专用标志。为了能引起人们特别警惕，此类标志采用特殊的彩色或黑白菱形图示。GB 190—2009《危险货物包装标志》标准规定了包括爆炸品、易燃气体、不燃气体、有毒气体、易燃液体、易燃固体、自燃物品、遇湿易燃物品、氧化剂、有机过氧化物、剧毒品、有毒品、有害品（远离食品）、感染性物品、放射性物品、腐蚀品和杂类共9类，17种标志名称，21个图形，部分如图7-5所示。

图7-5　危险品货物包装标志

# 第六节　商　　标

## 一、商标的概念和作用

### 1. 商标的概念

商标俗称"牌子"，是指商品生产者或商品经营者为了使自己生产或销售的商品在市场上与其他商品相区别而使用的一种标志。这种标志通常用文字、图形或文字、图形的组合图案构成。

**2. 商标的特征**

（1）商标具有从属商品经济的属性。商标是商品经济发展的产物，是随着商品生产、交换的发展而出现的商业性标志。商标的使用者是商品生产者或经营者，而不是消费者。标志物是商品，而不是物品。标志的目的是出售商品。

（2）商标具有显著性。商标必须具有能够与其他商品相区别的显著特征，使不同厂商的商品能够区别、比较和鉴定。商标是商品生产者或经营者的独特标记，是企业名声、商品信誉和评价的象征。

商标使用的文字、图形或者组合，应当有显著特征以便于识别。使用注册商标，应当标明"注册商标"，或者注册标记，如"注册""R"等。

（3）商标享有专有性。经过注册的商标使用在"一定范围"和"一定质量"的商品上，他人不得冒用和侵权。"专用"和"排他"是注册商标最本质的含义。

（4）商标具有竞争性。商标在消费者心目中的形象，反映了商品生产者或经营者的信誉，标志着商品的一定质量。商标在市场竞争中，可以起到广告和无声"推销员"的作用，使消费者认商标而选购。

**3. 商标与品牌的关系**

美国市场营销协会对品牌的定义是：品牌是一种名称、术语、符号或设计，或是它们的组合运用，其目的是借以辨认某个生产者或经营者或某群生产者或经营者的产品或服务，并使之与竞争者的产品或服务区别开来。

品牌标志和名称是品牌的组成部分，但并不是品牌的全部。品牌标志是指品牌中可识别但不能用语言和文字表达的部分，包括符号、图案或专门设计的颜色、字体等。品牌名称则是指品牌中可用语言和文字表达的部分。

商标是品牌中的一部分，一般是品牌标志和品牌名称；是经过法律程序和法律确认的，受到法律保护的品牌。

**4. 商标的作用**

商标是商品的记号，它代表向消费者提供的一组特定的属性、利益、服务、价值、个性以及文化。它的作用包括以下几个方面：

（1）识别商品的不同生产者或经营者。区别不同的商品生产者、经营者是商标最重要、最本质的功能。市场上，同类商品竞争激烈，消费者可以通过商标识别厂家，指"牌"购买。使用商标可以增加消费者对商品的信任感，如果商品质量发生问题，商标可以使消费者的利益得到保护。

（2）有利于保护企业利益。注册商标受到法律保护，可以防止竞争对手的仿制、侵犯。

（3）有利于保持老的消费者。消费者一旦对某种商品的属性产生偏好以后，就会形成"品牌忠诚"现象，即在相当长的时间内保持对这一品牌的购买选择。

（4）有利于树立企业形象。品牌总是与企业形象联系在一起的，良好的品牌有利于使消费者对企业产生好感。

（5）有利于经济发展。商标是企业信誉的一种标志，往往成为消费者选择商品的重要依据。商标信誉的好坏决定了商品的竞争力。"优胜劣汰"的市场竞争规则，促使企业不断提高商品质量，保证了名优商品的市场占有率。国家通过"驰名商标"的评定，使市场更加健康繁荣发展。商标的实施使国家、企业、消费者三者的利益得到合理的维护，促进了经济发展。

## 二、商标的分类

商标的分类尚无统一划分标准，通常以商标的外观结构、用途，以及商标的使用和商标的管理等来划分。

**1. 按商标的结构划分**

（1）文字商标。文字商标是指由文字构成的商标。文字包括各种文字、数字和字母。例如，汉字商标"全聚德"（烤鸭），英文商标"IF"（化妆品），字母商标"SONY"（电器），数字商标"999"（药品）。

文字商标易读、易记，不易混淆，准确度高。但对不认识该种文字的受众来说，这些优点就不存在了。文字商标要尽量简短，在不同语系的目标市场，译成该目标市场的文字应易于识读，并且词意能符合当地人们的喜好。

（2）图形商标。图形商标是指由图形组成的商标。因为图形商标不受语言文字的限制，不论任何国家，只要能识别图形就能叫出商标的名称。但是由于图形商标不便于称呼，因而较少单独使用。

（3）记号商标。记号商标是用某种记号构成的商标。记号作为物品的标志起源很早，据史书记载，一万多年前的一些古陶器上就刻有各种记号。古代物品有不少用记号作标志，现在也有用简单的记号作为商标的。不过我国商标法没有规定记号商标，但在实践中仍然有人使用。

（4）组合商标。组合商标是由文字、图形或记号组合的商标。如法国一家体育用品公司的"雄鸡"商标文字是"LeCoqSportif"，意为"雄鸡"，是商标名称，上方印有一只昂首挺立的雄鸡，是品牌标志。这种商标在我国也是普遍被采用的形式，如"海尔"商标。组合商标易于识别，便于称呼，所以容易被人们接受。

**2. 按商标的用途划分**

（1）营业商标。它是指以生产或经营的企业名称、标记作为商标，即用商号或厂标作为商标。例如，中国的"同仁堂"中药、美国的"福特"汽车等。营业商标有特殊的作用，在宣传商品的同时又宣传了企业，有助于提高企业的知名度。

（2）商品商标。它又称个别商标，是指为了将一定规格、品种的商品与其他商品区别开来，在个别商品上使用的商标。例如，不同规格的轮胎，分别使用"骆驼""金鹿""工农"牌等商标。

（3）等级商标。等级商标是指同一企业、同一类商品因不同规格、质量而使用的系列商标。

（4）保证商标。保证商标也称证明商标，主要是指专为说明质量而使用的商标。通过提供质量证明，使商品对消费者具有巨大的吸引力，便于打开销路、占领市场。例如，纯羊毛标志、绿色食品标志、真皮标志等。

（5）服务商标。服务商标是用于区别不同的服务项目或行业的商标。服务商标在国际分类中，主要有以下8类：广告与实务、保险与金融、建筑与修理、交通、运输与储藏、教育与娱乐、材料处理、杂务。服务商标的表现形式有图形、字母、符号、呼号、乐曲等。服务商标（服务标记）一般不用于商品流通，不随商品交换，是服务行业或企业所使用的行业标志和企业标志。

**3. 按商品使用者划分**

（1）制造商标。制造商标是指表示商品制造者的商标，又称生产商标。这种商标往往与厂标一致。例如，日本日立电器公司的"日立"商标。使用这种商标是为了区别制造者与销售商。

（2）销售商标。销售商标是指销售者（经营者）销售商品而使用的商标，也称商业商标，是销售者为了使自己经营的商品与其他经营者的商品相区别而使用的商标。这种商标常在制造者实力较弱、销售者享有盛誉的时候使用。世界上著名的大零售商，如西尔斯、马狮、沃尔玛公司已有90％以上的产品使用公司品牌的销售商标。

## 三、商标的设计原则

**1. 根据《中华人民共和国商标法》的要求，商标设计必须遵守的原则**

商标的设计要根据《中华人民共和国商标法》的要求，注意充分发挥商标的作用。

（1）注册商标应有标记。为了区别注册商标，注册商标应该有标记，以便消费者识别。注册的商品标记方法是在商标旁加注"注册商标""注册""®""R"（Registered Trademark 的缩写）。

（2）商标的设计应符合商标禁用条款。商标禁用条款规定了以下 8 种情况不得用于商标：①同中华人民共和国的国家名称、国旗、国徽、国歌、军旗、军徽、军歌、勋章等相同或者近似的，以及同中央国家机关的名称、标志、所在地特定地点的名称或者标志性建筑物的名称、图形相同的；②同外国的国家名称、国旗、国徽、军旗等相同或者近似的，但经该国政府同意的除外；③同政府间国际组织的名称、旗帜、徽记等相同或者近似的，但经该组织同意或者不易误导公众的除外；④与表明实施控制、予以保证的官方标志、检验印记相同或者近似的，但经授权的除外；⑤同"红十字""红新月"的名称、标志相同或者近似的；⑥带有民族歧视性的；⑦有欺骗性，容易使公众对商品的质量等特点或者产地产生误认的；⑧有害于社会主义道德风尚或者有其他不良影响的。县级以上行政区划的地名或者公众知晓的外国地名，不得作为商标。但是，地名具有其他含义或者作为集体商标、证明商标组成部分的除外；已经注册的使用地名的商标继续有效。

（3）商标要具备显著性特征。在同一种商品或类似商品上，不能使用与他人的注册商标相同或者相似的商标，否则将构成侵权行为。

**2. 为了充分发挥商标作用，商标设计应该遵循的原则**

（1）商标要具有审美性。商标设计要符合消费者审美心理的要求，达到形象性、艺术性、新颖性、时代性、民族性、象征性的高度统一。因此，商标名称要能启发联想，商标标志要具有艺术感染力。

（2）商标要适应市场环境。具体地说，是要适应目标市场上消费者的文化价值观念。商标不仅要适应目前目标市场的文化价值观念，而且要适应潜在市场的文化价值观念。文化价值观念是一个综合性概念，包括风俗习惯、宗教信仰、价值观念、民族文化、语言习惯、民间禁忌等。不同的地区具有不同的文化价值观念。因此，品牌经营者要想使品牌进入新的市场，首先必须入乡随俗，要设计适应当地市场文化环境并被消费者认可的商标。根据环境适应性原则，设计商标时适应性越宽越好，这样才有利于商品的发展。

（3）稳定适时原则。商标要为消费者熟知和信任，就必须长期使用、长期宣传，在消费者的心中扎根。但也要不断改进，以满足市场环境的需要。

### 四、商标管理

商标管理是国家商标管理部门为了保护商标权、维护消费者的利益和社会经济秩序，根据商标法律制度，对商标注册和商标使用的有关行为进行监督、检查、协调、控制和服务的活动。

**1. 商标管理的基本原则**

（1）保护商标专用权原则。商标设计、宣传都是社会必要劳动的产物。商标越受人喜欢、知名度越高，所花费的社会必要劳动时间就越多，其价值也越高。保护商标专用权，就是从法律上承认企业在商标信誉里凝结着"个别劳动""特殊劳动"的差别，进而承认并保护由于这种差别而带来的不同利益，促进企业着眼于市场需求，在商品质量上下工夫，从而促进经济的健康发展。

（2）维护消费者利益原则。商标是商品的标志，商标信誉的高低主要取决于商品质量的高低。企业凭借商标信誉占领市场，消费者则凭借商标选购商品。维护消费者利益原则，是指商标管理部门通过商标管理监督商品质量，查处利用商标损害消费者利益的行为，从而保证消费者得到高质量的商品。

**2. 商标使用管理**

（1）对注册商标的使用管理。商标管理部门依法保护注册人行使商标专用权，同时监督注册，以及监督注册人履行其应该承担的义务。

商标专用权的内容包括商标的使用权和禁止权。商标使用权是指商标注册人有权在核定的商品上使用其注册商标。商标禁止权是指商标注册人有权禁止其他人在同一种商品或者类似商品上使用与自己的注册商标相同或者相近的商标。商标管理部门通过对商标的管理，使商标权人的利益得到法律保障。

商标权人的义务有三项：①必须在法律规定的范围内行使权利，履行法定手续，不得滥用权力；②必须对使用商标的商品质量负责；③必须按规定缴纳各种费用。商标管理部门监督商标权人履行其义务，以保证商品质量，维护商标的有效性。

此外，商标管理部门还要指导注册人规范地使用商标。

（2）对未注册商标的使用管理。商标实行自愿注册制度，企业可以根据其生产经营能力和需要，自行决定注册与否。没有注册的商标（品牌）也是商品上的一种标志，但不享有商标专有权。当该商标与他人的注册商标相同或近似时，便构成侵权行为；当他人未注册的商标与之相同或相似时，也得不到法律的保护。商标管理部门从保护商标权、维护社会经济秩序出发，应当对未注册商标进行管理。

（3）对国家规定必须使用注册商标的商品加强检查。为了保护人民群众的生命健康，国家对少数与人民健康和安全密切相关的商品实行严格管理。规定必须使用注册商标的商品，必须申请注册商标；未经核准注册的，不得在市场上销售。工商行政管理机关应加强对未来注册商标使用行为的监督检查，主要是检查有无擅自在商品或包装上加注注册标记，冒充注册商标的；检查有无违反商标法的规定，将禁用标记和县级以上行政区划名称以及公众知晓的外国名称作为商标使用的。除此以外，还应检查并督促未注册商标使用人在生产经营的商品上标明企业名称、地址等责任标记。凡发现未注册商标与他人注册商标相同或近似的，应坚决禁止使用。

## 技能实训

**【实训目的】**

通过案例讨论，加深对商品包装相关知识的认识。

**【实训主题】**

理解商品的重要性；理解商品与市场营销的重要性。

**【实训时间】**

本章课堂教学内容结束后的双休日和课余时间，为期一周；或者由指导教师另外指定时间。

**【阅读材料】**

创意包装让你出奇制胜

有的产品滞销，是由于难以预料的外部自然环境和需求环境的突变造成的，但并不影响其主要品质。如果能巧妙利用突变中的有利因素，创意包装，不但能使这类产品摆脱困境，而且还能让它因此更加引人注目、让人喜欢。

美国新墨西哥州有个名叫杨格的果园主。一次突降冰雹，将苹果个个打得伤痕累累，就在大家唉声叹气时，杨格灵光一现，他马上按合同原价将苹果运往全国各地。与往日不同的是，他在每个苹果箱里多放了一张小纸片，上面写着："亲爱的买主，这些苹果个个受伤，但请看好，它们是冰雹留下的杰作。这正是高原地区苹果特有的标志，品尝后你们就会知道。"这一创意包装让买主将信将疑地品尝后，禁不住个个喜形于色，他们真切地感受到了高原地区苹果特有的风味。正是这种创意包装的营销术，意外地使得杨格这一年的苹果比以往任何一年都卖得好。

英国一家足球生产厂商的创意包装营销更让人叫绝。英国有一位妇女向法院控告，说她丈夫迷恋足球已经达到不能容忍的"疯狂"地步，严重影响了他们的夫妻关系，要求生产足球的厂家赔偿她精神损失费 10 万英镑。精明的厂商却利用这一离谱的案例，大造声势，利用那位妇女的指控，向人们证明该厂生产的足球魅力之大。结果，这一奇特的官司经过创意包装及传媒大肆宣传后，使该厂名声远扬，产品销量一下子翻了四番。

由此可见，包装是市场的浓缩，是强有力的营销手段，而创意包装与普通包装相比更胜一筹。如今商界风云变幻，企业和商家难免会碰到出乎意料的外部恶劣环境，精明的商家借此积极开动脑筋，寻求和把握弱势中的有利因素，发挥创意包装营销的关键作用，达到出奇制胜的效果，有时候还能创造出新的市场奇迹。

**【实训过程设计】**

（1）指导教师布置学生课前预习"阅读材料"。

（2）将全班同学平均分成几个小组，按每组 5～6 人进行讨论。

(3) 根据"阅读材料",讨论商品包装对市场营销的重要性。

(4) 根据"阅读材料",讨论你对上述案例的包装还有哪些改进建议。

(5) 各实训小组选取一个国内知名品牌的商品,对该企业的商品包装的演变升级做出划分,提炼出包装合理化的发展趋势,撰写作为最终成果的"商品学实训报告"。

(6) 各小组提交填写"项目组长姓名、成员名单"的"商品学实训报告",将优秀的实训报告在班级展出,并收入本课程教学资源库。

 **综合练习**

**一、名词解释**

商品包装　销售包装　运输包装　集合包装　商品包装标志　商标　证明商标　制造商标　销售商标　真皮标志　过度包装

**二、多项选择题**

1. 商品包装的主要功能有（　　　）。

A. 保护商品　　　　　　　　　B. 美化商品

C. 便利消费　　　　　　　　　D. 促销商品

E. 形成商品使用价值

2. 商品销售包装技术主要有（　　　）。

A. 贴体包装技术与泡罩包装技术

B. 收缩包装技术

C. 拉伸包装技术

D. 真空包装技术与充气包装技术

E. 脱氧剂包装技术

3. 包装的发展趋势是（　　　）。

A. 智能化　　　　　　　　　　B. 标准化

C. 绿色化　　　　　　　　　　D. 方便化

E. 单元化和系统化

4. 商品质量标志主要包括（　　　）。

A. 国家级

B. 国际级

C. 商品质量等级标志

D. 产品质量认证标志

E. 优质产品标志

5. 商标按用途可分为（　　　）。

A. 营业商标　　　　　　　　　B. 等级商标

C. 商品商标　　　　　　　　　D. 服务商标

E. 保证商标

**三、问答题**

1. 什么是商品包装?商品包装的作用是什么?

2. 销售包装和运输包装在功能上有何区别？

3. 商品包装材料应该具备哪些性能？

4. 常用的商品包装材料有哪些？写出它们性能上的特点。

5. 商品销售包装的技术有哪些？各有何特点？

6. 商品运输包装的技术有哪些？各有何特点？

7. 食品的销售标签主要应包括哪些内容？

8. 商品运输包装的标志主要有哪些种类？

9. 试述商品包装合理化及其发展趋势。

10. 商标的概念及作用是什么？

11. 商标设计和使用中应注意哪些问题？

# 第八章

## 商品储运与养护

1. 简述商品储运养护的概念及其意义。
2. 影响商品质量变化的因素有哪些？
3. 商品质量变化的主要类型有哪些，简述商品霉腐变质的过程。
4. 简述仓库温湿度的调控方法。
5. 如何防止商品的霉变、虫蛀、锈蚀和老化。
6. 简述食品储存中质量变化的原理和储存方法。

7. 商品储运与养护应遵循哪些原则和要求？
8. 试述商品养护的基本方法与措施有哪些？
9. 举例说明商品合理储存的方法与要求。
10. 如何做好商品的科学养护工作？

### 学习要点

- 商品质量变化的类型和影响因素
- 仓库温湿度及其调控方法
- 商品的霉变、虫蛀、锈蚀和老化等的发生机理及防治措施
- 食品储存中的质量变化、储存原理和储存方法

### ◆ 案例导读

#### 普洱茶的存储与收藏价值

一、普洱茶的存储

普洱茶分生茶和熟茶，如果打算收藏，待品质提升后过几年品饮，可选购熟茶；如果打算长期收藏以待升值，最好选购生茶；如果要选购那些用料精良、品质稳定的厂家的茶品来收藏，那么最好选古茶园所产的茶品。

在各种茶叶中，普洱茶的保存条件是较宽松的。一般家庭储存普洱茶并不困难：如果是存放紧压茶，不要拆包装；如果是存放散茶，建议最好存放在紫砂罐里，只要不受阳光直射，环境清洁卫生、通风透气，湿度不要太大即可，但一定要远离污染源或其他味源，如香皂、化妆品等，因为茶叶的吸附性非常强。

如果是以投资为目的大量囤积，这里给出一些小窍门，可以提高茶友家庭存放时的品质。

陶缸堆陈法：取一广口陶缸，将老茶、新茶掺杂置入缸内，有包装者最好去除，以利陈化，缸口则以木板、棉布覆盖，使其通风、不落尘、不进异物即可。陶缸堆陈法是模拟一个微型茶仓，安排一个适合茶菌生长的环境，让老茶的茶菌顺利繁衍到新茶上，且让新茶的茶气刺激老茶，达到新旧并新、阴阳互补的效果。

茶气调和法：将茶饼整片拆为散茶，置入半斤、一斤装的陶罐中（勿选不透气的金属罐），静置半月后即可取用。这是因为一般的茶饼往往外围松透、中央气强，经过上述茶气调和法处置后，即可让内外互补，享受到较高品质的茶汤。

总的来说普洱茶的确具备投资价值，但是普洱茶的存储需要一定条件：流通的空气、

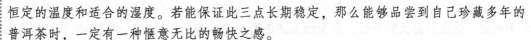

恒定的温度和适合的湿度。若能保证此三点长期稳定，那么能够品尝到自己珍藏多年的普洱茶时，一定有一种惬意无比的畅快之感。

二、普洱茶的收藏价值

医学界肯定了普洱茶具备降脂减肥的功效，这使普洱茶与现代人健康生活的理念极为贴合，因而声名鹊起。而且普洱茶越陈越香，这与其他茶品以"新嫩为贵"的理念截然不同。就像茅台陈酿一样，陈化的普洱与茅台在经济价值上比新茶和新酒都要提升几个档次，因此普洱就具备了作为投资品、收藏品的条件。这就更加拉动了普洱茶的收藏市场需求。

普洱茶可以长期储存和越陈越香的特点，决定了其具有收藏和投资的价值。普洱茶是后发酵茶，存放的年份越久，品质越好。这是其他茶类所不具备的特征。经营普洱茶不仅风险较小，而且卖不出去的茶叶隔年还可以增值。这不仅可以降低普洱茶的经营成本，而且可以带动普洱茶收藏，促进普洱茶消费，所以商家都愿意经营。

**启示：**事实上，商品储存不仅可以解决产销矛盾，还会增加商品价值。但商品在储存期间会发生质量变化，合适的养护方法能起到保护商品质量、降低损耗的作用。

# 第一节　商品储运概述

商品储运是商品储存和商品运输的总称。商品储存是指商品在生产和流通领域中的暂时停留和存放过程。它以保证商品流通和再生产过程的需要为限度。商品运输是指运用适当的运输工具使商品产生位移的过程。商品运输实际上也是短时的储存。商品储存和商品运输是商品流通中的两个重要环节，也是商品采购和销售的根本保证。

## 一、商品储存的功能

商品储运是商品流通的重要环节之一，随着物资储存的产生而产生，又随着生产力的发展而发展。现代储运的功能已越来越强大，其基本功能主要体现在以下几个方面：

**1. 储存功能**

现代社会生产的一个重要特征就是专业化和规模化生产，劳动生产率极高，产量巨大。一方面，绝大多数产品都不能被即时消费，需要储存，这样才能避免生产过程堵塞，保证生产过程能够持续进行。另一方面，生产所使用的原材料、半成品等需要有合理的储备，这样才能保证及时供应，满足生产的需要。

仓储本身是由生产率提高造成的，而仓储的发展又会促进生产率的提高。对于销售过程来说，仓储，尤其是季节性仓储，可以为企业的市场营销创造良机。适当的仓储是市场营销的一种战略，它为市场营销中特别的商品需求提供了缓冲和有力的支持。

**2. 调节功能**

储运在物流中起到"蓄水池"的作用。一方面，消费者需求所具有的持续性与产品季节性、批量性生产的集中供给之间，存在着时间上和空间上的矛盾，通过仓储对集中生产的产品进行储存，持续地向消费者提供，才能保证满足消费者不断的需求。

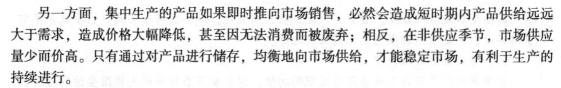

另一方面，集中生产的产品如果即时推向市场销售，必然会造成短时期内产品供给远远大于需求，造成价格大幅降低，甚至因无法消费而被废弃；相反，在非供应季节，市场供应量少而价高。只有通过对产品进行储存，均衡地向市场供给，才能稳定市场，有利于生产的持续进行。

### 3. 保管功能

生产出来的产品在消费之前必须保持其使用价值，否则将会被废弃。这项任务是由仓储来承担的。在仓储过程中，要对产品进行保护、养护、管理，防止其损坏而丧失使用价值。例如，水泥受潮易结块，其使用价值就会降低，因此在保管过程中要选择合适的储存场所，采取适当的养护措施。

### 4. 加工功能

产品在储存期间，保管人可以根据客户要求对产品的外观、形状、尺寸等进行流通加工，提高产品的附加价值，以促进产品的销售、增加收益。

### 5. 整合功能

仓库将来自多个供应商的产品或原材料整合成一个单元，进行一票装运，分别对各客户进行集中送货。这样做的好处是：有可能降低运输成本，并减少由多个供应商向同一客户供货带来的拥挤和不便。

### 6. 分类和转运功能

分类就是将来自供应商的组合订货分类或分割成个别订货，然后安排适当的运力运送到供应商指定的个别客户。

仓库从多个供应商处运来整车的货物，在收到货物后，如果货物有标签，就按客户要求进行分类；如果没有标签，就按地点分类，然后货物不在仓库停留而直接装到运输车辆上，装满后运往指定的零售店。同时，由于货物不需要在仓库内进行储存，因而降低了仓库的搬运费用，最大限度地发挥了仓库装卸设施的功能。

### 7. 市场信息的传感器

任何产品的生产都必须满足社会的需要，生产者都需要把握市场需求的动向。了解社会仓储产品的变化是了解市场需求极为重要的途径。仓储量减少，周转量加大，表明社会需求旺盛；反之，则为需求不足。厂家存货增加，表明其产品需求减少或者竞争力降低，或者生产规模不合适。仓储环节所获得的市场信息虽然比较滞后，但更为准确和集中，且信息成本较低。现代企业生产特别重视仓储环节的信息反馈，将仓储量的变化作为决定生产的依据之一。

### 8. 提供信用的保证

在大批量货物的实物交易中，购买方必须检验货物、确定货物的存在和货物的品质后方可成交。购买方可以到仓库查验货物。由仓库保管人出具的货物仓单是实物交易的凭证，可以作为对购买方提供的保证。仓单本身就可以作为融资工具，可以直接用来进行质押。

### 9. 现货交易的场所

存货方要转让已在仓库存放的商品时，购买方可以到仓库查验商品、取样化验，双方可以在仓库进行转让交割。国内的众多批发交易市场，既是有商品储存功能的交易场所，又是有商品交易功能的仓储场所。

## 二、商品储运合理化

商品储运合理化就是用最经济的办法实现商品储运的功能。商品储运的功能是对需要的满足，实现被储物的"时间价值"，这就要求必须有一定的储量。商品储运必须有一定的量，才能在一定时期内满足需要，这是商品储运合理化的前提或本质。如果不能保证储运功能的实现，其他问题便无从谈起了。但是，储运不合理又往往表现在对储存功能实现的过分强调，会造成过分投入储运力量和其他储运劳动。所以，储运合理化的实质是，在保证储运功能实现的前提下采用尽量少的投入，也是一个投入产出的关系问题。

**1. 商品储运合理化的标志**

合理储运的内容包括储存量、储存结构、储存时间、储存网络、运输工具、运输方式选择的合理化。其具体标志有：

（1）质量标志。质量标志即保证被储物的质量。

（2）数量标志。数量标志即在保证功能实现前提下，有一个合理的数量范围。

（3）时间标志。时间标志即在保证功能实现前提下，寻求一个合理的仓储时间。

（4）结构标志。结构标志是依据被储物不同品种、不同规格、不同花色的仓储数量的比例关系对仓储合理性的判断，尤其是相关性很强的各种被储物之间的比例关系，更能反映仓储合理与否。

（5）分布标志。分布标志是指不同地区仓储的数量比例关系，据此判断当地需求比以及对需求的保障程度，也可据此判断对整个物流的影响。

（6）费用标志。只有充分考虑仓租费、维护费、保管费、运费、损失费、资金占用利息支出等，才能从实际费用上判断仓储是否合理。

**2. 实现商品储运合理化的措施**

（1）实行 ABC 分类控制法。ABC 分类控制法是指将库存货物按重要程度细分为特别重要的库存（A 类货物）、一般重要的库存（B 类货物）和不重要的库存（C 类货物）三个等级，针对不同级别的被储物进行分别管理和控制的方法。

（2）适当集中库存。所谓适度集中库存，是指利用储存规模优势，以适度集中储存代替分散的小规模储存来实现合理化。

（3）采用有效的"先进先出"方式。要保证每个被储物的储存期不致过长，"先进先出"是一种有效的方式，并因此成了仓储管理的准则之一。有效的"先进先出"方式主要有贯通式货架系统储存、"双仓法"储存、计算机存取系统储存等。

（4）提高仓容利用率。通过采取高垛、密集货架和窄巷道式通道等方法，合理布局，减少土地占用，提高单位存储面积利用率，以降低成本。

（5）采用有效的储存定位系统。储存定位的含义是被储物位置的确定。如果定位系统有效，能大大节约寻找、存放、取出的时间，节约很多物化劳动及活劳动，而且能防止差错，便于清点及实行订货点等管理方式。

（6）采用有效的监测清点方法。通过先进的识别、监控系统，及时掌握储存情况，实现管理的现代化。用现代储存保养技术，改善保管条件，提高服务质量。

（7）采用集装箱、集装袋、托盘等储运一体化方式。实行供应链管理，节省多余的出、入库等储存作业。

（8）运输网络的合理布局。在运输网络进行布局时，应区别储存型仓库和流通型仓库，合理配置配送中心。配送中心的设置应有利于货物直送比率的提高。

（9）选择最佳的运输方式。对各种运输方式进行综合比较，选择最佳的运输方式。

（10）提高运送效率。提高车辆的运行率和实载率，减少空驶率，缩短待运时间和装载时间，提高运送效率。

# 第二节  商品储运管理

## 一、仓储作业及库存控制管理

### 1. 仓储作业

仓储作业有严格的流程和规范，其作业流程如图8-1所示。

（1）入库。入库作业也称收货作业，它是仓储作业的开始。入库作业是指从商品或货物被运送到仓储中心开始，经过验单、装卸搬运、分类、编码、验收等环节，确认商品或货物后，按预定的货位储存入库等一系列的工作过程。入

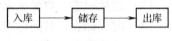

图8-1　仓储作业流程

库的工作质量，直接影响到商品或货物的储存保管以及出库作业等工作的顺利进行。

入库作业的主要任务是：清点商品或货物的数量，检查商品或货物的质量和包装质量；合理地组织各种收货手续与程序；分清厂家、运输部门及仓储部门之间的责任。组织过程要做到手续简便，认真把关，保证质量，缩短商品或货物的入库时间，降低入库的成本，为商品或货物的有效、合理、及时使用做好充分的准备。

（2）储存。储存作业的主要任务在于对将来要使用或者要出货的货物保存起来，且经常要做库存品的检查控制，不仅要善用空间，而且要注意对存货的管理。尤其是物流中心的储存与传统仓库的储存营运形态不同，更要注意空间运用的弹性及对存量的有效控制。储存的目标主要是：空间的最大化利用；劳力及设备的有效使用；所有货物都能随时准备被存取；货物的有效移动和良好保护；良好的管理及沟通。

（3）出库。货物出库业务也称发货业务，它是指仓库根据业务部门或存货单位开具的出库凭证，审核出库凭证、备料、拣货、分货等，直到把货物点交给要货单位或发运部门的一系列作业过程。它既是货物仓储作业过程的最后一个环节，也是仓储部门对外的窗口。出库的业务水平、工作质量在一定程度上反映了仓储企业的形象，直接影响到仓储企业的经济效益和社会效益。因此，及时准确地做好出库业务，是仓储管理的一项重要工作。它主要包含两个方面的工作：

一是领料单位方面，在填写出库凭证（领料单、提货单、调拨单等）时，对所领货物的品种、规格、型号、数量等项目须填写清楚、准确，提取货物的方式要标注清楚。

二是仓库方面，按照程序作业，必须核对检查出库凭证的正误，按凭证上所列货物的品种、规格、型号、数量、提货方式等项目组织备料，并保证把货物及时、准确、完好地发放出去。

### 2. 库存控制管理

库存控制管理是对制造业或服务业生产、经营全过程的各种物品、产成品以及其他资源

进行管理和控制，使其储备保持在经济合理的水平上，是企业根据外界对库存的要求和订购的特点，预测、计划和执行库存的行为，并对这种行为进行控制。它的重点在于确定如何订货、订购多少、何时订货等问题。库存控制管理不当会导致库存不足或过剩：库存不足将会错过销售货物的机会，甚至失去客户；而库存过剩则会增加库存的持有成本。因而，如何保持一个最佳的库存是企业要考虑的重要问题。目前库存控制管理常用的方法有 ABC 分类法、关键因素分析（Critical Value Analysis，CVA）法、定量订货法、定期订货法以及经济订货批量（Economic Order Quality，EOQ）法、准时（Just In Time，JIT）库存管理方法和物料需求计划（Material Requirement Planning，MRP）库存管理技术等。

（1）ABC 分类法。它又称关键因素法。这个概念是由美国的通用电气（GE）公司提出来的，该公司把这个概念用于库存管理，创立了库存 ABC 三级分析方法，即按占用的空间比例与数量比例，以及占用的成本比例之间的关系将库存分成三类：

A 类库存：存货单元累计 20%，但是成本却占总成本 80% 的物料。

B 类库存：存货单元累计 20%～50%，成本却占总成本 15% 的物料。

C 类库存：存货单元累计在 50%～100%，成本却占总成本 5% 的物料。

字母 ABC 代表不同分类，且其重要性递减，对不同类型的物料应采用不同的管理方法。

A 类物料：应对物料进行严格的跟踪，精确计算订货点与订货量，并进行维护。

B 类物料：实施正常的控制，只有在特殊的情况下，才给予较高程度的重视，可按经济批量订购。

C 类物料：尽可能简单控制，可通过半年或一年一次的盘点来补充大量的库存，给予最低的作业有限权控制。

（2）CVA 管理法。有些公司发现，ABC 分类并不令人满意，因为 C 类物资往往得不到应有的重视。例如，经销鞋的企业会把鞋带列入 C 类物资，但是如果鞋带短缺，就会严重影响到鞋的销售；一家汽车制造厂商会把螺钉列入 C 类物资，但缺少一个螺钉往往会导致整个生产链的停工。因此，有些企业采用基于 CVA 的管理法。

CVA 的基本思想是把物料按照其关键性分为四类：

1）最高优先级：它是指经营管理中的关键物料或 A 类重点客户的存货，不允许缺货。

2）较高优先级：它是指生产经营中的基础性物料或 B 类客户的存货，允许偶尔缺货。

3）中等优先级：它是指生产经营中比较重要的物料或 C 类客户的存货，允许合理范围内缺货。

4）较低优先级。它是指生产经营中需要，但可替代性高的物料，允许缺货。

CVA 管理法比 ABC 分类法有更强的目的性。

（3）定量订货法。定量订货法是指当库存量下降到预定的最低库存量（订货点）时，按规定数量（一般以经济订货批量为标准）进行订货补充的一种库存控制方法。

（4）定期订货法。定期订货法是指按预先确定的订货时间间隔进行订货补充的库存管理方法。

（5）EOQ 法。EOQ 即通过库存成本分析，求得在库存总成本为最小时的每次订购批量，用以解决独立需求物品的库存管理问题。

（6）JIT 库存管理方法。JIT 意为及时或准时，也可译为精练管理。它是 20 世纪 70 年代日本创造的一种库存管理和控制的现代管理思想，在日本丰田集团得到广泛实施，并取得了巨大的成效。JIT是一种倒拉式管理，即逆着生产工序，由顾客需求开始，订单→产成品→组件→配件→零件或原材料，最后到供应商。

（7）MRP库存管理技术。MRP库存管理技术是由美国著名的生产管理和计算机应用专家欧·威特和乔·伯劳士在对多家企业进行研究后提出来的。MRP被看作是以计算机为基础的生产计划与库存控制系统，其主要内容包括客户需求管理、产品生产计划、原材料计划以及库存记录。MRP的管理方法主要用于单件小批量或多品种小批量生产的制造企业。这种企业生产许多产品，每种产品经过一系列加工步骤完成。MRP工作原理如图8-2所示。

MRP的基本原理是由主生产计划和主产品的层次结构，逐层逐个地求出主产品所有零部件的出产时间、出产数量，这个计划称为物料需求计划。其中，如果零部件是靠企业内部生产的，需要根据各零部件的生产时间长短来提前安排投产时间，形成零部件投产计划；如果零部件是需要从企业外部采购的，则要根据各零部件的订货期来确定提前发出订货的时间、采购的数量，形成采购计划。按照投产计划进行生产和

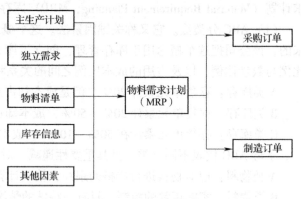

图8-2　MRP工作原理

按照采购计划进行采购，就可以实现所有零部件的出产计划，从而不仅能够保证产品顺利准时交货，而且还能够降低原材料的库存，减少流动资金的占用。

## 二、运输方式规划管理

每一种运输方式都有各自的特点和竞争优势，物流企业要综合考虑并进行合理规划，具体操作过程中可采取定性分析法与定量分析法。

### 1. 定性分析法

定性分析法就是根据运输方式的主要经济特征，对其运输速度、运输工具容量和线路、运输能力、运输成本、环境影响等做出判定。定性分析法的特点是简单、实用。在涉及一些小规模运输时，可以使用定性分析法进行选择。

（1）铁路运输的选择。根据铁路运输批量大、范围广、运输速度较快、运输费用较低、受气候影响小等特点，铁路运输比较适合大宗、笨重物资和杂件货物的中长途运输。运输距离一般在160～800km范围内最佳。

（2）公路运输的选择。根据公路运输机动灵活、适应性强、能源消耗大、成本高、对空气污染严重、占用土地多等特点，公路运输比较适合短途、零担、门到门运输，特别是同省内或者同一城市内的货物运输。

（3）水路运输的选择。根据水路运输运输能力强、成本低、速度慢、连续性能源消耗小、土地占用少等特点，水路运输比较适合中长途大宗货物运输、海运等，特别是国际货物运输。

（4）航空运输的选择。根据航空运输速度快、成本高等特点，航空运输比较适合中长途及贵重货物、保鲜货物运输等。对时间要求比较高的贵重或者小件商品一般也适合航空

运输。

（5）管道运输的选择。根据管道运输运输能力高、占用土地少、成本低、连续性强等特点，管道运输比较适合长期稳定的流体、气体及浆化固体的运输等，如石油、天然气等的运输。

**2. 定量分析法**

（1）成本比较法。成本比较法是指如果不将运输服务作为竞争手段，那么能使服务成本与服务水平以及相关间接库存成本之间达到平衡的运输服务就是最佳运输服务。也就是，既能满足客户需求，又能使总成本最低的服务。各种运输方式的运输成本通常由两类成本构成：①直接成本，也称直接费用，是完成运输过程中直接使用的费用；②间接成本，也称间接费用，是指管理等费用。

（2）竞争因素法。竞争因素法是指运输方式的选择如果直接涉及竞争优势，竞争可以促使购买方将大的订单转向能提供较好运输服务的供应商，这样供应商就可以从这些订单中获取更多利润，从而弥补为了选取更好的运输方式而增加的成本。

（3）时间因素法。时间因素法是指考虑时间因素的运输方式选择，运输消费者选择合理的运输方式有利于提高总体物流的合理化水平。为了使运输消费者能科学地选择合理的运输方式，从运输对象（旅客和货物）在整个运输过程中所消耗时间多少的角度出发，也就是考虑到运输过程中时间价值这一重要的因素，使运输对象在实现位移的过程中的费用最小，从而达到及时、准确、安全、经济的运输目的。

总之，由于运输的需求千差万别，具体环境也各不相同，具体采用何种方法，要具体问题具体分析，有时可将多种运输方式结合使用。

# 第三节　商品储运期间的质量变化

商品在储运期间由于本身的性能特点以及各种外界因素的影响，可能发生各种各样的质量变化，归纳起来有物理机械变化、化学变化、生理生化变化及生物引起的变化等。研究商品的质量变化，了解商品质量变化的规律及影响商品质量变化的因素，对确保商品安全，防止、减少商品劣变或损失有十分重要的作用。

## 一、商品的质量变化

**1. 商品的物理机械变化**

商品的物理变化是指只改变物质的外表形态，不改变其本质，没有新物质生成，并且有可能反复进行的质量变化现象。商品的机械变化是指商品在外力作用下发生的形态变化。物理机械变化的结果不是数量损失，就是质量降低，甚至可能失去使用价值。商品常发生的物理机械变化有挥发、溶化、熔化、渗漏、串味、沉淀、玷污、破碎与变形等。

（1）挥发。挥发是指低沸点的液体商品或经液化的气体商品，经汽化而散发到空气中的现象。挥发速度与气温的高低、空气流动速度的快慢、液体表面接触空气面积的大小成正比关系。液体商品的挥发不仅会降低商品的有效成分，增加商品损耗，降低商品质量，有些燃点很低的商品还可能引起燃烧或爆炸；有些商品挥发的气体有毒性或麻醉性，容易造成大气污染，对人体有害；有些商品受到气温升高的影响体积膨胀，使包装内部压力增大，可能发生爆破。常见易挥发的商品有：酒精、白酒、香精、花露水、香水、化学试剂中的各种溶剂、医药中的一些试剂、部分化肥农药、杀虫剂、油漆等。

防止商品挥发的主要措施是加强包装的密封性。此外，要控制库房温度，高温季节要采取降温措施，保证在较低的温度条件下储存商品。

(2) 溶化。溶化是指固体商品在保管过程中，吸收空气或环境中的水分达到一定程度时，就会成为液体的现象。常见易溶化的商品有食糖、糖果、食盐、明矾、硼酸、甘草硫浸膏、氯化钙、氯化镁、尿素、硝酸铵、硫酸铵、硝酸锌及硝酸锰等。

商品溶化后，商品本身的性质并没有发生变化，但由于形态改变，给储存、运输及销售部门带来很大的不便。商品溶化与空气温度、湿度、堆码高度有密切关系。对易溶化商品应按商品性能，分区分类存放在干燥阴凉的库房内，不适合与含水分较大的商品放在一起。在堆码时要注意底层商品的防潮和隔潮，垛底要垫得高一些，并采取吸潮和通风相结合的温湿度管理方法来防止商品吸湿溶化。

(3) 熔化。熔化是指低熔点的商品受热后发生软化甚至变为液体的现象。熔化除受气温高低的影响外，还与商品本身的熔点、商品中的杂质种类和含量密切相关。熔点越低，越易熔化；杂质含量越高，越易熔化。常见易熔化的商品有：百货中的香脂、蛤蜊油、发蜡、蜡烛；化工商品中的松香、石蜡、粗萘、硝酸锌；医药商品中的油膏、胶囊、糖衣片等。

商品熔化，有的会造成商品流失、粘连包装、玷污其他商品；有的因产生熔解热而体积膨胀，使包装爆破；有的因商品软化而使货垛倒塌。为预防商品熔化，应根据商品熔点的高低，选择阴凉通风的库房储存。在保管过程中，一般可采用密封和隔热措施，加强仓房的温度管理，防止日光照射，尽量减小温度的影响。

(4) 渗漏。渗漏主要是指液体商品发生跑、冒、滴、漏的现象。商品渗漏，除了与包装材料性能、包装容器结构及包装技术的优劣有关外，还与仓储温度变化有关。例如，金属包装焊接不严，受潮锈蚀；有些包装耐腐蚀性差；有的液体商品因气温升高，体积膨胀而使包装内部压力增大进而胀破包装容器；有的液体商品在低温或严寒季节结冰，也会发生体积膨胀引起包装破裂而造成商品损失。因此，对液体商品应加强入库验收和在库商品检查，以及温度控制和管理。

(5) 串味。串味是指吸附性较强的商品吸附其他气体、异味，从而改变本来气味的现象。具有吸附性、易串味的商品，主要是因为其成分中含有胶体物质，以及具有疏松、多孔的组织结构。商品串味与其表面状况，与异味物质接触面积大小、接触时间长短，以及环境中异味的浓度有关。

常见易被串味的商品有大米、面粉、木耳、食糖、饼干、茶叶、卷烟等。常见的易引起其他商品串味的商品有汽油、煤油、桐油、腌鱼、腌肉、樟脑、肥皂、化妆品以及农药等。预防商品串味，应对易被串味的商品尽量采取密封包装，在储存运输中不得与有强烈气味的商品同车船并运或同库储存，同时还要注意运输工具和仓储环境的清洁卫生。

(6) 沉淀。沉淀是指含有胶质或易挥发的商品，在低温或高温条件下，部分物质凝固，进而发生下沉或膏体分离的现象。常见的易沉淀的商品有墨汁、墨水、牙膏、雪花膏等。预防商品沉淀，应根据不同商品的特点，防止阳光照射，做好商品冬季保温和夏季降温工作。

(7) 玷污。玷污是指商品外表沾有其他脏污、染有其他污秽的现象。商品玷污，主要是生产、储运中卫生条件差及包装不严所致。对一些外观质量要求高的商品，如绸缎呢绒、针织品、服装等要注意防玷污，精密仪器、仪表类也要特别注意。

（8）破碎与变形。破碎与变形是指商品在外力作用下所发生的形态上的改变。脆性较强或易变形的商品，如玻璃、陶瓷、搪瓷、铝制品等因包装不良，在搬运过程中，受到碰、撞、挤、压和抛掷而易破碎、掉瓷、变形等；塑性较强的商品，如皮革、塑料、橡胶等制品由于受到强烈的外力撞击或长期重压，易丧失回弹性能，从而发生形态改变。对易发生破碎和变形的商品，要注意妥善包装，轻拿轻放。堆垛高度不能超过一定的压力限度。

## 2. 商品的化学变化

商品的化学变化是指不仅改变物质的外表形态，也改变物质的本质，并生成新物质的变化现象。商品发生化学变化，严重时会使商品完全丧失使用价值。常见的化学变化有氧化、分解、化合、老化、聚合等。

（1）氧化（包括锈蚀）。氧化是指商品与空气中的氧或其他放出氧的物质接触，发生与氧结合的化学变化。商品氧化不仅会降低商品的质量，有的还会在氧化过程中产生热量，发生自燃，有的甚至会引发爆炸事故。容易发生氧化的商品品种比较多，如某些化工原料、纤维制品、橡胶制品、油脂类商品等。

锈蚀是金属制品的特有现象，即金属制品在潮湿空气及酸、碱、盐等作用下，被腐蚀的现象。金属制品的锈蚀，会影响制品的质量和使用价值。

（2）分解（包括水解）。分解是指某些化学性质不稳定的商品，在光、热、酸、碱及潮湿空气的影响下，会由一种物质分解成两种或两种以上物质的现象。

水解是指某些商品在一定条件下，遇水发生分解的现象。

（3）化合。化合是指两种或两种以上物质互相作用，生成一种新物质的反应。

（4）老化。老化是指高分子材料（如橡胶、塑料、合成纤维等）在储存过程中，受到光、热、氧等的作用，出现发黏、龟裂、变脆、强力下降、失去原有优良性能的变质现象。易老化是高分子材料存在的一个严重缺陷。老化的原因，主要是高分子物质在外界条件作用下，分子链发生了降解和交联等变化。

（5）聚合。聚合是指某些商品组成中的化学键在外界条件下发生聚合反应，成为聚合体而变性的现象。例如，甲醛变性、桐油表面结块，均是聚合反应的结果。

## 3. 商品的生理生化变化及生物引起的变化

生理生化变化是指有生命活动的有机体商品，在生长发育过程中，为了维持生命，本身所进行的一系列变化。例如，粮食、水果、蔬菜、鲜蛋等商品的呼吸作用、发芽、胚胎发育和后熟等。生物引起的变化是指由微生物、仓库害虫以及鼠类等生物所造成的商品质量的变化。例如，工业品商品和食品商品的霉腐、虫蛀等。

（1）呼吸作用。呼吸作用是指有机体商品在生命活动过程中，由于氧和酶的作用，体内的有机物质被分解，并产生热量的生物氧化过程。呼吸作用可分为有氧呼吸和缺氧呼吸两种类型。

不论是有氧呼吸还是缺氧呼吸，都要消耗营养物质，降低有机体商品的质量。有氧呼吸会产生热量，随着热量的积累，往往使有机体商品腐败变质。同时，有机体分解出来的水分又有利于有害微生物生长繁殖，加速有机体商品的霉变。缺氧呼吸则会产生酒精积累，引起有机体细胞中毒，造成生理病害，缩短储存时间。对于一些鲜活商品，缺氧呼吸往往比有氧呼吸要消耗更多的营养物质。

如果保持正常的呼吸作用，维持有机体的基本生理活动，有机体商品本身会具有一定的抗病性和耐储性。因此，鲜活商品的储藏应保证它们正常而最低的呼吸，利用它们的生命活性，减小损耗、延长储藏时间。

（2）发芽。发芽是指有机体商品在适宜条件下，冲破"休眠"状态而发生的萌芽现象。发芽的结果会使有机体商品的营养物质转化为可溶性物质等，以供给有机体本身的需要，从而降低有机体商品的质量。在发芽过程中，通常伴有发热、发霉等情况，不仅增加损耗，而且降低质量。因此，对这类商品必须控制其水分，并加强温湿度管理，防止发芽现象的发生。

（3）胚胎发育。胚胎发育主要是指鲜蛋的胚胎发育。在鲜蛋的保管过程中，当温度和供氧条件适宜时，胚胎会发育成血丝蛋、血环蛋。经过胚胎发育的禽蛋，其新鲜度和食用价值都大大降低。为抑制鲜蛋的胚胎发育，必须加强温湿度管理，最好低温储藏或截止供氧。

（4）后熟。后熟是指瓜果、蔬菜等类食品脱离母株后继续成熟过程的现象。瓜果、蔬菜等的后熟能改进色、香、味以及硬脆度等食用性能，但当后熟完成后，则容易发生腐烂变质，难以继续储藏甚至失去食用价值。因此，对于这类食品，应在其成熟之前采收并采取控制储藏条件的办法，来调节其后熟过程，以达到延长储藏期、均衡上市的目的。

（5）霉腐。霉腐是商品在霉腐微生物作用下所发生的霉变和腐败现象。在气温高、湿度大的季节，如果仓库在温湿度控制不好，储存的针棉织品、皮革制品、鞋帽、纸张、香烟以及中药材等许多商品就会生霉；肉、鱼、蛋类就会腐败发臭，水果、蔬菜就会腐烂；果酒变酸，酱油生白膜。无论哪种商品，只要发生霉腐，就会受到不同程度的破坏，严重霉腐可使商品完全失去使用价值。有些食品还会因腐败变质而产生能引起人畜中毒的有毒物质。对易霉腐的商品在储存时必须严格控制温湿度，做好防霉工作。

（6）虫蛀。商品在储存期间，常常会遭到仓库害虫的蛀蚀。经常危害商品的仓库害虫有40多种。仓库害虫在危害商品的过程中，不仅破坏商品的组织结构，使商品发生破碎和洞孔，而且排泄各种代谢废物污染商品，影响商品质量和外观，降低商品的使用价值。

### 知识链接

**预防粉尘爆炸的安全防范措施有哪些?**

自江苏××工厂发生特别重大铝粉尘爆炸事故后，江浙沪一直是粉尘涉爆企业防治的重点地区。工厂车间粉尘如果处理不到位，就会导致悬浮在空气中的可燃粉尘浓度过高，形成爆炸性混合物；一旦遇到热源（明火或高温，如电路短路的火花），便会燃烧而形成高气压，引发爆炸。

## 二、粉尘爆炸的预防管理

### 1. 建筑结构

生产场所不得设置在危房和违章建筑内，应当有两个以上直通室外的安全出口，疏散门向外开启，确保通道畅通。

**2. 通风除尘**

安装相对独立的通风除尘系统，并设置接地装置。其中，除尘器应布置在室外，并有防护措施，距离明火处不小于6m，回收的粉尘应储存在独立干燥的场所。除尘器应采用防爆除尘器，并配套相应的防爆风机，通风管道上应设置泄爆片。

**3. 有效清洁**

每天对生产场所进行清理，应当采用不产生火花、静电、扬尘等方法清理，禁止使用压缩空气进行吹扫。及时对除尘系统收集的粉尘进行清理，将生产场所积累的粉尘量降至最低。

**4. 禁火措施**

生产场所严禁各类明火，必须在生产场所进行用火作业时，必须停止生产作业，并采取相应的防护措施。

**5. 电气电路**

生产场所电气线路应当采用镀锌钢管套管保护，在车间外安装空气开关和漏电保护器，设备、电源开关及相关的电气元件应当采用防爆防静电措施。

**6. 安全检查**

应定期进行粉尘防爆检查，并做好相关记录。

**7. 防潮设施**

必须配备铝粉尘生产、收集、储存的防水防潮设施，严禁粉尘遇湿自燃。

## 三、粉尘清理措施

生产场所及设备、设施不得出现厚度大于1mm的积尘层，应及时进行粉尘清理，清理周期及部位应包括但不限于下列要求。

**1. 至少每天清理的部位**

作业工位及使用的工具吸尘罩或吸尘柜，干式除尘器卸灰收集粉尘的容器（桶），粉尘压实收集装置。

**2. 至少每周清理的部位**

干式除尘器的滤袋、灰斗、锁气卸灰装置、输灰装置，除尘系统电气线路、电气设备、监测报警装置和控制装置，作业区的机械加工设备。

**3. 至少每月清理的部位**

除尘系统的主风管、支风管、风机和防爆装置，干式除尘器的箱体内部、清灰装置，生产作业区电气线路、配电柜（箱）、电气开关、电气插座、电机和照明灯、作业区建筑物墙面、门窗、地面及沟槽。

**4. 清理粉尘注意事项**

清理粉尘时采用不产生扬尘的清扫方式和不产生火花的清扫工具，清扫、收集的粉尘应防止与铁锈、水或其他化学物质接触或受潮，防止发生放热反应产生自燃，应装入经防锈蚀表面处理的非铝质金属材料或防静电材料制成的容器（桶）内，且存放在指定的安全区域，收集的粉尘应做无害化处置。

## 四、影响商品质量变化的因素

引起商品质量变化的因素有内因和外因两种，内因是变化的根据，外因是变化的条件。

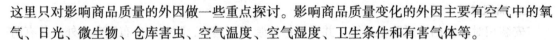

这里只对影响商品质量的外因做一些重点探讨。影响商品质量变化的外因主要有空气中的氧气、日光、微生物、仓库害虫、空气温度、空气湿度、卫生条件和有害气体等。

**1. 空气中的氧气**

空气中约含有21%的氧气。氧气的化学性质比较活泼，能和许多物质发生反应，对商品质量变化影响很大。例如，氧气可以加速金属商品锈蚀；氧气是好气性微生物活动的必备条件，易使有机体商品发生霉腐；氧气是害虫赖以生存的基础，是仓库害虫发育的必要条件；氧气是助燃剂，不利于危险品的安全储存；在油脂的酸败，鲜活商品的分解、变质中，氧气都是积极参与者。因此，在商品养护中，对于受氧气影响比较大的商品，要采取各种方法（如浸泡、密封、充氮等）隔绝氧气。

**2. 日光**

日光中含有紫外线、红外线等，它对商品起着正、反两方面的作用：一方面，日光能够加速受潮商品的水分蒸发，杀死杀伤微生物和商品害虫，在一定程度上有利于商品的保护；另一方面，某些商品在日光的直接照射下，又会发生质量变化，如日光能使酒类浑浊、油脂加速酸败、橡胶塑料制品迅速老化、纸张发黄变脆、色布褪色、药品变质、相机胶卷曝光等。因此，要根据不同商品的特性，注意避免或减少日光的照射。

**3. 微生物**

微生物是商品霉腐的前提条件。微生物在生命活动过程中会分泌各种酶，把商品中的蛋白质、糖类、脂肪、有机酸等物质分解为简单的物质再加以吸收利用，从而使商品受到破坏、变质，丧失其使用价值。同时，微生物在异化作用中，在细胞内分解氧化营养物质时产生各种腐败性物质并排出，会使商品产生腐臭味和色斑霉点，影响商品的外观，加速高分子商品的老化。

常见的危害商品的微生物主要是一些腐败性细菌、酵母菌和霉菌。特别是霉菌，它是引起绝大部分日用工业品、纺织品和食品霉变的主要根源，对纤维素、淀粉、蛋白质、脂肪等物质，具有较强的分解能力。

微生物的活动需要一定的温度和湿度。没有水分，微生物是无法存活下去的；没有适宜的温度，它也是不能生长繁殖的。掌握这些规律，就可以根据商品的含水量情况，采取不同的温湿度调节措施，防止微生物生长，以利于商品储存。

**4. 仓库害虫**

害虫在仓库里，不仅蛀食动植物性商品和包装，有些害虫还会危害塑料、化纤等化工合成商品。此外，白蚁还会蛀蚀仓库建筑物和纤维质商品。害虫在危害商品的过程中，不仅破坏商品的组织结构，使商品发生破碎、产生洞孔，外观形态受损，而且它们在生活过程中，吐丝结茧，排泄各种代谢废物玷污商品，影响商品的质量和外观。

商品如受害虫危害，一般损失都相当严重。害虫能适应恶劣环境，一般能耐热、耐寒、耐饥，并具有一定的抗药性；繁殖力强，繁殖期长，产卵量多，有的一年可繁殖多代；食性广杂，具有杂食性。所以，一旦发生虫害，就会造成极严重的后果。

**5. 空气温度**

气温是影响商品质量变化的重要因素。温度能直接影响物质微粒的运动速度：一般商品在常温或常温以下都比较稳定；高温能够促进商品的挥发、渗漏、熔化等物理变化及各种化学变化；而低温又容易引起某些商品的冻结、沉淀等变化；温度忽高忽低，会影响到商品质

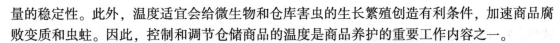

量的稳定性。此外，温度适宜会给微生物和仓库害虫的生长繁殖创造有利条件，加速商品腐败变质和虫蛀。因此，控制和调节仓储商品的温度是商品养护的重要工作内容之一。

**6. 空气湿度**

空气的干湿程度称为空气湿度。空气湿度的改变，能引起商品的含水量、化学成分、外形或体态结构等的变化。湿度下降，将使商品因放出水分而降低含水量，减轻重量。例如，水果、蔬菜、肥皂等会发生萎蔫或干缩变形，纸张、皮革制品等失水过多，会发生干裂或脆损。湿度增高，商品含水量和重量相应增加，如食糖、食盐、化肥等易溶性商品会结块、膨胀或进一步溶化，钢铁制品会生锈，纺织品、竹木制品、卷烟等会发生霉变或虫蛀等。湿度适宜，可保持商品的正常含水量、外形或体态结构和重量。所以，在商品养护中，必须掌握各种商品的适宜湿度要求，尽量创造商品适宜的空气湿度。

**7. 卫生条件**

卫生条件是保证商品免于腐败变质的重要条件之一。卫生条件不良，不仅使灰尘、油垢、垃圾、腥臭等污染商品，造成某些外观疵点和异味串味，而且还为微生物、仓库害虫等创造了活动场所。因此，商品在储存过程中，一定要做好储存环境的卫生工作，保持商品本身的卫生，并防止交叉污染。

**8. 有害气体**

大气中的有害气体，主要来自煤、石油、天然气、煤气等燃料放出的烟尘和工业生产过程中的粉尘、废气。对空气的污染，主要是二氧化碳、二氧化硫、硫化氢、氯化氢和氮化物等气体。

商品储存在有害气体浓度大的空气中，其质量变化明显。例如，二氧化硫气体溶于水能生成亚硫酸，当它遇到含水量较大的商品时，能强烈地腐蚀商品的有机物。在金属电化学腐蚀中，二氧化硫是构成腐蚀的重要介质之一，因此金属商品必须远离二氧化硫发源地。

# 第四节　仓库温湿度管理

仓库温湿度管理对商品的储存养护具有重要意义，几乎所有商品的质量变化都与空气温湿度有密切关系。要保养和维护好商品质量，就需要明确和掌握如何正确地控制与调节仓库温湿度，以及维持良好的商品存储条件，以确保储存商品的安全。

## 一、空气温湿度的基本知识

### 1. 空气温度

空气温度是指空气的冷热程度，又称气温。仓库温度的控制既要注意库房内外的温度（库温和气温），又要注意储存物资的温度（垛温）。

物体温度的升降，取决于外来热能的多少和该物体比热的大小。热能增加，温度上升；热能减少，温度下降。

常用的温度单位是摄氏温度（℃）、华氏温度（℉）和绝对温度（K），它们之间的换算关系为

$$t = (t' - 32) \times 5/9$$

$$t' = t \times 9/5 + 32$$

$$T = 273 + t$$

式中，$T$、$t$ 和 $t'$ 分别为绝对温度值和摄氏温度值、华氏温度值。

**2. 空气湿度**

空气湿度是指空气中水蒸气含量的多少，其常以绝对湿度、饱和湿度与相对湿度来表示。

（1）绝对湿度。绝对湿度是指单位容积的空气里实际所含的水汽量，一般用"$g/m^3$"作单位来表示。

温度对绝对湿度有着直接影响。在通常情况下，温度越高，水汽蒸发得越多，绝对湿度就越大；相反，绝对湿度就越小。

（2）饱和湿度。饱和湿度表示在一定温度下，单位容积空气中所能容纳的水汽量的最大限度。如果越过这个限度，多余的水蒸气就会凝结，变成水滴，此时的空气湿度称为饱和湿度。

空气的饱和湿度不是固定不变的，它随着温度的变化而变化。温度越高，单位容积空气中能容纳的水蒸气量就越多，饱和湿度也就越大。

（3）相对湿度。空气中实际含有的水蒸气量（绝对湿度）距离饱和状态（饱和湿度）程度的百分比称为相对湿度。也就是说，在一定温度下，绝对湿度占饱和湿度的百分比。其公式为

$$相对湿度 = \frac{绝对湿度}{饱和湿度} \times 100\%$$

相对湿度越大，表示空气越潮湿；相对湿度越小，表示空气越干燥。在仓库温湿度管理中，检查库房的湿度大小，主要是观测相对湿度的大小。

空气的绝对湿度、饱和湿度、相对湿度与温度之间有着一定的内在联系。在温度不变的情况下，空气绝对湿度越大，相对湿度越大，绝对湿度越小，相对湿度越小；在空气中水蒸气含量不变的情况下，温度越高，相对湿度越小，温度越低，相对湿度越大。

（4）露点。含有一定量水蒸气（绝对湿度）的空气，当温度下降到一定程度时，所含水蒸气就会达到饱和状态（饱和湿度），并开始液化成水，这种现象称为结露。水蒸气开始液化成水时的温度称为"露点温度"，简称"露点"。如果温度继续下降到露点以下，空气中超饱和的水蒸气，就会在商品或其包装物表面凝结成水滴，此现象称为"水凇"，俗称商品"出汗"。

当含有水蒸气的热空气进入库房，遇到冷的物体（如金属、地面），使冷物体周围的空气温度降到露点，则空气中的水蒸气就会凝结在冷物体表面。

## 二、库内外温湿度的变化规律

**1. 大气温湿度的变化**

大气的变化即自然气候的变化。大气温湿度的变化规律如下：

（1）温度变化的规律。一天之中日出前气温最低，午后两三点时气温最高。一年之内最热的月份，内陆一般在 7 月份，沿海出现在 8 月份；最冷的月份，内陆一般在 1 月份，沿海在 2 月份。

（2）湿度变化的规律。绝对湿度通常随着气温升高而增大，随气温降低而减小。但绝

对湿度不足以完全说明空气的干湿程度，相对湿度更能正确反映空气的干湿程度。

相对湿度的日变化和年变化的一般规律：相对湿度的日变化主要取决于气温。当气温升高时，空气中实际水汽量逐渐远离饱和状态，相对湿度减小；当气温降低时，水汽量就逐渐接近饱和状态，相对湿度增大。在一日之中，日出前气温最低时相对湿度最大，日出后逐渐降低，到午后两三点钟时达到最低。一年之内相对湿度最高的月份一般是七八月份。

普通仓库在温湿度的管理上，要充分利用大气温湿度变化的规律，掌握好通风的时间。

**2. 库内温湿度的变化**

仓库内温湿度的变化规律和库外基本上是一致的，但是，库外气温要对库内产生影响，在时间上需要有一个过程，同时会有一定程度的减弱。所以，一般库内温度变化在时间上滞后于库外，在幅度上小于库外，表现为夜间库内温度比库外高，白天库内温度比库外低。

库内温度的变化与库房密封性的好坏也有很大的关系，同时库内各部位的温度也因库内具体情况而有所差异，工作中要灵活把握。

### 三、仓库温湿度的控制与调节

为了维护仓储商品的质量完好，创造适宜于商品储存的环境，当库内温湿度适宜商品储存时，就要设法防止库外温湿度对库内的不利影响；当库内温湿度不适宜商品储存时，就要及时采取有效措施调节库内的温湿度。实际工作中通常采用密封、通风和吸潮相结合的方法。

**1. 密封**

密封就是把商品尽可能严密地封闭起来，减小外界不良气候对商品的影响，以达到安全储存的目的。

密封要和通风、吸潮结合运用，如运用得当，可以收到防潮、防霉、防热、防溶化、防干裂、防冻、防锈蚀、防虫等多方面的效果。

密封保管应注意的几个事项：密封前要检查商品质量、温度和含水量是否正常，如发现生霉、生虫、发热、水淋等现象就不能进行密封；如发现商品含水量超过安全范围或包装材料过潮，也不宜密封；密封的时间要根据商品的性能和气候情况来决定，怕潮、易溶、易霉的商品，应选择相对湿度较小的时节进行密封。

常用的密封方法有整库密封、小室密封、按垛密封、货架密封以及按件密封等。

**2. 通风**

空气是从压力大的地方向压力小的地方流动的，气压差越大，空气流动就越快。

通风就是利用库内外空气温度不同而形成的气压差，使库内外空气形成对流，以达到调节库内温湿度的目的。库内外温度差距越大，空气流动就越快；若库外有风，借风的压力更能加速库内外空气的对流，但风力也不能过大（风力超过5级灰尘较多）。正确地进行通风，不仅可以调节与改善库内的温湿度，还能及时地散发商品及包装物的多余水分。

按通风的目的不同，可分为利用通风散热（或增温）和利用通风散潮两种。

（1）利用通风散热。有些商品怕热，但对空气湿度要求不高，如玻璃或塑料桶装的化妆品，以及其他易挥发的液体商品。在湿度高的季节里，只要库外温度低于库内时，就可以进行通风降温。

（2）利用通风散潮。要根据库内外温度、绝对湿度与相对湿度的对比，在正确判断的基础上才能确定能否通风。由于商品的吸湿性能主要与相对湿度有关，而在一定的湿度下，相对湿度的变化又是由绝对湿度所决定的，因而利用通风来降低库内相对湿度时，必须以绝对湿度为依据来对比库内外情况，当库外绝对湿度低于库内时，才能进行通风。为了散发商品包装苦垫材料的水分或地面潮气而进行的通风，必须有干燥的空气，才能收到预期的效果。因此，应在库内相对湿度大于库外、库外相对湿度最小（最好在70%以下）的条件下进行。

### 3. 吸潮

在梅雨季节或阴雨天，当库内湿度过高，不适宜商品保管，而库外湿度也过大，不宜进行通风散潮时，可以在密封库内用吸潮的办法降低库内湿度。常采用的吸潮方法有去湿机吸潮和吸湿剂吸潮。

去湿机吸潮是用吸湿机把库内的湿空气通过抽风机吸入去湿机冷却器内，使它凝结为水而排出。去湿机一般适宜于储存棉布、针棉织品、贵重百货、医药仪器、电工器材和烟糖类的仓库的吸湿。

吸潮剂吸潮是利用一些具有强烈吸湿性能的物质，吸收空气中的水分而达到去湿的目的。仓库中通常使用的吸潮剂有生石灰、氯化钙、硅胶等。

除上述几种调控温湿度的方法外，还可以用气幕隔潮、空调器调温、加湿器加湿等方法调控温度或湿度。

# 第五节　商品的养护

商品在储存过程中，由于各种外界因素的作用，会发生多种质量变化，如霉变、虫蛀、锈蚀、老化、溶化（熔化）、挥发、破损与变形等。下面重点介绍商品的霉变、虫蛀、锈蚀和老化等发生的机理及防治措施。

## 一、商品的霉变及防治

商品的霉变是由于霉腐微生物在商品上进行新陈代谢作用，将商品中的营养物质转变成各种代谢物，引起商品生霉、腐烂、产生异味等质量变化的现象。

对商品影响较大的霉腐微生物主要有：细菌、霉菌、酵母菌。细菌主要会破坏含水量较大的动植物食品，酵母菌主要引起含有淀粉、糖类的物质发酵变质。两者对日用工业品也有影响。引起商品霉变的霉腐微生物主要是霉菌，霉菌又有曲霉、毛霉、青霉、根霉之分，霉菌对商品的破坏范围较大。霉腐微生物对商品的危害包括其生长繁殖破坏商品和微生物的排泄物污染商品两种情况。

### 1. 霉腐微生物的生长条件

霉腐微生物的生长繁殖需要一定的条件，当这些条件得到满足时，商品就容易发生霉变；这些条件没有满足时，商品就不易或不能发生霉变。霉腐微生物的生长需要下列外界环境条件：

（1）水分和空气湿度。当湿度与霉腐微生物自身的要求相适应时，霉腐微生物就生长繁殖旺盛；反之，则处于休眠状态或死亡。各种霉腐微生物生长繁殖的最适宜相对湿度，因微生物不同略有差异。多数霉菌生长的最低相对湿度为80%~90%。在相对湿度低于75%

的条件下，多数霉菌不能正常发育。因而，通常把75%这个相对湿度称为商品霉变的临界湿度。

（2）温度。霉腐微生物的生长繁殖有一定的温度范围，超过这个范围其生长会滞缓甚至停止或死亡。高温和低温对霉腐微生物生长都有很大的影响。低温对霉腐微生物的生命活动有抑制作用，能使其休眠或死亡；高温能破坏菌体细胞的组织和酶的活动，蛋白质发生凝固作用，使其失去生命活动的能力，甚至会很快死亡。

霉腐微生物中大部分是中温性微生物，其最适宜的生长温度为20~30℃，在10℃以下不易生长，在45℃以上停止生长。

（3）光线。日光对于多数微生物都有影响，主要是因为日光中的紫外线能强烈破坏微生物细胞和酶。多数霉腐微生物在日光直射下1~4h就能大部分死亡。

（4）空气成分。有些微生物，特别是霉菌，需要在有氧条件下才能正常生长。二氧化碳浓度的增加不利于微生物生长，甚至会导致其死亡。也有一些微生物是厌氧型的，它们不能在有氧气或氧气充足的条件下生存。通风可以防止部分商品霉腐，主要是防止厌氧微生物引起的霉腐。

**2. 常见的易霉变商品**

霉腐微生物的生长需要一定的条件，由于商品本身的特点，有些商品比较容易构成这些条件，有些商品则很难构成这些条件，所以前者容易发生霉变而后者不容易发生霉变。一般来说，含糖、蛋白质、脂肪等有机物质的商品在养护不当时最易发生霉变。常见的易霉变商品如下：

（1）食品类。食品类商品中容易发生霉变的有糖果、糕点、饼干、罐头、饮料、酱醋和香烟等。这些商品的原料、再制品、半制品和成品都易沾染微生物而发生霉变。

此外，食品包装材料和商标纸发霉的情况也并不少见。这不仅影响产品的外观，也影响其内在质量。

（2）纺织原料及其制品。棉、毛、麻、丝等天然纤维及其制品，在一定的温湿度条件下，很容易霉变。化纤织品也会长霉腐微生物，属于可以发生霉变的商品。

（3）纸张及其制品。各种纸、纸板及其制品含有大量的纤维素，能够被微生物利用，当温度和湿度适宜时极易发生霉变。

（4）橡胶和塑料制品。橡胶内含有微生物可以利用的营养成分，同时无论橡胶还是塑料制品，在加工过程中都加入了一些添加剂，其中有些容易被霉腐微生物危害，造成制品霉变。

（5）日用化学品。在日用化学品中，最易发生微生物灾害的是化妆品。由于其配料不少是甘油、十八醇、单硬脂酸甘油酯、白油及水等，是许多微生物的良好培养基地，因而化妆品是一类很容易发生霉变的商品。

（6）皮革及其制品。皮革是由蛋白质组成的，表面修饰时又添加了一些微生物可利用的营养成分，一旦温湿度适宜，微生物就会在上面繁殖，从而对皮革及其制品产生严重的破坏作用。因此，在春、夏季节，特别是黄梅时节，皮革及其制品容易霉变。

（7）工艺美术品。工艺美术品的种类繁多，所涉及的原料很广，如竹制品、木制品、草制品、麻制品等。这些原料制造的工艺美术品在运输、储藏过程中都可能发生霉变。

此外，一些文娱和体育用品、光学仪器、电子、电器产品、录音带、录像带、感光胶片、药品等，在适宜的温湿度条件下也容易发生霉变。

**3. 商品霉变的防治**

商品在某些霉腐微生物的作用下，易出现生腐、腐烂或腐败的现象。因此，必须采取适当的方法，对商品霉变进行防治。

（1）加强库存商品的管理。主要做好以下工作：

1）加强入库验收。易霉商品入库，首先应检验其包装是否潮湿，商品的含水量是否超过安全界限。

2）加强仓库温湿度管理。根据商品的不同性能，正确地运用密封、吸潮及通风相结合的方法，控制好库内的温湿度。特别是在梅雨季节，要将相对湿度控制在不适宜霉菌生长的范围内。

3）选择合理的储存场所。易霉变商品应尽量安排在空气流通、光线较强、比较干燥的库房，并应避免与含水量高的商品储存在一起。

4）合理堆码，下垫隔潮。商品堆垛不应靠墙靠柱。

5）对商品进行密封。

6）做好日常的清洁卫生。

（2）化学药剂防霉。防霉最主要的方法是使用防霉剂，防霉剂能使微生物菌体蛋白凝固、沉淀、变性；或破坏酶系统，使酶失去活性，影响细胞呼吸和代谢；或改变细胞膜的通透性，使细胞破裂、解体。防霉剂低浓度时能抑制霉腐微生物，高浓度时就会使其死亡。

有实际应用价值的防霉剂需具有以下特点：低毒、广谱、高效、长效、使用方便和价格低廉；适应商品加工条件、应用环境，与商品其他成分有良好相溶性，不降低商品性能，在储存、运输中稳定性良好；等等。

防霉剂的使用方法主要有以下几种：

1）添加法。将一定比例的防霉剂直接加入到材料或制品中去。

2）浸渍法。将制品在一定温度下，在一定浓度的防霉剂溶液中浸渍一定时间后晾干。

3）涂布法。将一定浓度的防霉剂溶液用刷子等工具涂在制品表面。

4）喷雾法。将一定浓度的防霉剂溶液均匀地喷洒在材料或制品表面。

5）熏蒸法。将挥发性防霉剂的粉末或片剂置于密封包装内，通过防霉剂的挥发成分防止商品霉变。

（3）商品防霉的其他方法。商品防霉的其他方法主要有：

1）气调储藏防霉。在密封条件下，通过改变空气成分，主要是创造低氧（5%以下）环境，抑制微生物的生命活动和生物性商品的呼吸强度。

2）紫外线防霉。目前应用的紫外线灯辐射的是 253.8μm 的紫外线，其灭菌作用强而稳定。但紫外线穿透力弱，易被固形物吸收，因而其使用范围受到限制。

3）微波防霉。微生物吸收微波会引起温度升高，使蛋白质凝固，菌体成分被破坏，水分汽化排出，促使菌体迅速死亡。

4）红外线防霉。微生物吸收红外线，使细胞内温度迅速上升，造成蛋白质凝固，核酸被破坏，菌体内水分汽化，脱水而死亡。

5）低温储藏防霉。低温对微生物具有抑制作用，用冷库储藏可防止霉变。

6）干燥防霉。

对已经发生霉变但可以挽回的商品，应立即采取措施，以免霉变继续发展，造成更加严重的损失。根据商品性质，可选用晾晒、加热消毒、烘烤等办法。

## 二、商品的虫蛀与防治

### 1. 仓库内害虫的来源

仓库害虫原本是农业害虫，其主要来源有如下几种：

（1）商品入库前已有害虫潜伏在商品之中，随商品一起进入仓库。

（2）商品包装物中有害虫隐藏。

（3）运输工具的带入。

（4）仓库内隐藏有害虫。

（5）环境卫生不清洁，有害虫滋生。

（6）邻近仓间或邻近货垛储存的商品有害虫。

（7）农业害虫的侵入。

### 2. 常见的易虫蛀商品

容易被虫蛀的商品主要是一些由营养成分含量较高的动植物原料加工制成的商品，主要有以下几种：

（1）纺织品，特别是毛丝织品。

（2）毛皮、皮制品，包括皮革及其制品、毛皮及其制品等。

（3）竹藤制品。

（4）纸张及纸制品，包括纸张及其制品和很多商品的纸制品包装物。

（5）木材及其制品。

### 3. 仓库害虫的防治

商品发生虫害，如不及时采取措施进行杀灭，常会造成严重损失。仓库害虫防治的方法主要有以下几种：

（1）杜绝仓库害虫来源。要杜绝仓库害虫的来源和传播，必须做好以下几点：

1）商品原材料及商品包装物的杀虫、防虫处理。

2）入库商品的虫害检查和处理。

3）仓库的环境卫生及备品用具的卫生消毒。

（2）药物防治。使用各种化学杀虫剂，通过胃毒、触杀或熏蒸等作用来杀害虫，是当前防治仓库害虫的主要措施。常用的防虫、杀虫药剂有以下几种：

1）驱避剂。驱避剂的驱虫作用是利用易挥发并具有特殊气味的具有毒性的固体药物，使挥发出来的气体在商品周围经常保持一定的浓度，从而达到驱避害虫的目的。

2）化学药剂。化学药剂杀虫主要通过触杀、胃毒作用杀灭害虫。触杀剂和胃毒剂很多，常用于仓库及环境消毒的有敌敌畏、敌百虫（美曲磷脂）等。

3）熏蒸剂。杀虫剂的蒸气通过害虫的气门及气管进入体内，使其中毒死亡，起到熏蒸作用。具有熏蒸作用的杀虫剂称为熏蒸剂。用熏蒸的方法杀虫有成本低、效率高等优点。

仓库害虫的防治方法，除了药物防治外，还有高低温杀虫、缺氧防治、辐射防治以及各种合成激素杀虫等方法。

### 三、商品的锈蚀及防治

金属在环境的作用下所发生的破坏或变质称为金属锈蚀。金属锈蚀可以分为化学锈蚀和电化学锈蚀。化学锈蚀是金属与环境介质直接发生化学作用而产生的损坏,在锈蚀过程中没有电流的生成。电化学锈蚀是金属在介质中由于发生电化学作用而出现的损坏,其在锈蚀过程中有电流产生。

电化学锈蚀要比化学锈蚀更普遍。金属电化学锈蚀的原理和金属原电池的原理是相同的,即当两种金属材料在电解质溶液中构成原电池时,作为原电池负极的金属就会被锈蚀。根据原电池理论,形成腐蚀电池必须具备三个基本条件:有电位差存在;有电解质溶液;不同电位的金属接触。若能避免、破坏或抑制这三个条件中的任何一个,就可以抑制电池被腐蚀,从而防止金属发生电化学锈蚀。

**1. 金属制品锈蚀的原因**

对金属制品锈蚀的原因进行分析发现,既有金属本身的原因,也有大气中各种因素的影响。

(1) 金属材料本身的原因。金属的化学性质越稳定、金属材料纯度越高,金属的耐锈蚀性就越强。研究得知,应力集中和变形部位,锈蚀速度往往增加,原因是这些部位的电位下降,从而引起电极电位不均而加速锈蚀。

(2) 大气中因素的影响。金属制品锈蚀与外界因素有直接关系,如受温度、湿度、氧气、有害气体、商品包装、灰尘等的影响。

空气的相对湿度通常被认为是影响金属锈蚀的最重要因素,它直接影响金属表面上水膜的形成和保持时间的长短。空气的相对湿度越高,金属表面越容易形成电解液膜,金属就越容易被锈蚀。在干燥的空气中,金属不易被锈蚀;只有当空气的相对湿度达到一定程度时,金属的锈蚀才会突然多发。此时的相对湿度称为金属锈蚀的临界相对湿度。所以,储存金属商品的库房,如能将相对湿度控制在临界相对湿度以下,则储存的金属即使长期存放也难以锈蚀。

温度对金属锈蚀影响很大。当温度剧烈下降时,水蒸气会在金属表面凝成水滴或液膜,从而加速锈蚀;大气温度升高,在其他条件相同的情况下,锈蚀反应的速度也会加快。

**2. 金属制品的防锈**

金属制品的防锈主要是针对影响金属锈蚀的外界因素进行的。

(1) 控制和改善储存条件。储存金属商品的露天货场要尽可能远离工矿区,特别是化工厂,应选择地势高、不积水、干燥的场地。较精密的五金工具、零件等金属商品必须在库房内储存,并禁止与化工商品或含水量较高的商品同库储存。

(2) 涂油防锈。在金属制品表面涂(或浸或喷)一层防锈油脂薄膜。防锈油分为软膜防锈油和硬膜防锈油两种。

(3) 气相防锈。一些具有挥发性的化学药品在常温下会迅速挥发,并在空间内饱和,这些挥发出来的气体物质吸附在商品表面,可以防止或延缓商品的锈蚀。常用的气相防锈有气相防锈纸防锈、粉末法气相防锈和液相法气相防锈三种形式。

### 四、商品的老化及防治

塑料、橡胶、纤维等高分子材料的商品,在储存和使用过程中性能逐渐变差,致使最后

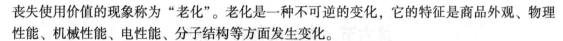

丧失使用价值的现象称为"老化"。老化是一种不可逆的变化，它的特征是商品外观、物理性能、机械性能、电性能、分子结构等方面发生变化。

**1. 商品老化的内在因素**

影响高分子商品老化的主要内在因素有以下几种：

（1）材料内部结构存在着易于引起老化的弱点，如不饱和的双键、大分子上的支链等。

（2）其他组分对老化有加速作用。塑料中的增塑剂会缓慢挥发或促使霉菌滋生，着色剂会产生迁移性色变，硫化剂用量增多会产生多硫交联结构，降低橡胶制品的耐氧化能力等。

（3）杂质对老化的影响。杂质是指含量虽然很少，但对制品耐老化性能有较大影响的有害成分。其来源是单体制造、聚合时带入的，或配合剂带入的。

（4）成型加工条件对老化的影响。加工时由于温度等的影响，材料结构发生变化，影响商品的耐老化性能。

**2. 商品老化的外部因素**

影响高分子商品老化的外部环境因素也有很多，主要有日光、温度、空气中的氧气和臭氧等。

（1）日光。日光的紫外线是引起高分子材料老化最主要的因素。紫外线会引起高聚物的光化学反应，首先引起表层高聚物的老化，并随着老化时间的推移而逐步向内层发展。因此在大气环境中，材料受光面积的大小和单位面积所接受的光强度的大小，对材料老化的速度有很大的影响。

（2）温度。热是促使高分子类商品老化的重要因素。因为温度升高会使分子的热运动加速，从而促使高分子材料大分子的氧化裂解或交联反应的产生。裂解的结果，使高分子材料的分子量降低，强度、伸长率下降；而交联的结果，使分子量增大、刚性提高等。

（3）氧气和臭氧。氧气是一种活泼的气体，在接近地面的大气层中，氧气占空气体积的21%，能与许多物质发生氧化反应。高分子材料的老化，实际上也是在热的参与下或者在光的引发下进行的氧化反应。氧气可以使某些高分子材料的抗张强度、硬度、伸长率等性能产生严重的变化。所以，氧气是引发高分子材料老化的又一重要外因。臭氧对高分子商品的作用与氧气一样，主要起氧化作用。臭氧的化学活性比氧气高得多，因此其破坏性比氧气更大。

此外，水分和湿度、昆虫的排泄物等也对商品的老化有加速作用。

**3. 商品老化的防治**

根据影响商品老化的内外因素不同，高分子商品的防老化可采用以下一些方法：

（1）材料改性，提高商品本身的耐老化性能。材料改性的方法很多，应用较多的有共聚、减少不稳定结构、交联、共混合改进成型加工工艺以及后处理等。

（2）物理防护。抑制或减小日光、氧气等外因对商品影响的方法有涂漆、涂胶、涂塑料、涂金属、涂蜡、涂布防老化剂溶液等。

（3）添加防老剂。能够抑制日光、热、氧气、臭氧、重金属离子等对商品的老化作用的物质称为防老剂。在制品中添加防老剂，是当前国内外防老化的主要途径。防老剂的种类主要有抗氧剂、紫外线吸收剂和热稳定剂。

此外，加强管理、严格控制仓储条件，也是商品防老化的有效方法。

## 第六节　食品的储存与保鲜

在食品商品储存过程中，如果忽视管理，不仅会增加损耗、降低质量，而且在受到微生物污染后还会危及人体健康。因而，根据食品的储存性能、质量变化规律，采取措施防止食品变质、保持食品新鲜，是十分重要的。

### 一、食品储存中的质量变化

食品在储存中往往由于本身的特性和外界环境的影响，而发生各种变化，其中有酶引起的生理生化和生物学变化，有微生物污染造成的变化，还有外界环境温度、湿度影响而出现的化学和物理变化等。所有这些变化都会使食品的质量和数量受到损失。下面主要介绍食品储存中由微生物引起的变化。

食品含有丰富的营养，为微生物繁殖提供了良好条件。在储存中，往往由于微生物的污染而发生腐败、霉变和发酵等生物学变化。

**1. 腐败**

腐败多发生在那些富含蛋白质的动物性食品中，如肉类、禽类、鱼类、蛋制品等，植物性食品中的豆制品也容易发生腐败。引起食品腐败的主要微生物是细菌，特别是那些能分泌体外蛋白质分解酶的腐败细菌。

**2. 霉变**

霉变是霉菌在食品中繁殖的结果。霉菌能分泌大量的糖酶，因此富含糖类的食品容易发生霉变，如粮食、糕点、面包、饼干、淀粉制品、水果、蔬菜、干果、干菜、茶叶、卷烟等。霉变的食品，不仅营养成分损失、外观颜色因霉菌的寄生被污染，而且会带有霉味。如果被含毒素的黄曲霉污染，还会产生致癌性的黄曲霉毒素，所以储存中要防止食品的霉变。

**3. 发酵**

发酵在食品发酵工业中有广泛的应用，但是在食品储存中却能引起食品的变质。发酵是在微生物的酶作用下，使食品中的单糖发生不完全氧化的过程。食品储存中常见的发酵有酒精发酵、醋酸发酵、乳酸发酵和酪酸发酵等。

（1）酒精发酵。含糖分的食品（如水果、蔬菜、果汁、果酱、果蔬罐头等）在储存中发生酒精发酵后会产生不正常的酒味。水果、蔬菜在严重缺氧的条件下由于缺氧呼吸，也会产生酒味，这都表明它们的质量已发生变化。

（2）醋酸发酵。某些食品因醋酸发酵可以完全失去食用价值，如果酒、啤酒、黄酒、果汁、果酱、果蔬罐头等。

（3）乳酸发酵。食品在储存中发生乳酸发酵不仅会使风味变劣，而且还会因乳酸能改变食品的 pH 值，造成蛋白质凝固、沉淀等变化。鲜奶的凝固就是一个例子。

（4）酪酸发酵。酪酸发酵是食品中的糖在酪酸菌的作用下产生酪酸的过程。食品储存中因酪酸发酵产生的酪酸，会使食品带有令人讨厌的气味，如鲜奶、奶酪、豌豆等食品变质时就有这种酪酸气味。

影响微生物引起变化的因素有水分、温度、pH 值、氧气和光线等，其中水分和温度是微生物繁殖最重要的因素。含水量大、水分活性高的食品处在高温之下便容易发生腐败变质，或者原来含水量不大、水分活性较低的食品处在高温度、高湿度之下也容易发生腐败变质。因此，控制食品水分和空气的温度、湿度是防止微生物对食品造成危害的主要措施。对于含水量小或干燥的食品，应在相对湿度低于70%的条件下存放，尽量保持原有的安全水分含量。对于含水量较大的生鲜食品，应控制在低温条件下储存，因为危害食品的微生物多属于嗜温性菌，一般在20~25℃条件下发育，所以储存温度一般应控制在10℃以下，若长期储存则应采取冷冻处理。

## 二、食品的储藏方法

### 1. 低温储藏

食品低温储藏，即降低食品的温度，并维持低温或冻结状态，以便阻止或延缓食品的腐败变质，从而达到较长时期地储藏食品的目的。

（1）食品的低温储藏。食品的变质腐败主要是食品内酶所进行的生化过程（如新鲜果蔬的呼吸过程）和微生物生命活动所引起的破坏作用所致。而酶的作用、微生物的繁殖以及食品内所进行的化学反应速度都受到温度的影响。大多数酶的适宜活动温度为30~40℃，温度下降，酶的活性就会被削弱，将温度维持在-18℃以下，酶的活性就会受到很大程度的抑制。同时，任何微生物也都有其正常生长和繁殖的温度范围，温度越低，它们的活动能力也越弱。0℃时微生物的繁殖速度与室温时相比已非常缓慢，短期储藏食品的温度通常在0℃左右。-10~-7℃时只有少数霉菌尚能生长，而所有细菌和酵母几乎都停止了生长，所以-12~-10℃就作为食品较长期储藏的安全储温。

（2）食品的冻藏。冻藏是先将食品在低温下冻结，然后在保持冻结状态的温度下储藏的方法。冻藏是易腐食品长期储藏的主要方法。食品的冻结方法可分为缓冻与速冻两种。

所谓缓冻，是指将食品放于冻结室内（室温一般为-40~-18℃）进行冻结的方法。常在缓冻室内冻结的食品有牛肉、猪肉、箱装家禽、盘装整条鱼、大容器或桶装水果。这是比较古老的方法，也是费用最低、速度较慢的冻结方法。

所谓速冻，是指在-30℃或更低的温度下冻结，使食品在较短时间（一般为30min）内通过最大的冰晶生成带（从-1℃降到-5℃）的冻结方法。速冻食品的品质总是高于缓冻食品。

冻结易腐食品的储藏，应尽可能阻止食品中的各种变化，以达到长期保藏食品的目的。冻结食品的储藏工艺条件主要是温度，其次是空气相对湿度和空气流速。

### 2. 加热灭菌储存

利用加热杀灭食品中的绝大部分微生物和破坏食品中酶的活性以储存食品的方法，被称为加热灭菌储存法。经过加热灭菌处理的食品，必须同时采用密闭和真空包装并及时冷却降温，才能长期储存，否则，微生物的二次污染或者储存温度过高，还会使食品变质。加热灭菌的方法有高温灭菌法和巴氏消毒法。

高温灭菌法主要用于罐头食品和蒸煮袋装食品，其加热温度一般为100~120℃，也有超高温达135℃以上的。在70~80℃条件下，对于绝大多数细菌与真菌，经过20~30min即可死亡。但是，能产生孢子的真菌、能产生芽孢和荚膜的细菌耐热性很强，必须在100℃以上的高温中经30min甚至几个小时才能死亡。因此，为了彻底灭菌、保证食品的卫生质量，罐头食品多采用高温灭菌。灭菌时温度越高，灭菌时间越可以相对缩短。

巴氏消毒法常用于不适于高温加热或做短期储存的食品,如鲜奶、果汁、果酒和清凉饮料等。按照加热温度和时间的不同,又可分为高温短时间灭菌和低温长时间灭菌。前者一般采用的温度为 80~90℃,加热 1min 或 30s;后者一般采用的温度为 60~65℃,加热 30min。巴氏消毒法的加热温度低,往往对食品的营养成分破坏较小,但灭菌不彻底,不能长期储存。

### 3. 干藏

食品脱水干制是为了能在室温条件下长期保藏,以便延长食品的供应时间,平衡产销高峰,交流各地特产,储备供救急、救灾和战备用的物资。食品脱水后,重量减轻、容积缩小。最常见的干燥方法有滚筒干燥、喷雾干燥、架式真空干燥、输送带式真空干燥、柜式干燥、窑房式干燥、隧道式干燥等。以上这些均属人工干制法,它们都需要专用的干燥设备。此外还有自然干制法,即晒干、风干和阴干等。

### 4. 化学防腐保鲜

食品的化学防腐保鲜就是在食品生产和储运过程中使用化学制品(化学添加剂或食品添加剂)来提高食品的耐藏性和尽量保持其原有品质的措施。其优点是:只需在食品中添加化学制品,如化学防腐剂、生物代谢物或抗氧剂等,就能在室温下延缓食品的腐败变质。它与罐藏、冷冻保藏、干藏等相比,具有简便而又经济的特点。食品采用化学防腐保鲜所用的防腐剂或添加剂必须对人体无毒害。这些化学制剂可分为抗菌剂和生物代谢产物。用于易腐食品处理的化学制剂主要有以下几种:

(1)二氧化硫。它是强力的还原剂,可以减小植物组织中氧气的含量,抑制氧化酶和微生物的活动,从而阻止食品变质变色和维生素 C 的损耗。

(2)山梨酸及其钾盐。它能有效地控制肉类中常见的霉菌,作为防腐剂可用于鱼肉制品、鱼贝干燥品、果酱及甜酸渍制品,也可用于新鲜果蔬的储前处理。

(3)苯甲酸和苯甲酸钠。它们是有效的杀菌防腐剂,常用于保藏高酸性果汁、果酱、饮料糖浆及其他酸性食品,并常和低温配合使用。如将用其处理后的食品与冷藏相结合,那么食品的储藏期将大大延长。

(4)抗生素。某些微生物在新陈代谢中能产生一种对其他微生物有杀害作用的物质,称为抗生素。例如,金霉素、氯霉素和土霉素、枯草菌素、乳酸链球菌素等。它们的抗菌效能为普通化学防腐剂的 100~1000 倍,但其抗菌效能是有选择性的。抗生素可通过浸泡法、喷洒法、抗生素冰块保藏法,以及家畜饲养法或注射法应用于食品保藏。

(5)植物杀菌素。它是各种植物中含有的抗菌物质。杀菌素只能取自新鲜的植物,当它们从刚被破碎和磨碎的植物中取得时杀菌作用最强。目前人们已经研究过芥菜籽(油)、辣根及生姜汁等用于食品的防腐保鲜。

此外,为了延缓或阻止氧气所导致的氧化作用,食品保鲜还常添加一些抗氧剂,目前常见的抗氧剂主要用于防止食品异味和褐变。

### 5. 气调储藏

果蔬在储藏期间的呼吸作用是使果蔬衰老、品质下降的一个主要原因。近年来,气调储藏技术得到了广泛重视。气调储藏是通过改变库内气体成分的含量,利用比正常空气的氧含量低、二氧化碳和氮含量高的气体环境,配合适宜的温度,来显著地抑制果蔬的呼吸作用和延缓变软、变质及其他衰老过程,从而延长果蔬的储藏期限,减少干耗和腐烂,保持鲜活质量。气调储藏方法主要有以下几种：

（1）自发或自然气调法。将果蔬储藏于一个密封的库房或容器内，由于果蔬本身的呼吸作用不断消耗库房和容器内的氧气并放出二氧化碳，因而在一定时间后，氧气逐渐减少，二氧化碳逐渐增加，当这两者达到一定的比例时，即会造成一个抑制果蔬本身呼吸作用的气体环境，从而达到延长果蔬储藏期的目的。

（2）人工气调法。这种方法即人为地使封闭空间内的氧含量迅速降低，二氧化碳含量升高，几分钟至几小时内就进入稳定期。人工气调法有：①充氮法，即封闭后抽出储藏室内大部分空气，充入氮气，由氮气稀释剩余空气中的氧气，使氧浓度达到所规定的指标，有时充入适量二氧化碳也可使之立即达到要求的浓度；②气流法，即把预先由人工按要求指标配制好的气体输入专用的储藏室，以代替其中的全部空气，在以后的整个储藏期间，始终连续不断地排出部分内部气体充入人工配制的气体，使内部气体组成稳定在规定的指标范围内。

（3）混合法或半自然降氧法。实践表明，采用快速降氧法（即充氮法）把氧含量从21%降到10%比较容易，而从10%降到5%就要耗费较前者约多2倍的氮气。为了降低成本，可开始先充氮气，把氧气迅速降到10%左右，然后依靠果蔬本身的呼吸作用来消耗氧气，直至降到规定的空气组成指标范围后，再根据气体成分的变化来调节控制。

**6. 减压储藏**

减压储藏是气调冷藏的进一步发展，它把储藏场所的气压降低，达到一定的真空度。其原理是：通过降低气压，使空气中各种气体成分的分压都相应地降低，创造出一个低氧分压的环境，从而起到类似气调储藏的作用。

减压储藏库的气密性要求比气调储藏库更高，否则达不到减压的目的，这样将使减压储藏库的造价提高。虽然当前生产上还未普及应用，但由于减压储藏能克服气调储藏中的许多缺点，所以仍然是果蔬储藏中的一种先进而理想的方式。

**7. 辐射保藏**

辐射保藏食品就是利用射线的辐射能量，对新鲜肉类及其制品、水产品及其制品、蛋及其制品、粮食、水果、蔬菜、调味料以及其他加工产品进行杀菌、杀虫、抑制发芽、延迟后熟等处理，使其在一定期限内不发芽、不腐败变质、不发生品质和风味的变化，以增加食品的供应量和延长保藏期，从而可以最大限度地减小食品的损失。

辐射保藏食品方法与其他保藏方法相比有独特的优点：和化学药物保藏相比，它无化学残留物质；和加热处理相比，它能较好地保持食品的原有新鲜品质；和食品冷冻保藏相比，它能节约能源。所以，辐射保藏是较好的保藏食品的物理方法之一。但是辐射的方法不完全适用于所有食品，要有选择的应用。

**8. 电子保鲜储藏**

近年来国外广泛应用电子技术对果品、蔬菜进行保鲜储藏，我国也正在进行研究。电子保鲜储藏器，就是运用高压放电，在储存果品、蔬菜等食品的空间内产生一定浓度的臭氧和空气负离子，使果品、蔬菜生命活体的酶钝化，从而降低果品的呼吸强度。

电子保鲜储藏器的原理：从分子生物学角度看，将果品、蔬菜看作一种生物蓄电池，当受到带电离子的空气作用时，果品、蔬菜中的电荷就会起到中和作用，使生理活动出现类似假死现象，呼吸强度因此而减弱，有机物消耗也相对减少，从而达到储藏保鲜的目的。

常见的食品储藏方法及其对微生物的作用，见表8-1。

表 8-1 食品储藏方法及其对微生物的作用

| 序 号 | 食品储藏方法 | 对微生物的作用 |
|---|---|---|
| 1 | 冷藏（低温状态与储藏） | 低温以抑制生长 |
| 2 | 冷冻（冻结状态与储藏） | 低温并降低水分活性以抑制生长 |
| 3 | 干制、熏制、糖渍 | 降低水分活性，明显地降低和抑制微生物的生长 |
| 4 | 真空或缺氧"气调"包装、高二氧化碳的"气调"包装 | 氧分压降低可以抑制专性需氧菌和使兼性厌氧菌生长缓慢；二氧化碳对一些微生物有特别的抑制作用 |
| 5 | 加酸 | 降低 pH 值，抑制细菌生长繁殖 |
| 6 | 酒精发酵 | 提高酒精的浓度 |
| 7 | 乳化 | 在乳液中，水被高度分散，与食品的营养成分有明显的界面分开 |
| 8 | 乳酸与醋酸发酵 | 降低 pH 值，并且所产生的乳酸与醋酸均可起到抑菌作用 |
| 9 | 加入防腐剂 | 抑制特定的菌属 |
| 10 | 巴氏消毒和杀菌 | 用足够的热量使需杀死的微生物失活，以达到要求的水平 |
| 11 | 辐射 | 以足够剂量的射线使微生物失活 |
| 12 | 无菌加工 | 防止二次污染 |
| 13 | 消毒 | 把包装材料和食品组分分别用热、射线或者化学工业药品处理，以减少微生物的污染 |

## 技能实训

**【实训目的】**

通过案例讨论加深对商品储运和养护相关概念的认识。

**【实训主题】**

理解商品储运与养护的知识。

**【实训时间】**

本章课堂教学内容结束后的双休日和课余时间，为期一周；或者由指导教师另外指定时间。

**【阅读材料】**

### 肯德基门的保养防腐蚀

肯德基的门平时也需要以一定的方式进行维护和保养，因为这样才能尽量避免质量受损。

在清洗的时候切记要用软布蘸清水或中性洗涤剂，一定不要用普通肥皂和洗衣粉，更不能用去污粉、洗厕精等强酸碱的清洁剂，这样能够避免肯德基门型材表层被腐蚀。

在清洁铝合金门窗时，不要踩到铝合金框上，也不要拉住框作支撑，踩坏后密封性不好，就会导致中空层藏污纳垢，影响美观，更影响密封性。

平时在检查肯德基门玻璃隔层的密封性时，除了要查看正面的玻璃胶涂层是否严密之外，还要检查门背玻璃上的密封条是否平整，要求无卷边、无脱槽现象。

耐腐蚀性是铝合金肯德基门窗产品的一项重要性指标。经表面处理过的铝合金产品具有良好的防护性能，密封毛条和玻璃胶是保证铝合金门窗密封保温的关键结构。

如有脱落，要及时修补、更换。滑动和锁点等部位要进行润滑，滴入润滑油后反复开合3~5次，以保证润滑彻底。

【实训过程设计】

（1）指导教师布置学生课前预习"阅读材料"。

（2）将全班同学平均分成几个小组，按每组5~6人进行讨论。

（3）仿照"阅读材料"，学生每人收集一条生活日用的养护常识，在小组里交流讨论。

（4）根据讨论，谈谈我们平时的商品养护有哪些值得改进的地方。

（5）各实训小组对本次实训进行总结和点评，撰写作为最终成果的"商品学实训报告"。

（6）各小组提交填写"项目组长姓名、成员名单"的"商品学实训报告"，将优秀的实训报告在班级展出，并收入本课程教学资源库。

 综合练习

一、名词解释

挥发　溶化　熔化　渗漏　串味　沉淀　玷污　破碎与变形　氧化　分解　化合　老化
聚合　呼吸作用　后熟　霉腐　虫蛀　空气温度　空气湿度　绝对湿度　饱和湿度　相对湿度

二、多项选择题

1. 属于商品分区分类管理前提条件的是（　　　）。

A. 商品性能一致　　　　　　　　B. 发货地区一致

C. 养护措施一致　　　　　　　　D. 消防方法一致

E. 商品用途一致

2. 化学杀虫法按其作用于害虫的方式不同，主要有（　　　）、（　　　）和（　　　）三种方法。

A. 熏蒸法　　　　　　　　　　　B. 触杀法

C. 充氮降氧法　　　　　　　　　D. 胃毒法

E. 低温法

3. 食品储存中常见的发酵有（　　　）。

A. 酒精发酵　　　　　　　　　　B. 酪酸发酵

C. 麦芽发酵　　　　　　　　　　D. 乳酸发酵

E. 醋酸发酵

4. 抑制或减小日光、氧气等外因对商品影响的方法有（　　　）。

A. 涂漆　　　　　　　　　　　　B. 涂胶

C. 涂塑料　　　　　　　　　　　D. 涂金属

E. 涂蜡

5. 商品常发生的物理变化有（　　　）。

A. 挥发　　　　　　　　　　　　B. 溶化、熔化

C. 渗漏、串味　　　　　　　　　D. 沉淀、玷污

E. 破碎与变形

三、问答题

1. 商品储存过程中常见的质量变化有哪些？

2. 影响库存商品质量变化的因素主要有哪些？

3. 库内、库外温湿度的变化有哪些规律？
4. 什么是相对湿度？相对湿度与温度、绝对湿度、饱和湿度的相互关系如何？
5. 霉腐微生物的生长要求哪些条件？什么样的商品容易发生霉腐？
6. 商品防霉腐主要有哪些方法？
7. 仓库害虫有哪些特点？主要有哪些来源？
8. 什么样的商品易发生虫蛀？
9. 影响金属商品锈蚀的因素有哪些？常见的防锈方法有哪些？
10. 影响高分子商品老化的因素有哪些？常见的防老化方法有哪些？
11. 食品受微生物污染易发生哪些变化？
12. 食品储藏保鲜的方法有哪些？各有什么特点？

# 第九章

## 服 务 商 品

**学习要点**

- 服务商品的概念及其分类
- 服务商品的质量及其构成
- 服务商品质量的测量

◆ **案例导读**

**值得打"飞的"去吃的全球十大餐馆**（节选）

从伦敦到悉尼，从上海到孟买，从布鲁塞尔到布宜诺斯艾利斯，对于一个走过100多个国家及地区的人而言，什么最吸引他的全部感官？

美国《纽约时报》已故知名记者兼美食专栏作家 R. W. 阿普尔心中的答案是——饮食。

就在10月初因病去世前不久，这位美食爱好者还在为同道中人炮制最后一道"大餐"——一份全球"美食地图"，其中列举了美国之外10个国家的餐馆各一家。

他在文章中说，这些餐厅并非全是世界公认的顶级餐厅，却凭借各自特色拥有"值得专程坐飞机前去一试"的吸引力。

第一类：精挑细选，原料上乘。

法国大餐素来享有盛名，对原材料的精挑细做是原因之一。这也是 Auberge du Cep 餐厅入选阿普尔全球美食榜的关键理由。

Auberge du Cep 餐厅面积不大，位置也不在高级餐馆扎堆的巴黎市区，而是"安身"于弗勒里地区盛产葡萄酒的博若莱，紧靠当地一个广场。餐厅主人尚塔尔·沙尼崇尚简单、自然的烹调理念，5年前就把龙虾和块菌从菜单中删除。她甚至拒绝了众多餐厅梦寐以求的"米其林两星级饭馆"的荣誉，只为坚持"简简单单做美食"的个人原则。

在沙尼的餐馆，青蛙腿必须绝对新鲜，从未经过冷藏，先用草药浸泡，然后用油烹炸，才算完美；汤都是用菜园里种植的绿色蔬菜做成；烤野鸭的原料必须来自当地的河里；牛肉也须是出自夏洛莱地区的上乘材料。

阿普尔在文章中写道，尽管菜式简单——不过是小羊排、红酒煮鸡蛋、生蜗牛一类，但都蕴藏着爱心和手艺，连"盘里的蜗牛都在快乐地吐着泡泡"，值得大多数来法国旅游的人前去品尝。

和沙尼一样，意大利的阿方索·亚卡里诺也坚持选料一定要新鲜又天然。阿方索的餐厅 Don Alfonso 1890 位于意大利南部的索伦托半岛。他有一个菜园，正对着风景如画的卡普里岛，日照充足。园子里种植着香草、柠檬、桃、洋蓟和茄子，当然还有品种优良的西红柿和橄榄，用来制作餐桌上的各种美味。

阿方索餐厅的墙上满是可爱的彩色蜡笔画，置身丰富色彩中的顾客能享用到丰富的意大利美食：意式水饺配羊奶乳酪，野生墨角兰，西红柿配紫苏，嫩牛肉卷葡萄干、松子和欧芹等。

英国伦敦老牌的威尔顿餐厅（Wilton's）也以精心选材而闻名。餐厅"自1742年以来，始终以最棒的生蚝、鱼和野味著称"。

顾客可以从半打牡蛎开始进食。尽管价格不菲，但很快顾客就知道什么叫"物有所值"：牡蛎个个身宽13cm，浅米色，产自英格兰埃塞克斯海边的西默西岛。由于那里海底地势较高，人们必须乘坐划桨的小船才能进入采蚝，所以不用担心这片海域受到石油或汽油污染。

此外，在这里，多佛尔比目鱼是美食鉴赏家的经典选择：用融化的黄油涂抹鱼身，撒上盐和胡椒粉，在烧烤架上迅速来回翻烤，等到鱼身上烙下烤架的格子印后，再放进烘烤器中加热 12~15min。上等的鱼排就此诞生。

**启示**：能吸引食客乘飞机去吃饭的餐馆定有其独到之处。纯天然的牛肉大餐、自然风光、私人飞机有足够的吸引力，比目鱼的美味足够让人惊喜，其实餐饮提供的不仅仅是食物，而是从生理到心理的全面满足感，提供的是从选材、烹调、送餐至就餐环境等的综合性服务。即使是拥有"招牌菜海鲜"的威尔顿餐厅也不能例外，读者可以试想，其他条件不变，如果将威尔顿餐厅的位置移到豪华五星级饭店，它还会不会有如此大的吸引力？

打造良好的服务商品需要研究市场学、心理学、社会学、经济学、公共关系学，以及商品的性能、用途、质量、发展前景等诸多方面。有需要就有市场，了解服务商品、提高服务商品质量，同样是商品学的研究内容。

## 第一节　服务与服务商品概述

服务是一种非常复杂的社会现象，其表现形式千姿百态，涉及范围很难界定，迄今为止尚未有一个权威性的定义能为人们普遍接受。服务的含义、服务商品的内涵和特性，构成了服务管理研究的概念基础。

### 一、服务概念的界定

人是社会的人，社会是人的社会。人的社会性要求人与人之间相互依赖、互帮互助。服务，就是满足社会或他人（含自己）需求的活动。服务与社会分工紧密相连。最初的服务是简单的，随着社会分工越来越细，人们之间的交流与合作日益频繁，服务的重要性越来越突出，服务的内容越来越丰富，服务的领域也越来越广泛。对服务概念的理解与界定也在不断地深入和发展。

**1. 服务的一般定义**

自20世纪60年代开始，人们曾给服务下过许多定义，后来许多学者也在服务概念方面继续进行探讨。在服务经济、服务管理、服务营销等方面的研究都对服务的概念进行了界定，但鲜有能为大家普遍接受的定义。尽管对服务进行定义很难，中外学者们仍然始终在服务概念研究方面不断地做出努力。

美国市场营销协会（AMA）1984年对1960年的定义进行修改后指出："服务是可被区分界定的，主要为不可感知，却可使欲望得到满足的活动，而这种活动并不需要与其他商品或服务的出售联系在一起。生产服务时可能会或不会需要利用实物，而且即使需要借助某些实物协助生产服务，这些实物也将不涉及所有权的转移问题。"

瑞典学者古默桑（Gummesson，1987）对服务的定义是：服务是可以出售和购买，但不具有物质形态，不属于你的事物。

美国学者麦可姆·麦克唐纳（Malcolm McDonald，1996）的定义是：服务是一种包含非实体性要素的行为，它与顾客的财产有关联，但并不实现财产所有权的转移。

泽丝曼尔和比特纳（Zeithaml and Bitner，2000）的定义是：服务是行动、过程和表现。

菲茨·西蒙斯（Fitzs Jimmons，2001）定义服务为：服务是一种顾客作为共同生产者的、随时间消逝的、无形的经历。

张宁俊（2006）给服务下的定义是：服务是一种提供时间、空间和形式效用的经济活动、过程和表现，它发生于与服务人员和有形资源的相互作用中，但不产生所有权的转移，直接或间接地使服务接受者或拥有的物品形态发生变化。

**2. 本书对服务的定义**

本书参考国内外众多学者的定义，结合王丽华在《服务管理》（第2版）中的定义，认为：服务是一种顾客作为共同生产者创造顾客感知价值的、随时间消逝的无形经历。这个定义可以从以下几个方面来理解：

（1）定义中使用的"顾客"是服务的接受者，但不一定是最终消费者。因为服务消费存在与物质商品消费同样的情况，即购买商品的顾客不一定是最终消费者。例如，家庭主妇作为顾客，其购买行为许多都是为了家庭成员的消费；父母为子女购买教育、保险服务，子女才是教育、保险服务的最终接受者。但服务与物质商品不同的是，物质商品效用只对消费者起作用，让消费者获得利益和满足；而服务不仅为消费者提供和创造价值，对购买但未消费的顾客也产生作用并产生价值。

（2）定义中使用的"作为共同生产者"是指服务生产的各项投入中，顾客是最重要的投入。对服务接受者来说，所要的是生产后服务的结果，也就是直接或间接地使服务接受者本人或拥有的物品形态所发生的变化。顾客为发生在自己身上或者自己的所有物上的结果而付费，而不是为单项的各种生产投入，例如设施和辅助物品（表面上购买的商品）付费。

（3）定义中使用的"创造顾客感知价值"是强调服务过程和表现的目的和核心。顾客在接受服务的同时，实际上是在参与、加入到一系列活动中去，置身于与相关人员和有形资源的接触和相互作用之中。这种接触和互动是行为和情感的交互作用，并引起顾客的心情、感受、需求、满意度等的变化。服务正是通过交互双方或多方参与的各种活动、一系列过程和不同表现，以便捷、专业、愉悦、省时、舒适或健康的形式创造核心价值和附加价值，让顾客体验并获得满足。

（4）定义中使用的"随时间消逝的"是强调在创造服务价值时，时间起到非常大的作用。因为服务中生产与消费是同时进行的，服务失败了，可以采取纠正的措施，但失去的时间无法弥补，服务出现次品将无法挽回，服务随时间消逝是服务重要的本质之一。

（5）定义中使用"无形经历"是指服务结果是顾客的主观判断和感觉。服务的效用或服务消费的结果有时在一定的时间后才能显现，这些效用和结果可能持续发挥作用，也可能不持续发挥作用。有时虽接受服务的直接效果并不理想，但却由此获得更多的间接利益。服务效果如何完全取决于顾客的主观结果。顾客对质量的评价是服务管理的核心，服务的过程质量与结果质量同样重要。

## 二、服务商品的构成

从消费者的角度看，服务可以是一种商品，也可以是一系列商品和服务的组合。管理者要识别这些商品及其属性。

### 1. 服务套餐

服务是服务接受者在特定时间内与服务人员、其他客人、物质环境、服务提供过程进行接触和互动过程中获得的一种总体体验。这种总体的体验被称为服务套餐，主要内容包括：实物商品、服务、企业形象和消费体验。服务提供商营销的不是单纯的服务和实物，而是包括体验在内的能够使顾客满意的服务套餐。

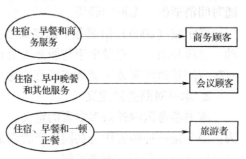

图 9-1　酒店为不同顾客提供的服务套餐

服务套餐是指提供给消费者的商品、服务和体验的总和，也是为消费者提供的服务价值。服务套餐的概念可以让服务企业推出各种单一价格的不同项目组合，以满足消费者个体和群体的不同需求，为消费者打造最完美的体验。例如，酒店可以提供不同的服务套餐，如图 9-1 所示。

### 2. 核心服务和辅助性服务

服务套餐包括核心服务和辅助性服务，如图 9-2 所示。核心服务是消费者主要寻求的利益，辅助性服务是作为附加好处而提供的次要服务项目。核心服务是企业经营的主要内容，在提供服务过程中占据举足轻重的地位。安全和便捷是满足顾客需求的主要核心内容之一。辅助性服务是一系列配套的商品、服务和体验，这些辅助性商品、服务和体验与核心服务结合起来，可以起到"杠杆效应"，在消费者的心里营造出高价值的形象。顾客主要通过外围服务来区分提供相似服务的店家。以酒店为例，核心服务为一间干净整洁、设施齐全的客房，而辅助性服务则包括客房以外的所有额外服务，如叫醒、早茶、咖啡、报纸、洗衣、擦鞋以及机场迎送等服务。

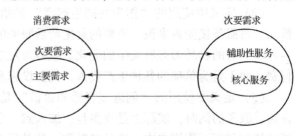

图 9-2　消费需求与产品设计

### 3. 服务商品——有形与无形的统一体

所有的服务商品都是以服务要素和商品要素组合的形式提供给消费者的，如图 9-3 所示，不涉及商品要素的"纯"服务很少。服务提供商要了解无形与有形要素的组合，更要清楚各要素之间是如何相互作用、相互补充的，以及应如何生产、营销和管理这些要素。其中，因为无形要素比有形要素更具有竞争对手难模仿的特点，更容易影响顾客对服务质量的评价以及由此产生的顾客心目中的企业形象。因此，服务提供商要特别重视那些需要关注的服务要素，强化顾客对优质服务的感知。

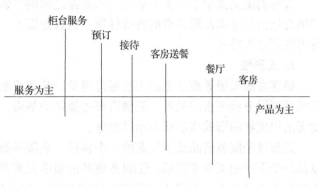

图 9-3 服务与产品统一体

### 4. 服务商品整体概念

比特斯（Peters, 1987）引用莱维特（Levitt）提出的服务商品整体概念用以说明顾客识别服务提供商之间差异的方式，通常包括以下四个方面：

（1）基本服务。核心服务，服务的有形部分，是指"硬件"，如饭店的住宿服务。

（2）预期服务。核心服务的服务等级标准，是指"软件"，如五星级饭店服务。

（3）增量服务。额外服务，是指"配套"服务，如五星级饭店邀请著名笑星欢度圣诞节。

（4）潜在服务。期望之上或之外的各种服务，是指"额外"服务，如五星级饭店会员俱乐部。

顾客购买的是服务所能提供的全部价值，而不是服务和商品本身。顾客并不购买商品和服务的各种属性和特点，而是购买整体商品和服务所给予他们的利益或体验。

### 5. 服务包

服务是一个由在支持性设施内使用辅助物品实现的显性和隐性利益构成的"包"。服务的多重维度是服务传递系统设计和控制的核心。服务包（Service Package）是指在某种环境下提供的一系列商品和服务的组合。该组合包括以下四个部分：

（1）支持性设施。在提供服务前必须到位的物质资源，如高尔夫球场、饭店的客房等。

（2）辅助物品。顾客购买服务时需要同时购买和消费的物质商品，或顾客自备的物品，如高尔夫球杆、餐厅的菜品和酒水等。

（3）显性服务。显性服务是指可以用感官觉察到的、构成服务基本或本质特性的利益，如旅游目的地是否有网站、游览过程中能否学到知识、导游人员是否有导游资格证等。

（4）隐性服务。顾客能模糊感到隐性服务带来的精神上的收获，如旅游时的愉悦、娱乐项目的惊险刺激等。

服务提供商的任务就是为顾客提供与他们期望的服务包一致的整个经历。因此，服务提供商首先要明确顾客所期望的服务包是什么样子的，并以此为目标，对提供的服务包进行改进。以廉价旅馆为例，支持性设施是一幢楼房，有简单的家具；辅助物品减少到最小限度，仅有肥皂和纸；显性服务为床的舒适程度和服务人员热情的服务；隐性服务可能是休息一晚后的充沛的精力和愉快的心情。如果偏离这个服务包，反倒会破坏顾客对廉价旅馆的印象，导致服务失败。

### 三、服务商品的特征

服务的定义揭示了服务商品与有形商品之间的区别，对这些区别进行进一步研究，从而归纳总结出服务商品所具有的特殊性质，也就是服务商品具有的无形性、同步性、异质性和易逝性四方面特征。

**1. 无形性**

顾客在购买服务商品之前无法通过视觉、味觉或触觉感受服务；在服务消费中，尽管可以感受到服务所带来的利益，但随着服务提供的结束，服务商品本身也就不复存在了。供应商无法以实物的形式展示或显示其服务。

无形性是服务商品最为显著的一个特征，是服务商品不同于有形商品的关键差别。它可以从两个不同的层次来理解：①服务商品的很多元素看不见，摸不着，无形无质；②顾客在购买服务商品之前，往往不能肯定他能得到什么样的服务，因为大多数服务商品都非常抽象，很难描述。

**2. 同步性**

有形商品在从生产、流通到最终消费的过程中，往往要经过一系列的中间环节，生产和消费过程具有一定的时间间隔。而服务商品则与之不同，它具有同步性的特点，即服务人员向顾客提供服务时，也正是顾客消费服务的时刻，二者在时间上同步。

**3. 异质性**

异质性是指服务商品无法像有形商品那样实现标准化，每次服务带给顾客的效用、顾客感知的服务商品质量都有可能存在差异。这是因为各服务商品之间的不同取决于它们对人力或技术的依赖程度；服务商品质量在不同服务商之间、不同服务人员之间以及同一服务人员在不同时间内出现的服务质量也是有差异的。此外，服务商品质量的差异有时候还难以通过引入高技术来降低，相反可能还会使得服务商品质量出现高异质的可能。

**4. 易逝性**

易逝性是大多数服务商品的一个显著特性，并且与无形性有着密切的联系。易逝性是指服务商品无法储存，因此只有出现消费者需求的时候才会生产。服务商品的生产在任何时候都是由需求决定的。服务商品不能像有形商品那样依靠存货来缓冲以适应需求的变化。在有形商品的制造过程中，存货可以用来分离生产工序；对服务业来讲，这种分离是通过顾客等候实现的。库存控制是制造业中的主要问题，而在服务运营中，与之对应的问题是等候或"排队"。

在旅游餐饮业中，易逝性商品的典型例子包括酒店的客房和餐馆的餐位。如果没有及时使用，那么销售的商机就逝去了。同样，如果民航客机的舱位没有坐满，那么空舱位造成的零收入将会构成无法挽回的损失。即使随后的航班由于需求激增而出现舱位爆满的情况，前面航班空舱位造成的损失也是无法弥补的。一般而言，服务生产的能力未能有效地利用就意味着无法挽回的损失。

## 第二节　服务商品分类

### 一、托马斯分类法

美国哈佛大学托马斯（Dan R. E. Thomas）教授认为，服务商品可以划分为两种类型：

一类是以设备为主的服务商品；另一类是以人工为主的服务商品，如图9-4所示。

以人工为主提供服务商品通常存在于劳动密集型服务组织，以设备为主提供服务商品通常存在于资本密集型服务组织。两类组织可以相互转变，不少服务组织提供的服务既可以是人工的，也可以由设备提供。例如，银行的取款业务，既可以使用自动柜员机，也可以到柜台让营业员提供服务。资本密集型服务组织与劳动密集型服务组织应采用不同的策略。

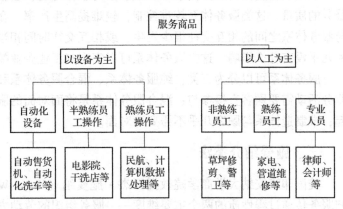

图9-4 两种类型的服务商品

## 二、蔡斯分类法

美国亚利桑那大学蔡斯（Richard B. Chase）教授根据顾客和服务体系接触程度划分服务商品体系，见表9-1。

**表9-1 服务过程中顾客与服务体系接触程度**

| 接触程度高 | **纯服务体系** | 生 |
| | 保健中心 | 产 |
| | 旅馆 | 程 |
| | 公交公司 | 序 |
| | 餐馆 | 设 |
| | 学校 | 计 |
| | 私人服务 | 灵 |
| | **混合服务体系** | 活 |
| | 银行储蓄所 | 性 |
| | 计算机公司办事处 | 增 |
| | 房地产公司办事处 | 强 |
| | 邮政所 | |
| | 殡仪馆 | |
| | **准制造体系** | |
| | 银行总行 | |
| | 计算机公司总部 | |
| | 批发公司总部 | |
| | 邮政总局 | |
| | **制造业** | |
| | 耐用品生产厂家 | |
| | 食品加工厂 | |
| | 矿业公司 | |
| 接触程度低 | 化工厂 | |

服务接触程度是指顾客必须待在服务现场的时间与服务体系为顾客提供服务的时间之比。这个比率越高，在服务过程中顾客与服务体系之间的接触程度也就越高。

在接触程度高的服务体系中，顾客参与服务过程，会影响服务需求时间、服务的性质和服务的质量。这类服务体系较难控制，较难提高生产率。在接触程度低的服务体系中，顾客与服务体系之间的相互交往很少发生，或相互交往时间相当短暂，在服务过程中，顾客对服务几乎没有什么影响。这类服务体系可以实现与工业企业类似的生产效率。

服务体系可以分为三类：纯服务体系、混合服务体系和准制造体系。纯服务体系的主要业务活动需要顾客直接参与；混合服务体系是将面对面的服务工作与后台辅助工作结合在一起；准制造体系与顾客几乎不需要面对面。

### 三、施曼纳分类法

美国印第安纳大学商学院教授罗杰·施曼纳（Roger W. Schmenner）认为，可以根据影响服务传递过程性质的两个主要维度——服务组织的劳动力密集程度以及服务人员与顾客的交互程度和服务定制化（个性化）程度对服务进行分类，并设计了一个服务过程矩阵。

垂直维度是劳动力成本与资本成本的比率。因此，资本密集型服务，如航空服务和医院服务，位于图9-5的上方，因为它们在设施设备上的投资大大高于其劳动力支出；劳动密集型服务，如学校和法律服务，则位于图的下方，因为它们的劳动力消耗高于其资本成本。

水平维度是服务双方的交互及服务定制化程度。交互及定制化程度高的服务，如医疗服务，医生与病人必须在诊断与治疗阶段充分沟通了解交互，才能取得令人满意的效果。病人也希望被当作个性化的人来看待，希望得到与自己相符的定制化服务。交互及定制化程度低的服务，如在麦当劳就餐，吃的是制成品，服务双方发生的交互很少，定制化程度也低，但并不代表服务水平低。

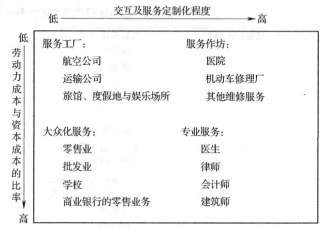

图9-5 服务过程矩阵

施曼纳对图9-5中的四个象限赋予不同的名称：服务工厂、服务作坊、大众化服务和专业服务。

#### 1. 服务工厂

服务工厂提供标准化的服务，具有较高的资本投资，更像一个流水线工厂。这类服务设施的操作方式和服务工厂基本相同，如航空公司、运输公司、旅馆、度假地和娱乐场所等。

#### 2. 服务作坊

服务作坊在高资本环境下经营，有更多的服务定制。例如，医院、机动车修理厂、其他维修服务组织等。

#### 3. 大众化服务

大众化服务是指顾客在劳动密集的环境中接受标准化的服务。许多传统的服务组织提供的服务，如零售业、批发业、学校、大众餐馆提供的服务和商业银行的零售业务，以及许多日常性计算机软件和数据处理服务，都是大众化服务。

### 4. 专业服务

如果顾客是在劳动力密集的环境中接受非标准化的服务，服务人员与顾客相互交往的程度和服务定制化（特性化）程度提高，大众服务就变成了专业服务，顾客会得到经过专业服务培训的专家提供的个性化服务。例如，医生、律师、会计师、建筑师、教练、咨询顾问提供的都是专业服务。

## 四、罗伍劳克分类法

瑞士洛桑国际管理发展学院访问教授罗伍劳克（Christopher H. Lovelock）从服务活动的性质、服务组织与顾客的关系和服务传递性质、服务定制与判断、服务供需关系、服务的可获性和服务交互性质等多个角度对服务进行了细致的分类，并根据不同类别的服务制定了相应的管理方法。

### 1. 依据服务活动的性质分类

如图 9-6 所示，服务活动的性质主要是由两个维度决定的：服务的直接接受者以及服务的有形性。这样可以得到四种可能的服务类型：

（1）作用于人身体的服务。例如，健康护理、客运、美容、健身、餐馆等。

（2）作用于物品或其他有形财产的服务。例如，货运、工业设备的修理和维护、洗衣、园艺和草坪护理、兽医服务等。

（3）作用于人精神的服务。例如，旅游服务、教育、广播、信息服务等。

（4）作用于无形资产的服务。例如，保险、法律服务、银行、会计等。

医疗服务是对顾客人身的有形和无形的服务。属同一类问题的服务会面临相似的问题，也有可能共享某些问题的解决方案。

服务的直接接受者

|  | 人 | 物 |
|---|---|---|
| 有形活动 | （1）作用于人身体的服务<br>　　健康护理<br>　　客运<br>　　美容<br>　　健身<br>　　餐馆 | （2）作用于物品或其他有形财产的服务<br>　　货运<br>　　工业设备的修理和维护<br>　　洗衣<br>　　园艺和草坪护理<br>　　兽医服务 |
| 无形活动 | （3）作用于人精神的服务<br>　　旅游服务<br>　　教育<br>　　广播<br>　　信息服务 | （4）作用于无形资产的服务<br>　　银行<br>　　法律服务<br>　　会计<br>　　保险 |

（左侧纵轴：服务的有形性）

图 9-6　依据服务活动的性质分类

### 2. 依据服务组织与顾客的关系和服务传递性质分类

如图 9-7 所示，依据服务组织与顾客的关系和服务传递的性质两个维度，可将服务划分为四种类型：

（1）对会员（或近似会员）顾客的不间断服务。

（2）对大众的不间断服务。

（3）对会员（或近似会员）顾客的间断性服务。

（4）对大众的间断性服务。

服务组织与顾客的关系

| | 会员关系 | 非正式关系 |
|---|---|---|
| 持续传递 | （1）不间断服务<br>保险<br>电话服务<br>银行业<br>协会 | （2）不间断服务<br>广播电台<br>高速公路<br>灯塔 |
| 间断交易 | （3）间断性服务<br>旅行服务<br>通行证<br>月票 | （4）间断性服务<br>银行<br>法律服务<br>邮递服务 |

服务传递的性质

图 9-7　依据服务组织与顾客的关系和服务传递性质分类

### 3. 依据服务定制与判断分类

由于服务的生产和消费同时进行，顾客常常是过程的参与者，服务组织有机会按照顾客的具体要求提供定制服务来满足不同顾客。如图 9-8 所示，服务组织管理者可从以下两个方面考虑服务定制化程度：

（1）服务操作体系是否能够提供定制化服务。

（2）服务人员需要对顾客的具体需求做出多少主观判断。

服务操作体系能够提供定制化的程度

| | 高 | 低 |
|---|---|---|
| 高 | （1）高判断高定制<br>专业服务<br>旅游服务<br>特色餐馆<br>外科<br>美容师<br>教育辅导 | （2）高判断低定制<br>学校教育<br>面对大量群体的食堂服务<br>预防性健康计划 |
| 低 | （3）低判断高定制<br>电话服务<br>宾馆服务<br>零售银行<br>高档餐馆 | （4）低判断低定制<br>公共交通<br>快餐店<br>餐具的常规维修<br>电影院<br>体育比赛 |

服务人员为满足顾客需求做出主观判断的程度

图 9-8　依据服务定制与判断分类

从这两个维度可以将服务分为四类：

（1）高判断高定制，即高度定制化并要发挥服务人员自主性的服务。此类服务不仅要求高度定制化，而且要求服务人员做出大量的主观判断确定服务方法。在与顾客的接触中，服务人员不只是对顾客的要求做出（被动的）反应，而是应经常积极地引导顾客消费。例如，专业服务、外科、教育辅导等，控制权在服务人员手中，有些顾客因此感到困窘，如病人的生命完全掌握在外科医生的手中。服务人员必须接受全面的培训，掌握专业知识，善于判断，以便为顾客提供优质的服务。这类服务可称为"知识密集型服务"。

（2）高判断低定制，即要求服务人员自主性的标准化服务。服务过程中，服务人员需灵活地决定服务方法，但他们为不同的顾客提供完全相同的服务。例如，教师为每个学生提供相同的服务，但教授每一门课程的老师却可以自行决定各自的教学方法。

（3）低判断高定制，即不要求服务人员自主性的高度定制化服务。服务给予顾客多种选择，如高档餐馆和宾馆给予顾客多种选择，服务过程也相当灵活。

（4）低判断低定制，即不要求服务人员自主性的标准化服务。此类服务相当标准化，如公共交通、快餐店、电影院等。

第三类和第四类服务中服务控制权在顾客手中，服务人员扮演操作人员或命令执行者角色。他们需要回答顾客简单的问题，服务行为需要符合顾客的要求。

**4. 依据服务供需关系分类**

如图 9-9 所示，依据服务需求随时间波动的程度和供给受服务能力限制的程度，可以将服务分成四类：

（1）需求波动大，但高峰期不会出现供不应求的服务。

（2）需求波动小，通常不会出现供不应求的服务。

（3）需求波动大，高峰期常常出现供不应求的服务。

（4）需求波动小，但仍供不应求的服务。

服务需求随时间波动的程度

| | | 大 | 小 |
|---|---|---|---|
| 供给受服务能力限制的程度 | 最高需求能被满足 | （1）需求波动大但能满足要求<br><br>电力<br>天然气<br>电话<br>医院 | （2）需求波动小能满足要求<br><br>保险<br>法律服务<br>银行业<br>洗衣服务 |
| | 最高需求超过服务能力 | （3）需求波动大常供不应求<br><br>会计服务<br>客运<br>旅游<br>剧院 | （4）需求波动小仍供不应求<br><br>与上面的服务类似，但企业的基本能力不足 |

图 9-9　依据服务供需关系分类

服务需求量波动很大，又无法利用存货减少供需矛盾时，仍可以通过营销活动做好需求管理工作，提高盈利能力。第一类组织应尽力增大高峰期之外的需求量；第二类组织必须决定是不断增大需求量，扩大生产能力，还是保持现状；第三类组织始终需要稳定需求量，使供需一致，淡季的时候需要刺激需求量，旺季的时候需要减少需求量；第四类组织需要稳定需求量，扩大生产能力。

**5. 依据服务的可获性和服务交互性质分类**

依据服务的可获性和服务交互性质，可以将服务分为六类（见表9-2）：

表9-2　依据服务的可获性和服务交互性质分类

| 顾客与服务企业交互的性质 | 服 务 网 点 | |
| --- | --- | --- |
| | 单 一 场 所 | 多 个 场 所 |
| 顾客去服务场所 | 景点<br>宾馆 | 公共汽车汽车站<br>快餐连锁店 |
| 上门服务 | 出租车<br>家政服务 | 邮递<br>紧急修理服务 |
| 远程交易 | 信用卡服务<br>电视台 | 广播网<br>电话公司 |

（1）需要顾客到单一场所购买的服务。

（2）顾客可以到多个场所购买的服务。

（3）由服务提供者到指定场所进行的服务。

（4）由服务提供者到多个场所进行的服务。

（5）由单一场所向顾客提供的远程服务。

（6）由多个场所向顾客提供的远程服务。

对顾客来说，到某一个服务点接受服务可能会很不方便。服务组织在若干个服务网点为顾客服务，可方便顾客购买，降低顾客消费成本，但也会引起服务标准的不一致和质量控制问题。有些服务对象是无法移动的，服务人员必须为顾客提供上门服务，这种服务通常费用很高；许多服务并不需要顾客与服务提供者直接接触，双方可以通过邮件或通信设备完成交易。

上述几种分类并不是绝对不变的，各类服务是相互交叉的，而且随着市场和技术等因素的变化，某些服务可能会由一种类型转变为其他的一种或多种类型共存。这六种分类的可贵之处在于，它向服务组织管理者展示了服务视角的多维化。管理者可以从不同的角度对服务进行认识，在制定服务战略时，要考虑多方面的因素，从多个角度发掘自身的竞争优势。

# 第三节　服务商品质量

## 一、服务商品质量的定义

服务商品属于行为表现，通常是在顾客面前提供的。因此，服务商品质量在很大程度上是一种体验的主观感受，而不是对实物商品的客观检验。服务商品质量是由顾客确定的，服务商品质量意味着顾客得到与所支付的对等的价值，是一种"符合期望"的质量。综合各种观点，我们认为服务商品质量是顾客的主观感受，它取决于服务期望与服务绩效的对比，从组织角度看，服务商品质量是指其满足或超过顾客需要的能力。

美国学者帕拉苏拉曼（A. Parasuraman）、泽丝曼尔（V. A. Zeithaml）和贝里（L. L. Berry）——美国的服务管理研究组合 PZB，最初将"服务期望"定义为"服务应当是什么样的"。1991年，PZB 将"服务期望"的概念一分为二，界定为"恰当的服务"（Adequate Service）和

"理想的服务"（Desired Service）。因此，服务质量是一种平均水平。

## 二、服务商品质量的构成

PZB 提出，服务商品质量是顾客期望与感知的对比，感知服务（体验服务）由服务的技术质量、职能质量、形象质量和真实瞬间表现构成。服务商品质量是指顾客总的感知服务商品质量。

### 1. 技术质量

技术质量也称产出质量，是指服务的结果，即顾客从服务过程中最终得到的东西。例如，医院为患者解除病痛，宾馆为旅客休息提供的房间和床位，饭店为顾客提供的菜肴和饮料，航空公司为旅客飞行提供的飞机舱位等。对于技术质量，顾客比较容易感知，也便于评价。例如，旅馆设备是否舒适，饭店的菜肴是否可口，民航的舱位是否宽敞，等等。

### 2. 职能质量

职能质量也称过程质量，是指服务传递的过程中，顾客所感受到的服务人员在履行职责时的行为、态度、穿着和仪表等给顾客带来的利益和享受。职能质量完全取决于顾客的主观感受，难以进行客观的统一评价。技术质量与职能质量构成了感知服务商品质量的基本内容。

### 3. 形象质量

形象质量是指企业在社会公众心目中形成的总体印象。它包括企业的整体形象和企业所在地区的形象两个层次。顾客通过视觉识别系统、理念识别系统和行为识别系统多个侧面认识企业形象。企业形象质量是顾客感知服务商品质量的"过滤器"。如果企业拥有良好的形象质量，些许的失误会得到顾客的谅解；如果失误频繁发生，则必然会破坏企业形象；倘若企业形象不佳，则企业任何细微的失误都会给顾客留下很坏的印象。

### 4. 真实瞬间表现

真实瞬间是服务过程中顾客与企业进行服务接触的过程。这个过程发生在一个特定的时间和地点，这个时刻是企业向顾客展示自己服务商品质量的良机。同时，真实瞬间表现也是服务商品质量展示的有限时机。一旦时机过去，服务交易结束，企业也就无法改变顾客对服务商品质量的感知。如果在这一瞬间服务商品质量出了问题，也无法补救。真实瞬间表现是服务商品质量构成的特殊因素，这是有形商品质量所不包含的因素。顾客光顾一家服务组织时，要经历一系列"真实瞬间"。例如，乘坐飞机航班，乘客从抵达机场开始，直到取回行李离开机场为止，要经历许多这样的瞬间。服务生产和传送过程应计划周密、执行有序，防止棘手的真实瞬间出现。如果出现失控状况并任其发展，出现质量问题的危险性就会大大增加。一旦真实瞬间失控，服务商品质量就会退回到一种原始状态，服务过程的职能更是深受其害，将进一步恶化质量。

## 【扩展阅读】

阅读《"上海服务"加速向高质量迈进》，请思考：什么是"上海服务"？在我国新一轮对外开放的背景下，服务业如何提高服务质量？

### "上海服务"加速向高质量迈进

2019 年 12 月，上海市政府发布《关于推动我市服务业高质量发展的若干意见》（以下简称《意见》），推动上海服务业质量变革、效率变革、动力变革，打响"上海服务"品牌。并在当月召开的上海服务业大会上明确，将从新兴服务业、高端服务业、精细服务业、特色服务业四大方向发力，开创服务业高质量发展的新局面。

1. 加速打响"上海服务"品牌

"到明年底，我们的机队数量计划达到117架。"春秋旅游如是说，公司于1981年在上海成立，伴随上海航空服务业的快速发展而壮大，机队数量已经从2017年的76架发展到2019年的96架。

这是上海服务经济发展的一个缩影。近年来，上海加快步伐，着力提升服务发展质量，打响"上海服务"品牌。

上海市政府发布的上述《意见》明确了到2025年"上海服务"高质量发展的主要目标，上海服务业大会进一步明确了"上海服务"高质量发展的方向。对此，商务部研究院相关人员表示，上海确定的四大方向是当前服务业发展的热门领域，也是服务业高质量发展的趋势。当前，服务经济在全球蓬勃发展，也是未来全球产业结构调整的大势所趋，中国推动新一轮高水平开放，高质量发展服务业非常重要而且迫在眉睫。

2018年以来，上海发布了《全力打响"上海服务"品牌加快构筑新时代上海发展战略优势三年行动计划（2018—2020）》，明确了打响"上海服务"品牌的推进路线图、时间表和任务书。《关于推动服务业高质量发展打造服务名城的若干意见》则着力从软件、设计、物流、金融、会展、商贸、健康、旅游八个领域着手打造服务名城。

上海市委曾强调，推动服务业高质量发展事关上海城市能级和核心竞争力的全面提升，事关上海更好地服务全国发展大局。

上海对外经贸大学专家在接受采访时表示，上海有服务业发展的雄厚基础，在上海"五个中心"（国际经济中心、国际金融中心、国际贸易中心、国际航运中心、国际科技创新中心）城市定位中，大部分都涉及服务业。此外，中国国际进口博览会长期落户上海，既给上海提供了服务业发展的难得机遇，也提出了更高的要求。

2. 在开放中加速提升质量

上海服务业发展有着深厚的基础，这可以从一组统计数据中得以体现：服务业从业人员占就业人口的比重超过60%；服务业增加值占生产总值增加值比重超过70%，贡献上海70%的税收；服务业投资额占总投资的比重超过80%，对经济增长的贡献率超过80%；服务业外商投资金额占实到外资比重的近90%。

然而，从各地统计局发布的统计公报来看，2018年，北京、广州两地服务业占当地经济总量的比重分别为81%和71.75%，而上海则为69.9%。上海市发改委提供的消息显示，目前上海服务业发展存在结构不优、效率不高、动力不足、主体不强、辐射不广等问题。

如何加速服务业高质量发展，打响"上海服务"品牌？推动上海服务业高质量发展，改革是最强的动力，开放是最大的优势，人才是最宝贵的资源。

当前，北京在深入推进服务业扩大开放综合试点工作，上海也凭借自贸试验区尤其是临港新片区的优势探索服务领域的开放，加快推动服务业高质量发展。上海已经定下服务业高质量发展的四大方向。

服务业是新一轮高水平开放的重点领域，上海朝四大方向发力，加速服务业高质量发展，需要充分运用自贸试验区尤其是临港新片区以及长三角一体化、"一带一路"建设等有利因素，不断扩大开放，按步骤降低相关领域的市场准入门槛，在全球范围内吸引服务业发展的优质要素流入，在竞争中逐步做大做强"上海服务"。

## 三、服务商品质量的特点

### 1. 服务商品质量具有很强的主观性

服务商品的生产有顾客介入，因此必须根据顾客的要求来生产，顾客说服务商品质量是"什么"，就是"什么"。服务商品质量是顾客感知的对象，而不是设计者和操作经理所感觉的质量的好与坏。服务商品质量更多要按顾客的主观认识加以衡量和检验。

### 2. 服务商品质量具有极强的差异性

在不同的时间、不同的服务提供者所提供的服务是不同的，即使是同一个服务提供者，在不同的时间提供的服务商品质量也存在差异；不同的顾客，乃至同一个顾客在不同的时间对服务商品质量的感知也是不相同的。服务商品质量发生在服务生产和交易的过程之中，顾客的素质，如文化修养、审美观点、兴趣爱好和价值取向等，直接影响着他们对服务的需求和评价，而同一位顾客的口味还会改变和提高，因而服务商品质量也应随之而改变和提高。

### 3. 服务过程质量比产出质量更重要

顾客感知服务商品质量是由顾客所追求的"结果质量"（技术质量）和"过程质量"（功能质量）两个方面组成的。有形商品的质量可以用一些特定的标准来加以度量，顾客对有形商品的消费在很大程度上是结果消费。而服务则不同，顾客对服务的消费，不仅仅是对服务结果的消费，更重要的是对服务过程的消费。服务结果与服务过程是相辅相成、不可或缺的，忽视任何一个方面都会给服务商品质量带来灾难性的后果。基于前人所做的大量研究，得出这样的结论：如果服务商品的技术质量是可以接受的，那么，过程质量在总的顾客感知中常常要比产出质量重要得多。无论接受什么服务，能够让顾客对交易过程有深刻印象的是服务过程，服务组织与顾客的人际接触是最具影响力的因素。服务商品质量的提高需要服务组织内部形成有效的管理和支持系统。

### 4. 顾客感知服务商品质量是在服务提供者与服务接受者的互动过程中形成的

与有形商品不同，在绝大多数情况下，服务的生产和消费是无法分割的，服务商品质量是在服务生产和服务消费的互动过程之中形成的。因此，互动性是服务商品质量与有形商品质量的一个非常重要的区别。

### 5. 形象是影响顾客感知服务商品质量的重要因素

如果在顾客心目中企业形象是好的，那么当顾客产生不满时，企业形象的好感觉会起到某些程度的抵消作用。当然，如果问题连续出现，企业形象最终会受到损害。如果企业形象不佳，则质量问题很容易被感知得比实际更糟。

## 四、服务商品质量的评价要素

PZB提出了服务商品质量的评价要素，他们确定了顾客按相对重要性由高到低来判断感觉中的服务商品质量的五个基本方面：可靠性、敏感性、保证性、移情性和有形性。

### 1. 可靠性

可靠性（Reliability）是指企业可靠地、准确地履行服务承诺的能力。可靠的服务是顾客所希望的，它意味着服务以相同的方式、无差错地准时完成。许多以优质服务著称的企业都是通过可靠的服务来建立自己信誉的。例如，麦当劳的顾客会发现，在文化背景因素之外，无论在美国还是在中国，都能吃到具有同一质量水平的汉堡。可靠性实际上要求企业避免在服务过程中出现差错，因为服务差错给企业带来的不仅是直接意义上的经济损失，而且可能意味着失去很多的潜在顾客。在服务过程中，最令顾客恼火的莫过于企业失信。航空公司的可靠性表现在安全、准时、速度上。假如，一位旅客准备乘坐上午9：30的飞机从北京飞往深圳参加下午3：30的会议，事实上整个航程只有三个多小时，但是，旅客候机却用了六个小时，因为飞机晚点了五个小时。那么，飞机晚点不仅耽误了旅客的行程，而且严重破坏了航空公司在旅客心目中的形象，在这种情况下，向旅客道歉往往是没有多少用处的。

**2. 敏感性**

敏感性（Responsiveness）也称响应性，是指帮助顾客并迅速提供服务的愿望，是顾客感觉到的服务企业的态度，即企业随时准备为顾客提供快捷、有效的服务。对于顾客的各种要求，企业能否予以及时的满足将表明企业的服务导向，即是否把顾客的利益放在第一位。同时，服务传递的效率则从一个侧面反映了企业的服务质量。研究表明，在服务传递过程中，让顾客等候，特别是无原因的等候，会对顾客的质量感知造成不必要的消极影响；出现服务失败时，迅速解决问题，则会给质量感知带来积极的影响。例如，在误点的航班上提供礼物，可以将旅客潜在的不良感受转化为美好的回忆。

**3. 保证性**

保证性（Assurance）是指服务人员所具有的知识、礼节以及表达自信与可信的能力。服务人员的友好态度与胜任工作的能力，能够增强顾客对企业服务质量的信心和安全感。当顾客同一位友好、和善且学识渊博的服务人员打交道时，他会认为自己找对了公司，从而获得信心和安全感。友好的心态和胜任能力二者是缺一不可的。服务人员缺乏友善的态度自然会让顾客感到不快，而如果他们对专业知识懂得太少也会使顾客失望，尤其是在服务产品不断推陈出新的今天，服务人员更应该拥有较高的知识水平，给顾客以专家的感觉。

**4. 移情性**

移情性（Empathy）是设身处地为顾客着想和对顾客给予特别关注的能力和愿望。移情性有以下的特点：接近顾客的能力（可接近性和便捷性）；敏感地和有效地理解顾客需求（甚至是私人方面的特殊要求）并予以满足；做到换位思考，使整个服务过程富有"人情味"。

**5. 有形性**

有形性（Trangibles）是指服务的实体设施、设备、环境、人员外表以及服务中与顾客的实体接触等有形证据。由于服务是无形的体验，本质上是一种行为过程而不是某一种实物，具有不可感知的特性，因而顾客在很大程度上借助这些与服务有着密不可分关系的有形设施设备、环境美化与卫生、工作人员的仪容仪表、各种指示符号与标志、价目表等来把握服务质量的高低，从而做出自己的判断和评估。另外，有形的环境条件等是服务人员细致地照顾和关心顾客的有形体现。例如，旅客乘坐某航空公司的班机，清洁、典雅的机舱和美丽、大方的空姐展示出该航空公司的服务水准，因而顾客在评估服务质量时，自然会给予较高的评价。充分利用有形性有两个方面的作用：一是提供有关服务质量本身的有形线索；二是直接影响顾客对服务质量的感知。

顾客主要从以上五个方面将预期的服务和接受的服务相比较，最终形成自己对服务质量的判断。期望与感知之间的差距是服务质量的量度，既可能是正面的，也可能是负面的。

## 五、服务商品质量的评价模型

### 1. 感知服务商品质量模型

1982 年，格罗路斯（Gronroos）第一次提出了顾客感知服务商品质量的概念。他的研究基本上是建立在消费者研究理论基础之上的，而且借鉴了许多消费者研究理论。顾客感知服务商品质量被定义为顾客对服务期望与实际服务绩效之间的比较。实际服务绩效大于服务期望，则顾客感知服务商品质量是良好的；反之，实际服务质量小于服务期望，则顾客感知服务商品质量是不好的。从而将服务商品的质量与有形商品的质量从本质上区别开来。感知服务商品质量模型如图 9-10 所示。

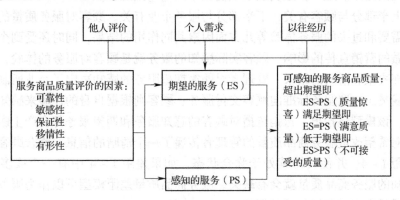

图 9-10　感知服务商品质量模型

### 2. 服务商品质量差距模型

PZB 在顾客感知服务商品质量概念的基础上，对服务商品质量的构成要素及评价方法进行了更为深入的研究。他们通过对若干服务行业的实证研究，构建了"服务商品质量差距模型"（The Five-Gap Model of Service Quality，1985），提出了五种服务商品质量差距。通过这种模型可以分析质量问题的起源，从而协助服务企业管理者采取措施改善服务商品质量。图 9-11 为服务商品质量差距模型图。

（1）差距 1——管理者认知差距。它是指顾客对服务的期望同服务企业管理者对顾客期望的认知之间的差距。最直接也最明显的差距往往是顾客想要得到的服务和管理者认为顾客希望得到的服务两者之间的差异。

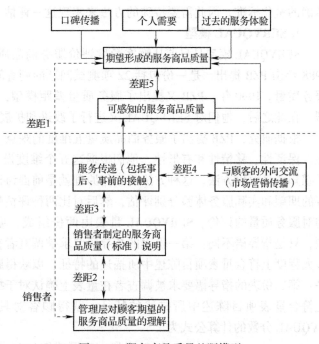

图 9-11　服务商品质量差距模型

（2）差距 2——服务质量规范差距。它是指管理者对顾客期望的认知同企业制定的服务商品质量标准之间的差距。即使管理者已经准确理解了顾客的需求，有时也不能将其融入到制定的服务质量标准中。

（3）差距 3——服务传送差距。它是指服务商品质量标准同企业实际所提供的服务之间的差距。存在这一差距意味着企业向顾客提供的服务未能达到企业制定的服务标准。

（4）差距 4——市场信息传播差距。它是指企业进行外部市场沟通时承诺的服务同企业所提供的实际服务之间的差距，即承诺——兑现差距。

（5）差距 5——感知服务商品质量。它是格罗路斯提出的顾客对服务的期望与顾客对服务的感知之间的差距。这一差距实质上是前四个质量差距之和。

模型的上半部分与顾客有关，下半部分与服务企业有关。顾客对服务质量的期望是口碑沟通、个人需要和过去的服务体验等几方面因素共同作用的结果，同时还受到企业与顾客外部沟通时所做的营销宣传的影响。顾客实际感知的服务就是顾客对服务的体验，它是服务组织一系列内部决策和活动的结果。管理者对顾客期望服务的感知决定了企业所制定的服务质量标准；一线员工按照服务标准向顾客交付服务；顾客则根据自身的体验来感知服务的生产和传递过程。该模型还指出，营销传播对顾客的感知服务和期望服务都会产生影响。

该模型向希望改进服务商品质量的管理者传递了一个清晰的信息：弥合顾客差距的关键在于弥合差距 1~4，并使其持续处于弥合状态。如果差距 1~4 中有一个或多个差距的存在，顾客感知的服务商品质量就会有缺失。服务商品质量差距模型可以作为服务企业试图改进服务商品质量和服务营销的基础框架。

## 六、服务商品质量测量

对服务商品质量进行测量难度极大，因为服务包含许多无形因素和心理因素，难以设定精确的量化标准。因此需要特殊的方法来实现这一评估。

### 1. SERVQUAL 模型

SERVQUAL 模型是目前从顾客角度评价服务商品质量的最有影响力的模型。该模型于 1988 年由 PZB 提出，是一份包括 22 项测试问题的调查问卷，被应用于服务业评价顾客感知服务质量。1990 年，PZB 又提出了服务质量差距模型，即前文所提的服务商品质量差距模型；在此之后，他们对 SERVQUAL 又进行了改进和扩展。

根据研究，PZB 提出了服务商品质量五维度的观点。这五个维度分别是：可靠性、敏感性、保证性、移情性和有形性。他们根据这五个维度设计了包括 22 个问项的调查表，建立了感知质量评价方法。这种方法的工作原理就是前面讨论的服务商品质量差距模型，即对顾客的期望和实际服务体验分别评估，然后对比两种评估的结果，找到其中的差距而得到最后的对服务质量的评价。SERVQUAL 量表由两份组成，见表 9-3。量表项目、填答方式均相同，只是指导语不同：第一份表的指导语要求被调查者在量表上确认提供某种服务的企业在多大程度上符合量表项目陈述中所描述的特征，以获得顾客对某行业服务商品质量的期望水平；第二份表的指导语要求被调查者在量表上确认对于提供该服务的某具体企业在多大程度上符合量表项目陈述中所描述的特征，获得顾客对具体企业服务商品质量的感知。SERVQUAL 分数的计算公式为

$$SERVQUAL(SQ)分数 = 实际感知(PS)分数 - 期望(ES)分数$$

SERVQUAL 分数一般为负值，其绝对值越大，表明企业的服务商品质量越差。

**表 9-3 SERVQUAL 调查问卷的期望质量调查问卷**

SERVQUAL 调查问卷

问卷一

说明：这份调查问卷目的是收集您对_____服务的看法。您认为提供_____服务的企业在多大程度上符合下列特征。在每个条款后我们设计了从 1~7 个分数供您从中选择其一。如果您非常赞同这类企业应当拥有这项特征，就选择7；如果您非常反对，就选择1；如果您的期望在这两者之间，那么就根据您的支持程度选择其中的某个数字。答案没有正确和错误之分，我们所关心的是最能表达您对提供_____服务企业的期望值。

E1 它们应当装有现代化设备

E2 它们的设备应当在感官上吸引人

E3 雇员的穿着打扮应当漂亮、整洁

E4 这些公司的设备从外观上应当与它所提供的服务和谐、一致

E5 当这些公司许诺在某一时间做某事时，它们应当信守诺言

E6 当顾客有困难和问题时，公司应当给予同情与关心，使其消除疑虑并放心

E7 这些公司应当是可靠的

E8 它们应当按照它们所承诺的时间服务

E9 它们应当记录准确

E10 顾客不希望被告知接受服务的精确时间 （–）

E11 顾客期望公司的雇员给予及时的服务是不现实的 （–）

E12 雇员并不总是乐于帮助客人 （–）

E13 如果它们太忙，不能及时地满足顾客的要求也没有关系 （–）

E14 雇员是值得信赖的

E15 顾客在与公司雇员的交往接触中应该能够感到安全

E16 它们的雇员应当是有礼貌的

E17 公司的雇员应当从他们的公司得到适当的支持，以做好他们的本职工作

E18 顾客不应当期望公司给予他们个人的关注 （–）

E19 顾客不能够期望这些公司的雇员给予他们个人的关注 （–）

E20 希望雇员知道他们的顾客需要什么是不现实的 （–）

E21 希望公司真心地从它们的顾客的最大利益出发是不现实的 （–）

E22 不应当期望公司的营业时间为所有的顾客提供方便 （–）

问卷二

说明：这份调查问卷目的是收集您对___公司服务工作的意见。请对___公司是否应当拥有下列条款中所描述的特征，来表达您的意见，即在多大程度上支持这项条款。在每个条款后我们设计了从 1~7 个分数供您从中选择其一。如果您非常赞同___公司应当拥有这项特征，就选择7；如果您非常反对___公司拥有这项特征，就选择1；如果您的期望在这两者之间，那么就根据您的支持程度选择其中的某个数字。答案没有正确和错误之分，我们所关心的是最能表达您对___公司的___服务工作的期望值。

P1 该公司应当装有现代化设备

P2 该公司的设备应当在感官上吸引人

P3 雇员的穿着打扮应当漂亮、整洁

P4 该公司的设备从外观上应当与它所提供的服务和谐、一致

P5 该公司许诺在某一时间做某事时，它们应当信守诺言

P6 当顾客有困难和问题时，公司应当给予同情与关心，使其消除疑虑并放心

P7 该公司应当是可靠的

P8 该公司应当按照它所承诺的时间服务

P9 该公司应记录准确

P10 顾客不希望被告知接受服务的精确时间 （–）

P11 顾客期望公司的雇员给予及时的服务是不现实的 （–）

P12 该公司的雇员并不总是乐于帮助客人 （–）

P13 如果它们太忙，不能及时地满足顾客的要求也没有关系 （–）

（续）

| SERVQUAL 调查问卷 |
| --- |
| P14 顾客应当能够信任该公司的雇员 |
| P15 顾客在与该公司雇员的交往接触中应该能够感到安全 |
| P16 该公司的雇员应当是有礼貌的 |
| P17 该公司的雇员应当从他们的公司得到适当的帮助，以做好他们的本职工作 |
| P18 顾客不应当期望公司给予他们个人的关注（－） |
| P19 顾客不能够期望该公司的雇员给予他们个人的关注（－） |
| P20 希望雇员知道他们的顾客需要什么是不现实的（－） |
| P21 希望该公司真心地从它们的顾客的最大利益出发是不现实的（－） |
| P22 不应当期望公司的营业时间为所有的顾客提供方便（－） |

注：本问卷采用 7 分制，7 表示完全同意，1 表示完全不同意，中间分表示不同的程度。问卷中的内容是随机排列的。

若 PS＞ES，则 SQ＞0，服务商品质量超出顾客期望，表现为服务商品质量惊喜。

若 PS＝ES，则 SQ＝0，服务商品质量满足顾客期望，表现为服务商品质量满意。

若 PS＜ES，则 SQ＜0，服务商品质量低于顾客期望，表现为服务商品质量低下。

在 SERVQUAL 模型被建立起来以后，许多学者都对它的信度和效度在很多行业进行了多次测量。尽管在很多测量中 SERVQUAL 量表都表现出了较高的信度和效度，但是仍然有不同的呼声存在。卡曼（Carman，1990）指出：SERVQUAL 的稳定性虽然较好，但是其五个维度并不都是"中性"指标，对不同的行业并不具有完全的适用性。有的学者将 SERVQUAL 测量模型改进为 $SQ = I(PS - ES)$，其中，$I$ 表示服务商品质量属性的重要程度。而波尔顿和德鲁（Bolton & Drew，1991）更关注服务经历对服务商品质量的影响，他们指出：顾客现在的看法是建立在上一次服务商品质量的感知基础之上的，服务经历也许会改变他们未来对服务商品质量的态度。

具有代表性的服务商品质量评价模型还有 SERVPERF 模型、$Q$ 矩阵评价模型、基于心理学标准的比较评价模型、价值曲线评价模型等。本书主要借鉴顾客感知服务商品质量差距模型、SERVQUAL 模型，在此对后几种模型不做详细介绍。

**2. 服务商品质量测量的程序**

服务商品质量测量一般采取评分量化的方式进行，其具体程序如下：

（1）测量顾客的期望服务商品质量（ES）。

（2）测量顾客的感知服务商品质量（PS）。

（3）确定服务商品质量（SQ），即服务商品质量＝期望服务商品质量－感知服务商品质量。

对服务商品质量的评分量化方法具体步骤如下：

（1）选取服务商品质量的评价标准：可靠性、敏感性、保证性、移情性、有形性。

（2）根据各条标准在所调查的服务行业中的地位确定权数，如 9，7，6，4，2 等。

（3）对每条标准设计 4～5 个具体问题，如先进的设备、同情心、穿着得体、整洁等。

（4）制作问卷。

（5）发放问卷，请顾客逐条评分。

（6）对问卷进行综合统计。

（7）分别测算出预期质量和感知质量。

（8）求出差距值，差距值越大，表明感知质量离预期质量差距越大，服务商品质量越差；相反，则服务商品质量越好。

（9）"（−）"表示对这些表述的评分是反向的，在数据分析前应转为正向得分。

**3. 服务商品质量测量的范围**

服务商品质量包括的内容很广，总的来看由五大要素组成。以医疗服务商品质量的测量为例，其质量范围明显超出照料患者的含义范围，还包括医疗服务对家庭与社会的影响。

（1）服务内容。服务业门类广泛，每一种服务都有其特定的服务内容。例如，旅游业为旅游者提供食、住、行、游、购、娱等服务；医疗服务为人们提供诊断、开处方、做手术、保健等服务。

（2）服务过程。服务过程是指完成服务提供的方法或服务提供的顺序。通过问卷调查来测量服务中的事件顺序是否恰当。

（3）服务结构。这里是指有形设施布局结构和服务组织结构设计是否匹配，尤其人员资格，是一个重要的质量因素。

（4）服务结果。它是顾客对服务商品质量的最终评估。它主要通过与行业平均水平的对比来监控，同时服务人员对自己的表现是否满意也是服务结果的重要部分。

（5）服务影响。这里是指服务对顾客的长期影响，包括对社会和社区造成的影响。例如，教育机构对某地升学率提高的贡献，医疗服务为社会平均寿命延长所做出的努力等。

## 【扩展阅读】

阅读《坚持不懈推进厕所革命　努力补齐影响群众生活品质短板》，想一想习近平总书记为何高度重视"厕所革命"？旅游业作为服务行业，应如何提高服务商品质量？

**坚持不懈推进"厕所革命"**
**努力补齐影响群众生活品质短板**

新华社北京11月27日电　中共中央总书记、国家主席、中央军委主席习近平近日就旅游系统推进"厕所革命"工作取得的成效做出重要指示。他强调，两年多来，旅游系统坚持不懈推进"厕所革命"，体现了真抓实干、努力解决实际问题的工作态度和作风。旅游业是新兴产业，方兴未艾，要像抓"厕所革命"一样，不断加强各类软硬件建设，推动旅游业大发展。

习近平指出，厕所问题不是小事情，是城乡文明建设的重要方面，不但景区、城市要抓，农村也要抓，要把这项工作作为乡村振兴战略的一项具体工作来推进，努力补齐这块影响群众生活品质的短板。

2015年4月，习近平总书记曾经就"厕所革命"做出重要指示，强调抓"厕所革命"是提升旅游业品质的务实之举。冰冻三尺，非一日之寒。要像反对"四风"一样，下决心整治旅游不文明的各种顽疾陋习。要发扬钉钉子精神，采取有针对性的举措，一件接着一件抓，抓一件成一件，积小胜为大胜，推动我国旅游业发展迈上新台阶。

厕所问题不仅关系到旅游环境的改善，也关系到广大人民群众工作生活环境的改善，关系到国民素质提升、社会文明进步。习近平总书记对此高度重视、十分关心。党的十八大以来，他在国内考察调研过程中，走进农户家里，经常会问起村民使用的是水厕还是旱厕，在视察村容村貌时也会详细了解相关情况。他多次强调，随着农业现代化步伐加快，新农村建设也要不断推进，要来个"厕所革命"，让农村群众用上卫生的厕所。

自2015年起，国家旅游局在全国范围内启动三年旅游厕所建设和管理行动。行动启动以来，全国旅游系统将"厕所革命"作为基础工程、文明工程、民生工程来抓，精心部署、强力推进，"厕所革命"取得明显成效。截至今年10月底，全国共新改建旅游厕所6.8万座，超过目标任务的19.3%。"厕所革命"逐步从景区扩展到全域、从城市扩展到农村、从数量增加到质量提升，受到广大群众和游客的普遍欢迎。

（资料来源：http：//www. gov. cn/xinwen/2017-11/28/content_5242720. htm.）

## 第四节　服务商品检验

服务商品的特殊性决定了服务商品的质量检验不可能像有形商品那样进行。一般地，可采用顾客满意度来进行检验。

### 一、顾客满意度的含义

从服务组织的角度出发，服务商品质量意味着服务特性对组织规定与要求的符合程度，这种经营者导向的典型做法是关注生产率和内部效率，其效果反映在以最小的成本获得最大的产出方面；从顾客角度出发，服务商品质量意味着服务达到或超过其期望的程度，其效果反映在所提供的顾客满足感方面。顾客导向的定义与经营者导向的定义的一大关键区别，在于前者意识到不同顾客会对同样的服务感知到不同的质量水平。因此，服务商品质量被称作感知服务商品质量，其定义为所提供的服务达到或超过顾客期望的程度。顾客满意是顾客对商品或者服务性能，以及商品或者服务本身的评价，它给出了（或者正在给出）一个与消费的满足感有关的快乐水平，包括低于或者超过满足感的水平。顾客的满足感越高，顾客与服务组织之间的关系就会越牢固。也就是说，满意的顾客忠于服务组织，与组织建立了稳固的关系。接着组织又会为这些顾客提高服务质量，而这会进一步加强组织与顾客的关系。

### 二、顾客满意战略的内涵

顾客满意（Customer Satisfaction）的英文缩写是"CS"，顾客满意战略即CS战略。顾客满意战略的核心思想是：服务组织的全部经营活动都要从满足顾客需要出发，以提供满足顾客需要的商品为组织的责任和义务，使顾客满意战略为组织的经营目的营造适合生存发展的良好的内外部环境。

#### （一）横向层面上的顾客满意战略

在横向层面上，顾客满意战略包括五个方面的满意内容：

**1. 组织满意**

组织满意即组织经营理念带给内外顾客的满足状态，包括经营宗旨满意、经营哲学满意和经营价值观满意等。

**2. 行为满意**

行为满意即组织全部的运行状况带给内外顾客的满足状态，包括行为机制满意、行为规则满意和行为方式满意等。

**3. 视听满意**

视听满意即组织具有可视性和可听性的外在形象带给内外顾客的满足状态，包括组织标志（名称和图案）满意、标准字满意、标准色满意以及上述三个基本要素的应用系统满意等。

**4. 有形商品满意**

有形商品满意即组织有形商品带给内外顾客的满足状态，包括商品质量满意、商品功能满意、商品设计满意、商品包装满意、商品品位满意和商品价格满意等。

**5. 服务满意**

狭义的服务满意即组织服务带给内外顾客的满足状态，包括服务绩效满意、服务质量保证体系满意、服务的完整性和方便性满意以及情绪和环境满意等。

**（二）纵向层面上的顾客满意战略**

在纵向层面上，顾客满意战略包括三个逐次递进的满意层次：

**1. 效用满意层次**

效用满意层次即顾客对组织服务本身的一些属性，如服务的效果、质量、设计和品种等所产生的满意。

**2. 感受满意层次**

感受满意层次即顾客对组织服务的形式层和外延层，如服务的有形展示、促销分销、售后反馈等所产生的满意。

**3. 社会满意层次**

社会满意层次即顾客在对组织服务的消费过程中所体验到的社会利益维护程度，主要是指顾客整体（全体公众）的社会满意程度。它要求在对组织服务消费的过程中，要具有维护社会整体利益的道德价值、政治价值和生命价值。

## 三、顾客满意度的衡量

**1. ACSI 模型**

1989 年，美国密歇根大学商学院质量研究中心费耐尔（Fornell）博士总结了理论研究成果，提出了把顾客期望、购买后的感知、购买的价格等多方面的因素组成一个计量学的逻辑模型，即费耐尔逻辑模型。这个模型把顾客满意度的数学运算方法和顾客购买商品或服务的心理感知结合了起来。以此模型运用偏顾客微分最小二次求解所得出的指数，就是顾客满意指数（Customer Satisfaction Index，CSI）。费耐尔博士的研究成果是迄今为止最为成熟和被广泛运用的顾客满意度指数理论。

自 1990 年美国政府推出 ACSI（美国顾客满意度指数）后，一些国家的专家、学者也开始介入，并不断地完善了顾客满意的研究技术，顾客满意开始得到普遍关注。目前，许多发达国家已经制定了国家性指数，从宏观水平上评估和追踪消费者的满意情况。顾客满意度的研究在这些国家中已经不仅仅是研究它对企业服务的指导意义，甚至是将顾客满意度指标视为同生产力水平和物价指数这些传统的指标一样，可以评估国家经济是否健康的工具。

ACSI 模型基于这样一个理论，即顾客满意度与顾客商品购买前的期望和在商品购买中及购买后的感受有密切关系，并且顾客的满意程度低或高将会导致两种基本结果：顾客抱怨和顾客忠诚。ACSI 使用的是一种由多重指标（问题）支持的六种潜在变量（概念）组成的模型，如图 9-12 所示。

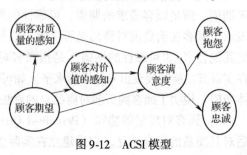

图 9-12　ACSI 模型

ACSI 模型显示，在以上六种潜在变量中，顾客期望、顾客对质量的感知和顾客对价值的感知是三个前提变量，顾客满意度、顾客抱怨、顾客忠诚是三个结果变量，前提变量综合影响并决定着结果变量。展开来说，顾客在购买和使用商品的经历中，产生对商品质量和价值的实际感知，并将这种感知与购买前或使用前的期望值做比较，而得到感受和体验；这些感受和体验决定了顾客满意度。若顾客满意度低，就会产生顾客抱怨以致投诉；而顾客满意度高，就会提高顾客的忠诚程度。同时，如果重视并妥善处理好顾客投诉，化解顾客的抱怨，同样可以提高顾客的忠诚程度。

**2. ACSI 测评的原理**

（1）测评方法的特点。ACSI 作为一个旨在对经济产出的质量和业绩做出准确测评，并能对经济收益进行预测，为经济决策提供可靠信息的新型的综合指标，作为针对各类测评对象的综合顾客满意程度的一种普遍适用而又具有可比性的测量尺度，它的测评方法应具有以下基本特点：

1）保证所收集数据的准确性。

2）有效性，即测评方法本身具有较强的判断能力。ACSI 的调查问卷采用了 1～10 级制，使测评的有效性相应得到了增强。

3）可靠性。测评的可靠性受到测评数据的平均值和标准差的综合影响，能综合反映调查抽样方案、调查手段、问卷或问题的设计、测量方法或工具以及数据输入处理等测评的总体质量。

模型中的 CSI 和其他构成成分代表了多种无法直接测量的顾客评价，为此，CSI 采用多重指标的方法将综合顾客满意程度作为一种潜在变量来测量。因此，其结果能普遍用于企业、行业、部门、地域和国家间的比较。作为一个对顾客满意程度进行综合测量的尺度，CSI 测量所使用的方法不仅能说明顾客的消费体验，而且必须是前瞻性的。

（2）ACSI 的变量。模型中的结构变量是由相关的一组测评变量的数据通过加权求和得到的，而测评变量的数据则是通过实际调查而获得的。下面对 ACSI 的变量分别进行介绍：

1）顾客期望（Customer Expectations）。顾客期望是顾客在消费某种商品之前对其质量的综合估计，通常它反映了那些来源于顾客以前对该品牌商品的消费或使用的直接经验，包括来源于相关的广告、亲友推荐甚至小道消息等间接渠道等非经验性的信息；也反映了对该品牌未来质量水平的预期。如果顾客先前形成的经验传递给顾客的信息是较积极的，则顾客就会预想他们将购买的商品的质量是较高的；反之，顾客预想的商品质量就会较低。因此，顾客期望是该品牌以往市场业绩和形象的综合表现。

顾客对质量的认识主要包括满足需求和可靠性两个方面，有些顾客较注重产品满足个性化需要的程度，而有些则较注重可靠性。因此，用如下三个测评变量（显变量）来表达顾客期望：满足顾客需求的期望、可靠性的期望和总体期望。其中，"满足顾客需求的期望"表示了顾客在消费前对商品是否满足自己特定需求的期望，包括商品的基本功能以及所附加的其他特点。"可靠性的期望"是指顾客对商品的可靠性质量特征的期望。可靠性是指商品在实现其功能时表现出来的性能水平，如可信性、标准化和无缺陷或故障频率的程度等。"总体期望"说明了顾客购买前对商品总的看法，它综合了满足需求和可靠性两方面的因素。

2）顾客对质量的感知（Perceived Quality）。顾客对质量的感知是顾客消费某种商品之后对其质量的综合感受。它是建立在实际消费过程基础上的主观感受，有时同商品的符合性质量不完全一致，并且还在一定程度上受到顾客自身主观因素的影响。

顾客对质量的感知的三个测评变量同顾客期望的测评变量相对应：满足顾客个人需求的程度；对可靠性的感知；总体感知。

3）顾客对价值的感知（Perceived Value）。顾客对价值的感知体现了顾客在综合考虑了质量和价格两个因素之后，对所得利益的主观感受。模型中这一结构变量的设置增加了其对不同的企业、行业和部门之间的测评结果的可比性。

顾客对价值的感知表现为如下两个测评变量：①给定价格下对质量的感知。通常顾客都会以所支付的价格为基准，通过比较实际感知质量和顾客认为该价格下应该具有的质量水准来评价他所得到的价值。一般而言，实际感知质量越高，感知价值越大；而价格越低，感知价值也越大。②给定质量下对价格的感知。顾客也会以所得到的商品的感知质量为标准，通过比较实际支付价格和顾客认为该质量等级所对应的价格标准来评价感知价值。这两个测评变量所反映的侧重点并不相同，通过给定价格来评价质量时，顾客的注意力集中在商品的质量上，此时只要是高质量的商品就会得到认同；而通过给定质量来评价价格时，刚好相反，顾客的注意力集中在价格上，价格越低越能得到认同。这两个测评变量可以反映顾客是受质量驱动（往往收入较高）还是受价格驱动（通常收入较低）的，通过对它们的分析，对组织的产品开发或营销活动具有指导意义。

4）顾客满意度（Overall Customer Satisfaction）。顾客满意度对应了要测定的顾客满意指数。它体现为三个测评变量：①实际感知同期望之间的差异。从心理的角度而言，这是影响顾客满意程度的重要因素。②实际感知同理想商品之间的差别，即以同一范畴内顾客心目中的理想商品作为基准对于测评商品实际感知的评价。这个变量同时指出了商品质量进一步改进提高的潜力。③总体满意度是指顾客在综合各方面因素后对商品质量的总体感受。

5）顾客忠诚（Customer Loyalty）。"顾客忠诚"的测定可用于了解和研究商品的盈利能力及市场趋势。

顾客忠诚可以由如下两个测评变量来描述：①重复购买可能性。顾客对商品感到满意就会产生一定程度的顾客忠诚，在行动上表现为对该商品的重复购买。满意度越高，忠诚度也就越高，重复购买的倾向也就越大。相反，不满意的顾客可能会降低重复购买的可能性，甚至成为竞争对手的顾客。②价格变化的容差。如果顾客满意度较高，则他们对价格上涨的承受能力较强；反之，则承受能力较低，少许涨价就可能使他们放弃重复购买。对于满意顾客，价格下降并不是吸引其保持忠诚的主要因素；相反，对于不满意顾客，降价的吸引力往往是促使其保持忠诚的主要因素。

上述关于顾客忠诚的行为描述不一定符合具有垄断特征的行业的情况。在垄断市场中，顾客很少甚至根本没有选择商品的余地，这时，消费的价格弹性很小，频繁的重购现象反映的是虚假的忠诚和被掩盖的低满意度。

6）顾客抱怨（Customer Complains）。顾客满意程度越高，抱怨就会越少、越轻微；顾客满意程度越低，抱怨就会越多、越严重。顾客抱怨越多、越严重，就越会影响顾客的忠诚度。而如果顾客没有抱怨，也不表明顾客就非常满意或忠诚度很高。一旦顾客产生了比较严重的抱怨（包括投诉），而组织却漠然视之，不做妥善处置，则会导致顾客与组织的关系恶化，从而通过口碑传播，影响其他顾客的满意度和忠诚度；如果组织高度重视对顾客抱怨的处理，则不但会取得顾客的谅解，还可能增强顾客的满意度或忠诚度。

该结构变量反映了顾客对购买的商品从抱怨（含投诉）的程度及从抱怨投诉的处理的角度所感受并折射的满意程度。顾客抱怨包括如下两个测评变量：抱怨或投诉的程度；组织处理抱怨或投诉的效果。

## 技能实训

**【实训目的】**

认识服务商品。

**【实训主题】**

加深学生对服务商品的质量及其提高的理解和运用。

**【实训时间】**

本章课堂教学内容结束后的双休日和课余时间，为期一周；或者由指导教师另外指定时间。

**【阅读材料】**

### 艺术与设计博物馆的质量评估

艺术与设计博物馆是芬兰赫尔辛基的一家私人小博物馆，建立于 20 世纪初，一直致力于展示艺术与设计方面的最新成就。博物馆每年要举办三四个大型展览，平时还有一些小展示会和馆藏展览。博物馆内设有一个小咖啡厅和一个小礼物店。

起初参观者主要是专业设计人员，大多为中年妇女。但随着展出的日益增多和博物馆名气扩大，来自社会其他阶层的参观者也多了起来。博物馆近期进行了一次内部装修，并聘请了一位客户联络经理，加大博物馆的宣传力度，最近一年的广告费已超出过去几十年的总和。这些努力取得了明显的成效，前来参观的人数已达 10 万人，这个数目在赫尔辛基只有 5% 博物馆能达到。

博物馆的经费有 60% 由政府拨款，40% 必须由营业收入来填补。营业收入的来源有门票收入和咖啡厅以及礼物商店的消费，另外还有一些与展览相关的活动产生的其他收入。其主要竞争对手是赫尔辛基的一些专业型博物馆。

为提高服务质量、增强竞争力，博物馆决定建立一个质量评估系统，发现质量问题。该系统运用了 SERVQUAL 模型的基本方法和服务差距理论。

首先，博物馆设计了 SERVQUAL 调查表，用以了解顾客对博物馆服务的期望和实际感受。该调查表的格式与计分方法与本章前文所列相同，具体内容则根据博物馆的服务特点另行设计如下：

1. 门票服务

（1）容易得知门票价格的信息。

（2）门票价格"物有所值"。

（3）购票时不需等候很长时间。

（4）能通过互联网和电话提前购票。

2. 信息服务

（1）展览区域标志明显。

（2）抵达博物馆时，有足够的媒体传送展览信息。

（3）信息能用顾客所熟悉的语言表达。

（4）有讲解导游服务。

（5）展品的信息传送很充分。

（6）对展品的讲解十分清楚明白。

（7）有多种讲解媒体（如录像讲解）。

（8）有自助服务设备。

（9）很容易从员工那里得知额外的信息。

（10）员工能热情友好地为顾客提供信息帮助。

3. 经历与环境

（1）参观路线很清晰。

（2）走廊很宽敞。

（3）照明充足。

（4）有令人愉快的背景音乐。

（5）展品摆放整齐，易区分。

（6）有机会与展品进行互动式交流。

（7）可触摸、闻、倾听展品。

4. 设施设备

（1）设施设备上有明显标志。

（2）洗手间容易找到，也很卫生。

（3）食品质量不错。

（4）食品和饮料的品种较多。

（5）在咖啡厅能抽烟。

（6）小礼品很符合顾客需要。

（7）小礼品物有所值。

5. 满意度

（1）服务能满足顾客需求。

（2）整个服务很出色。

（3）顾客愿意再次光临。

（4）顾客愿意向亲戚朋友推荐这个博物馆。

有 2/3 的顾客填写了调查表。博物馆对这些信息进行了分析，找到了涉及服务质量五个方面的差距，即顾客的期望和实际感受之间的差距。质量问题主要集中在讲解语言的多样性、设施标志的明显度和参观过程的互动性。

SERVQUAL 模型是有效的评估服务质量的方法。建立以 SERVQUAL 模型为依据的质量评估系统能帮助服务组织了解服务质量的实际状况，并以此确定主要质量问题，采取针对性改进措施。

（资料来源：王丽华. 服务管理 [M]. 2 版. 北京：中国旅游出版社，2012：314-316.）

【实训过程设计】

（1）指导教师布置学生课前预习"阅读材料"。

（2）将全班同学平均分成几个小组，按每组 5~6 人进行讨论。实训小组就近选择市场进行调研。

（3）根据"阅读材料"，博物馆设计的 SERVQUAL 调查表的依据是什么？

（4）根据"阅读材料"，如何利用 SERVQUAL 调查表进行服务质量的测量？

（5）各实训小组对本次实训进行总结和点评，撰写作为最终成果的"商品学实训报告"。

（6）各小组提交填写"项目组长姓名、成员名单"的"商品学实训报告"，将优秀的实训报告在班级展出，并收入本课程教学资源库。

 综合练习

## 一、名词解释

服务　服务套餐　服务包　服务商品　服务商品质量　感知服务商品质量模型
服务商品质量差异模型

## 二、多项选择题

1. 服务商品的构成包括（　　　）。

A. 服务套餐　　　　　　　　　　　B. 服务包

C. 概述部分　　　　　　　　　　　D. 核心服务和辅助性服务

E. 服务商整体品

2. 服务商品的分类方法主要（　　　）。

A. 托马斯分类法　　　　　　　　　B. 蔡斯分类法

C. 施曼纳分类法　　　　　　　　　D. 罗伍劳克分类法

E. 泰罗制

3. 服务商品质量包括（　　　）。

A. 技术质量　　　　　　　　　　　B. 职能质量

C. 形象质量　　　　　　　　　　　D. 真实瞬间

E. 原材料质量

4. 服务商品质量的评价要素有（　　　）。

A. 可靠性　　　　　　　　　　　　B. 敏感性

C. 保证性　　　　　　　　　　　　D. 移情性

E. 有形性

## 三、问答题

1. 你是如何理解服务的内涵的？

2. 利用哪些尺度对酒店或餐馆的服务业绩进行评价？

3. 描述质量差距的五个方面。

4. "可靠性"是否是服务商品质量最重要的一个方面？

5. 讨论解决质量差距 1 的可能的解决办法。

6. 讨论解决质量差距 2 的可能的解决办法。

7. 讨论解决质量差距 3 的可能的解决办法。

8. 讨论解决质量差距 4 的可能的解决办法。

9. 为什么测量服务商品质量很困难？针对某一服务说明测量的内容。

10. 你对服务商品分类的含义是如何理解的？文中列举的分类角度对你有何启示？

# 第十章

# 食品类商品

## 学习要点

- 食品的分类、营养与卫生
- 酒类商品
- 茶叶类商品
- 无公害食品、绿色食品、有机食品的概念及相关规定

## ◆ 案例导读

### "人造肉"大火

2019 年年初至今，"人造肉"概念一直受到舆论较多关注。2019 年 4 月，雀巢宣布在欧洲和美国相继推出"人造肉"汉堡。5 月，"人造肉"公司 Beyond Meat 在纳斯达克上市，成为"人造肉"第一股，引起舆论对于"人造肉"即将上市、"人造肉"将取代传统肉类的热议。"人造肉"的概念被热炒，"人造肉"的潜力以及给行业带来的影响也获得较多关注。中秋节前，"人造肉"馅月饼上市，再次掀起舆论热潮。

有人称，"人造肉"有可能代替传统肉类。然而，目前"人造肉"的价格相对较贵，且人们对其接受程度还不够；此外，全球对于"植物肉"产业链的监管并不完善，立法也有空白，国外部分制作"人造肉"的添加剂，在中国也是禁止使用的。因此，说"人造肉"能取代肉制品还为时过早。"人造肉"未来将如何发展，让我们拭目以待！

**启示**："人造肉"可以吃吗？网红食品靠谱吗？益生菌真的有用吗？在过去的生活中，你关注过哪些食品？它们给你带来了哪些困扰？食品安全关系人民群众身体健康和生命安全。本章通过科普食品安全知识，为你了解食品和食品安全提供帮助。

## 第一节　食品的分类及营养知识

### 一、食品的概念和分类

#### 1. 食品的概念

食品是指为了适应人们的饮食习惯和爱好，具有人体所需的营养成分或能满足人们某种

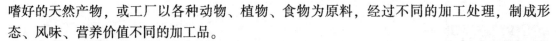

嗜好的天然产物，或工厂以各种动物、植物、食物为原料，经过不同的加工处理，制成形态、风味、营养价值不同的加工品。

**2. 食品的分类**

自然界的天然可食性资源原本就很丰富，再加上它们的再加工产品，使得食品商品的种类非常丰富。对食品科学分类，有助于人们深入研究和认识各种食品。以下依据一些常见的标志对食品进行分类。

（1）按国家标准分类。国家标准 GB/T 7635—2002，将加工食品共分为以下 6 类：①肉和肉类加工食品，如鲜、冷却或冻的等的肉或可食用内脏及其副产品等；②加工及保藏的鱼等水产品及其制品，如鲜、冰鱼片、其他鱼肉等；③加工或保藏的蔬菜，如冰冻的马铃薯、糖渍菜等；④果汁及蔬菜汁，如蔬菜汁、水果饮料等；⑤加工与保藏的水果与坚果，如冰冻草莓、炒松子等；⑥动植物油脂，如牛脂、植物油等。

（2）按食物来源分类。根据来源的不同，可把食品分为植物性、动物性和矿物性三类。

（3）按食品在膳食中所占比重分类。民间经常根据食品在膳食结构中所占比重的大小，将其分为主食和辅（副）食。在我国，主食主要是指谷物类、豆类、薯类；辅食是指果蔬类、肉奶禽蛋类、水产品类以及它们的加工品。

（4）按原料来源及经营习惯分类。这是最常用的分类法。据此，把食品分为以下 12 大类：粮食类、油脂类、蔬菜水果类、肉食禽蛋类、糖业糕点类、豆制品类、水产品类、乳及乳制品类、菌产品类、调味品类和其他类。

（5）按其他依据分类。随着食品工业的发展，新产品层出不穷，给食品分类带来了许多新课题。近年来，为强调食品的营养、功能与卫生安全方面的特性，在食品的生产和经营行业，人们常常对食品做出以下分类：按消费对象，把食品分为婴幼儿食品、中老年食品、运动员食品、宇航员食品、普通食品等；按是否使用特殊加工方法，把食品分为强化食品、膨化食品和一般食品；按功能，将食品分为疗效食品、保健食品、其他各类功能性食品等；按食品生产方法及其与人和环境的关系，将食品分为有机食品、绿色食品和无公害食品；按食品摄入体内后的代谢状况，将食品分为酸性食品和碱性食品。

## 二、食品的营养与卫生

### （一）食品营养

食品中含有的营养素有糖类、脂肪、蛋白质、膳食纤维、维生素、无机盐和水七大类。供给人体能量的蛋白质、糖类、脂肪称为三大营养素。有一些营养素，人体不能合成或合成速度较慢，不能满足肌体的需要，必须由外界供给，这些小分子物质称为必需营养素，如必需氨基酸、必需脂肪酸、维生素、无机盐和水等。水和空气一般不作为食物，但也是人体在新陈代谢过程中不可缺少的物质。

**1. 糖类**

糖类是由碳、氢、氧三种元素组成的。绝大多数分子中的氢原子数是氧原子数的二倍，与水分子的氢氧元素个数之比相同，所以糖类又称为碳水化合物。

（1）糖类的生理功能。糖类是供给热能的营养素中最主要和最经济的一种，每克糖在人体内约放出 17000J 热量，能给人类提供能量。糖还能构成机体组织。所有的神经组织和细胞及体液中都含有糖类，肌体内糖原不足时，会引起心慌、头昏、浑身出冷汗、昏厥等症状。此外，脂肪在体内的正常代谢必须有糖类的存在，糖类的这一作用被称为抗生酮作用。某些药物，如吗啡、水杨酸和磺胺类等排泄时，需与葡萄糖的氧化产物葡萄糖醛酸结合形成复合物并排出体外从而解毒。因此，人患肝脏疾病时可适当多吃一点单糖和双糖，促进肝细胞的再生，增强肝脏的解毒功能。

（2）食物中重要的糖类。根据糖分子结构复杂程度的不同，糖类可分为以下几类：

1）单糖。单糖是分子结构最简单而且不能再水解的糖类。单糖一般为结晶体，有甜味，若蔗糖的甜度为100，则果糖为173，葡萄糖为74，半乳糖和麦芽糖约为32。单糖都具有还原性，易溶于水，不经消化过程即可直接被人体吸收利用。常见的单糖主要有葡萄糖、果糖和半乳糖，它们的分子式是 $C_6H_{12}O_6$，属于同分异构体。

葡萄糖是略带甜味的易溶于水的白色粉状结晶，人体中的葡萄糖主要来源于淀粉的水解，血糖即是血液中的葡萄糖。血糖浓度保持相对恒定，对机体各部分功能的正常发挥有很重要的意义。人体脑、神经等组织和器官在低血糖时表现得最为敏感。

果糖是易溶于水的黄白色结晶，吸湿性强，甜度大。果糖的代谢一般不受胰岛素的制约，糖尿病人可适量食用果糖。果糖的来源主要是水果和蜂蜜，尤以蜂蜜中含量最多，这也是蜂蜜较甜的原因。绵白糖甜度高于蔗糖是因为加入了2.5%葡萄糖和果糖的转化糖。

半乳糖在自然界中很少以游离态存在，一般以双糖和多糖的形式存在，如乳糖和琼胶等。半乳糖与葡萄糖结合成乳糖的形式存在于乳汁中，半乳糖是被人体吸收最快的单糖，它可以促进钙的吸收，是婴儿生长发育的重要营养物质。

2）双糖。双糖是由两分子单糖脱去一分子水缩合而成的化合物，多为结晶体，易溶于水，一般不能直接被人体吸收，必须经过酶的水解作用生成单糖后，才能被人体吸收利用。与人体关系密切的双糖有蔗糖、麦芽糖和乳糖，它们也是同分异构体，分子式为 $C_{12}H_{22}O_{11}$。

蔗糖广泛存在于植物的根、茎、叶、花和果实内，尤其在甘蔗和甜菜中含量最多。成品蔗糖即白糖，是易溶于水、有甜味的白色晶体。蔗糖在稀酸或酶的作用下水解为一分子葡萄糖。

麦芽糖在动、植物体中含量很少，但植物种子发芽时在酶的作用下分解淀粉生成麦芽糖，尤其以大麦芽中含量较多，因而得名。麦芽糖在酸或酶的作用下水解为两分子葡萄糖。

乳糖是哺乳生物乳汁中的主要成分，通常人乳约含7%，牛、羊乳约含5%。乳糖难溶于水，甜味较小，在酸或酶的作用下水解为一分子葡萄糖和一分子半乳糖。乳糖对婴儿的营养意义很大，它既能保持肠道中正常菌类的生长，又能促进钙的吸收，所以，在婴儿食品中可添加适量的乳糖。但随着年龄的增长，人体中的乳糖酶会迅速减少，因此，成年人不宜多食乳糖含量多的食品。

3）多糖。多糖是由若干个单糖分子脱去水缩合而成的高分子化合物。多糖一般无甜味，不能形成结晶，无还原性，在酸或酶的作用下水解为单糖。常见的多糖有淀粉、糊精等。

淀粉分直链淀粉和支链淀粉两种，尽管两者都是由葡萄糖组成的，但前者的分子是由 α-1,4-糖苷键结合而成的，后者是由 α-1,4-糖苷键和 α-1,6-糖苷键两种键连接而成的。淀粉酶将淀粉水解为葡萄糖后被人体吸收进入血液循环，但这一过程需要一定的时间，血糖水平上升较慢，且不易达到极限，因此，机体不会突然出现血糖过多的现象。所以，人们食用含淀粉多的食物后不会发生饮食性糖尿病，并且在任何情况下均能较好地适应。人类活动所需要的能量主要由粮食中的淀粉提供。

糊精也是由多个葡萄糖分子组成的，来源于淀粉，一般通过用液化型淀粉酶或稀酸处理淀粉而得到。通常，糊精的分子大小约为淀粉的1/5。糊精在人体内被酶分解为葡萄糖后被吸收利用。糊精易溶于水，而且在食品中具有很强的保水性。所以，在食品制作中常用它来增稠、稳定或保水，从而使食品感官性状良好，有利于人体消化、吸收。

（3）糖类的供给量及来源。糖类的供给量由人体工作强度决定，一般每人每天需400～500g，重体力劳动者可适当增加。糖类一般占每日总供热量的60%～70%，这主要取决于人们的饮食习惯和经济条件。

糖类的主要来源是谷类和根茎类食品，如粮食和薯类中含大量的淀粉和少量的单糖、双糖。各种糕点、糖果及食糖也含有大量的糖类，蔬菜、水果中含有少量单糖、双糖。

**2. 脂类**

脂类是人体重要组成部分，也是食品中三大营养素之一。脂类包括脂肪和类脂两大类。脂肪又分为动物性脂肪和植物性脂肪。含饱和脂肪酸较多，在常温下呈固态，称为脂；不饱和脂肪酸含量高，在常温下呈液态，称为油。脂肪一般由碳、氢、氧三种元素组成。植物中提取的脂肪大部分为油；动物中提取的脂肪大部分为脂。脂肪一般由一分子甘油和三分子脂肪酸缩合而成。类脂包括卵磷脂、胆固醇、脂蛋白等。

（1）脂类的生理功能。脂肪是一种热能较高的营养素，每克脂肪约提供38000J的热能，存在于人体内的脂肪就是储存能量的仓库。脂类是构成体内多种细胞的重要成分，体脂主要分布于皮下和内脏周围，能减缓机械冲击的作用，从而保护机体的各种组织和器官。皮下脂肪不易导热，可防止热量散失而保持体温，这也是胖人比瘦人耐寒的原因之一。必需脂肪酸是指人体不能自身合成，人体生命活动中不可缺少的，必须由食物脂类供给的脂肪酸，如亚油酸。必需脂肪酸主要来源于植物油，它既是组织细胞的成分之一，又参与体内代谢。在维生素中，维生素A、D、E、K必须溶解在脂肪中方能被人体吸收，而且脂肪中也常含有脂溶性维生素，这种脂溶性维生素会伴随脂肪的吸收而被吸收。脂肪摄取量不足，会引起脂溶性维生素的缺乏症。

（2）食物中重要的脂类。具体主要有：

1）脂肪。脂肪不溶于水，比水轻。脂肪在酸、碱或酶的作用下水解为脂肪酸和甘油。脂肪酸有若干种，一般分为两类：一类为饱和脂肪酸（有低级和高级饱和脂肪酸之分）；另一类为不饱和脂肪酸。脂肪的物理性质与其所含脂肪酸的种类有关。含不饱和脂肪酸较多的脂肪熔点低，在常温下呈液态，如各种植物油；含不饱和脂肪酸较少而含高级饱和脂肪酸较多的脂肪熔点高，在常温下多呈固态，如猪、牛、羊的脂肪。

2）卵磷脂和胆固醇。卵磷脂是一种在动、植物中分布最广的甘油酯。植物的种子，以及动物的卵、神经组织中都含有卵磷脂；卵磷脂在蛋黄中含量最多，因而得名。卵磷脂作为乳化剂协助胆固醇的代谢，防止内脏脂肪堆积过多。卵磷脂在体内水解时可产生磷脂酸和胆碱，对人体内信息的传递和储存有着重要的意义。卵磷脂常用作食品的乳化剂、抗氧化剂和营养添加剂，其制品可由精炼植物油的副产品获得。

3）胆固醇。胆固醇是人体的重要组成成分，它不仅参与血浆蛋白的合成，也是细胞膜的重要成分，还可转化为胆汁酸盐、肾上腺皮质激素、性激素等许多具有重要生理功能的化合物。人体内的胆固醇大部分由糖类和脂肪代谢合成，少量需要从食物中获取。若人体内胆固醇超过正常的数值，就会使血浆胆固醇过量而沉积，容易引发动脉硬化、冠心病、高血压等疾病。胆固醇主要来源于动物性食品，植物性食品的胆固醇含量极少。植物性食品中含有的植物固醇，如谷固醇、豆固醇和麦角固醇等，可抑制胆固醇的吸收。多食含必需脂肪酸和卵磷脂的食品也能使血浆胆固醇减少。在饮食中增加维生素 C 和膳食纤维，对降低血液中的胆固醇有较好的效果。一般认为每日胆固醇的摄入量为 $300 \sim 500mg$。

（3）脂类的供给量及来源。脂类的来源主要是烹调用油，包括植物油和动物油，每天 $50g$ 即可满足人体的需求。

### 3. 蛋白质

蛋白质是生命的基础物质，人类的生长、繁殖都离不开蛋白质。在食物提供的三大营养素中，唯有蛋白质含有氮元素，所以说蛋白质是人体中氮元素的唯一来源。它既保证了食品的营养价值，又在食品的色、香、味、形等方面起着重要作用。

（1）蛋白质的生理功能。蛋白质和核酸是生命活动中最重要的物质基础，是塑造一切细胞和组织的重要组成成分。儿童在生长发育期间，即处于肌体的创建时期，此时蛋白质的供给起着决定性的作用。缺乏蛋白质会影响儿童发育，使婴儿变成"大头娃娃"。同时，人体又不间断地进行着新陈代谢，人体内的蛋白质每天约有 $3\%$ 进行更新，肝脏内的蛋白质约每 10 天更新一次，肌肉蛋白质约每 180 天更新一次，并随时可能出现因损伤和疾病等造成的组织蛋白的分解，这些都需由蛋白质来补充修复。蛋白质在人体内构成一些重要物质，如激素、酶、抗体、血红蛋白、肌肉蛋白、血浆蛋白和遗传物质等，对人体具有特殊的调节作用。激素是由分散全身各处的一些内分泌腺，如脑垂体、甲状腺、肾上腺、胰岛和性腺等分泌的特殊蛋白质。激素能加速或抑制人体的代谢过程，从而影响特定的生理功能。人体中新陈代谢的化学反应绝大多数是由酶催化的，酶的催化效率极高，可催化体内生物化学反应。机体对外界的一些有害因素具有一定的抵抗力，如对感冒、传染性肝炎、痢疾等引入的病毒、细菌，机体可产生一定的抗体，使人体获得免疫力，减轻或消除病原体对人体的毒害作用。血红蛋白对氧的运输作用使机体全身各组织细胞充分获氧，以维护各种功能。机体的一切机械运动都与肌肉蛋白有关。血浆蛋白对维持血液正常的胶体渗透压，从而使血液保持一定量的水而正常运转起重要作用。另外，核蛋白及其相应的核酸又是遗传的重要物质基础。每克蛋白质在体内氧化约产生 $17000J$ 的能量，所以，机体消耗的热能也有一部分是由蛋白质供给的。但一般不将蛋白质作为热能的主要来源，因为长期的高蛋白膳食既不经济，又不易被消化，还会因其代谢过程中产生的含氮废物，如尿素、尿酸、肌酸、氨等，给肝脏和肾脏带来负担。因此，不提倡为供能而过多摄取蛋白质。

（2）蛋白质的供给量及来源。蛋白质的食物来源有两个途径：一类是动物性食品，如蛋、奶、鱼、肉等；另一类是植物性食品，如豆制品、粮食、薯类等。每日需要摄取约 $80g$ 蛋白质，其中，植物蛋白质约占 $60\%$，动物蛋白质约占 $40\%$，就能满足人体的需求。

### 4. 膳食纤维

不能被人体消化吸收的多糖类和木质素统称为膳食纤维。膳食纤维可分为不溶性食物纤维和可溶性食物纤维两大类。不溶性食物纤维主要有纤维素、半纤维素和木质素；可溶性食物纤维素主要有果胶、树胶、琼脂、羧甲基纤维素、活性多糖类等。

（1）膳食纤维的生理功能。不溶性膳食纤维不能被人体消化吸收，对人体没有直接营养作用，但在人体的新陈代谢中有着重要意义。膳食纤维可以促进肠道蠕动，减少有害物质与肠壁的接触时间，尤其是果胶类吸水膨胀后，有利于粪便排除，可以预防便秘、直肠癌、痔疮及下肢静脉曲张；促进胆汁酸的排泄，抑制血清胆固醇及甘油三酯的上升，可以预防动脉粥状硬化和冠心病等心血管疾病的发生；能促进人体胃肠吸收水分，延缓葡萄糖的吸收，改善耐糖量，增加饱腹感，可以作为糖尿病人的食品和减肥食品；改善神经末梢对胰岛素的感受性，降低对胰岛素的要求，可调节糖尿病人的血糖水平；减少胆汁酸的再吸收，预防胆结石的形成。

可溶性食物纤维中的活性多糖类在人体生理上有许多特殊功能，如：刺激抗体的产生，增强人体的免疫功能；一些活性多糖具有抗肿瘤活性，对癌细胞具有很强的抑制作用；延缓衰老；抗疲劳作用；降血脂、抗血栓、保肝、抵抗放射性物质的破坏及增加白细胞含量等。

（2）常见的膳食纤维。具体主要包括：

1）纤维素。纤维素存在于所有的植物细胞壁中，其分子也是由许多葡萄糖分子连接而成的，但它是以 β-1,4-糖苷键结合形成的，由于人体中水解纤维素的酶活力较低，因而人不能消化纤维素。但大肠中的细菌可分解纤维素，并代谢产生一些低级脂肪酸、乳酸和气体（如 $H_2$、$CO_2$、$CH_4$ 等），这些代谢物很少被人体利用。

在一般的烹饪和食品加工中，纤维素的结构不会被破坏；若在高温、高压和稀酸存在的条件下，它可水解为葡萄糖。

2）半纤维素。半纤维素与纤维素共存于植物的细胞壁中，而半纤维素常存于木质化部分。通常把用 17.5% 的 NaOH 溶液提取的多糖统称为半纤维素。半纤维素被稀酸水解生成的单体有葡萄糖、果糖、半乳糖、阿拉伯糖、木糖、鼠李糖及糖醛酸等。半纤维素包括均一多糖和混合多糖两部分，两者都不能被人体消化吸收，但都与纤维素一样可被肠道微生物分解。

（3）膳食纤维的来源。膳食纤维的来源有谷物纤维、豆类纤维、水果蔬菜、微生物纤维、植物胶、多聚糖等。

**5. 维生素**

维生素是维持人体正常功能所必需的一类低分子有机物。维生素存在于天然食物中，它们在机体内不提供能量，机体摄入极少的数量即可满足正常的生理需要，但绝对不可缺少；体内合成的量较少，所以必须由食物供给。

维生素的分类通常分为脂溶性和水溶性两大类。脂溶性的主要有维生素 A、D、E、K等；水溶性的有维生素 B、C 等。

（1）维生素 A。维生素 A 的生理功能：参与调节视网膜感光物质——视紫红质的合成，维持正常视觉，缺乏时易患夜盲症；维护上皮组织的健康，增强抗病力，缺乏时会造成皮肤、黏膜等上皮组织细胞萎缩、角化甚至坏死；促进机体蛋白的合成，加速生长发育，缺乏时会导致肌肉及内脏器官萎缩、体脂减少、发育缓慢，容易感染疾病。

维生素 A 的食物来源：各种动物肝脏、鱼肝油、乳类、禽类、绿色及黄色蔬菜水果等。如果维生素 A 摄入过量，则会发生厌食、过度兴奋、头发稀疏、肝大、肌肉僵硬和皮肤瘙痒等，但仅通过普通膳食一般不会引起摄入过量现象。

（2）维生素 D。维生素 D 的生理功能：促进肠道对钙、磷的吸收，有利于钙化，维护骨骼、牙齿的正常结构与功能。缺乏时，儿童易患佝偻病，成人易引起骨质软化，尤其是孕妇和乳母更易发生。

维生素 D 的食物来源：各种动物肝脏、禽蛋等。奶类中维生素 D 含量较少，以奶为主食的婴儿可补充适量的维生素 D，对其生长发育有利，但不可过量。成人经常接受日照就是取得维生素 D 的最好来源。如果摄入过多维生素制品，则会引起血钙过高，血管及其他器官不必要的钙化。

（3）维生素 E。维生素 E 的生理功能：调节性腺功能，维持正常发育等作用；抗氧化及抗衰老作用。

维生素 E 的来源：小麦、黄豆、豌豆、玉米油、绿色蔬菜、肉、蛋、奶。

（4）维生素 K。维生素 K 的生理功能：促进肝脏合成凝血酶原，促进血凝。

维生素 K 的来源：绿色蔬菜中最为丰富，蛋黄、豆油、猪肝中含量也较高。

（5）维生素 $B_1$。维生素 $B_1$ 的生理功能：作为辅酶参与糖的代谢；维护胃肠功能帮助消化；维护心脏和脑组织的正常结构和功能。缺乏时易出现多发性神经炎、肌肉萎缩及水肿、脚气病等。

维生素 $B_1$ 的来源：谷类、豆类、酵母、动物内脏等。

（6）维生素 $B_2$。维生素 $B_2$ 的生理功能：它是肌体内许多重要辅酶的组成成分，这些辅酶是活细胞进行氧化反应所必需的物质，对促进生长、维持健康有益。缺乏时易患口角溃疡、舌炎、角膜炎、视觉不清、白内障等疾病。

维生素 $B_2$ 的来源：动物内脏、蛋黄、奶类、酵母、豆制品、粗米面、蔬菜、水果等。

（7）维生素 C。维生素 C 的生理功能：作为供氢体和受氢体参与氧化还原反应；促进胶原蛋白合成，有利于细胞间质的形成；促进抗体的形成，增强抗病力；帮助机体解毒。缺乏时易出现伤口、溃疡不易愈合，毛细血管受损、通透性增强、引起皮下及肌肉出血等坏血症症状。

维生素 C 的来源：广泛存在于蔬菜、水果中，新鲜的绿色蔬菜和酸味水果中含量更为丰富。

**6. 矿物质**

食品经高温（550～600℃）燃烧后，在不挥发的残留物中存在的各种元素统称为矿物质（又称无机盐）。在人体中存在的几十种元素中，除碳、氢、氧、氮四种元素以外的元素都属于矿物质。这些元素除了少量参与有机物的组成外，大多数都以无机盐的形式存在。矿物质占体重的 4%～5%，体内含量在 0.01% 以上的元素称为常量元素，如钙、磷、硫、氯、钠、钾、镁 7 种元素；含量低于 0.01% 的元素称为微量元素，如铁、锌、铜、碘、锰、钼、钴、硒、铬、镍、锡、硅、氟、矾 14 种元素。矿物质是人体必需的营养素，只能从食物、水及食盐中获取。

（1）矿物质的生理功能。矿物质是构成肌体的重要成分；可以调节渗透压维持体内酸碱平衡；参与体内的生物化学反应；维持神经和肌肉细胞的正常兴奋性。

（2）食物中重要的矿物质。具体主要有：

1）钙。钙是人体中含量最多的矿物质，成人体内约含 1200g，占体重的 1%～2%。人体的钙 99% 存在于骨骼和牙齿中，1% 存在于软组织、细胞外液及血液中。钙是构成骨骼和牙齿的重要成分，能调节心脏、神经、肌肉的兴奋性。当血钙含量低时，易引起心跳加快，出现神经兴奋性增强导致手足抽搐即"抽风"症状；当血钙含量高时，则会引起心脏、呼吸衰竭。钙对许多酶有激活作用，钙还参与血液的凝固。当儿童缺乏钙时易患佝偻病，老人则易患骨质软化症。

食物中钙的来源以奶类制品最好，含量高且易被吸收，虾皮、海带、芝麻酱、豆制品也含有较多的钙。食物中草酸、植酸、过多的脂肪和粗纤维不利于钙的吸收，补钙时应补充适量的维生素 D、食醋、乳酸、氨基酸，以帮助钙的吸收。成人每天摄入量约为 800mg，儿童和孕妇摄入量约为 1200mg。

2）碘。碘在人体内的含量为 20～50mg，其中约 20% 存在于甲状腺中。碘在人体内主要是参与甲状腺激素的生成，调节三大营养素的合成与分解代谢，促进生长发育，提高神经系统的兴奋性等。当碘缺乏时，易得甲状腺肿大疾病；碘过量会引起碘中毒。

碘的来源：主要是由饮水、食物和食盐获得的。成人每天摄入量约为 150μg，儿童略少，孕妇、乳母略高。食物中海产品含碘较多的有海带、紫菜、海鱼虾等。

3）铁。成人体内约含铁 3～5g。身体中约 2/3 的铁参与血红蛋白的组成，对氧气和二氧化碳的正常运输具有重要作用。铁还参与细胞色素酶、过氧化氢酶的组成，调节氧化还原反应，维持正常代谢。缺乏时会出现缺铁性贫血。成年男子每天需 12～15mg，成年女子每天需 18～20mg，孕妇、乳母略高，儿童略低。

人体内铁的来源：一是体内衰老的或被破坏的含铁细胞中的铁可被反复利用；二是由食物摄取，主要来源有动物肝脏、蛋黄、瘦肉、豆类、补铁调味品、粮食和蔬菜水果等。

4）锌。人体含锌为 1.4～2.3g，约为铁的一半。锌主要存在于骨骼、皮肤、毛发中，头发中的含锌量一般用来测量体内锌的营养水平。锌是许多酶的组成的一部分，锌参与核酸和蛋白质的合成，促进生长发育，增强免疫功能，调节胰岛素的活性，维持正常味觉，促进伤口愈合。体内缺乏锌时，会造成少年性发育不良，生长缓慢，味觉障碍和伤口愈合缓慢等症状。10 岁以上的儿童至老年人每天摄入量约为 15mg。

锌的来源：主要是由动物性食品提供的，肉类、水产类含锌量较高；植物性食品中豆类较高，谷类次之，蔬菜中含量较低。

5）硒。硒在人体内含量为 14～21mg。硒主要存在于人的心、肝、肾、指甲、头发等部位。硒参与多种酶的催化反应，对保护细胞膜、维护人体心肌的功能有较大作用，缺乏时容易患"克山病"。7 岁以上儿童至老年人每天摄入量约为 50μg。

硒主要来源于海产品、动物内脏、肉类、豆类、谷类等，蔬菜、水果中含量较低。

**7. 水**

水是构成人体的重要组成成分，其含量约占体重的 2/3，成人每天与外界有 2～2.5L 的水交换以维持体内水平衡。

（1）水的生理功能。食品中的营养成分只有在水溶液中才能被人体吸收，水作为润滑剂减小体内摩擦，作为载体运输营养物质和代谢产物，血液中的水分随循环调节体温。因此，人的生命活动都离不开水，水的重要性在特定情况下胜过其他营养素。

（2）水的来源。人体中的水约 50% 来自液体食品，如饮水、饮料、汤汁、稀饭等；约 40% 来源于固体食品，如饭、菜、水果等；约 10% 由糖类、蛋白质、脂肪进行生物氧化产生。

**（二）食品卫生与食品安全**

食品商品最起码的质量要求应是对人体健康有利无害。工业、农业生产实现现代化的同时，也引发了越来越严重的环境问题。20 世纪中叶以来，人们已逐步认识到食品卫生的重

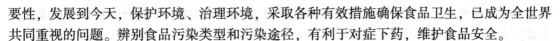

要性，发展到今天，保护环境、治理环境，采取各种有效措施确保食品卫生，已成为全世界共同重视的问题。辨别食品污染类型和污染途径，有利于对症下药，维护食品安全。

**1. 食品安全问题**

关于食品安全问题，世界卫生组织（WHO）的相关定义大致是：食品中有毒有害物质对人体健康造成影响的公共卫生问题。这里有两个关键词——"食物中有毒有害物质"和"对人体健康造成影响"，这两个关键词同时存在便构成食品安全问题。食品安全在全世界受到广泛关注：食品安全问题影响人们的健康，食品安全问题也会造成重大经济损失。

## 【扩展阅读】

近年来，国内外食品安全问题接连不断，严重影响了消费者的健康，已经成为各国政府、消费者和科技界关注的焦点问题之一，阅读《2019 年海南食品安全典型案例》，谈谈如何看待和解决国内外频发的食品安全问题。

### 2019 年海南食品安全典型案例

1. 海南 A 制药有限公司生产不符合食品安全标准食品案

原海口市食品药品监督管理局根据群众反映，对海南 A 制药有限公司涉嫌生产不合格食品问题进行立案调查，发现该公司生产的某饮品外包装标注有预防疾病的内容且不符合食品安全标准，违反了《中华人民共和国食品安全法》（以下简称《食品安全法》）第三十四条、第六十七条和第七十一条的相关规定。

2019 年 1 月，原海口市食品药品监督管理局对该公司做出没收全部违法产品和 11.11 万元违法所得的行政处罚。

2. 李某某以"会销"形式无证销售保健食品案

2019 年 5 月，三亚市市场监督管理局接到网上信访，称发现一家管理咨询服务有限公司在三亚某公馆内，以电视栏目的名义组织老人开会并无证销售保健食品。经查，2018 年 6 月，李某某让员工林某注册成立了一家健康管理咨询服务有限公司，之后在未取得食品经营许可证的情况下，以该公司的名义向"会销"会员销售保健食品，违反了《食品安全法》第三十五条的相关规定。

2019 年 9 月，三亚市市场监督管理局对李某某做出没收违法所得 4.828 万元，处53.108 万元罚款的行政处罚。

3. 三亚 B 商贸有限公司经营标注虚假生产日期的食品案

2019 年 5 月，三亚市市场监督管理局执法检查过程中发现，三亚 B 商贸有限公司经营的某粉丝标注虚假生产日期，且采购食品时未按规定查验供货者许可证及相关证明文件，违反了《食品安全法》第三十四条和第五十三条的相关规定。

2019 年 6 月，三亚市市场监督管理局给予该公司警告，没收违法所得并处 5.5 万元罚款的行政处罚。

4. 海南 C 百货有限公司经营超过保质期食品案

2019 年 4 月，海南省"12345"综合服务热线接到群众投诉，其在陵水黎族自治县海南B 超市购买的 6 盒维他芒果汁超过保质期，食用后引起不良反应。陵水县市场监督管理局收到该线索后，立即组织执法人员对该超市进行检查，现场发现食品货架上待售的 7 盒维他芒果汁已超过保质期，其中有 4 盒超期 77 天，另外 3 盒超期 140 天。该行为违反了《食品安全法》第三十四条的相关规定。

2019 年 7 月，陵水县市场监督管理局对该超市做出没收全部所得和违法销售的食品，处 5 万元罚款的行政处罚。

5. 定安县 D 饼厂生产经营月饼产品标签不符合食品安全标准案

2019 年 9 月，定安县市场监督管理局根据群众举报，对定安县 D 饼厂涉嫌违规生产销售月饼问题进行执法检查，发现该厂生产经营的月饼产品无标签标识或标签信息不完整，违反了《食品安全法》第六十七条的相关规定，依法现场扣押并查封违规生产的月饼。

2019 年 10 月，定安县市场监督管理局对该厂做出没收全部无标签标识或标签信息的月饼，处 1 万元罚款的行政处罚。

6. 五指山市 E 生活超市经营霉变生虫污秽不洁食品案

2019 年 7 月，五指山市市场监督管理局执法人员开展食品安全检查工作时，发现 E 生活超市内销售的糯米、糯小米、薏米已不同程度地腐败变质、霉变生虫、污秽不洁，肉眼可见小虫、蚂蚁在杂粮内蠕动，并且塑料盒内已生有蜘蛛网。执法人员根据《食用农产品市场销售质量安全监督管理办法》第二十五条的相关规定，现场依法对上述商品予以扣押。

2019 年 8 月 22 日，五指山市市场监督管理局依据《食用农产品市场销售质量安全监督管理办法》和《食品安全法》对该超市做出没收违法经营食品，处 5 万元罚款的行政处罚。

7. 海口 F 冷饮食品有限公司生产经营不符合食品安全国家标准的食品且未按规定对生产的食品进行检验案

2018 年 12 月，海口 F 冷饮食品有限公司生产经营的食品经检验不合格。海口市食品药品监督管理局对此问题进行立案调查时发现，该公司生产经营的一种雪糕菌落总数、大肠菌群项目均不符合食品安全国家标准，且该公司未按规定对生产的食品进行检验，违反了《食品安全法》第三十四条、第五十二条的相关规定。

2019 年 1 月，原海口市食品药品监督管理局依据《食品安全法》给予该公司警告、没收违法所得，处 7.5 万罚款的行政处罚。

8. 北京 G 科技有限公司三亚分公司未审查入网经营单位许可信息案

2019 年 3 月，执法人员对北京 G 科技有限公司三亚分公司线上商家进行检查时，发现该公司未对入网餐饮服务提供者的食品经营许可证进行审查，未及时更新入网餐饮服务提供者食品经营许可证，未及时制止入网餐饮服务提供者持过期许可证在其平台从事餐饮服务经营活动，以及未对入网餐饮服务提供者的违法行为进行监测，违反了《网络餐饮服务食品安全监督管理办法》第八条、第九条、第十条、第十一条和第十六条的相关规定。

2019 年 6 月，三亚市市场监督管理局依据《网络餐饮服务食品安全监督管理办法》对该公司做出警告，没收违法所得并处 14.2 万元罚款的行政处罚。

**2. 食品的污染途径及其防治**

食品的污染主要有生物性、化学性和放射性三种途径。

（1）食品的生物性污染及其防治。食品的生物性污染是指食品在生产、运输、储藏、销售和烹调的各个环节中，受到致病微生物和寄生虫及虫卵的污染。

人如果食用被一些有害生物污染的食品，会引起各种疾病，如食物中毒、肠道传染病、呼吸道传染病、寄生虫病等，甚至会导致癌症，危及生命。各种生物致病源中，黄曲霉素就是一种严重的致癌毒素。

黄曲霉素是一种常见霉菌——黄曲霉菌的代谢产物，它的毒性很大，可以破坏肝脏功能，并可诱发肝癌、胃癌、直肠癌等。它对食品的污染是人类健康的大敌。黄曲霉素耐热，一般的烹调加热处理无法将其破坏除去。

防止食品生物性污染的主要措施是加强食品卫生监督，提高食品卫生的科学管理水平，改善食品加工、储藏、运输、销售等环节的卫生条件和环境条件等。例如，要防止黄曲霉素的污染，得力的措施就是控制食品的储藏环境，防止食品发生霉变。

（2）食品的化学性污染及其防治。食品的化学性污染是指食品在生产、加工、储藏、运输和烹调过程中被有害化学物质污染。其污染源主要有以下几个方面：

1）化肥农药残留对食品的污染。由于农业上广泛和过量使用农药、化肥、杀虫剂、除草剂、动植物生长促进剂，对食品产生直接或间接的污染。而这些化学物质对食品乃至人体健康的危害究竟有多大，人们也是在实际生活中不断加深认识的。国家现对一些农药的使用条件、范围做了明确规定，以此来防止食品的污染；对越来越多的食品规定了各种化学有害成分的残留量标准，有效地控制了食品污染。

2）重金属对食品的污染。工业生产中的"三废"是造成食品重金属污染的主要途径。重金属中对人体危害较大的是汞、砷、铅等。重金属进入人体后，与蛋白质结合成不溶性盐而使蛋白质变性，使人体出现种种中毒症状。我国食品卫生标准对有害重金属的允许含量均有规定。

3）添加剂对食品的污染。食品添加剂主要有防腐剂、抗氧化剂、发色剂、漂白剂、凝固剂、疏松剂、着色剂、香精等。食品添加剂有天然与人工合成两类。对食品添加剂的允许使用种类，我国有严格的国家标准。食品添加剂的使用原本是为了改进食品品质、方便加工和储存等，但随着科学的进步，人们逐渐认识到添加剂使用不当会对人体造成危害。例如，防腐剂苯甲酸可引起过敏性哮喘；某些香料也可引起呼吸系统过敏性反应，出现荨麻疹、关节痛等症状。另有一些添加剂会诱发癌症，如腌腊肉制品中所加的硝酸盐、亚硝酸盐，它们虽然能使食品增色，也能防腐防霉，但亚硝酸盐可与蛋白质代谢的中间产物——仲胺，生成亚硝胺，亚硝胺有很强的致癌性。

（3）食品的放射性污染。相对于前两类而言，此种污染可以说是物理性污染。食品的放射性污染主要来自于放射性物质的开采、冶炼以及国防、医疗、生产中的应用与排放。放射性物质可污染大气、水、土壤和食物，人类会因呼吸、皮肤接触和进食等途径受其危害。放射性污染发生的频度大大低于前两者。

**3. 无公害食品、绿色食品、有机食品**

在温饱问题解决并且生活条件有所提高后，人们对食品的要求也日益提高，无公害食品、绿色食品、有机食品成为热度较高的名词。

（1）无公害食品。无公害食品是指产地环境、生产过程和产品质量符合国家有关标准和规范的要求，经认证合格获得认证证书并允许使用无公害农产品标志的未经加工或者初加工的食用农产品。无公害农产品的定位是保障基本安全、满足大众消费需要，是政府保证广大人民群众饮食健康的一道基本安全线。

无公害农产品认证分为产地认定和产品认证。产地认定由省级农业行政主管部门组织实施，产品认证由农产品质量安全相关部门组织实施。获得无公害农产品产地认定证书的产品方可申请产品认证。无公害农产品标志如图 10-1 所示。

（2）绿色食品。绿色食品并不是指绿颜色的食品，而是指符合环保要求，对生态无害，不含剧毒农药和对人体有害化肥的蔬菜、水果及各种食用后不影响人体健康的食品。简单地说，它是无污染、安全、优质、营养类食品的统称。

绿色食品标志作为特定的产品质量证明标志，已由中国绿色食品发展中心在原国家工商行政管理总局注册，从而使绿色食品标志专用权受《中华人民共和国商标法》保护。这样既有利于约束和规范企业的经济行为，又有利于保护广大消费者的利益。

绿色食品标志已在原国家工商行政管理总局注册的有四种形式，如图 10-2 所示。

图 10-1　无公害农产品标志

图 10-2　绿色食品标志

绿色食品标志是经中国绿色食品发展中心注册的质量证明标志，按国家商标类别划分的第 29、30、31、32、33 类中的大多数产品均可申报绿色食品标志。例如，第 29 类的肉、家禽、水产品、奶及奶制品、食用油脂等；第 30 类的食盐、酱油、醋、米、面粉及其他谷物类制品、豆制品、调味用香料等；第 31 类的新鲜蔬菜、水果、种子、活生物等；第 32 类的啤酒、矿泉水、水果饮料及果汁、固体饮料等；第 33 类的含酒精饮料。新近开发的一些新产品，只要经国家卫健委以"食"字或"健"字登记的，均可申报绿色食品标志。经国家卫健委公告的既是食品又是药品的品种，如紫苏、菊花、白果、陈皮、红花等，也可申报绿色食品标志。药品、香烟不可申报绿色食品标志。按照绿色食品标准，暂不受理蕨菜、方便面、火腿肠、叶菜类酱菜的申报。

（3）有机食品。国外最普遍的叫法是"Organic Food"，在其他语种中也称为生态食品、自然食品等。有机食品是指来自有机农业生产体系，根据有机认证标准生产、加工，并经独立认证机构认证的农产品及其加工产品，包括粮食、蔬菜、水果、奶制品、畜禽产品、蜂蜜、水产品、调料等。有机食品标志采用人手和叶片为创意元素，其含义为：一是一只手向上持着一片绿叶，寓意人类对自然和生命的渴望；二是两只手一上一下握在一起，将绿叶拟人化为自然的手，寓意人类的生存离不开大自然的呵护，人与自然需要和谐美好的生存关系。有机食品概念的提出正是这两种含义的实际应用。人类的食物从自然中获取，人类的活动应尊重自然规律，这样才能创造一个良好的可持续的发展空间。有机食品标志如图 10-3 所示。

图 10-3　有机食品标志

有机食品在其生产加工过程中绝对禁止使用农药、化肥、激素、抗生素、食品添加剂等人工合成物质，并且禁止使用基因工程技术及该技术的产物及衍生物；有机食品生产和加工过程中必须建立严格的质量管理体系、生产过程控制体系和追踪体系，因此一般需要有2~3年转换期；有机食品必须通过合法的有机食品认证机构的认证，有机食品的认证要求定地块、定产量。因此，生产有机食品要比生产其他食品难得多，需要建立全新的生产体系和监控体系，采用相应的病虫草害防治、地力保持、种子培育、产品加工和储存等替代技术。

# 第二节 酒

## 一、酒的分类

酒的品种繁多，分类的方法也有多种。日常生活中常用的酒的分类方法有以下几种：

（1）按酿制方法，酒可以分为蒸馏酒、发酵酒和配制酒。

1）蒸馏酒。蒸馏酒是指以糖或淀粉质为原料，经糖化、发酵、蒸馏而制成的酒。例如，我国的白酒，国外的白兰地、威士忌酒等。蒸馏酒的特点是酒精度较高，刺激性较强。

2）发酵酒。发酵酒或称压榨酒，它是指含糖或淀粉原料经糖化（或不经过糖化），发酵后直接提取或用压榨法制成的酒。例如，啤酒、葡萄酒、果酒等。发酵酒的特点是酒精度较低，刺激性较小，并具有一定的营养价值。

3）配制酒。配制酒是指将白酒或食用酒精与一定比例的糖料、香料、中药等配制而成的酒。例如，竹叶青、五加皮等。配制酒的特点是酒内含有一定的糖粉和固形物，有一定的药用价值。

（2）按酒精度的不同，酒可以分为高、中、低度酒三种。

高度酒的酒精度在40%（vol）以上，如高度白酒、白兰地等。

中度酒的酒精度在20%~40%（vol），如低度白酒和配制酒。

低度酒的酒精度在20%（vol）以下，如葡萄酒、果酒、啤酒、黄酒等。

（3）按经营习惯，酒可分为白酒、黄酒、啤酒、葡萄酒、果酒、配制酒、进口酒等。

## 二、酒的主要品种

### 1. 白酒

白酒又称烧酒、白干，它是以高粱、玉米等含淀粉较多的粮食或薯类为原料，以酒曲为糖化剂，用蒸馏法制成的高度酒，酒精含量一般在40%（vol）以上。白酒在酒类中占有重要位置，具有独特风格，酒液澄清透明，香气宜人，口味醇厚柔绵，甘润清冽，回味悠久。白酒中的主要成分是水、酒精以及少量的脂类、高级醇类、醛类、甲醇等。

（1）白酒按其香型不同，可分为清香型、浓香型、酱香型、米香型和复香型白酒。

清香型又称汾香型，其酒气清香芬芳、醇厚绵软，酒味醇正、余味爽净，以山西汾酒为代表，其他如衡水老白干等。

浓香型又称窖香型，其酒气芬芳浓郁、绵柔甘冽、香味协调、回味悠久，以四川五粮液为代表，其他如剑南春、古井贡酒、洋河大曲等。

酱香型又称为茅香型，其酱香突出、幽雅细致、回香绵长、酒体醇厚，以贵州茅台酒为代表，其他如郎酒、武陵酒等。

米香型蜜香清柔、入口绵甜、回味怡畅，以桂林三花酒为代表，其他如广西全州湘山酒、黑米酒等。

复香型又称兼香型、其他香型，即兼有两种以上香型的白酒风格，如董酒、老龙口酒、白沙液等。

（2）白酒按发酵状态，可分为固态白酒、半固态白酒和液态白酒。

1）固态白酒。固态白酒是采用固态糖化、固态发酵及固态蒸馏的传统工艺酿制而成的白酒。

固态白酒分为大曲酒、小曲酒、麸曲酒、混曲酒及其他糖化剂酒。大曲酒是以大曲为糖化发酵剂酿制而成的白酒；小曲酒是以小曲为糖化发酵剂酿制而成的白酒；麸曲酒是以麸曲为糖化剂，加酵母发酵酿制而成的白酒；混曲酒是以大曲、小曲或麸曲等为糖化发酵剂酿制而成的白酒；其他糖化剂酒是以糖化酶为糖化剂，加酿酒酵母发酵酿制而成的白酒。

2）半固态白酒。半固态白酒是采用固态培菌、糖化，加水后，在液态下发酵、蒸馏的以传统工艺酿制而成的白酒。

3）液态白酒。液态白酒是主要采用液态糖化、液态发酵、液态蒸馏而制成的白酒。

### 知识链接

**茅台酒简介**

茅台酒产于贵州仁怀县茅台镇。茅台酒是酱香型白酒的代表。茅台酒具有"酱香突出，幽雅细腻，酒体醇厚，回味悠长"的特殊风格，酒液清亮，醇香馥郁，香而不艳，低而不淡，闻之沁人心脾，入口荡气回肠，饮后余香绵绵。茅台酒最大的特点是"空杯留香好"，即酒尽杯空后，酒杯内仍余香绵绵，经久不散。茅台酒在历次国家名酒评选中，都荣获名酒称号。茅台酒还是许多重大的外事活动的"见证者"。

请登录贵州茅台酒股份有限公司官网（http：//www. moutaichina. com/），完成下列阅读和学习任务：

1. 贵州茅台酒股份有限公司有哪些系列的酒？请一一列举。

2. 从"防伪溯源"学习贵州茅台酒防伪识别方法。

3. 播放茅台3D虚拟游览，谈谈你的体会。

4. 登录茅台网上商城，看看你有何好的建议。

**2. 啤酒**

啤酒是以麦芽、水为主要原料，经过糖化，加入酒花，再经过发酵酿制的原汁酒，是酒类中酒精含量最低的酒之一，酒精度一般在 3.5%（重量比，下同）左右。啤酒中含有大量的二氧化碳，同时还含有多种营养成分，如糖类、蛋白质、氨基酸、维生素等，素有"液体面包"之称。其主要特点是：营养丰富，且营养成分易被人体消化吸收，发热量高，可健脾开胃、增进食欲。

（1）啤酒根据其麦芽汁浓度的不同，可分为低浓度、中浓度和高浓度啤酒三种。

1）低浓度啤酒。低浓度啤酒发酵前麦芽汁的浓度通常只有6%～8%，酒精含量约为2%，较适合夏天作为清凉饮料。它的稳定性差，需注意控制保存温度和保存期。

2）中浓度啤酒。中浓度啤酒原麦芽汁浓度为10%～20%，尤以11%～12%为最普遍，酒精含量约在3.5%。这是啤酒中产量最多的品种。

3）高浓度啤酒。高浓度啤酒原麦芽汁浓度在14%～20%，酒精含量在4.9%～5%。这种啤酒的稳定性较好，适宜储存和远销。

（2）啤酒根据颜色的深浅，可分为黄啤酒和黑啤酒。

1）黄啤酒。黄啤酒或称浅色啤酒，颜色呈浅黄色，口味较清爽，酒花香气较突出。这是啤酒中最主要的品种。

2）黑啤酒。黑啤酒或称深色啤酒，颜色呈咖啡色，富有光泽，用焦香麦芽作为原料，麦汁浓度较高，发酵度较低，固形物含量较高，口味比较醇厚，有明显的麦芽香。

（3）啤酒根据杀菌与否，可分为鲜啤酒和熟啤酒。

1）鲜啤酒。鲜啤酒也称为生啤酒或扎啤，未杀菌，味道鲜美，营养价值高，桶装或散装，适宜地产地销，但稳定性较差，保存期短。

2）熟啤酒。经过杀菌处理即为熟啤酒。熟啤酒稳定性较好，一般可保存60天以上，装瓶或装罐的熟啤酒可保存半年以上。

（4）特种啤酒。特种啤酒即在原辅材料或生产工艺方面有某些重大改变，使其改变了上述啤酒原有的风味，成为具有独特风味的啤酒。

1）干啤酒。它是原麦芽汁浓度为10%左右，实际发酵度在72%以上，成品色泽浅、苦味轻、口味爽净、低糖低热量的啤酒，含糖量一般为0.5%～1.5%。

2）低醇啤酒。它是酒精度为0.6%～2.5%的啤酒。

3）小麦啤酒。它是以小麦麦芽为主要原料（占总原料的40%以上）酿制的啤酒。

4）浑浊啤酒。它是在成品中含有一定量活酵母，有一定浑浊度的啤酒。

5）冰啤酒。它是在酿制过程中经过冰晶化处理的啤酒。

### 知识链接

**青岛啤酒简介**

青岛啤酒产自青岛啤酒股份有限公司，公司的前身是国营青岛啤酒厂，1903年由英、德两国商人合资开办。青岛啤酒选用优质大麦、大米、上等啤酒花和软硬适度、洁净甘美的崂山矿泉水为原料酿制而成。原麦芽汁浓度为12%，酒精含量为3.5%～4%。酒液清澈透明，呈淡黄色，泡沫清白、细腻而持久。

请登录青岛啤酒股份有限公司官网（http：//www.tsingtao.com.cn/）完成下列阅读和学习任务：

1. 了解青岛啤酒股份有限公司的简单情况。

2. 了解青岛啤酒股份有限公司的企业文化。

3. 了解青岛啤酒的家族品牌系列。

### 3. 葡萄酒

葡萄酒是用葡萄为原料经压榨和发酵酿制的低酒精发酵酒。其酒精度一般为7%~24%（vol）。葡萄酒具有天然色泽和水果香气，同时还具有酒的醇香。葡萄酒的主要成分有酒精、水、糖类、有机酸、无机物质、含氮物质、果胶质和各种维生素人体不可缺少的营养成分；葡萄酒中的微量元素参与人体的代谢；葡萄酒中含有少量的铁，具有补血作用；含有的肌醇、烟酸、多酚等成分，可以软化血管，对心血管患者很有好处。

葡萄酒的种类很多，一般按下列方法分类：

（1）按酒液色泽不同，可分为红葡萄酒、白葡萄酒和桃红葡萄酒（桃红色、玫瑰红、淡红色等）。

红葡萄酒是用红色或紫色葡萄为原料，采用皮肉混合发酵法制成的。其含糖量较高，酸度较低，酒味甜美微酸。

白葡萄酒是用黄绿色葡萄或红皮白肉的葡萄汁为原料，一般采用皮肉分离发酵而成。其含糖量较低，酸度稍高，酒味酸甜适口、醇厚芬芳。

桃红葡萄酒介于红、白葡萄酒之间。选用皮红肉白的酿酒葡萄，进行皮汁短时期混合发酵，达到色泽要求后进行分离皮渣，继续发酵，陈酿成为桃红葡萄酒。这类酒的色泽应该是桃红色或玫瑰红、淡红色。

（2）按含糖量不同，可分为干葡萄酒（含糖4%以下）和甜葡萄酒（含糖4%~14%）。

干葡萄酒味酸，清怡爽口。甜葡萄酒有明显的甜味。在国外，还有半干葡萄酒、半甜葡萄酒之分。

（3）按瓶中压力，分为平静葡萄酒和起泡葡萄酒。

平静葡萄酒，即在20℃时，二氧化碳压力小于0.05MPa的葡萄酒。

起泡葡萄酒，即在20℃时，二氧化碳压力等于或大于0.05MPa的葡萄酒。

（4）按添加剂的种类不同，又可分为起泡葡萄酒、利口葡萄酒和加香葡萄酒。

起泡葡萄酒，即在其中人工加入二氧化碳，也称为加气起泡葡萄酒。

利口葡萄酒，即在葡萄原酒中加入白兰地、食用精馏酒精或葡萄酒精以及葡萄汁、浓缩葡萄汁、含焦糖葡萄汁等，酒精度为15%~22%（vol）的葡萄酒。

加香葡萄酒，即以葡萄酒为酒基，浸泡芳香植物（或添加浸提物）而制成的，酒精度为11%~24%（vol）的葡萄酒。

（5）按饮用时间，分为餐前葡萄酒、佐餐葡萄酒和餐后葡萄酒。

餐前葡萄酒，也称开胃酒，如味美思及干雪利葡萄酒。

佐餐葡萄酒，在吃饭时饮用，通常由一般葡萄酿制而成。

餐后葡萄酒，其酒度和糖度均较高，与甜点一起食用。

（6）按葡萄来源不同，分为家葡萄酒和山葡萄酒。

家葡萄酒以人工培植的葡萄酿制而成。

山葡萄酒以野生山葡萄酿制而成。

### 4. 黄酒

黄酒又称料酒，是以糯米、黍米、玉米等含淀粉类粮食为主要原料，经酒药、麦曲糖化、发酵而酿成的低酒精压榨酒。其酒精含量一般在11%~20%（vol）左右。黄酒是我国最古老的一类饮料酒，因其多数品种呈黄色，故名为黄酒。黄酒以酒精度适中、营养丰富、品质优异、风味独特而驰名中外。它的主要成分有酒精、水、糖分、糊精、高级醇、氨基酸、维生素等。

黄酒根据酿酒原料、工艺及成品风格的不同，可分为江南黄酒、福建黄酒和北方黄酒三大类；按照黄酒的糖分不同，可分为干型黄酒、半干型黄酒、甜型黄酒、半甜型黄酒和浓甜型黄酒五种。

黄酒的主要品种有以下几种：

（1）绍兴加饭酒。它的酒精度为16%（vol），糖度为1%，属于半干型黄酒，因在生产时加入糯米饭而得名。绍兴加饭酒酒液黄亮有光，香气芬芳馥郁，滋味鲜甜醇厚，久藏不坏，越陈越香，当地又把它称为"老酒"，是绍兴黄酒的代表。

（2）福建陈缸酒。它产于福建省龙岩县龙岩酒厂，酒精度为15%（vol），糖度为27%，属于甜黄酒。它的酒液呈鲜艳透明的红褐色，有琥珀光泽，香气醇郁芬芳，糖度高却无甜型黄酒的黏稠感，饮后余香绵长，经久不息。该酒的香气是由红曲香、药曲香和米酒香在酿造过程中形成的混合香。

（3）即墨老酒。它的酒精度为12%（vol），属于甜型黄酒，是用山东盛名的黍米酿制而成的。其酒液黑褐而略带紫红，晶明透亮，浓厚挂杯，饮用香馥醇和，甘甜爽口，无刺激感，饮后微苦而有余香。

**5. 果酒**

果酒是以新鲜水果或水果汁为原料，经全部或部分发酵酿制而成的，酒精度为7%～18%（vol）的发酵酒。果酒都以果实名称命名。我国的果酒都属于甜酒型，酒精度一般为14%～15%（vol），主要有山楂酒、橘子酒、苹果酒、杨梅酒、海棠酒、草莓酒、梨酒、黑豆蜜酒、桑葚酒等。

**6. 配制酒**

配制酒是以发酵酒、蒸馏酒或食用酒精为酒基，加入可食用的辅料或食品添加剂，进行调配、混合或加工制成的，已改变了其原酒基风格的饮料酒。

根据加入的香料和药料的不同，我国的配制酒可以分为露酒和药酒两大类。

（1）露酒。用白酒或食用酒精、葡萄酒或黄酒作酒基，与一定比例的天然果实、鲜花、香料糖料、食用色素等配制而成，如红果酒、玫瑰酒、青梅酒等。

（2）药酒。用食用酒精、葡萄酒或黄酒浸泡各种药材配制而成。酒精度在20%～40%（vol），具有一定的滋补和疗效功能，种类很多，如竹叶青、人参酒、枸杞酒等。

### 知识链接

**国际著名酒品**

（1）白兰地（Brandy）。白兰地最早起源于法国，是以新鲜水果（主要是葡萄）或果汁为原料，经发酵、蒸馏、储存、调配制成的蒸馏酒，酒精度为38%～44%（vol）。可分为葡萄白兰地、水果白兰地等。白兰地品质最好者首推干邑。干邑是法国南部城市"Cognac"的音译，该地区出产的白兰地称为干邑白兰地，有"白兰地之王"的美称。

（2）威士忌（Whisky）。"威士忌"一词源自凯尔特人古语中的"uisge beatha"，意为"生命之水"。它是以麦芽、谷物为原料，经糖化、发酵、蒸馏、储存、调配而成的，酒精度为40%～44%（vol），琥珀色，微辣、醇香的蒸馏酒，可分为麦芽威士忌、谷物威士忌、调配威士忌等。苏格兰威士忌以其口感、香味享誉世界，是全球销量最高的威士忌。

### 三、酒的感官鉴定方法

**1. 啤酒的感官鉴定**

（1）透明度。酒液透明，无悬浮物。

（2）气味与口味。有酒花的香气和爽口苦味。如果有明显的酸味、馊味、铁腥味、老熟味、浓重甜味及其他异味，则为不合格产品。

（3）泡沫。细腻洁白，消失缓慢，有密集泡沫产生。如果倒入杯中后，泡沫消散很快，泡沫粗黄，不挂杯，则为不合格产品。

**2. 葡萄酒的感官鉴定**

（1）色泽。应具有天然色泽，清亮透明，不浑浊。

（2）香气。应有天然的水果香气，陈酒还具有浓郁的酯香，不应有其他杂味。

（3）滋味。酸甜适口，口感醇厚，软润爽口。

**3. 白酒的感官鉴定**

（1）色泽。无色，透明，无悬浮物和沉淀物。

（2）香气。酒液醇香，芳香扑鼻，饮后回味无穷。

（3）滋味。酒液味道醇厚，不苦酸，无怪味，无强烈刺激味。

# 第三节　茶叶与茶饮料

## 一、茶叶

茶叶发源于中国西南山区，自秦汉时期，就与中国人结下了不解之缘。茶叶不仅是我国重要的农副产品，也是人们休闲消费、人际交往、对外贸易的重要商品，凝结着深厚的中国文化。茶叶、可可、咖啡是世界性的三大饮料，而茶叶则是历史最悠久、适用范围最广、喜饮人数最多又不具有副作用的保健饮料。

**1. 茶叶的化学成分**

茶叶的化学成分十分复杂，主要有茶多酚、咖啡因、芳香油、糖类、蛋白质、氨基酸、矿物质、维生素、水分等。

（1）茶多酚。茶多酚是具有涩味的一种多酚类的混合物，由儿茶素、黄酮、花青素、酚醛缩合而成。茶多酚的功效有：降低血脂，抑制粥状动脉硬化；降低血糖；抗氧化，抗衰老；杀菌消炎；抗突变；等等。茶多酚是容易被氧化的化合物，红茶的颜色和滋味就是茶多酚氧化聚合的结果。新鲜嫩叶含有的茶多酚高于老叶。

（2）咖啡因。咖啡因为白色针状的晶体，无臭味，而稍有苦味。咖啡因有促进中枢神经兴奋、健心利尿、帮助消化、解毒等功效。新鲜嫩叶含有的咖啡因高于老叶。

（3）芳香油。它是赋予茶叶香气的主要成分，是由醛类、酮类、酯类、醇类组成的柠檬黄色的油状物组成的。芳香油容易挥发，所以新茶香气优于陈茶。

（4）氨基酸。高级茶含有的氨基酸多于低级茶，绿茶中含量最高。氨基酸有强心、利尿、松弛血管的作用。

（5）维生素。茶叶中含有较丰富的维生素 C，它能防止坏血病，促进脂肪氧化，降低胆固醇；还含有维生素 A、B、D、E 等。

**2. 茶叶的种类**

我国茶叶种类繁多，按茶叶加工方法，可分为绿茶、红茶、青茶、花茶、黑茶和其他茶六大类。

（1）绿茶。绿茶是我国茶叶中产量最大的一种，约占世界绿茶产量的70%，花色、品种之多也居世界之首。我国绿茶以香浓、味醇、形美、耐冲泡闻名，深受消费者欢迎，2019年的出口量约为 30 万 t。根据加工方法分为炒青、烘青、晒青、蒸青。

绿茶的加工工序为：鲜叶→杀青（炒或蒸）→揉捻→干燥（炒干、烘干或晒干）→绿毛茶。

绿茶的品质特点是：干茶色绿，味道清香，鲜醇爽口，浓而不涩，冲泡后清汤绿叶。

杭州"西湖龙井"就以"色绿、香郁、味甘、形美"四绝著称。其他如江苏的"洞庭碧螺春"、安徽的"黄山毛峰"、福建的"天山烘绿"、湖北的"恩施玉露"等都是绿茶中的名品。

（2）红茶。红茶是我国茶叶产量中较大的一种，其中工夫红茶以做工精细而闻名，畅销国内外。

红茶为发酵茶，即茶叶中的茶多酚在酶的作用下发生了氧化，其加工工序为：鲜叶→萎凋→揉捻→发酵→干燥。

红茶的品质特点为：干茶色泽乌黑油润，冲泡后汤色红艳明亮，叶底红亮，香味如甜花香或蜜糖香。

红茶包括：小种红茶，如福建的"正山小种"具有红汤红叶，味似桂圆汤的特点；工夫红茶，如云南的"滇红"、安徽的"祁红"、福建的"闽红"等都有条索紧细、香气纯正、滋味醇厚、叶底呈古铜色的特点；碎红茶，具有汤色明亮，味"强、浓、香、鲜"的特点。

（3）青茶。青茶又称乌龙茶，属半发酵茶类。它是介于红茶与绿茶之间的茶类。

青茶的加工工序为：晒青→摇青→凉青→杀青→初揉→初烘→包揉→复烘→烘干。

青茶的品质特点为：干茶外形条索粗壮，色泽青灰有光，茶汤橙黄清澈，香味浓郁，滋味浓爽。

青茶包括闽北青茶，在青茶中，"武夷岩茶"采制技术最为精细，质量也最好，具有外形粗壮、紧实、色泽油润，红点明显，不带梗，香味浓而持久，叶底红色比例多于铁观音的特点；闽南青茶，如"安溪铁观音"，具有条索粗壮、色泽黑绿乌亮、汤色金黄、滋味浓厚、入口微苦而后转甜的特点；广东青茶，如潮安的"凤凰单丛水仙"，具有条索卷曲紧密而粗壮、色泽青褐、汤色黄绿、滋味爽醇的特点；台湾青茶，如"乌龙白毫"，呈铜褐色，具有汤色橙红、滋味醇和的特点。

（4）花茶。花茶是我国特有的茶类，属再制品。它是用成品茶作原料，加入鲜花窨制而成。花茶的品种很多，产地主要集中在江苏、福建、浙江、安徽等省，都是以鲜花的名称来命名，主要有茉莉花茶、珠兰花茶、玉兰花茶、玳玳花茶等。

花茶的品质特点为：香气鲜灵，浓郁清高，滋味浓醇鲜爽，汤色清澈、淡黄、明亮，叶底细嫩、匀净、明亮。

（5）黑茶。黑茶又称紧压茶，是用较粗老的原料，长时间堆积发酵而成的，是藏族、蒙古族、维吾尔族等少数民族人们日常生活的必需品。

黑茶一般经杀青→揉捻→捂堆→干燥等工序压制而成。黑茶根据形状分为砖茶、饼茶、圆茶、方茶等。

黑茶的品质特点为：色泽黑褐油润，汤色橙黄或橙红，香味纯正不苦涩，叶底黄褐粗大。

黑茶的品种主要有湖南黑茶、湖北老青茶、四川边茶、滇桂黑茶，其中以云南普洱散茶和方茶最为出名，销往海内外。

（6）其他茶类。其他茶类包括白茶、黄茶、袋泡茶、速溶茶等。

1）白茶。白茶是我国的特产，因采摘的是细嫩、叶背多白茸毛的芽叶，加工时不炒不揉，晒干或烘干，使白茸毛完整保留而得名。其主要产于福建省的福鼎、政和、松溪和建阳等地。白茶的品质特点为：毫色银白，具"绿装素裹"之美感，芽头肥壮，汤色黄亮，滋味鲜醇，叶底嫩匀。白茶的主要品种有银针、白牡丹、贡眉、寿眉等。

2）黄茶。黄茶也属我国的特产，因在制茶过程中将茶叶进行焖堆渥黄而得名。黄茶的品质特点为：黄叶黄汤，多数叶芽细嫩显毫，香气浓醇。黄茶的品种主要有湖南的"君山银针""北港毛尖"，四川的"蒙顶黄芽"和安徽的"霍山黄芽"等。

3）袋泡茶。袋泡茶是在散茶的基础上发展起来的。其特点是冲饮方便，清洁卫生，泡茶时可以避免茶叶漂浮，也适合国外加糖、加奶的习惯，如大兴安岭的"北芪神茶"。

4）速溶茶。速溶茶是比较新型的茶饮品，它是用茶汁经浓缩干燥制成的。其特点是冲饮方便，冷热水均可冲饮，饮后杯中无茶渣，在加工过程中常加入各种香料、果料和某些对人体有益的成分。

**3. 茶叶的特性与保管**

（1）茶叶的基本特征。茶叶具有吸湿性、吸附异味性和陈化性三个基本特性。

茶叶中的一些成分，如糖类、蛋白质、茶多酚、果胶质等有机成分都是亲水性的。茶叶干燥后形成多孔性组织，使茶叶具有较强的吸附性，能够吸收水分和其他气味。茶叶吸收水分会使茶叶含水量增加，降低茶叶品质。茶叶如吸收异味，香气和滋味就大大降低，严重的还会失去饮用价值。茶叶一般都以新茶质量最好。茶叶在存放过程中，挥发性的芳香油会慢慢消失，色泽变暗、变深，茶味淡薄，茶中的茶多酚和可溶性固形物含量也明显下降，这种现象称为茶叶陈化。茶叶陈化会使茶叶的品质不断降低。存期越长，茶叶陈化的程度越严重。

（2）茶叶的保管方法。主要有以下几种保管方法：

1）仓库保管。仓库保管适宜长期储存。储藏方法不当会影响茶叶的质量，所以储藏时应注意以下四点：①地势要较高，排水容易；②仓库门窗力求严密，与外界有较好的隔绝，仓库周围没有恶劣的气味；③温度不得超过30℃，相对湿度在65%以下；④防霉、防虫、防鼠害。

2）零售保管。在零售现场，应把小包装的茶叶放在干燥、清洁和具有一定封闭性条件的容器内，将容器堆放在干燥、无异味的场所，并防止日晒。高档茶叶应放在密闭的铁皮罐中存放，抽氧充氮，避光冷藏保管。可预先将茶叶水分干燥至4%～5%，装入不透气、不

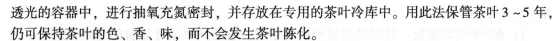

透光的容器中，进行抽氧充氮密封，并存放在专用的茶叶冷库中。用此法保管茶叶 3~5 年，仍可保持茶叶的色、香、味，而不会发生茶叶陈化。

**4. 茶叶的感官鉴别方法**

（1）茶叶的外形鉴定。茶叶的外形鉴定包括条索、嫩度、色泽和净度四项指标，主要反映原料鲜叶的老嫩程度和制茶工艺是否恰当。

1）茶叶条索的感官鉴定。条形茶叶的外形称为条索。观察茶叶条索的紧松、曲直、匀整、轻重，条索紧细的质量好，条索粗大轻飘的质量差。各类茶外形特征为：红茶、绿茶、花茶以条索紧细、圆直、均匀、质量大者为好，粗松开口者较差；扁形茶以扁平、挺直为好；青茶以条索肥壮、紧细、质量大、均匀者为好；黑茶要求外形符合规格要求，块形完整，表面、边角整齐光滑，不龟裂、不掉面、不残缺，厚薄均匀，无茶梗露出，压印端正清晰。

2）茶叶嫩度的感官鉴定。嫩度是指茶叶芽头多少、叶质老嫩、条索的光润度和锋苗的比例，芽头多、叶质细嫩、锋苗多为好，粗松、叶质老则质量较差。鉴定主要依靠手指触觉，方法是将浸泡过的湿叶倒在盘子上排平，柔软、肥厚、细嫩、细紧的为最好，粗老、粗松、瘦薄的为最差。

3）茶叶色泽的感官鉴定。色泽是指茶叶的颜色和光泽。凡是色泽调和一致、明亮光泽、油润鲜活的茶叶较好，色泽较杂、枯暗无光则质量较差。

4）茶叶净度的感官鉴定。净度是指茶叶中杂质含量的多少。茶叶中的杂质有两类：一是茶类杂质（梗、籽、片、末等）；二是非茶类杂质（杂草、树叶、泥沙、石子等）。正品茶叶中不允许夹有任何杂质，副品茶叶中不能含有非茶类杂质。

（2）茶叶的内质鉴定。鉴定茶叶的内质时，先从审茶盘中不同部位称取 3~5g 的茶样，在 150mL 杯中，用沸水冲泡 5min，然后将茶水倒进审茶碗中，叶底先留在杯中。打开杯盖，先嗅杯中的香气，再看汤色、品尝滋味，最后看茶叶的嫩度、色泽和均度。

1）茶叶香气的鉴定。香气是指用嗅觉来评审香气的纯正度、强弱和持久度，以及是否有烟、焦、霉味或其他异味。鉴定的方法是：不要把杯盖完全打开，半开半掩，闻后仍旧盖好。首先是热嗅，主要嗅香气的强弱，分辨是新茶还是陈茶，有无烟熏气味或霉味；其次是温嗅，主要辨别香气的强弱，有无特殊的香气；最后是冷嗅，主要看香气能否持久，有无异味等。例如，高级红茶要具有甜香，细嫩鲜叶制成的绿茶要有栗子香，青茶则两者兼而有之，花茶香气则要求纯正、持久、鲜灵。

2）茶叶汤色的鉴定。汤色是指茶叶内含物被开水冲泡出的汁液所呈现的色泽。茶叶的汤色主要取决于茶多酚和叶绿素的变化。经过发酵的茶叶，茶多酚受不同程度的氧化聚合而产生数量不等的茶红素、茶黄素和茶褐素。红茶的汤色以红鲜明亮者优，绿茶的汤色以碧绿清澈者优，青茶以橙黄明亮者优，花茶以浅黄明亮者优，沱茶、方普洱茶则以黄亮者优。

3）茶叶滋味的鉴定。滋味是指茶叶经热水冲泡后，大部分可溶性有效成分进入茶汤形成的味道。茶叶的滋味是茶多酚、咖啡因、氨基酸、糖等多种成分的综合反应，另外，茶叶的香气也与滋味密切相关。鉴定茶叶滋味主要辨别茶汤滋味的浓淡、强弱、鲜爽、醇和、甜苦等。鉴定的方法是：从茶碗里舀一匙茶汤送入口中，不要直接咽下，用舌头在口腔内打转 2~3 次后，再吐出，质量好的茶叶，其滋味入口后稍有些苦涩之感，但很快就有回甜清爽的感觉。质量好的花茶醇厚甘甜，与绿茶相似，因鲜花香气明显，滋味更加鲜爽；黑茶则以醇厚者为优。

4）茶叶的叶底鉴定。叶底是指浸泡后的茶叶。它能反映茶叶原料的老嫩、色泽、均度。质量好的红茶，其叶底细嫩、多芽、红艳，具明亮的铜板色；质量好的绿茶，叶底细嫩、整齐，叶肉厚而柔软，有明亮的橄榄色；质量好的青茶叶底为绿叶红镶边，其叶脉、叶缘部分为红色，其余为绿色，叶肉厚软；质量好的花茶叶底类似，以黄绿均匀者为优。

（3）新茶与陈茶的鉴别。主要从以下几个方面进行鉴别：

1）茶叶外观。新茶干硬疏松、色泽新鲜；陈茶紧缩暗软。

2）茶叶叶片。新茶比较干燥，手指捻动变成粉末；陈茶软而重，不易捻碎，茶叶含水量超过10%就失去了饮用价值。

3）茶叶茶梗。新茶茶梗一折即断；陈茶不易折断。

4）茶叶汤色。新茶汤色澄清而香气足，陈茶汤色变褐，香味差。

## 二、饮料

饮料是指以水为基本原料，采用不同的配方和制造方法生产出供人们直接饮用的液体食品。饮料除给人提供水分外，还含有糖、酸、乳及各种氨基酸、维生素、无机盐、果蔬汁等营养成分，对人体所需的营养素起到补充作用。根据国家统计局快报数据，2020年5月全国饮料行业总产量为约1653.3万t，比去年同期增长0.8%。

**1. 饮料的分类**

饮料一般可以分为含酒精饮料、无酒精饮料和其他饮料三类。

（1）含酒精饮料。它属于发酵饮料，是用蔗糖、面包和啤酒花经酒精酵母发酵而制得的，其酒精含量在1%以下，含有少量糖。它既有一般清凉饮料的性质，又有发酵饮料的特点。这种饮料除清凉爽口、消暑解渴、提神助兴外，还有特殊的风味和香气，并具有多种有益的功能，如各种格瓦斯等。

（2）无酒精饮料。无酒精饮料又称清凉饮料、软饮料。目前市场上销售的饮料品种繁多，通常可以分以下几类：

1）碳酸饮料。它是用人工配制并充二氧化碳气而制成的饮料，通常称为汽水。其主要原料是水、甜味剂、酸味剂、香精、着色剂和二氧化碳等。碳酸饮料根据含糖量可分为：可溶性固形物含量不低于9.0%，并不添加任何甜味剂的全糖碳酸饮料；可溶性固形物含量不低于4.5%，允许添加甜味剂的低糖碳酸饮料。碳酸饮料还可分为果味型、果汁型、可乐型和低热量型。

果味型汽水是以食用香精为主要赋香剂以及原果汁含量低于2.5%的碳酸饮料。这类汽水营养价值不大，只起到清凉解渴的作用，属于普通汽水，如橘子汽水、柠檬汽水等。

果汁型汽水是原果汁含量不低于2.5%的碳酸饮料，采用各种鲜果汁为原料，与蔗糖、柠檬酸等配制而成。它具有水果特有的色、香、味，营养丰富，如杨梅汽水、橙汁汽水、菠萝汽水、混合果汁汽水等。

可乐型汽水是指含有焦糖色素、可乐香精、水果香精，类似可乐果、水果香型的辛香和果香混合香气的碳酸饮料，具有枣红色泽和特有的香味，属于浓香型汽水，如可口可乐、百事可乐、非常可乐等。无色可乐可不含焦糖色素。

低热量型汽水是以甜味剂全部或部分代替糖类的各型碳酸饮料，其热量每100mL不高于 75kJ。

2）果蔬汁饮料。果蔬汁饮料的主要原料是果蔬汁，取自新鲜水果和蔬菜，一般可以分为天然果蔬汁、带肉果蔬汁、浓缩果蔬汁三类。

天然果蔬汁是指新鲜果蔬经过压榨处理后直接得到的原汁，不加任何其他成分。

带肉果蔬汁是指含有均匀细致果肉的一类饮料，它是将新鲜果肉经打浆、磨细，并经过一系列的处理后得到的。

浓缩果蔬汁是以原果汁为原料，一般不加糖或加少量食糖浓缩而成。目前生产的浓缩果蔬汁以柑橘汁、苹果汁、番茄汁、红豆汁和浆果类果蔬汁为最多。

3）保健饮料。保健饮料是一种以增进人体健康为宗旨的饮料。根据保健饮料的性质和效用，可以分为强化饮料、疗效滋补饮料、运动饮料和花粉饮料四类。

4）矿泉水饮料。它多是从地下水脉涌出的，含有无机盐和游离二氧化碳的泉水，含无机盐在 1000mg/L 以上，或含游离二氧化碳在 250mg/L 以上；包括天然矿泉饮料和人工矿泉饮料。我国矿泉的分类：按温度，分为冷泉（常温）、温泉（40℃左右）和热泉（70℃以上）；按化学成分，可分为碳酸泉、硫酸泉、氢泉、氟泉、铁泉和其他泉。

5）固体饮料。它是将各种原料调配、浓缩、干燥而成，或将各种原料粉碎、混合后呈固体的饮料。它不能直接饮用，需用水冲调后才可饮用，主要品种有麦乳精、橘子精、菠萝精等。

（3）其他饮料。主要包括：以牛奶为原料加入配料可制成乳性饮料，如果汁牛奶、巧克力牛奶等；用乳类、蛋、糖、稳定剂等原料配置、冷冻而成，如冰激凌、雪糕、冰棍等；以牛乳、羊乳的脱脂乳等为原料，将其杀菌后接入乳酸菌，经发酵而制成的具有特殊风味的乳制品，它的营养价值高于一般饮料，如酸乳、活性乳等；用植物蛋白、微生物蛋白制成的饮料，其蛋白含量在 2.5% 以下，如豆乳、果汁豆乳等。

**2. 饮料的质量鉴别**

（1）从标签内容判断质量。饮料产品标签上应注明品名、生产日期、保质期、主要原料辅料和生产厂名、厂址等。判定该饮料是否在保质期内，如已超出保质期，则质量无保证，不宜购买。判断该饮料是否名副其实，例如，果蔬汁饮料应标明果蔬原汁含量，乳饮料应标明非乳脂固形物含量，植物蛋白饮料应标明植物蛋白固形物含量，天然矿泉水则应标明矿化成分表和规定指标。

（2）从外观上判断质量。果味型汽水不应出现絮状物；塑料瓶装与易拉罐汽水手捏不软、不变形；罐装饮料如发现"胖听"，则说明饮料内微生物繁殖产生大量气体，不宜饮用；各种包装饮料均不应有渗漏现象；果茶之类饮料及其他一些饮料，如太黏稠、太鲜红或颜色异常，表明增稠剂和色素过量。

（3）从气味和味道判断质量。各种饮料都有其相应的香气和滋味，无异味、无刺鼻感。

（4）从实质判断质量。果味饮料应清澈透明、无杂质、不浑浊；果汁饮料因加入果汁和乳浊香精，会有浑浊感，但应均匀一致、不分层、无沉淀和漂浮物；固体饮料不应有结块、潮解和杂质。

## 第四节 酱油和食醋

酱油是一种红棕色、氨基酸含量和营养价值较高的复合调味品，是餐桌上不可缺少的佐餐食品。

食醋是以淀粉质为主要原料，在微生物的作用下，经过一系列生物化学反应的一种复杂的生物化学过程，酿制的含有醋酸、乳酸、糖、氨基酸等成分的调味品。食醋除具有杀菌、防腐作用之外，还具有保健和美容作用。经常饮用食醋可预防感冒，对治疗高血压、冠心病等均有疗效。

## 一、酱油

### 1. 酱油的分类

（1）**按生产原料分类**。欧美等一些国家以食用不经发酵的蛋白质水解液为主；我国大部分工厂以豆粕和大豆为主要原料；南方大豆缺乏的地区，也用豌豆、葵花子饼、花生饼、棉粒饼等代用原料；广东、福建等地以海产小鱼或小虾为原料；也有以牛奶蛋白质酿制的酱油。

（2）**按加工方法分类**。主要可分为以下几类：

1）酿造酱油。它是以大豆或脱脂大豆、小麦或麸皮为原料，经过微生物发酵制成的具有色、香、味的液体调味品。

2）改制酱油。改制酱油也称花色酱油或配制酱油，是以酱油为原料，再配以辅料制成的。它具有辅料的特殊风味，如虾子酱油、蘑菇酱油、五香酱油、云南甜酱油等。

3）配制酱油。它是以酿造酱油为主体，与酸水解植物蛋白调味液、食品添加剂等配制而成的液体调味品。

（3）**按物理状态分类**。主要可分为以下几类：

1）液体酱油。酱油呈液体状态。

2）固体酱油。它是把液体酱油配以蔗糖、精盐、助鲜剂等原料，用真空低温浓缩的方法加工定型制成的。

3）粉末酱油。它是将酱油直接干燥而制成的。

固体酱油和粉末酱油均具有运输方便、便于储存的优点。

（4）**按酱油的颜色分类**。主要可分为以下几类：

1）浓色酱油。浓色酱油又称老抽，颜色呈深棕色或棕褐色。

2）淡色酱油。浓色酱油又称白酱油、生抽，颜色为淡黄色，供一部分出口和加工特殊食品用。

（5）**根据成品中含盐量分类**。主要可分为以下几类：

1）含盐酱油。它是在生产过程中加入食盐而酿造的酱油。

2）忌盐酱油。它是为肾病患者的特殊需要而制成的渗析膜减盐酱油，食盐含量只有普通酱油的1/2左右，保存时应注意防霉变质。

### 2. 酱油的感官质量鉴别

酱油的质量因原料的种类、配方、酿造工艺不同而有所差别。

（1）色泽。优质酱油：色泽为红褐色，鲜艳、有光泽、不发乌。劣质酱油：无光泽、发乌，一般多为添加色素过多所致。

（2）体态。优质酱油：体态澄清，浓度适当，无沉淀物，无霉花、浮沫。劣质酱油：浓度较低，黏稠度较小，因此流动稍快。存放很久后摇动瓶子时，酱油变浑浊，有沉淀，有霉花、浮沫。

（3）气味。优质酱油：具有酱香或酯香等特有的芳香味，无其他不良气味。劣质酱油：无酱油的芳香或香气平淡，且有焦煳、酸败、霉变和其他令人厌恶的气味。

（4）滋味。优质酱油：味道鲜美适口而醇厚，柔和味长，咸甜适度，无异味。劣质酱油：有苦、涩、酸等不良异味和霉味，醇味薄，没有酱香味。

## 二、食醋

### 1. 食醋的分类

（1）**根据生产原料分类**。主要可分为以下几类：以高粱为原料的山西老陈醋；以糯米为原料的镇江香醋；以大米为原料的江浙玫瑰米醋；以白酒为原料的丹东白醋；以糯米、红曲、芝麻为原料的福建红曲老醋；以凤梨或香蕉为原料的凤梨醋或香蕉醋；等等。

（2）**按酿制工艺分类**。主要可分为以下几类：

1）固态发酵食醋。它是以粮食及其副产品为原料，采用固态醋酸发酵而成的食醋。例如，老陈醋是以高粱为主要原料，以大曲为发酵剂，采用固态醋酸发酵，经陈酿而成的食醋；麸醋是以麸皮为主要原料，以醋曲为发酵剂，采用固态发酵工艺酿制而成的食醋。

2）液态发酵食醋。它是以粮食、糖类、酒类、果类为原料，采用液态醋醪发酵酿造而成的食醋。

（3）**按加工方法分类**。主要可分为以下几类：

1）酿造食醋。它是单独或混合使用各种含有淀粉、糖的原料或酒精，经微生物发酵酿制而成的液体调味品。

2）改制食醋。它是以食醋为原料，再配以辅料制成的。它具有辅料的特殊风味，如蒜汁醋、姜汁醋等。

3）配制食醋。它是以酿造食醋为主体，与冰乙酸、食品添加剂等混合配制而成的调味食醋。

（4）**按食醋的颜色分类**。主要可分为以下几类：

1）浓色陈醋。它是经烤焙、陈酿，颜色呈深棕色或棕褐色的食醋。

2）米醋。它是以淀粉质为原料经发酵酿制而成的淡黄色的酸性调味品。

3）白醋。它是以酒精为原料，经醋酸菌作用而制成的食醋。

（5）**根据成品中含酸量分类**。主要可分为以下几类：

1）高度食醋。它是醋酸含量高于 5.0g/100mL 的食醋。

2）低度食醋。它是醋酸含量高于 3.5g/100mL、低于 5.0g/100mL 的食醋。

### 2. 食醋的感官质量鉴定

（1）色泽。优质食醋：呈琥珀色，棕红色或白色。劣质食醋：色泽不正常，发乌、无光泽。

（2）体态。优质食醋：液态澄清，无悬浮物和沉淀物，无霉花浮膜，无醋鳗、醋虱或醋蝇。劣质食醋：液态浑浊，有大量沉淀，有片状白膜悬浮，有醋鳗、醋虱或醋蝇。

（3）气味。优质食醋：具有食醋固有的气味和醋酸气味，无其他异味。劣质食醋：失去了固有的香气，具有酸臭味、霉味或其他不良气味。

（4）滋味。优质食醋：酸味柔和，稍有甜味，无其他不良异味。劣质食醋：有刺激性

的酸味，具有涩味、霉味或其他不良异味。

### 3. 酿造醋与配制醋的鉴别

酿造醋是以淀粉质（高粱、糯米、大米等）为主要原料，经发酵酿制成醋，再经过滤消毒而成的。酿造醋的液体浓稠，色泽清澈，无沉淀。酿造醋含有乙酸乙酯、乳酸乙酯等多种发酵香味成分，营养丰富，醋香浓郁，气味柔和，酸中带甜，口味醇和。

配制醋是用食用冰醋酸加水配制而成的。配制醋的液体稀薄，有透明感，色泽暗红，因为掺有香精，香精味浓，有较强的刺激性酸味，回味稍有苦味。

### 4. 优质食醋介绍

山西老陈醋是以优质高粱为主要原料，经蒸煮、糖化、酒化等工艺，再以高温快速醋化，经温火焙烤和夏日晒、冬捞冰陈酿而成的。它具有色泽黑紫、液体清亮、酸香浓郁、绵柔、醇厚不涩、越陈越香、久放不腐的特点。

镇江香醋是以优质糯米为主要原料，经酿酒、制醅、淋醋、晒露四大工艺酿制而成的。镇江香醋呈深褐色，色泽光亮，香气芬芳，口味酸而不涩，香而微甜，浓稠醇厚。它具有"色、香、酸、醇、浓"的特点。

四川麸醋是以麸皮、小麦、大米为主要原料，用泉水做溶剂，配以多种中药发酵而成的。它色泽黑褐，酸味浓厚，酯香浓郁，稍带鲜味，是一种风味独特的调味品。

福建红曲醋是选用优质糯米、红曲、芝麻为原料，液体发酵，三年陈酿而成的。它具有色泽棕黑、酸而不涩、酸中带甜、芝麻香气浓郁的特点。

## 第五节　乳及乳制品

乳也称乳汁，是哺乳类动物为哺育下一代，从母体乳腺中分泌的一种乳白色的乳液。乳是具有高营养价值、价格低廉的天然食物，也是人类的重要食品。乳及乳制品中的营养素，对儿童、老、弱、病、残人士均有很重要的生理学意义，对提高整个人类的身体素质具有重要意义。乳制品也称乳品，是指以乳为主要原料加工制成的各种食品的总称。

### 一、乳的化学成分

不论哪种哺乳动物的乳，其化学成分按物质类别来看都是基本相同的，都含有水、蛋白质、乳脂肪、乳糖、无机盐、维生素、酶类等若干类。但不同种类的乳中，各类成分的含量略有不同。牛乳的化学成分大致如下：

### 1. 水分

牛乳中的水分通常为87%左右，最高可达90%，最低为80%。牛乳的水分是牛乳中其他成分的分散介质。母牛产犊后7天以内的乳称初乳，初乳有特殊气味，以蛋白质和无机盐含量较高，且含有多量的免疫球蛋白和维生素，营养价值丰富。

### 2. 乳脂肪

从乳中分离出来的脂肪称为白脱油或黄油。奶油，乳及乳制品之所以具有美好的风味和广泛的用途，均与乳脂肪密切相关。牛乳脂肪通常在3.5%左右，但由于牛的种类和品种的不同，有一定的差异。牛乳脂肪中含有20种以上脂肪酸，必需脂肪酸含量较多，营养价值高。

### 3. 蛋白质

乳中的蛋白质按其存在状态可分为溶解的和悬浮的两大类，乳中的蛋白质含量为3%～4%，其中酪蛋白占2.8%左右，白蛋白占0.5%左右，球蛋白占0.1%左右。牛乳蛋白质是由20余种氨基酸组成的，是一种完全蛋白质。

### 4. 乳糖

乳糖是乳汁中特有的、最稳定的成分，在普通的牛乳中，其含量通常为4%～6%。乳糖是由半乳糖和葡萄糖组成的，乳糖不溶于水，但可溶于乳汁的水分中。婴儿消化道内缺乏乳糖酶，当饮用牛乳时，发生腹泻症状，称为"乳糖不耐症"，故应提倡母乳喂养。

### 5. 无机盐

乳中所含的无机盐为0.7%左右，主要有钙、钾、钠、磷、硫等。牛乳中可溶性钙占总钙的30%以上，因此它是补钙的最佳食品。

### 6. 维生素

牛乳中含有人体所需要的多种维生素，其中维生素A和B高于一般食品，除维生素C外，大多数维生素热稳定性较高。牛乳中维生素D的含量较少，若作为婴儿食品，应予强化。

### 7. 酶类

乳中含有过氧化酶、还原酶、淀粉酶、乳糖酶、磷酸酶等酶系。

### 8. 其他物质

乳中含有磷脂、胆固醇、色素、气体、免疫体等物质。

## 二、乳制品的分类

按产品形态和生产工艺不同，乳制品通常可划分为奶粉、炼乳、奶油等。

### 1. 奶粉

奶粉是以新鲜牛奶为原料，经消毒杀菌，在一定真空度下浓缩干燥而成的淡黄色粉状制品。与鲜乳相比，它具有耐储存，携带、运输、食用方便等特点。奶粉在鲜牛奶供应不是很便利的时候，作为鲜牛奶的替代品，在人们的生活中占有很重要的地位。如今，鲜牛奶供应越来越便利，奶粉这种商品逐渐发展成一种功能性的营养品。奶粉的主要种类有以下几种：

（1）全脂奶粉。它是仅以牛乳或羊乳为原料，经浓缩、干燥制成的粉状产品。它基本保持了牛乳或羊乳的营养成分，适用于全体消费者，但最适合于中青年消费者。

（2）脱脂乳粉。它是仅以牛乳或羊乳为原料，经分离脂肪、浓缩、干燥制成的粉状产品。脱脂乳粉由牛奶脱脂后加工而成，口味较淡，适于中老年、肥胖和不适于摄入脂肪的消费者。

（3）调味奶粉。它是仅以牛乳或羊乳（或全脂乳粉、脱脂乳粉）为主料，添加调味料等辅料，经浓缩、干燥（或干混）制成的、乳固体含量不低于70%的粉状产品。

（4）特殊配制奶粉。它适于有特殊生理需求的消费者。这类配制奶粉都是根据不同消费者的生理特点，去除了乳中的某些营养物质或强化了某些营养物质（也可能二者兼而有之），故具有某些特定的生理功能，如婴儿奶粉、中老年奶粉、低脂奶粉、糖尿病奶粉等。

（5）婴儿奶粉。根据GB 10765—2010《食品安全国家标准　婴儿配方食品》，婴儿是指0～12月龄的人。乳基婴儿配方食品是指以乳类及乳蛋白制品为主要原料，加入适量的维生素、矿物质和/或其他成分，仅用物理方法生产加工制成的液态或粉状产品。它适合正常婴儿食用，其能量和营养成分能够满足0～6月龄婴儿的正常营养需要。产品中所使用的原料应符合相应的安全标准和/或相关规定，应保证婴儿的安全、满足营养需要，不应使用危害婴儿营养与健康的物质。所使用的原料和食品添加剂不应含有谷蛋白；不应使用氢化油脂；不应使用经辐照处理过的原料。

产品中所有必需成分是婴儿的生长和发育所必需的。产品在即食状态下每100mL所含的能量应在250kJ（60kcal）～295kJ（70 kcal）范围。能量的计算按每100mL产品中蛋白质、脂肪、碳水化合物的含量，分别乘以能量系数17kJ/g、37kJ/g、17kJ/g（膳食纤维的能量系数，按照碳水化合物能量系数的50%计算），所得之和为千焦/100毫升（kJ/100mL）值，再除以4.184为千卡/100毫升（kcal/100mL）值。产品标签应符合GB 13432的规定，营养素和可选择成分含量标识应增加"100千焦（100kJ）"含量的标示。标签中应注明产品的类别、婴儿配方食品属性（如乳基或豆基产品以及产品状态）和适用年龄。

可供6月龄以上婴儿食用的配方食品应标明："6个月龄以上婴儿食用本产品时，应配合添加辅助食品。"婴儿配方食品应标明："对于0～6月的婴儿最理想的食品是母乳，在母乳不足或无母乳时可食用本产品。"标签上不能有婴儿和妇女的形象，不能使用"人乳化""母乳化"或近似术语表述。

（6）较大婴儿和幼儿配方奶粉。根据GB 10767—2010《食品安全国家标准 较大婴儿和幼儿配方食品》，较大婴儿是指6～12月龄的人，幼儿是指12～36月龄的人。较大婴儿和幼儿配方食品是指以乳类及乳蛋白制品和/或大豆及大豆蛋白制品为主要原料，加入适量的维生素、矿物质和/或其他辅料，仅用物理方法生产加工制成的液态或粉状产品。适用于较大婴儿和幼儿食用，其营养成分能满足正常较大婴儿和幼儿的部分营养需要。产品中所使用的原料应符合相应的安全标准和/或相关规定，应保证较大婴儿和幼儿的安全、满足营养需要，不应使用危害较大婴儿和幼儿营养与健康的物质。不应使用氢化油脂；不应使用经辐照处理过的原辅材料。产品标签应符合GB 13432—2013的规定，预包装特殊膳食用食品中能量和营养成分的含量应以每100g（克）和（或）每100mL（毫升）和（或）每份食品可食部分中的具体数值来标示，当用份标示时，应标明每份食品的量，份的大小可根据食品的特点或推荐量规定。如有必要或相应产品中另有要求的，还应标示出每100kJ（千焦）产品中各营养成分的含量。应标示预包装特殊膳食用食品的食用人群。对于特殊医学用途婴儿配方食品和特殊医学用途配方食品，适宜人群按产品标准要求标示。

（7）学生奶粉。学生奶粉强化补充DHA（不饱和脂肪酸）、牛磺酸、钙、镁、锌、铁等物质，并添加双歧杆菌增殖因子，调节胃肠机能，富含低聚果糖、β-胡萝卜素，钙质、铁质及叶酸、牛磺酸等，有效促进学生的智力及骨骼发育。

（8）产妇奶粉。产妇奶粉参照中国人每日所需要营养标准，合理强化孕妇、产妇必需的铁、锌、钙、维生素D、维生素C、维生素E、叶酸等多种维生素和微量元素。

（9）中老年奶粉。中老年奶粉调整了脂肪、蛋白质和碳水化合物的比例，并强化了维生素和微量元素等营养强化剂，具有中老年保健作用。专为中老年人所设计的奶粉，最突出的特点是降低脂肪含量的同时，添加了多种不饱和脂肪酸，使奶粉中的饱和脂肪酸、单不饱和脂肪酸与多不饱和脂肪酸的比例合理化。除此以外，奶粉中还添加了包括钙、维生素$D_3$、维生素A和维生素E在内的多种营养成分。

**2. 炼乳**

炼乳是鲜奶的浓缩制品，是以鲜牛奶为原料经杀菌消毒、蒸发、浓缩、冷却而得到的黏稠状浓乳。

炼乳分甜炼乳（加糖炼乳）和淡炼乳（不加糖炼乳）两种，以甜炼乳销量最大。在原料牛乳中加入15%~16%的蔗糖，然后将牛乳的水分加热蒸发，浓缩至原体积的40%左右时，即为甜炼乳；浓缩至原体积的50%时，不加糖者为淡炼乳。

**3. 奶油**

奶油也称奶酪、黄油、白脱油，可分为鲜制奶油、酸制奶油、连续式机制奶油、重制奶油等几种类型。奶油是由鲜乳中分离出的乳脂肪，经成熟、搅拌、压缩所制成的乳制品。它是一种高脂肪性（含脂肪80%以上）食品，发热量高，同时还含有维生素A、D、E等，既是西餐的配料，又是制造糖果、糕点的原料。

## 三、乳及乳制品的感官质量要求

**1. 鲜乳的感官质量要求**

（1）色泽。生鲜乳的色泽应为乳白色或略带微黄色，不得有红色、绿色或其他颜色。如果奶液发白、稀薄、不易挂杯，取一滴放在玻璃片上，乳滴不成形、易流散，则是掺水奶。

（2）气味和滋味。刚挤出的牛乳中含有糖类和挥发性脂肪酸，因而略带甜味，并有乳的特有香气。

（3）组织。鲜乳应均匀、不分层，无沉淀、无凝块、无杂质。鲜乳上有水状物析出的是陈乳。鲜乳煮开后表面有奶皮（乳脂）的是好奶，表面呈豆腐花状的是变质牛奶。

**2. 奶粉的感官质量要求**

（1）气味和滋味。正常的奶粉应具有消毒牛乳的香味，无其他杂味，凡气味中带有苦味、腐败味、发霉味、化学药品和石油产品气味等，一律为不合格品。

（2）组织状态。正常奶粉应呈干燥的粉末状，无凝块或团块。袋装奶粉用手指捏住包装袋来回摩擦，纯奶粉质地细腻，发出"吱吱"声，掺假奶粉由于掺有白糖、葡萄糖等成分，颗粒较粗，发出"沙沙"声。

（3）色泽。正常的奶粉应呈浅乳黄色，而且色泽均匀一致。如果出现显著黄色或淡白色，可能是原料乳不新鲜或掺入蔗糖过多所致。

（4）冲调性。将奶粉倒入25℃的水中，水面上的奶粉很快润湿并下沉，完全溶解，无团块和沉淀者为优品。掺假奶粉不经搅拌即能溶解或发生沉淀，没有天然乳汁的香味和颜色，如果掺入白糖、菊花精和炒面等，明显特征是有结晶、无光泽，呈白色或其他不自然颜色，颗粒大，在冷水中不经搅拌也能很快溶解或沉淀。

**3. 炼乳的感官质量要求**

（1）气味和滋味。味甜而纯，有明显的牛乳滋味，无外来的气味和滋味。有不纯正的滋味和较重异味的，则为劣质炼乳。

（2）组织状态。黏度适中，黏稠度以很易从刮铲上流下为准，质地均匀一致，口尝时感觉不到乳糖结晶的存在，整个炼乳中不得有气泡存在。凝结成软膏状、冲调后脂肪分离明显的，则为劣质炼乳。

（3）色泽。炼乳整体色泽应均匀一致，白中略带乳脂的色泽。如果呈肉桂色或淡褐色，则为劣质炼乳。

**4. 奶油的感官质量要求**

（1）色泽。合格品的颜色均匀一致，呈微黄色。色泽不均匀、表面有霉斑、表层有水分析出者为劣质奶油。

（2）盐分。合格品中的盐分应正常、均匀、一致。盐粒未能溶解则会形成砂状奶油。

（3）稠度。具有一定的稠度和适当的可塑性与延展性。

（4）组织状态。切断面应细致均匀。若液态油较多而脂肪结晶少，则形成黏性奶油。

（5）风味。合格品应芳香纯正。如果出现"鱼腥味"，则是磷酸酯水解生成三甲胺造成的，应进行灭菌。

（6）水分。切断面应无水珠。

## 技能实训

**【实训目的】**

通过案例讨论加深对茶叶商品的认识。

**【实训主题】**

有机茶的生产、销售与安全监管。

**【实训时间】**

本章课堂教学内容结束后的双休日和课余时间，为期一周；或者由指导教师另外指定时间。

**【阅读材料】**

### 新安源有机茶

新安源银毫是安徽省黄山市休宁县的特产。

新安源有机银毫属绿茶类针形茶，主产于中国绿茶"金三角"全国十大名茶"屯绿"原产地的黄山脚下。休宁县流口山区，群山环抱，山清水秀，常年云雾缭绕，生态环境得天独厚，被誉为绿色仙境，特别适合茶树生长，孕育了茶叶的特优内质。加之运用精湛的创新工艺，采一芽一叶，嫩叶经杀青、理条、整形、做形、初烘、筛分、提香复烘形成银毫成品，其品质特点是：形似银针，绿如翡翠，白毫显露，汤色翠绿、清澈明亮，滋味醇厚清爽，幽含浓郁花香，回味甘甜，唇齿留香，神静气宁，为新安源有机茶中之极品，主要供国内销售及部分外销。

**【实训过程设计】**

（1）指导教师布置学生课前预习"阅读材料"。

（2）将全班同学平均分成几个小组，按每组 5～6 人进行讨论。实训小组就近选择市场进行调研。

（3）根据"阅读材料"，对超市的有机茶进行调查，收集产地、品牌、包装等信息。

（4）根据收集资料讨论，有机茶将来的发展趋势如何？如何进行监管？目前我国关于有机茶的产品标志的规定是怎么样的？

（5）各实训小组对本次实训进行总结和点评，撰写作为最终成果的"商品学实训报告"。

（6）各小组提交填写"项目组长姓名、成员名单"的"商品学实训报告"，将优秀的实训报告在班级展出，并收入本课程教学资源库。

## 综合练习

### 一、名词解释

营养成分　茶叶陈化　酿造酱油　酿造食醋　配制食醋　碳酸饮料　蒸馏酒　黄啤酒　黑啤酒　生啤酒　全脂奶粉　脱脂乳粉　无公害农产品　绿色食品　有机食品

### 二、多项选择题

1. 低浓度啤酒的质量特征有（　　　）。

A. 原麦芽汁浓度在 8%
B. 酒精度在 3% 左右
C. 酒精度为 2% 左右
D. 酒精度为 12% 左右
E. 酒精度在 4% 左右

2. "黄山毛峰"属（　　　）。

A. 炒青茶
B. 晒青茶
C. 烘青茶
D. 珠茶
E. 绿茶

3. 乳中含有（　　　）等酶系。

A. 过氧化酶
B. 还原酶
C. 淀粉酶
D. 乳糖酶
E. 磷酸酶

4. 关于茶叶仓库保管，以下说法正确的是（　　　）。

A. 仓库门窗力求严密
B. 温度不得超过 30℃
C. 相对湿度在 65% 以下
D. 防霉、防虫、防鼠害
E. 地势要较高，排水容易

### 三、问答题

1. 识别各类食品的标签中所标注的项目内容。
2. 食品中的主要营养成分有哪些？
3. 糖类的生理功能及单糖、双糖的主要特点是什么？
4. 简述脂类的生理功能。
5. 膳食纤维在人体内的作用有哪些？
6. 简述维生素的分类及生理功能。
7. 水和矿物质在人体内的作用是什么？
8. 试述茶叶的化学成分和种类。如何鉴定茶叶的质量？
9. 简述饮料的分类及饮料质量鉴定方法。
10. 简述茶叶的种类鉴别和新茶与陈茶的鉴别。
11. 如何区分各种不同香型的白酒？
12. 简述酱油、食醋的分类方法，以及酱油、食醋质量的鉴别方法。
13. 简述鲜乳的化学成分，以及乳制品的鉴定方法。

# 第十一章

## 日用工业品商品

### 学习要点

- 各种日用工业品的组成和特点
- 塑料制品的种类及质量要求
- 玩具、箱包的种类及质量要求
- 服装的种类及质量要求
- 洗涤用品、牙膏的种类及质量要求
- 化妆品的种类及质量要求
- 选用各种日用工业品的方法
- 服装保养方法

### ◆ 案例导读

**日用工业品的市场分类**

日用工业品是指满足人们日常使用的工业产品，俗称日用百货。日用工业品是人们日常生活中不可缺少的一大类商品，其种类繁多，在商品流通领域，按照经营习惯一般包括以下几类：

（1）清洁用品：扫帚、刷子、抹布、拖布、磨光用具、垃圾斗、垃圾铲、冰箱除臭剂、去污剂、锅具清洁用品、洗窗用具等。

（2）洗浴用品：肥皂、浴室海绵、浴室用垫、浴室用镜、肥皂托盘、洗发及护理用品、塞子、湿毛巾、浴帽、浴帘、毛巾、毛巾架、牙膏、牙刷等。

（3）护理用品：化妆品、梳子、唇膏、化妆袋、化妆扫、化妆镜、发刷、剃须用品、日用发刀剪、护肤用品、护齿用品、按摩用品、护甲用具、护足用具、香水等。

（4）一般家庭用品：雨伞、阳伞、民用手套、劳保手套、盆、桶、衣夹、衣架、洗衣篮、衣叉、钩、熨衣板、鞋架、鞋盒、鞋柜、烟具、打火机、温度计、CD架、废纸篓、储物柜、酒瓶架、购物手推车、其他家庭用品等。

（5）日用器皿：不锈钢器皿、玻璃器皿、搪瓷器皿、其他材料器皿等。

（6）餐桌及厨房用品：餐具、餐巾、餐布、刀叉、餐桌用蜡烛、餐桌装饰、开瓶器、瓶塞钻、开罐器、火锅器具、水壶、厨房及专业刀具、厨房用纸、去皮器、铝箔、过磅秤、磨刀器、净刀器、锅、铲、勺、核桃夹子等。

（7）箱包：日用箱、公文箱、包袋类、其他箱包及配件等。

（8）玩具类：婴儿玩具、电动或遥控及发条类玩具、动作类玩具、游戏益智类玩具、毛绒及布制玩具、骑乘类玩具、玩具乐器、充气玩具、其他玩具及玩具零配件等。

……

**启示：**由此可见，日用工业品种类繁多、用途广泛，其质量要求、经营特点、保管条件及使用要求等方面也有很大不同。本章将对其中常用的几类进行介绍。

# 第一节　塑料制品

## 一、塑料的组成和分类

### 1. 塑料的概念

塑料是一种以高分子的合成树脂为主要成分，在一定的温度和压力下塑制成型，当外力解除后，能在常温下保持形状不变的材料。塑料和合成橡胶、合成纤维是现代生活中不可缺少的三大合成材料。

### 2. 塑料的组成

塑料的组成有以下几种：

（1）合成树脂。合成树脂是以煤、石油、天然气以及一些农产品为主要原料，由具有一定条件的低分子化合物，通过化学或物理方法加工而成的高分子化合物。合成树脂中的大分子结构使其能在一定的温度下具有较好的黏结能力，能把塑料所有的组成成分黏结在一起，是塑料的黏结剂。合成树脂是塑料的主要成分，塑料中合成树脂的含量一般占总量的40%～100%，是决定塑料工艺性质和性能特点的内在因素。

（2）塑料助剂。在塑料中加入一些塑料助剂的目的主要是改善加工性能、提高使用性能和降低成本等。虽然助剂在塑料中所占比例较少，但是对塑料制品的质量却有很大影响。不同种类的塑料，因为成型加工方法和使用条件不同，所需助剂的种类和用量也不同。常见的塑料助剂有增塑剂、稳定剂、润滑剂、阻燃剂、发泡剂、着色剂、交联剂以及填料等。

1）增塑剂。增塑剂能增加塑料的柔软性、可塑性、韧性，降低塑料的流动温度从而提高塑料的流动性，并改善塑料的加工性能。常用的增塑剂有苯二甲酸酯类、类二酸酯类及樟脑类等。

2）稳定剂。塑料在加工、储存和使用过程中，受到光、热、氧气等的作用易发生老化。塑料中加入稳定剂可以防止老化的发生，提高塑料制品的稳定性。主要用来防止热老化的，称为热稳定剂；主要用来防止氧化老化的，称为抗氧剂；主要用来防止光老化的，称为光稳定剂。它们统称为稳定剂。

3）润滑剂。润滑剂是一类能改善塑料加热成型时的脱模和提高塑料制品表面光洁度的物质。

4）阻燃剂。阻燃剂是一类能提高塑料的着火温度、延缓塑料的燃烧速度或阻止燃烧的物质。

5）发泡剂。发泡剂是一类能使塑料产生微孔的物质。这类物质多为随温度变化可气化或产生气体的化合物。

6）着色剂。着色剂能改变塑料固有的颜色，美化塑料制品。

7）交联剂。交联剂能使塑料中的大分子之间进行交联，形成网状，从而提高塑料的强度，增强耐热、耐油、耐压缩等性能。

8）填料。在塑料中加入填料的目的是降低成本，改善和提高塑料的性能。常用的无机填料有高岭土、滑石粉、玻璃纤维等；常用的有机填料有木粉、纸张、纤维素等。

### 3. 塑料的分类

（1）根据受热加工时的性能，塑料可分为热固性塑料和热塑性塑料两大类。

1）热固性塑料。这种塑料在一定条件下受热加工成型时能发生不可逆的化学变化。这种塑料制品不能再行软化和重新加工，即使在更高的温度下，也不能熔化，只会炭化。它们的大分子为体型网状结构。常见的热固性塑料有酚醛塑料（PF）、脲醛塑料（UF）、密胺塑料（MF）等。

2）热塑性塑料。这种塑料在一定条件下受热加工成型时不发生根本性的化学变化，其制品可以再行软化和重新加工，它们的大分子为长链型或支链型结构。常见的热塑性塑料有聚乙烯（PE）、聚丙烯（PP）、聚氯乙烯（PVC）、聚丙乙烯（PPE）、有机玻璃、硝酸纤维素等。

（2）根据性能和应用范围，塑料可分为通用塑料、工程塑料和特种塑料三大类。

1）通用塑料。通用塑料一般是指产量大、用途广、价格便宜的民用塑料，主要有聚乙烯（PE）、聚丙烯（PP）、聚氯乙烯（PVC）、聚丙乙烯（PPE）、酚醛塑料（PF）、脲醛塑料（UF）、密胺塑料（MF）等，约占塑料总量的80%。

2）工程塑料。工程塑料一般是指能代替金属材料制造机器零件和化工设备的工业用塑料，机械性能、耐热性能等均优于普通塑料。主要的工程塑料有聚碳酸酯（PC）、聚甲醛（POM）、聚酰胺（PA）、聚四氟乙烯（PTFE）、ABS塑料等。

3）特种塑料。特种塑料一般是指具有特种功能（如耐热、自润滑等），应用于特殊要求的塑料，如耐热类塑料、耐腐蚀类塑料、降解类塑料、导电类塑料、智能化塑料等。

（3）根据有无毒性，塑料可分为有毒塑料和无毒塑料两大类。

（4）根据含树脂成分多少，塑料可分为单一组分塑料和多组分塑料两大类。

（5）根据可燃程度，塑料可分为易燃性塑料、可燃性塑料和难燃性塑料三大类。

1）易燃性塑料遇明火剧烈燃烧，不易熄灭，如硝酸纤维素塑料等。

2）可燃性塑料遇明火燃烧，无自熄性，但燃烧速度较快，如聚乙烯、聚丙烯等。

3）难燃性塑料在较强的明火中可以燃烧，离火后很快熄灭，如聚氯乙烯塑料、酚醛塑料等。

## 二、塑料制品的质量要求和鉴别

### 1. 塑料制品的质量要求

塑料制品的种类繁多，结构和性质较复杂。日用塑料制品的质量要求主要是指对制品的外观和物理机械性质方面提出的要求，对于部分制品，还要考虑对其化学性能或卫生性能的要求。

（1）塑料制品的外观质量要求。这是对制品的外形结构、表面缺陷等方面的要求。一般要求制品外形不应有翘曲缺角，尺寸要符合一定的偏差规定；装配制品的部件尺寸要相互配合得当，中空制品要厚薄均匀；制品的色泽要求鲜明，不应有变色、色调不匀、平光、银纹等现象。

塑料制品的表面缺陷和可能产生的外观疵点主要有裂印、水泡、杂质点、拉毛、起雾、肿胀、小孔、麻点等。

由于塑料制品的品种和加工方法等不同，各种塑料制品的表面缺陷和外观疵点也不同，具体可以按照各种塑料制品的产品标准的规定进行要求。

（2）塑料制品的内在质量要求。这是对制品物理机械性能的要求，由此来测定制品的适用性和耐用性。由于塑料制品的种类多、用途广，涉及日用塑料制品的性能指标主要有比重、拉伸强度、冲击强度、撕裂强度、硬度、耐热性、耐寒性、收缩性、透明性、透湿性、透气性、耐磨性及耐老化性等。对于某一具体塑料制品，应根据其类型和用途特点等来确定其内在质量要求。

（3）塑料制品的卫生安全性要求。这是对某些用途的塑料制品，如食品袋、玩具等的特定要求。这些塑料制品必须无毒、无味等。

另外，还有塑料制品的防老化、环保等方面的要求。

**2. 选用塑料的适宜条件**

（1）要求制品轻质。塑料材料的相对密度在 0.83 ~ 2.2，泡沫塑料材料的相对密度更低。当制品特别强调轻重时，一般选用塑料，如泡沫塑料。

（2）要求制品比强度高。比强度是材料的强度与材料的相对密度比值。在各种材料中，塑料材料具有较高的比强度。

（3）要求制品的形状复杂。在各种材料中，塑料具有易加工的特点，适用于成型形状复杂的制品。

（4）要求制品的综合性能好。在各种材料中，塑料的综合性能好。

（5）要求制品具有自润滑性。很多塑料品种都具有优异的自润滑性。

（6）要求制品具有防振、隔热、隔声性能。塑料，尤其泡沫塑料同时具有防振、隔热、隔声性能。

**3. 塑料制品的鉴别**

常用的塑料制品鉴别方法主要有外观鉴别法、相对密度鉴别法和燃烧鉴别法等。

（1）外观鉴别法。外观鉴别法主要是通过塑料的外观特征，如色泽、透明度、光滑度、手感、表面硬度及放入水中的表现等来判断和区分塑料的种类。

一看，先看制品的色泽、透明度。透明的制品有聚苯乙烯和有机玻璃等；半透明的制品有低密度聚乙烯、聚氯乙烯、纤维素塑料、聚丙烯和不饱和树脂等；不透明的制品有高密度聚乙烯、聚氨酯以及各种有色塑料。

二听，用硬质物品敲击时，各种塑料发出声音不同。聚苯乙烯敲击时声音清脆如金属声；有机玻璃敲击时声音发闷；聚氯乙烯硬制品敲击时声音发闷。

三摸，手摸各种塑料制品时，手感不同。聚乙烯手摸时有石蜡滑腻感，质地柔软，能弯曲；聚丙烯手摸时有润滑但无滑腻感，质地硬挺、有韧性。

（2）相对密度鉴别法。各种塑料都有不同的相对密度。利用这一特性，可将不同种类的塑料直接投入具有一定相对密度的溶液中，以鉴别不同种类的塑料制品。各种通用塑料相对密度见表11-1。

**表11-1 各种通用塑料的相对密度**

| 塑 料 名 称 | 相 对 密 度 | 塑 料 名 称 | 相 对 密 度 |
|---|---|---|---|
| 聚丙烯 | 0.902 | 有机玻璃 | 1.18～1.19 |
| 低密度聚乙烯 | 0.901 | 醋酸纤维 | 1.22 |
| 高密度聚乙烯 | 0.941 | 聚氯乙烯 | 1.30 |
| 聚苯乙烯 | 1.01 | 酚醛塑料 | 1.34～1.45 |

（3）燃烧鉴别法。不同的塑料燃烧时，会产生不同的化学反应，表现出不同的反应状态。根据塑料燃烧时所产生的现象特征，可以鉴别塑料的种类。各种常见塑料燃烧的现象特征见表11-2。

**表11-2 各种常见塑料燃烧的现象特征**

| 塑料名 | 燃烧难易程度 | 离火后情 | 气 味 | 火 焰 特 点 | 燃烧时变化状态 |
|---|---|---|---|---|---|
| 聚乙烯 | 易燃 | 继续燃烧 | 与烧蜡烛的气味相似 | 上端黄色、下端蓝色 | 熔融滴落 |
| 聚氯乙烯 | 难燃 | 离火即灭 | 刺激性酸味 | 尖部黄色、底部绿色有白烟 | 软化 |
| 聚丙烯 | 易燃 | 继续燃烧 | 石油味 | 上端黄色、底部蓝色有少量黑烟 | 熔融、滴落膨胀 |
| 聚苯乙烯 | 易燃 | 继续燃烧 | 特殊臭味 | 橙黄色、浓黑烟 | 软化、起泡 |
| 有机玻璃 | 易燃 | 继续燃烧 | 水果香味 | 浅蓝色、顶部白色 | 熔化、起泡 |
| 尼龙 | 可燃 | 缓慢熄灭 | 特殊烧羊毛焦味 | 蓝色、顶端黄色 | 熔融、滴落 |
| 赛璐珞① | 极易燃 | 继续燃烧 | 无味 | 黄色 | 迅速完全燃烧 |
| 电木 | 难燃 | 熄灭 | 苯酚臭味 | 黄色 | 颜色变深有裂纹 |
| 电玉② | 难燃 | 熄灭 | 甲醛刺激气味 | 黄色、顶端蓝色 | 燃烧处变白开裂 |
| 密胺 | 难燃 | 熄灭 | 甲醛刺激气味 | 淡黄色 | 膨胀有裂纹、燃烧处变白 |

① 赛璐珞学名为硝酸纤维素塑料。
② 电玉学名为脲醛塑料。

# 第二节 玩具和箱包

## 一、玩具

玩具泛指可用来玩的物品，通常与儿童或宠物有关。玩玩具在人类社会中常常被作为一种寓教于乐的方式，不仅适合儿童，也适合青年和中老年人。玩具是打开智慧天窗的工具，让人们变得机智、聪明。

**1. 玩具的种类**

（1）按所用原料划分，玩具可分为塑料类玩具、毛绒类玩具、木制类玩具等。

（2）按玩具作用划分，玩具可分为益智类玩具、休闲类玩具、陈设装饰类以及旅游纪念类玩具等。

（3）按年龄划分，玩具可分为儿童玩具和成人玩具等。

（4）按使用性能划分，玩具可分为发条类玩具、电动类玩具、电子类玩具等。

（5）按加工方法划分，玩具可分为塑胶类玩具、填充类玩具、模型类玩具等。

**2. 玩具标准**

（1）玩具标准体系总体简介。自 1986 年发布 GB 6675—1986《玩具安全》以来，我国共发布了多项国家标准和行业标准，建立了较健全的玩具标准体系。这些有关玩具安全、质量的标准，对我国玩具行业的发展、技术水平的提升、产品安全质量的提高、保护儿童身心健康和扩大出口等，起着不可忽视的、积极的促进与保障作用。

（2）GB 6675.1—2014《玩具安全　第 1 部分：基本规范》对玩具标准体系有重大影响。除此之外，还有 GB/T 9832—2007《毛绒、布制玩具》、GB 14746—2006 ~ GB 14749—2006《儿童自行车安全要求》《儿童三轮车安全要求》《儿童推车安全要求》《婴儿学步车安全要求》等相关玩具标准。

**3. 玩具的年龄组标识**

年龄组标识是玩具的重要属性之一，是用来向顾客提供选择的指南。任何玩具都应标明最低的使用年龄。玩具的年龄组标识有各种各样的形式和表示方法，可以使用肯定或否定语气的句子，如"适合 6 岁以上儿童使用""不适合 3 岁以下儿童使用"等。

**4. 玩具的材料质量**

玩具是由各种材料制成的，常见材料有塑胶、毛绒、金属和木材等。由于玩具的主要使用对象是儿童，因此，特别需要重视材料的清洁度，否则容易通过玩耍时的直接接触或吸吮等途径对儿童造成伤害。所有材料目视检查应干净、无污染。

**5. 玩具的选择及使用**

玩具是儿童日常生活中接触最多的物品，也是孩子认知学习的入门物品，对孩子的心理发育和智力开发有重要的作用。一般在选购玩具时，应遵循以下原则：

（1）选择质量好的玩具，拒绝"三无"产品。玩具的材料应无毒无害且不易损坏和不宜过小。有毒涂料会对孩子造成慢性中毒；过小的玩具容易被孩子吞下，对孩子造成伤害。

（2）看使用说明。一看适用年龄范围，一般玩具都要在使用说明中标明该玩具的适用年龄范围。二看安全警示语，玩具隐含的一些危险性，生产厂家会通过警示语给予提醒。例如，"打开包装后，请立即将包装塑料袋弃置""非救生用品，只能在浅水中使用""不适用于 3 岁以下儿童"等。购买及使用玩具时，一定要仔细阅读警示语，可避免误用玩具的危险发生。三看有效日期，有些产品规定在有效期内使用。四看使用方法，复杂的玩具，如儿童自行车、学步车、学习机等，应有详细的使用方法及注意事项，在选购时应注意这一点。五看组装程序图，组装玩具不论是由成人组装还是儿童自行组装的，都应有组装程序图。

（3）自行检验。对玩具的边缘及棱角应手感和目测一下是否锋利和尖锐；对固定在软体毛绒玩具上的小零件，应检查一下是否安装牢固；对玩具的整体结构进行检查，看是否存在不稳定的因素；对童车产品，应注意其锁定装置或制动装置开关是否灵活、有效。

（4）维护保养。一要看使用说明。需要维护保养的玩具，在使用说明中一般会标明维护保养的方法，尤其是复杂的玩具或婴儿玩具。婴儿玩具应注意是否有清洁或消毒的方法，如是否可以水洗或高温消毒等。二要定期进行检查。对童车及三岁以下儿童使用的玩具，应特别注意进行定期检查，检查内容有紧固件（如螺钉）是否松动，童车的锁定装置及制动装置是否失灵，毛绒玩具上的小零件（如眼睛、鼻子等）是否松脱，塑料玩具的外壳有否破裂以致可能引起其他危险等。三要定期保养，充电玩具应注意过充导致的寿命缩短及过热爆炸的危险；干电池用完应及时取出；童车应定期进行加润滑油防锈等保养工作；毛绒玩具应定期清洗，以减少细菌滋生等。

## 二、箱包

### 1. 箱包的种类

目前，我国箱包市场上产品种类繁多，主要有旅行箱包、休闲箱包、运动箱包、商务箱包及专业箱包等。

（1）旅行箱包。旅行箱包主要有背包、衣箱、拉杆箱和滑轮式箱包等。

（2）休闲箱包。休闲箱包主要有手袋、腰包、背包和化妆包等。

（3）运动箱包。运动箱包主要有野营包、球类包和滑雪包等。

（4）商务箱包。商务箱包主要有公事包、笔记本电脑包和背包等。

（5）专业箱包。专业箱包主要有学生包、相机包和医用包等。

### 2. 箱包的质量要求

一般要求箱包的轮廓清晰、两角对称、箱面均匀一致、结构合理，箱口安装牢靠、箱包里面要端正；箱包配件要与箱体相配套、协调，电镀层无焦痕、起泡、漏镀和划痕等现象，箱锁开启要灵活，拉链要滑顺，拉杆要顺畅等，箱包负重部位要牢固；箱包选材要合理，做工要精细结实，装饰要光洁明亮，与面料颜色要协调等；产品标志要规范，按照国家有关规定，应在产品及产品包装上注明产品名称、产品等级、材质、规格（型号）、厂名、厂址、联系电话、执行标准等信息。

### 3. 箱包的选择和使用

选购箱包时应注意：一是选择大型超市、商场出售的知名企业生产的产品；二是注意产品标志；三是要考虑性能价格比等。

（1）挑选皮箱时要"一看二查"。"一看"是指查看外部轮廓，好的皮箱应外表饱满、端正，各部位无明显凹凸，箱盖与箱底合拢处无间隙，箱面无起泡、划痕、皱纹等现象，箱后允许有少量的皱纹；"二查"是指查看箱内布层是否平整滑洁，缝制时针脚是否均匀、缝迹是否整齐，箱外附件是否光洁无锈蚀，镶嵌是否牢固结实等。

（2）手提包、旅行包和坤包的挑选。挑选时要一看款式造型是否美观潇洒、庄重大方；二看装饰是否光洁明亮；三看面料质量及做工是否精细结实；四看拉链色泽是否与面料相协调等。

# 第三节　日化类商品

## 一、肥皂

肥皂是脂肪酸金属盐的总称，通式为 RCOOM，式中 RCOO 为脂肪酸根，M 为金属离子。日用肥皂中的脂肪酸碳数一般为 10 ~ 18，金属主要是钠或钾等碱金属，也有用氨及某些有机碱，如乙醇胺、三乙醇胺等制成特殊用途肥皂的。广义上，油脂、蜡、松香或脂肪酸等和碱类起皂化或中和反应所得的脂肪酸盐，皆可称为肥皂。肥皂能溶于水，有洗涤、去污作用。肥皂的各类产品有香皂（又称盥洗皂）、金属皂和复合皂。

据史料记载，最早的肥皂配方起源于西亚的美索不达米亚（意思是"两条河中间的地方"，指幼发拉底河和底格里斯河之间）。大约在公元前 3000 年的时候，人们便将 1 份油和 5 份碱性植物灰混合制成清洁剂。在欧洲，关于肥皂起源的传说很多。传说古罗马的高卢人，每遇节日便将羊油和山毛榉树灰溶液搅成稠状，涂在头发上，梳成各种发型。一次，节日突遇大雨，发型淋坏了，人们却意外发现头发变干净了。又传说，罗马人在祭神时，烧烤的牛羊油滴落在草木灰里，形成了"油脂球"。妇女们洗衣时发现，沾了"油脂球"的衣服更易洗干净。这都说明了人们使用动物脂肪与草木灰（碱）皂已有千年历史。

**1. 肥皂的分类**

肥皂是指用油脂与碱经过皂化作用制成高级脂肪酸盐，并辅以各种原料而成的产品。

（1）根据定义，肥皂可分为：碱金属皂，如钠皂、钾皂；有机碱皂，如丝光皂；金属皂，它一般不溶于水，不能用于洗涤，主要用于工业。

（2）根据硬度，肥皂可分为：硬皂，主要是钠皂；软皂，主要是钾皂。

（3）根据使用领域，肥皂可分为：家庭用皂和工业用皂。

**2. 肥皂的原料**

肥皂的原料主要有油脂、合成脂肪酸、碱、辅助原料和填料等。

（1）油脂。油脂是制造肥皂的基本原料，包括植物油脂和动物油脂等。

（2）合成脂肪酸。它是以石蜡为原料经氧化制得的高级脂肪酸，目的是节约天然油脂。合成脂肪酸皂的质量不如天然的油脂皂。

（3）碱。制造肥皂的碱主要是氢氧化钠，其次是碳酸钠、碳酸钾、氢氧化钾。碱的作用是与油脂进行皂化反应而制成肥皂。

（4）辅助原料和填料。主要有泡花碱、碳酸钠、抗氧化剂、杀菌剂、松香、荧光增白剂、着色剂和香料等。

**3. 肥皂的品种及特性**

（1）洗衣皂。洗衣皂通常也称为肥皂，主要用于洗涤衣物，也适用于洗手、洗脸等。肥皂的主要原料是天然油脂、脂肪酸与碱生成的盐。肥皂在软水中去污能力强，但在硬水中与水中的镁离子、钙离子生成不溶于水的镁皂、钙皂，去污能力会明显降低，还容易沉积在基质上，难以去除。另外，其在冷水中溶解性差。

（2）香皂。香皂是指具有芳香气味的肥皂。香皂质地细腻，主要用于洗手、洗脸、洗发、洗澡等。制造香皂要加入香精，香精性质温和，对人体无刺激，使用时香气扑鼻，并能去除机体的异味。用香皂洗涤衣物，能使衣物保持一定时间的香气。

（3）透明皂。因其感官好，既可以当香皂用，又可以当肥皂用。它的脂肪酸介于肥皂和香皂之间，采用纯正浅色的原料，如牛油、椰子油和松香油等，以及甘油、糖类和醇类等透明剂制作而成。

（4）药皂。药皂也称为抗菌皂或去臭皂。由于在制作过程中加入了一定量的杀菌剂，因而其对皮肤有消毒、杀菌、防止体臭等作用。药皂常用于洗手、洗澡等。

（5）液体皂。液体皂是近年来受到消费者欢迎的一个新品种。用于皮肤的液体皂呈中性，与人体皮肤的 pH 值较接近，对皮肤、眼睛无刺激性，有泡沫和黏度，也有一定的去污能力。

**4. 肥皂的质量要求**

（1）肥皂的感官质量指标。肥皂的感官质量指标主要有：在外观方面，洗衣皂应硬度适中、不发黏、不分离、不开裂，香皂应细腻均匀，无裂纹、气泡、斑点、剥离、"冒汗"等现象；在色泽方面，洗衣皂颜色应均匀洁净，香皂色泽应均匀稳定；在形状方面，洗衣皂形状应端正、收缩均匀，不得歪斜、变形、缺边、缺角等，香皂可以压成各种形状，也不得歪斜、变形、缺边、缺角及字迹模糊等；在气味方面，洗衣皂应无不良气味，香皂应具有各种天然或合成香料配成一定类型的持久香味。

（2）肥皂的理化质量指标。洗衣皂和香皂的理化质量指标见表 11-3 和表 11-4。

表 11-3　洗衣皂的理化质量指标

| 项　　目 | 指　　标 | |
|---|---|---|
| | Ⅰ 型 | Ⅱ 型 |
| 干皂质量分数（%）≥ | 54 | 43 |
| 氯化物质量分数（以 NaCl 计）（%）≤ | 0.7 | 1.0 |
| 游离苛性碱质量分数（以 NaOH 计）（%）≤ | 0.3 | 0.3 |
| 乙醇不溶物（%）≤ | 15 | — |
| 发泡力（5min）（mL）≥ | 400 | 300 |

表 11-4　香皂的理化质量指标

| 指标名称 | 优　级 | 一　级 | 二　级 | 三　级 |
|---|---|---|---|---|
| 总脂肪酸含量（%） | 80 | 80 | 80 | 80 |
| 游离碱（%）≤ | 0.05 | 0.05 | 0.05 | 0.05 |
| 开裂（%）≤ | 2 | 3 | 4 | 5 |
| 糊烂（20±℃，mm）≤ | 2.0 | 2.0 | 3.0 | 3.0 |
| 脂肪酸凝固点（℃） | 37.0~43.0 | 37.0~43.0 | 37.0~43.0 | 37.0~43.0 |
| 剖面白心气泡（级）≤ | 1 | 2 | 3 | 4 |

（3）肥皂包装的质量指标。肥皂包装外观要求图案清晰，字迹清楚，形状端正，色泽均匀，无不良异味。包装箱外部标志应有：商品名称和商标；干皂含量及每连（块）标准重量；每箱连（块）数、毛重、净重和体积；制造厂名及厂址；生产批号及生产日期；箱体牢固无挤压变形、破损以及无水渍、印迹。

**5. 日用肥皂质量的鉴别**

（1）优质肥皂的质量要求。外观图案字迹清晰，形状端正，色泽均匀，香味稳定而持久，不应有油脂酸败等异味，皂体表面应无显著斑点，不发黏，洗衣皂不冒霜，香皂不裂纹。

（2）劣质肥皂主要通过眼观、手摸、鼻嗅等方法来进行检验，质量问题主要有以下几个方面：

1）三夹板：皂块断面有裂层，轻轻扭动易裂成三块的现象。

2）软烂黏板：用手轻轻一捏即塌陷。

3）冒霜：肥皂出现一层白粉或针状结晶，像一层白霜。

4）冒汗：肥皂体表面冒出一滴滴的"水珠"。

5）开裂和糊烂：香皂由于放在积水的皂盒中，接触了水分，而发生了糊烂现象，经水浸泡后，糊烂的地方再干燥，便产生了开裂现象。

6）变色：一块洁白的香皂或色泽鲜艳的香皂，在放置一段时间后，出现泛黄、发黑或光泽暗淡的现象。

**6. 肥皂的保管**

肥皂应储存于干燥通风的仓库内，避免受冻、受热、暴晒，堆放时应垫高离地面20cm以上，以免受潮，纸箱堆垛最高不超过15箱，防止压坏底层纸箱，每垛间隔20cm左右。肥皂运输时，必须轻装轻卸，有遮盖物，并要求防止受潮、受冻和暴晒。

## 二、合成洗涤剂

**1. 合成洗涤剂的组成成分**

合成洗涤剂主要是由表面活性剂和各种辅助剂按一定比例配置而成的。

表面活性剂是一种能在低浓度下，降低溶剂表面张力的物质。表面活性剂是洗涤剂的主要成分，它的分子结构中含有亲水基团和亲油基团，加入很少量就能显著降低溶剂的表面张力，改变体系界面状态，从而产生润湿或反润湿、乳化或破乳化、起泡或消泡、增溶等一系列作用。

辅助剂是指在去污过程中能增加洗涤剂作用的辅助原料。它们可以使洗涤性能得到明显改善或降低表面活性剂的使用量，是洗涤剂的重要组成部分。

**2. 合成洗涤剂的分类**

合成洗涤剂的用途广、品种多，有许多分类方法，具体如下所述：

（1）按使用领域分类，合成洗涤剂可分为家庭用洗涤剂和工业用洗涤剂两大类。

1）家庭用洗涤剂。用量大，占合成洗涤剂总量的80%以上。

2）工业用洗涤剂。主要用于纺织印染行业中原料、织物等的清洗，以及金属表面油污、涂料的清洗等。

（2）按使用目的分类，合成洗涤剂可分为衣用洗涤剂、发用洗涤剂、皮肤用洗涤剂、食品工具及设备用洗涤剂等。

1）衣用洗涤剂。它主要包括一般洗涤剂、干洗剂、织物柔顺剂和各种面料洗涤剂等。

2）发用洗涤剂。它属于化妆品类，主要用于洗涤和调理头发。

3）皮肤用洗涤剂。它主要有沐浴液、洗面奶、洗手液及口腔清洗剂等。皮肤用洗涤剂有一部分属于化妆品类。

4）食品工具及设备用洗涤剂。它是以清洁剂等物质配制而成，专门用于清洗食品工具及设备，以及蔬菜、水果等的洗涤剂。

（3）按物理形状分类，合成洗涤剂可分为块状洗涤剂、液体洗涤剂、粉状洗涤剂和膏状洗涤剂等。

（4）按污垢洗涤难易分类，合成洗涤剂可分为重垢型洗涤剂和轻垢型洗涤剂两种。

1）重垢型洗涤剂。它是指产品中含有大量多种助剂，用来去除难以脱落的污垢。

2）轻垢型洗涤剂。它是指产品中含有很少或不含助剂，用来去除容易脱落的污垢。

（5）按使用原料分类，合成洗涤剂可分为使用天然原料的洗涤剂和使用人造原料的洗涤剂。

### 3. 合成洗涤剂的主要品种

（1）洗衣粉。洗衣粉主要用于清除衣物上的污垢，它由表面活性剂、离子交换剂、抗再沉积剂、荧光增白剂、碱性助剂、填充剂等组成，有的产品还加入漂白剂、酶、香精、色素等。洗衣粉分为普通型和浓缩型。普通型洗衣粉适合于手洗和机洗，而浓缩型洗衣粉碱性稍高，适合于洗衣机使用。近年来，由于洗衣粉中的三聚磷酸钠随洗涤废水和生活污水一起排入河流湖泊，使部分湖泊水体的富营养化程度加快，所以洗衣粉又分成有磷和无磷两类，其中无磷洗衣粉适合于禁磷地区使用。除了上述区别外，衡量洗衣粉能力的指标有去污力、表面活性剂和助洗剂含量、洗衣粉在水中的酸碱度（pH 值）、多次洗涤后衣服上的灰分含量等。去污力是洗衣粉的重要指标。

（2）液体洗涤剂。它由各种表面活性剂组成，有的产品还加入一些辅助剂和溶剂等。

1）餐具洗涤剂。它是厨房中常用的一种典型的轻垢型液体洗涤剂，也是开发最早、数量很大的一种液体洗涤剂。按照功能，餐具洗涤剂可分为单纯洗涤和消毒洗涤两种。它由两种以上表面活性剂组成，有重金属和甲醇含量等卫生要求。餐具洗涤剂根据表面活性剂含量可分为高、中、低三档。国内的产品，表面活性剂含量居中，在 15% ~20% 之间。

2）织物柔软剂。有些衣物在洗涤后会失去原有的柔软性，发硬、发直，手感和外观都变得很差。织物柔软剂的主要作用是降低纤维间的静摩擦系数，赋予纤维柔软的手感。棉织物柔软剂大都含阳离子表面活性剂，它们与天然织物有较好的结合力，使织物柔软丰满；合成纤维柔软剂含烷基酰氨基的疏水化合物。

3）衣料用液体洗涤剂。它主要用来除去油脂和类似油脂的污垢。无辅助剂的液体洗涤剂，表面活性剂含量高；含有助剂的液体洗涤剂，则表面活性剂含量低。

（3）洗衣片剂。洗衣片剂是近年来发展较快的一种新型产品，它是由粉状洗涤剂与成片辅助剂混合后压制而成的，具有超浓缩、用量少、去污强、使用和携带方便等特点。

### 4. 合成洗涤剂的质量要求

（1）感官质量指标。感官质量指标主要有色泽和气味、稳定性、流动性和吸潮结块性等指标。

对色泽和气味，粉状洗涤剂要求白净，不得混有深黄色或黑色，添加色料的，其色泽应均匀一致；液体洗涤剂要求清澈透明，不浑浊；浆状洗涤剂浆料应均匀，无结晶和分层现象。各种洗涤剂气味应正常、无异味。稳定性是指洗涤剂在外界条件影响下，有无泛红、变臭等变质现象。对流动性和吸潮结块性，粉状洗涤剂要求具有较好的流动性和较小吸潮结块性。

（2）理化质量指标。表面活性剂的含量以百分比表示，其含量高低关系洗涤剂类型和去污力的大小；皂化物含量越小越好；pH 值要求，丝毛用洗涤剂呈中性，棉麻用洗涤剂呈碱性；去污力和生物降解率越大越好；合成洗涤剂中成分应对人体无害，对皮肤刺激性小，对环境无公害等。

对餐具洗涤剂，国家标准 GB 9985 中规定：甲醇含量≤1mg/kg，砷含量≤0.05mg/kg，重金属含量（以铅计）≤1mg/kg，不得检出荧光增白剂，活性物含量≥15%，pH 值≤10.5，等等。

根据 GB/T 13171.1—2009《洗衣粉（含磷型）》和 GB/T 13171.2—2009《洗衣粉（无磷型）》中的有关规定，洗衣粉的命名方法是：HL 表示含磷，WL 表示无磷；A 表示普通，B 表示浓缩。例如，WL-B 表示浓缩洗衣粉（无磷型）。技术要求包括材料要求，即各类型洗衣粉应使用生物降解度不低于 90% 的表面活性剂，且公认降解中对环境是安全的（如四聚丙烯烷基苯磺酸盐、烷基酚聚氧乙烯醚不应使用）。

理化性能，即各类型洗衣粉的理化性能指标应符合表 11-5 的规定。

**表 11-5　各类型洗衣粉的理化性能指标**

| 项　目 | 含磷洗衣粉（HL） | | 无磷洗衣粉（WL） | |
|---|---|---|---|---|
| | HL-A 型 | HL-B 型 | WL-A 型 | WL-B 型 |
| 外观 | 不结团的粉状或粒状 | | | |
| 表观密度（g/cm³）≥ | 0.30 | 0.60 | 0.30 | 0.60 |
| 总活性物含量（%）≥ | 10 | | 13 | |
| 其中：非离子表面活性剂质量分数（%）≥ | — | 6.5① | — | 8.5 |
| 总五氧化二磷质量分数（%） | ≥8.0 | | ≤1.1 | |
| 游离碱（以 NaOH 计）质量分数（%）≤ | 8.0 | | 10.5 | |
| pH 值（0.1% 溶液，25℃）≤ | 10.5 | | 11.0 | |

① 当总活性物质量分数≥20% 时，非离子表面活性剂质量分数不作要求。

使用性能，即各类型洗衣粉的使用性能指标应符合表 11-6 的规定。各类型洗衣粉经检测后符合国家标准要求的，在洗衣粉品牌的包装上要打上"GB"标志。

**表 11-6　各类型洗衣粉的使用性能指标**

| 项　目 | | 含磷洗衣粉（HL-A） | 无磷洗衣粉（WL-B） |
|---|---|---|---|
| 全部规定污布①② | | 标准粉去污力 | |
| 循环洗涤性能 | 相对标准粉沉积灰分比值≤ | 2.0 | 3.0 |
| | 洗后织物外观损伤 | 不重于标准洗衣粉 | |

① 规定污布为 JB-01、JB-02、JB-03，均要求大于标准洗衣粉去污力。

② 试验溶液浓度：标准粉为 0.2%，HL-A 型和 WL-A 型试样为 0.2%，HL-B 型和 WL-B 型试样为 0.1%。

（3）包装质量要求。小包装箱不得松动或鼓盖，必须放平码齐。小包装箱上应有标志：产品名称、类别型号、商标图案、厂名厂址、性能及保管说明。大包装上应有标志：产品名称及牌号、净重及内装小包装袋数、厂名厂址、装箱日期、箱体体积以及"防止受潮""轻装轻放"等。洗衣粉小包装净含量应符合市场监管总局公布的《定量包装商品计量监督管理办法》的要求。

洗衣粉包装上通常有数字型号和文字两种性能标志。

1）表示性能的数字型号标志一般是以表面活性剂含量来表示其型号的。例如，30 型表示其表面活性剂含量为 30%，属于高档洗衣粉，可以洗涤毛料和丝绸；20 型表示其表面活性剂含量为 20%，属于低档洗衣粉，可以洗涤棉麻织物等。

2）表示性能的文字标志主要分为高泡型、低泡型、漂白型、加酶型和增艳型等。

**5. 合成洗涤剂质量感官鉴别**

（1）优质洗涤剂感官鉴别。粉状洗涤剂洁白，无深黄色和黑褐色粉末；着色洗涤剂，颜色应浅淡均匀；液体洗涤剂清澈透明，无浑浊；浆状洗涤剂浆实均匀，无结晶和分层现象。各种洗涤剂无异味、不发黏或结块，流动性好，吸潮结块性弱，便于使用、包装和保管。

（2）劣质洗涤剂感官鉴别。小包装袋上的商标或图案模糊，无生产厂名、类别型号、性能及使用保管说明；隔袋观察粉粒泛红色，或粉中混有黑色、深黄色粉粒，用手轻搓洗衣粉袋，感到颗粒不均，甚至黏结成团，取少量粉粒放在倾斜面上，不会自由滑下，同时把其放在冷水或温水中，长时间不溶化；液体洗涤剂倒出液体时，过稀或过稠，对光观察有分层和沉淀物。

## 三、牙膏

牙膏是日常生活中常用的清洁用品，有着悠久的历史。随着科学技术的不断发展，工艺装备的不断改进和完善，各种类型的牙膏相继问世，产品的质量和档次也不断提高。现在，牙膏品种已由单一的清洁型牙膏，发展成为品种齐全、功能多样、品牌众多的多功能型牙膏，满足了不同层次消费水平的需要。

**1. 牙膏的作用**

（1）具有摩擦和洁齿的作用。在刷牙时使用牙膏，牙面的污物则容易被刷去，因为牙膏中含有摩擦剂和洁净剂，可增强摩擦力，有较好的洁净作用，所以能增强刷牙的机械去污作用，从而清洁牙齿。

（2）具有消除口臭的作用。牙膏既有助于去污，又含有芳香剂，有助于消除部分口臭，起到清爽口腔的作用。

（3）具有预防龋齿、保持牙齿健康的作用。

（4）具有抑菌、灭菌的作用。牙膏中所含洁净剂有一定灭菌作用，而药物牙膏中加入的某些药物通常也具有抑菌、灭菌作用。

（5）具有美观的作用。通过牙膏的清洁、抛光作用，可以保持牙面清洁、美观。

**2. 牙膏的组成**

牙膏的成分主要包括摩擦剂、洁净剂、润湿剂、黏合剂、芳香剂和水。另外，为了加强预防龋齿及牙周病的作用，还可在普通牙膏的基础上加入一定比例的氟化物或其他某些药品，制成氟化物牙膏及其他药物牙膏。

（1）摩擦剂。它在牙膏中的含量最多，一般为 25% ~60%。决定牙膏去垢能力的主要是摩擦剂，它依靠机械摩擦力把牙垢刷除。摩擦剂要有一定的摩擦作用，但又不能损伤牙面及牙周组织，在药物牙膏中，还要求不能与牙膏中的药物发生作用。

（2）洁净剂。它具有降低表面张力的作用，能疏松牙面沉积物和乳化牙垢，有助于加强刷牙的机械去污能力，它在牙膏中的含量约为 2%。此外，表面活性剂在刷牙时产生泡沫，便于清洁牙面。

（3）润湿剂。它又称保湿剂，含量为 20% ~40%，可保持牙膏体的水分，防止牙膏体干燥变硬。

（4）黏合剂。它是稳定膏体和避免水分挥发的胶体物质，通过扩散、膨胀和吸水而形成黏性液体，使牙膏的固体和液体保持均匀性。

（5）芳香剂。芳香剂即各种香精，含量大约为2%。它除了能使牙膏产生芳香气味外，还具有杀菌能力，加入牙膏中可使刷牙者感到爽口舒适，并有助于减少口臭。

（6）水。水也是牙膏的组成之一，含量为15%～50%。

（7）其他成分。为了防止牙膏变质，保持膏体性能稳定，需在牙膏中加入适量的防腐剂和稳定剂。此外还加入适量的甜味剂，可使刷牙者口感舒适、易于接受。为了加强牙膏对龋齿及牙周病的预防作用，还可在牙膏中加入适量氟化物或其他药物等。

**3. 牙膏的分类及主要品种**

目前，市场上销售的牙膏主要有两大类：普通牙膏（洁齿牙膏）和药物牙膏。

（1）普通牙膏。主要成分包括摩擦剂、洁净剂、润湿剂、防腐剂、芳香剂，具有一般牙膏共有的功能。如果牙齿健康情况较好，选择普通牙膏即可。

（2）药物牙膏。其近年来发展很快，品种较多，按功能主要有以下几种：

1）防龋齿药物牙膏。其中的特效成分可降低口腔内乳酸对牙釉的侵蚀，使牙齿的牙釉耐酸、坚硬、抗磨等，对龋齿有防治作用。含氟牙膏虽具有防龋齿功能，但也有副作用，使用不当可能导致氟牙症，儿童不宜使用含氟牙膏。

2）消炎止血药物牙膏。主要用于防治牙周炎、牙龈出血等口腔疾病。牙周炎、牙龈炎的症状一般是牙龈出血，牙周沟加深，牙周组织发炎、萎缩，致使牙根松动、咀嚼无力。使用消炎止血药物牙膏主要是抑制牙结石和菌斑的形成，或能改变有机物在牙齿上的附着能力。这类牙膏使用的药物主要有草珊瑚、两面针、三七等。

3）脱敏药物牙膏。主要用于防治牙齿对冷、热、酸、甜等出现过敏性的疼痛。这类牙膏的有效成分被牙釉、牙本质吸收，能降低牙体硬组织的渗透性，提高牙组织的缓冲作用，增加牙周组织的防病能力，达到脱敏效果。防酸牙膏、脱敏牙膏均属此类。

此外，还有适合不同消费者需要的消除牙结石药物牙膏、加酶药物牙膏等各类牙膏。

**4. 牙膏的质量要求**

牙膏的质量要求主要有感官质量指标、理化质量指标和卫生指标。

（1）感官质量指标。感官质量指标主要有：色泽一致；膏体湿润、均匀、细腻；香味应"香、甜、清、爽"（"香"表示香味纯正，"甜"指果味香精气味，"清"是清凉，指添加了薄荷香精的清凉感，"爽"指香精无杂味、爽口），口感好；软管端正、管尾封轧应牢固整齐，帽盖螺纹应与软管紧密配合，软管图案和字迹清楚、套色整齐、色泽鲜明。小包装纸盒图案印刷清晰、套色准确，盒身挺直端正，清洁不易破坏；中包装纸盒及大箱应干燥、尺码内外大小配合。

（2）理化质量指标。理化质量指标主要有稠度、挤膏压力、泡沫量、pH值、稳定性等。

1）稠度。它反映了膏体的性状，一般要求适度。如果太稀，说明牙膏胶体被破坏，牙膏横卧放后，膏体会自动流出管外，既不卫生又影响质量；但如果稠度过大，牙膏不易分散，在口腔中刷不开而脱落，也影响使用效果。

2）挤膏压力。这实际上指的是一个使用指标，它反映了膏体黏稠情况，也反映了所使用的牙膏软体的软硬程度。挤膏压力过大不易将膏体挤出，过小同样存在膏体太稀的问题。

3）泡沫量。它是了解发泡去污效果的一个重要指标。一般来说，泡沫量高比较好，易去除口腔污垢，但不宜太高，否则漱口时不易漱净，会残留一些表面活性剂的遗味，对口腔有一定的刺激。

4）pH 值。它是指膏体酸碱度，过高或过低都对口腔有刺激作用。我国大多数牙膏产品的 pH 值为偏碱性。

5）稳定性。稳定性试验是将牙膏放在 $-8℃$ 的冰箱内 8h 后取出，再放入 $50℃$ 恒温培养箱内 8h 后取出，在室温下放置 4h，开盖观察膏体是否正常，从中可以反映出膏体配方的合理性、原料的品质和加工工艺的情况。

（3）卫生指标。最关键的卫生指标是安全性，因为牙膏直接进入口中，如果卫生指标不符合要求，将直接影响人的身体健康。卫生指标包括细菌总数，大肠菌群，绿脓杆菌，金黄色葡萄球菌，重金属铅的含量、砷的含量。

**5. 牙膏质量感官鉴别**

（1）取制造批次不同的牙膏各两三支，首先试挤，看是否发硬挤不出，或稍一挤膏体便大量涌出，过分稀薄而不成条状，以及膏条上是否有很多类似小蜂窝的孔洞等不正常现象。质量良好的牙膏应能很自然地挤出，并要求为正常的圆条状，在阳光反射下查看应细腻、光滑、色白、洁净、无杂质和发黑现象。

（2）用薄的毛边纸一张，将不同批次的牙膏分别挤出，排列在纸上成行，相互对比各行的色泽和条形。再从纸的背面查看，挤有牙膏的地方有无渗水情况，并察看其渗水程度。渗水程度低、色泽光亮的，膏体混合适度，品质好。牙膏挤在纸上时，小气泡现象越少越好。用手指将挤在纸上的膏条轻轻摊开来，表现越均匀越细腻的越好。

（3）将牙膏挤出管少许，以舌舔之，香味纯正，无刺舌碱性和酸性等使人感觉不快的气味为好。

# 四、化妆品

化妆品是指以涂搽、喷洒或其他类似的方法，散布于人体表面任何部位（皮肤、毛发、指甲、口唇、口腔黏膜等），以达到清洁、消除不良气味、护肤、美容和修饰目的的日用化学工业产品。

**1. 化妆品的分类**

（1）按使用目的，化妆品可分为清洁用化妆品、基础化妆品、美容化妆品、芳香化妆品、护发和美发用化妆品等。

清洁用化妆品主要有：皮肤用的香皂、药皂、透明皂和清洁霜等；毛发用的香波、洗发膏和护发素等；指甲用的脱膜剂、角质层除去剂等。

基础化妆品主要有：皮肤用的化妆水、乳液、化妆油和面膜等；头发用的生发水、发油和发乳等；指甲用的指甲磨光剂、指甲膏和底涂剂等。

美容化妆品主要有：皮肤用的粉、胭脂、眼影和眼线等；头发用的香发蜡、发油、发乳和染发剂；指甲用的指甲油和指甲上光油等。

芳香化妆品是以散发出芳香气味，给人以愉快的嗅觉美感的化妆品，主要有香水、古龙水、花露水等。它的主要成分是香精，以乙醇溶液作为基质的透明液体。主要作用是添香、除臭。

护发和美发用化妆品是指用于使头发保持天然、健康、美观的外表，以及修饰和固定发型的化妆品，包括护发、洗发和剃须用品。

（2）按使用部位不同，化妆品可分为黏膜用化妆品、头发用化妆品、指甲用化妆品、口腔用化妆品等。

（3）按用途不同，化妆品可分为特殊用途化妆品和非特殊用途化妆品。

特殊用途化妆品主要包括祛斑类、防晒类、烫发类、染发类、育发类、脱毛类、健美类、美乳类和除臭类化妆品。

除以上用途的其他类化妆品，都称为非特殊用途化妆品。

（4）按产品形态不同，化妆品可分为液态化妆品、固态化妆品等。

（5）按产品酸碱性不同，化妆品可分为酸性化妆品和碱性化妆品。

酸性化妆品含有酸性成分，使化妆品呈酸性，能够起到收敛皮肤、抑制汗液和皮脂分泌的作用。

碱性化妆品含有碱性成分，使化妆品呈碱性，具有软化皮肤、提高皮肤含水量、使有效成分容易渗透的作用。

（6）按原料来源不同，化妆品可分为天然化妆品和合成化妆品。

天然化妆品是指以自然界植物、水果等提取物为原料制成的化妆品。它又分为纯粹天然化妆品和相对天然化妆品。在人工化妆品还没有问世前，人们就已经直接用一些水果、蔬菜或其他食品来保养皮肤，因此，人们称它们为天然化妆品，即现在所说的纯粹天然化妆品。相对天然化妆品是指相对于含有多种工业化学成分的人工化妆品而言，主要采用的是天然原料，但在其制造过程中需要加入香料和防腐剂等。当今已经进入"绿色"时代，天然化妆品越来越受到人们的青睐。

合成化妆品是指由各种不同作用的原料经过配置加工而成的产品。因为价格低廉，在保证使用安全可靠的合成原料的前提下，合成化妆品仍在化妆品市场上占据主要地位。

**2. 化妆品的主要原料及成分**

化妆品是由各种原料经过配方加工而成的复杂混合物，其原料分为基质原料和辅助原料两种。

（1）油脂与蜡。油脂与蜡是膏霜、奶液、发乳和发蜡、唇膏等化妆品的基质原料。

（2）粉体。粉体的吸附性强、遮盖力大，它是香粉、爽身粉、胭脂、眼影粉等的主要原料。化妆品中所用的粉体主要有滑石粉、高岭土、钛白粉和氧化粉等。

（3）胶质。胶质类原料主要是水溶性的高分子化合物。它们遇水会膨胀形成凝胶，在化妆品中被用作黏合剂、增稠剂、悬浮剂和助乳化剂。胶质分为有机和无机两种。

（4）溶剂。溶剂是冷霜、雪花膏、花露水、香水、指甲油和洗发水等膏状、浆状和液状化妆品的主要成分。化妆品的主要溶剂有水、醇类、酮类和苯类等。

（5）载体。载体是一些有机化合物，其主要作用是加强化妆品对人体皮肤的渗透性，延长化妆品中有效物的活性时间。

（6）香料。香料是能散发出令人愉快香气的物质。各种香料经过调配混合而成香精，化妆品的香气就是生产时加入一定量的香精所产生的。香料可分为天然香料、单离香料和合成香料。

（7）防腐剂和抗氧化剂。防腐剂和抗氧化剂是防止化妆品变质的原料。防腐剂可以防

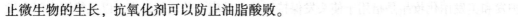

止微生物的生长，抗氧化剂可以防止油脂酸败。

**3. 化妆品的主要品种**

（1）膏霜类化妆品。膏霜类化妆品是一种常见的护肤用品，主要作用是保护皮肤健康，增进容貌美观等。按其乳化性质可分为 W/O 型（即油包水型）和 O/W 型（即水包油型）两种。按其形状也可分为两种：一种是呈半固体状态不能流动的固态膏霜，如雪花膏、润肤霜、冷霜等；另一种是呈液体状态能流动的液态膏霜，如各种乳液。

（2）防晒化妆品。这类化妆品就是在产品中加入能够吸收或散射紫外线的物质，以达到保护皮肤的目的。防晒化妆品也有多种剂型，如乳液、膏霜、油剂、水剂、棒、凝胶及气雾剂等。主要品种有防晒营养霜、防晒膏和防晒液等。其中，防晒营养霜是一种既能保护皮肤和防御日晒，又能营养皮肤的保护膏霜。

SPF 值即日光防护指数或防晒指数，代表了防晒化妆品实际防晒功效。它是建立在人体测定的基础上，根据中波紫外线照射皮肤产生红斑的情况而计算出的一个量化指标（经防护的皮肤出现的红斑所需的最小照射剂量或最短时间，与未经防护皮肤出现红斑所需的最小照射剂量或最短时间的比值）。SPF 值越高，防护功效越长。

《卫生部关于防晒化妆品 SPF 值测定和标识有关问题的通知》（卫法监发〔2003〕43号），明确了在中国对防晒化妆品的检测只能是"人体法"，明确了防晒产品防晒效果的标识：SPF 值低于 2 时不标识防晒效果；SPF 值在 2～30 时产品标签标识 SPF 值；高于 30 且减去标准差后仍大于 30 的，可在产品标签上标识 SPF30＋。

（3）香水类化妆品。香水具有芬芳浓郁的香气，其基本成分是酒精和香精，香水其实是香精的酒精溶液。香水可以因酒精和香料的浓度不同而分成几个等级，一般来说，香水有香精、香水、淡香水、古龙水和清淡香水五个等级，不同等级的香水其持久性不同。目前市面上销售的以淡香水（Eau de Toilette）和香水（Eau de Paefum）为主，通常情况下把淡香水和香水均通称为香水，也有把香水称为香氛的。具体的香水等级见表 11-7。

**表 11-7　香水等级表**

| 种　类 | 香　精 | 香　水 | 淡香水 | 古龙水 | 清淡香水 |
|---|---|---|---|---|---|
| 持续时间 | 5～7h | 5h 以内 | 3h | 1～2h | 1h 以内 |
| 香精浓度 | 15%～30% | 10%～15% | 5%～10% | 2%～5% | 2% 以下 |
| 酒精浓度 | 70%～85% | 80% 以上 | 80% | 80% | 80% 以下 |

（4）香波类化妆品。香波以表面活性剂为主体复配而成，除清洁人的头皮和头发外，还具有另外一些功能，如洗后头发感觉良好、易于梳理（干梳和湿梳）、刺激性小、能保护头发、促进头发的新陈代谢、消除头屑、抑制皮脂的过度分泌等。

洗发香波根据物态可分为膏状、液状、粉状和冻胶状等，根据外观可分为透明型和乳浊型，依据功效可分为普通香波、药用香波（如去头屑）、调理香波、专用香波（如婴儿香波）等。按香波的标准，有优级品、一级品和合格品之分。

头发有油性、干性和中性之分。一般供油性头发使用的香波，其表面活性剂含量较高，脱脂能力较强；干性头发使用的香波，其表面活性剂含量相对较低，或通过增减调理剂来加以调节，以达到合适的洗涤效果。

透明液体香波。透明液体香波是最大众化的一个香波品种。它去污适中，泡沫丰富，使用方便，透明澄清，表面活性剂含量通常在10%～25%。

珠光香波。它是在透明香波的基础上加入珠光剂制成的产品，它的黏度比普通透明香波大。

调理香波。除了具有清洁头发的功能外，它还有改善头发的梳理性，防止静电产生，提升光泽和柔软感。

婴儿香波。由于小孩的皮肤比较娇嫩、敏感，因此香波中使用的原料刺激性要低，洗发时即使流入眼睛，刺激性也很小。

（5）定型和染发类化妆品。一是摩丝。它是泡沫状定发型的化妆品，能使头发乌黑光亮、手感光滑、容易梳理。它的主要成分是水溶性高分子化合物，作用是在头发表面形成很薄的高分子膜，增加头发的刚性，使发型富有立体感，不易变形。二是染发剂。对它的基本要求是染色时不影响皮肤，不损害头发结构，染色迅速，色彩鲜艳且牢固。它的种类繁多，一般可分为三类：植物染发剂、半持久性染发剂和持久性染发剂。

（6）剃须化妆品。剃须化妆品是专供男性剃须时使用的化妆制品。包括剃须皂、剃须膏、剃须前洗液和剃后洗液等。剃须膏是剃须前用于泡胀、软化胡须，使之易于刮刷的化妆品产品，能减轻皮肤与剃刀口间的摩擦，防止表皮损伤。剃须膏的主要成分有表面活性剂、消毒剂、清凉剂等。目前，国产剃须膏有泡沫剃须膏和无泡剃须膏两种。

**4. 化妆品的质量要求**

对化妆品最基本的质量要求就是任何化妆品都不能妨碍人体皮肤的分泌、排泄及呼吸等生理作用，保持皮肤原有的pH值，并尽可能避免过度干燥或油腻引起对皮肤的伤害。

（1）化妆品包装及标签的要求。化妆品的包装材料应无毒、清洁，包装应整洁美观、封口严密不泄漏。直接印在化妆品容器上或用标签粘贴在容器上的产品说明，以及文字、图表和绘图等形式的其他有关说明都必须符合规定。化妆品标签除标有产品名称外，还应注明厂名、厂址、生产企业卫生许可证编号，小包装或说明书上应该注明生产日期和有效期限。特殊用途的化妆品还应注明批准文号。对含药物的化妆品或可能引起不良反应的化妆品，还应注明使用方法和注意事项等。

（2）感官质量要求。化妆品感官质量要求主要表现为对色泽、气味、形状等方面的要求。由于化妆品的种类繁多，感官质量要求也有所不同。一般来讲，固状、粉状、膏状及乳状化妆品应洁白有光泽，液状应清澈透明，有色化妆品应色泽均匀一致、无杂色；气味上要求化妆品必须具有芬芳的香气，香味可根据不同的化妆品呈不同的香型，但必须持久、无强烈的刺激性；形状上要求固状化妆品应软硬适宜，粉状化妆品应粉质细腻，膏状化妆品应稠度适当、质地细腻，液状化妆品应清澈均匀、无颗粒杂质等。

（3）卫生安全性要求。化妆品的卫生安全性要求化妆品没有异臭，对皮肤和黏膜没有刺激和损伤，无感染性，使用卫生安全。《化妆品安全技术规范（2015年版）》中规定了化妆品禁用的物质，有1388项禁用组分；还规定了化妆品中限用的物质，如规定了对汞、铅、砷和镉等有害物质的限量，砷的限量为2mg/kg、铅的限量为10mg/kg、镉的限量为5mg/kg；准用的防腐剂有51种（类），准用的着色剂共计157种等。

另外，特殊用途的化妆品质量要求，既要符合化妆品的要求，又要符合药品的规定。进口化妆品必须经国家相关部门检验，合格者方能进口。

## 第四节 服 装 商 品

所谓服装，就是指包裹人体各部位的物体的总称，既包括各种装饰品，又包括人体的着装状态。人类的生活离不开服装，服装的最基本功能为实用功能。但是随着人类文明的不断进步，服装概念内涵的不断丰富，服装的社会、文化生活的功能也得到丰富和强化，服装可以帮助人们表达身份、地位、工作性质以及文化修养、审美观念和兴趣爱好等，审美功能、标志功能等也逐步被人们所重视。

### 一、服装材料

服装材料、款式和工艺是服装的三大要素，服装材料在服装的制作中又是最基本的物质条件，发挥重要的作用。服装材料可分为服装面料和服装辅料两大类。服装面料是体现服装立体特征的材料，服装辅料则是指服装面料以外的一切辅助性材料。服装材料的种类繁多，主要有纤维制品、皮革制品和杂制品等。

#### 1. 服装面料

作为服装的要素之一，面料不仅可以诠释服装的风格和特性，而且直接左右着服装的色彩、造型的表现效果。在服装大世界里，服装的面料五花八门、日新月异。服装面料是指用来制作服装的材料，是由各种纺织纤维经过纺织形成的不同织物。

（1）服装面料的主要种类及特点

1）棉织物。它是指各类棉纺织品的总称，多用来制作时装、休闲装、内衣和衬衫。优点是轻松保暖、柔和贴身，吸湿性、透气性、卫生性较好；缺点则是易缩、易皱，外观上不大挺括美观，在穿着时必须时常熨烫。棉布主要种类有原色棉布、色织棉布、花布和色布四大类。

原色棉布主要有普通布面、细布、粗布、帆布、斜纹坯布、原色布等。

色织棉布是指把纱或线先经过染色，后在机器上织成的布，如条格布、被单布、绒布、线呢、装饰布等。

花布是指印染上各种各样颜色和图案的布，如平纹印花布、印花斜纹布、印花哔叽、印花直贡等。

色布主要有硫化蓝布、硫化墨布、士林蓝布、士林灰布、色府绸、各色咔叽、各色华呢等。

2）麻织物。它是以大麻、亚麻、苎麻、黄麻、剑麻、蕉麻等各种麻类植物纤维制成的一种布料。麻织物一般用来制作休闲装、工作装，目前也多用来制作普通的夏装。它的优点是强度极高、吸湿、导热、透气性极佳；它的缺点则是穿着不太舒适，外观较为粗糙、生硬。麻织物主要种类有苎麻布、亚麻布、毛麻花呢、涤麻花呢等。

3）丝织物。丝织物又称丝绸，是以蚕丝为原料纺织而成的各种丝织物的统称。与棉布一样，它的品种很多、个性各异。它可用来制作各种服装，尤其适合用来制作女士服装。它的优点是轻薄、合身、柔软、滑爽、透气、色彩绚丽，富有光泽，高贵典雅，穿着舒适，享有"纤维皇后"的美称；它的不足则是易生折皱、容易吸身、不够结实、褪色较快。

绚丽多姿的中国丝绸，历史悠久，享誉世界。丝绸品种由于组织结构的变化、提花和素

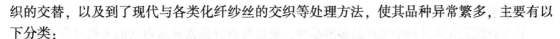

织的交替，以及到了现代与各类化纤纱丝的交织等处理方法，使其品种异常繁多，主要有以下分类：

按照加工方法不同，丝织物可分为机织物、编织物和无纺织物等。

按原料不同，丝织物可分为全真丝织物、人丝织物、柞蚕丝织物、合纤长丝织物及其交织物等。

按用途不同，丝织物又可分为衣着用绸、装饰用绸、工业用绸、医药用绸和国防用绸等。

按组织不同丝织物可分为平纹织物、斜纹织物、缎纹织物等普通组织织物和特殊的绉织物、绒织物、纱罗组织织物等。

按组织规格不同，丝织物可分为绫、罗、绸、缎、绡、纱等。

按品种不同，丝织物可分为：绫、罗、绸、缎、纱、绢、绡、纺、绨、绉、葛、呢、绒、锦、绣十五大类。其中，纱、罗、绢、纺、绸、绨、葛等为平纹织物，锦与缎比较肥亮，呢和绒比较丰厚，纱及绡比较轻薄。

4）毛织物。毛织物又称为呢绒或毛料，是对用各类羊毛、羊绒织成的织物的泛称。它通常适用于制作礼服、西装、大衣等正规、高档的服装。毛织物的优点主要是外观光泽自然，颜色莹润，手感舒适，质量范围广，品种风格多。用毛织物制作的衣服，防皱耐磨，手感柔软，高雅挺括，富有弹性，保暖性及吸湿性强；它的缺点主要是洗涤较为困难，不太适用于制作夏装。毛织物可分为精纺呢绒、粗纺呢绒和长毛绒三类。

精纺呢绒用精梳毛纱织制，所用原料纤维较长而细、梳理平直，纤维在纱线中排列整齐，纱线结构紧密。精纺呢绒的经纬纱常用双股36～60公支的毛线。主要品种有花呢、华达呢、哔叽、啥味呢、凡立丁、派力司、女衣呢、贡呢、马裤呢和巧克丁等。精纺呢绒大多质地较薄，呢面光，纹路清晰，光泽自然柔和，挺括，手感柔软而富有弹性。紧握呢料后松开，基本无皱折，即使有轻微折痕也可在很短时间内消失。

粗纺呢绒用粗梳毛纱织制。因纤维经梳毛机后直接纺纱，纱线中纤维排列不整齐，结构蓬松，外观多茸毛。粗纺呢绒的经纬纱通常采用单股4～16公支的毛纱。主要品种有麦尔登、海军呢、制服呢、法兰绒和大衣呢等。粗纺呢绒大多质地厚实、呢面丰满、色光柔和，呢面和绒面类不露纹底、纹面类织纹清晰而丰富、手感温和、挺括而富有弹性。

长毛绒是经纱起毛的立绒织物。在机上织成上下两片棉纱底布，中间用毛经连接，对剖开后，正面有几毫米高的绒毛，手感柔软，保暖性强。主要品种有海虎绒和兽皮绒。

5）皮革。皮革是经过鞣制而成的动物毛皮面料。它多用来制作时装、冬装。皮革可以分为两类：革皮，即经过去毛处理的皮革；裘皮，即处理过的连皮带毛的皮革。

皮革的优点是轻盈保暖、雍容华贵；它的缺点则是价格昂贵，储藏、护理方面要求较高，故不宜普及。用作皮革服装的皮革，主要是绵羊皮、山羊皮、牛皮、猪皮。一般绵羊皮的粒纹细致、手感柔软，高档绵羊皮有丝绸一样的感觉；牛皮的纤维紧密、强度高，通常压上荔枝花纹；猪皮的花纹清晰、结实耐用。

6）化学纤维织物。化学纤维是利用天然的高分子物质或合成的高分子物质，经化学工艺加工而取得的纺织纤维总称。按原料和生产的方法，化学纤维可分为再生纤维与合成纤维两大类。它们共同的优点是色彩鲜艳、质地柔软、悬垂挺括、滑爽舒适；它们的缺点则是耐磨性、耐热性、吸湿性、透气性较差，遇热容易变形，容易产生静电。化学纤维织物适合制作各类服装。

再生纤维是化学纤维中生产最多的品种，是以含有纤维素或蛋白质的天然高分子物质，如木材、蔗渣、芦苇、大豆、乳酪等为原料，经化学和机械加工而成的。如人造棉、人造丝、人造毛、虎木棉、富强棉等都属于再生纤维。

合成纤维也是化学纤维中的一大类，它是采用石油化工工业和炼焦工业中的副产品。如涤纶、锦纶、腈纶、维纶、丙纶、氯纶等都属于合成纤维。

7）混纺织物。它是将天然纤维与化学纤维按照一定的比例，混合纺织而成的织物，可用来制作各种服装。它的长处是既吸收了棉、麻、丝、毛和化纤各自的优点，又尽可能地避免了它们各自的缺点，而且在价格上相对较为低廉，所以大受欢迎，如涤棉布、涤毛华达呢等。

（2）服装面料的选择。随着科学技术的进步和人们生活水平的不断提高，人们对服装面料的要求也越来越高。服装面料的选择应考虑装饰性、时新性、实用性、风俗性和经济性等。一般来说，中式服装面料的选择多式多样，有棉、麻、毛、丝、化纤、混纺、革裘等，面料来源十分广泛；西装面料的选择因正规西装和非正规西装而对面料的要求不同；特定服装面料主要是指民族服装、军装、特殊服装等对面料的特殊要求。

**2. 服装辅料**

服装辅料是指在服装中，除了服装面料以外的一切辅助性材料的总称。服装辅料主要包括填料、里料、衬料、纽扣、拉链、线、花边以及商标、标签等。服装辅料对服装起着辅助和衬托的作用。辅料与面料共同构成服装，并共同实现服装的功能。现代服装特别注意辅料的作用以及与面料的协调搭配，辅料对现代服装的影响力也越来越大，已成为服装材料不容忽视和低估的重要部分。

（1）填料。填料是指秋冬服装中的填充物，在夹里与面料之间起保暖作用。用来作为服装填料的有动物纤维、植物纤维和化学合成纤维功能性填料等，如驼毛、驼绒、丝绵、羽绒、裘皮、棉花、腈纶、定型棉、中空涤纶棉等。

（2）里料。里料是指在服装加工过程中，用来制作服装夹里的料子，通常又称里子或夹里。它一般用于中高档服装、有填料的服装以及面料需要加强支撑的服装。其作用是使服装坚牢挺括、美观、增加厚度、提高保暖性及穿着光滑方便等。里料的种类繁多，主要有美丽绸、纺绸、袖里绸、尼龙纺、羽纱、软缎及近年来流行的针织经编网眼布等。

（3）衬料。衬料是位于面料与里料之间的服装材料，可以是一层或多层，通常又称衣衬。衬料是服装的骨骼和支撑，对衬托体形、完善服装造型有重要作用。衬料主要包括衬布与衬垫两种。

衬布是指在服装衣领、袖口、袋口、裙裤腰、衣边及西装胸部加贴的衬料。一般含有胶粒，通常称为黏合衬。衬布主要有有纺衬布（梭织与针织）与无纺衬布两大类。各种衬布与面料黏合后既要具有柔软、舒适、挺括、保形性好、洗后不变形的特点，又要能充分体现各类服装的个性风格。

在肩部为了体现肩部造型使用的垫肩，以及胸部为增加服装挺括饱满风格使用的胸衬均属衬垫材料，一般没有胶。衬料是服装的骨骼，能够增强服装的强力，并使服装饱满美观；另外，衬布的使用还可以增强服装的可缝纫性能，易于缝纫操作。

（4）其他辅料。服装其他辅料，如拉链、纽扣、线带等，也是服装必不可少的组成部分。这些辅料在满足服装性能的同时，正在朝着高科技、功能性、保健性和绿色环保的方向发展。

## 二、服装标准

服装标准是服装生产、检测、销售以及选购时的依据。服装标准涉及服装的原料、设计、生产加工，成衣的检验、安全、使用说明、规格系列等方面的内容。

### 1. 服装号型标准

服装号型标准是为了适应服装生产的工业化、销售市场的规范化以及方便消费者而制定的服装规格尺寸统一标准。我国的服装号型标准已制定了多年，但真正推广始于 1992 年。服装号型的实行及推广应用，无论是对服装单位的服装设计和生产，还是对消费者购买成衣，都起着极大的统一规范和指导作用。服装生产单位可以以号型标准为依据来确定服装的部位尺寸和推档档差，生产出符合人体体型的服装；而消费者则可以方便地挑选出适合自己体型的服装。

服装号型标准包括男子标准、女子标准以及儿童标准，它是依据大量人体体型的测量和数据的统计分析而制定的，并根据人群体型的变化每隔数年需修订一次。现行的服装号型标准为 2009 年 8 月 1 日起开始实行的 GB/T 1335.1—2008《服装号型 男子》、GB/T 1335.2—2008《服装号型 女子》，以及于 2010 年 1 月 1 日开始施行的 GB/T 1335.3—2009《服装号型 儿童》。

（1）服装号型的定义。服装的号是指人体的身高，以 cm 为单位，是设计和选购服装长短的依据；服装的型是指人体的上体胸围和下体腰围，以 cm 为单位，是设计和选购服装肥瘦的依据。

（2）服装体型分类。服装体型是以人体的胸围与腰围的差数为依据来划分的，并将人体体型分为四类，分别用 Y、A、B、C 表示。其中，A 为一般体型，B 为微胖体型，C 为胖体型，Y 为胸大腰细体型。四种体型的划分依据见表 11-8。

表 11-8　四种体型的划分依据　（单位：cm）

| 体型分类代号 | Y | A | B | C |
| --- | --- | --- | --- | --- |
| 男子胸围与腰围落差 | 22～17 | 16～12 | 11～7 | 6～2 |
| 女子胸围与腰围落差 | 24～19 | 18～14 | 13～9 | 8～4 |

（3）号型标志。按照标准要求，服装上必须标明号型，套装中的上、下装分别标明号型。号型的表示方法为号与型之间用斜线分开，后接体型分类代号。例如，上装 160/84A，其中 160 为身高，代表号；84 为胸围，代表型；A 为体型分类。下装 160/68A，其中 160 为身高，代表号；68 为腰围，代表型；A 为体型分类。

（4）服装号型系列。号型系列是服装批量生产中规格制定和购买成衣的参考依据。号型系列以各体型中间体为中心，向两边依次递增或递减而组成。服装规格也以此系列为基础按需要加放松量进行设计的。身高以 5cm 分档组成号系列；胸围以 4cm 分档组成型系列；腰围可以 4cm 或 2cm 分档组成型系列。身高与胸围、腰围搭配分别组成 5.4 或 5.2 号型系列。

（5）服装号型应用。由于每个消费者的身体尺寸与服装号型划分的档次不一定完全吻合，这就存在靠档的问题。消费者应了解自己的号型和体型类别，也就是正确测量一下自己的净身高、净胸围和净腰围，再用胸围减去腰围，确定自己的体型类别。选购服装时，则应选择与自己的号型相近的服装。若无与自己号型完全一致的服装，可根据服装特点向上或向下靠档。例如，目前女上装常采用的号型系列为 155/80A、160/84A、165/88A 等，若消费者的实际号型为 163/85A，就必须向 160/84A 或 165/88A 靠档，从而挑选到合体的服装。

根据我国人体信息数据库的调查研究，不同地区人群的身高、腰围、胸围等体型的均值有显著差异。我国原有的服装号型已不能满足人体体型变化的需要，服装号型可能在以后修订标准时从原先的 4 种增加到 7 种。此研究为量身定制、完善服装号型以及为特殊体型的人量体裁衣提供了理论依据。

**2. 服装产品标准**

服装产品标准的内容有：主题内容与使用范围；引用标准；号型规格；技术要求；检验方法；检验工具；检验规则；标志、包装、运输及储存等。其中，技术要求和检验方法是服装检验的依据和手段，检验后按检验规则进行等级判定。由此可见，服装产品标准的主要内容是技术要求。

服装产品标准中技术要求的一般内容有：材料规定；成品主要部位规格允许偏差规定；成品理化性能规定；对条对格规定；外观疵点规定；缝制规定；外观质量规定；整烫规定。另外，还对拼接、色差、纬斜、商标位置等方面都做出了规定。

**3. 服装使用说明标准**

服装使用说明标准的主要内容包括：商标和制造单位；服装号型规格；采用原料成分，必要时还应标明特殊辅料的成分；产品的特殊使用性能，如阻燃性、防蛀及防缩等；洗涤条件，包括说明能否水洗、水洗的方法及水温；洗涤剂的选择、脱水方法、能否干洗及干洗剂的选择；熨烫说明；储藏条件、方法等。

服装使用说明基本图形及含义，在 GB/T 8685—2008《纺织品　维护标签规范　符号法》中有明确的规定。

**4. 服装基本安全标准**

纺织产品在印染和后整理等过程中要加入各种染料和化学药剂，可能会含有或产生对人体有害的物质。当有害物质残留在纺织品上并达到一定量时，就会对人的皮肤乃至身体健康造成危害。以染色剂为例，一种含偶氮的染料，在阳光下能分解还原成一种有毒的物质，这种物质有致癌作用。

2011 年 1 月 14 日发布的 GB 18401—2010《国家纺织产品基本安全技术规范》将纺织品分为 A、B、C 三类，分别是婴儿用品、直接接触皮肤的产品和非直接接触皮肤的产品。《国家纺织产品基本安全技术规范》规定了下列五项指标：

（1）可分解芳香胺染料。这类染料在人体正常代谢所发生的生化反应条件下，可能分解出致癌芳香胺。《国家纺织产品基本安全技术规范》中明确规定，任何纺织品都不得使用可分解芳香胺染料。

（2）游离甲醛。含甲醛的织物在穿着时，部分水解产生的游离甲醛会释放出来，损害人体，刺激皮肤，引发呼吸道炎症，引发多种过敏症。

（3）pH 值。人体皮肤表面呈弱酸性以防病菌侵入。纺织品的 pH 值过高，不仅刺激皮肤，还可使病菌易侵入皮肤。

（4）色牢度。色牢度不佳时，染料会从纺织品转移到皮肤上，在细菌的生物催化作用下发生还原反应，诱发癌症或引起过敏。

（5）异味。任何与产品无关的气味，或虽与产品有关，但气味过重，表明纺织品中有过量的化学品残留，可能危害健康。《国家纺织产品基本安全技术规范》列出的异味包括霉味、高沸程石油味（如汽油、煤油味）、鱼腥味、芳香烃味和香味五种。

### 三、服装的质量标志

#### 1. 商标

服装商标实际上就是服装的品牌。它是服装生产企业或经销企业专用于本企业生产或经销的服装上的标记。服装商标的形式有文字商标、图形商标，以及文字和图形相结合的组合商标。商标也是服装质量的标志，服装作为一种商品，必须订有标志该服装的相应商标。

#### 2. 吊牌

吊牌是对服装进一步说明的标志。服装吊牌的国家标准规定如下：

（1）标签上必须有制造者的名称、地址，进口产品必须标明原产地以及代理商、进口商的中国注册名称和地址。

（2）标签上必须有产品名称，名称真实，符合国家标准。

（3）标签上必须有产品的型号和规格，标志必须符合国家标准。

（4）产品所采用的原材料的成分和含量。

（5）标签上必须标明产品的洗涤方法，有符号和简单明了的文字说明。

（6）产品的使用期限，以及使用和储藏的注意事项。

（7）产品所执行国家标准编号。

（8）产品的质量等级和产品质量检查合格证。

（9）所有的服装类商品必须有耐久性标签，牢固地缝制在商品上，色牢度好，不怕洗涤、热烫，文字清晰、醒目，位置在常规的地方，便于顾客寻找。

#### 3. 使用说明标志

使用说明标志是指在成品服装或服装包装上以不同方式标注的使用说明及图形符号。它是服装质量标志的重要组成部分。服装成品的使用说明一般应包括品名、厂名厂址、号型，面、里、衬、填充料成分及含量百分比，以及洗涤方法（保管说明）、产品采用的标准编号、质量等级、合格证等内容。其中，号型标志、成分及含量标志、洗涤方法标志应缝合在产品上。使用说明标志能指导消费者根据服装原料，采用正确的洗涤、熨烫、干燥、保管方法。

#### 4. 质量认证标志

按照规定的程序，由具备资格的认证机构对企业的质量体系进行审核，并对相关产品进行检验，以证明企业能够持续稳定地生产符合特定标准或技术条件的产品，并取得认证证书和认证标志使用权。使用认证标志，实际上是向消费者提供一种明示担保，表明产品质量是符合规定标准的。但质量认证不是所有服装生产企业都能通过和履行的，因此，质量认证标志是推荐性质量标志。服装的主要质量认证标志有纯羊毛标志、麻纺标志和高档丝绸认证标志等。

**5. 安全要求标志**

自 2011 年 8 月 1 日起施行的服装产品的强制性国家标准《国家纺织产品基本安全技术规范》，使新纺织产品有了更多的安全指标的要求。生产企业符合该标准的服装，要标明"GB 18401—2010"的标志。没有取得相关安全标志的服装禁止销售。

## 四、服装质量检验

服装质量检验是指借助一定的手段和方法，通过对服装质量指标项目的测试，并将测试结果同规定要求（质量标准或合同要求）进行比较，由此做出合格或优劣与否的判断过程。服装质量检验是质量管理的重要环节，也是满足用户要求的手段。

### （一）服装质量检验的主要内容

**1. 外观质量检验**

产品整洁、平服，折叠端正，左右对称，各部位熨烫平整，无漏烫，无死褶，产品无线头、无纱毛，各部位符合标准要求。线与面料相适应，包括色泽、质地、牢度、缩水率等方面，两者应大致相同，以能保证服装的内在质量与外观质量为准。纽扣的色泽应与面料色泽相称。

**2. 规格尺寸检验**

服装号型设置，必须按"服装号型系列"标准的有关规定进行。规格尺寸以标准所允许的公差范围为限。

**3. 色差检验**

色差规定是对原料的要求，即对衣服面料的要求。服装产品色差检验的工具是"染色牢度褪色样卡"。该样卡是原纺织工业部制定的国家标准之一。样卡由五对灰色标样组成，分为五个等级。五级代表褪色牢度最好，色差等于零，四级至一级代表褪色相对递增的程度，一级表示最严重。

**4. 疵点检验**

服装成品的疵点可以分为原料疵点、尺寸偏差及其他。疵点按其对服装质量的影响大小，又可分为次要疵点、主要疵点和重要疵点。次要疵点可被接受；主要疵点必须进行修补或将服装成品当作次品出售；有重要疵点的服装成品只能作为次品出售。

**5. 缝制质量检验**

服装缝制质量检验项目主要有：缝制密度检验；面料对格、对条检验；拼接范围检验，以及扣眼、扣位是否对齐；衣里是否平服、是否与面料搭配、是否松紧适度等方面的检验。

**6. 理化性能检验**

服装成品理化性能检验项目主要有：干、水洗收缩率；干、水洗后起皱级差；主要缝接部位强力；复黏合衬剥离强度；面料耐洗色牢度；等等。

### （二）服装质量检验的方法

**1. 感官检验**

感官检验经常用于服装的色泽检验、手感检验、外观疵点检验等。在用视觉检验色泽时，要求光线均匀柔和，常用北向的自然光或特制的日光灯。借助光线非常容易检验服装的外观疵点。织物的弹性、保暖性等都可以通过手感来辨别。

**2. 仪器、仪表检验**

使用仪器、仪表检验比较准确，常用的仪器有显微镜、厚度仪、密度仪、气流仪等。服装的强度、伸长率及穿着特性都可以由仪表测得。仪器还能模仿人的感觉，检验服装的色泽、疵点数等，提高检验的准确度。

**3. 化学分析法检验**

化学分析法可以检验服装的组成和性能，定性和定量分析材料的成分和含量。化学分析法还可以测试材料的耐化学性能，如水解性、耐酸碱性等。

## 五、服装的选购

**1. 注意查看产品的使用说明**

使用说明（即产品标志）是一种向消费者传达产品性能、质量状况、使用方法等信息的工具。服装产品使用说明由扣在服装上的吊牌和缝在服装产品上的标志组成。从吊牌上要注意查看该服装的生产者或销售者的名称及地址、质量等级状况、标注的产品名称及产品现状。重点查看缝在服装产品上的三个标志：

（1）查看型号规格是否表达清楚，并与穿着者的体型是否相适应。对于丝绸服装和轻薄型服装最好选择稍宽松些的，以防止使用时缝迹部位破裂或纱线滑移；对于弹力服装和束身服装，选择时要以不产生压抑感为前提。

（2）查看服装布料（面料、里料、填充料等）采用的材质组成描述是否清晰齐全。因为不同材质的服装具有不同的性能、价值，如通常内衣或贴身穿用的服装最好选用纯棉或棉混纺的材质，纯棉产品穿着舒适透气，而不宜选购纯化纤类的内衣产品（如纯涤纶）。

（3）查看服装有无洗涤方法的信息，这是指导用好服装的关键。因不同风格、特性的服装在使用、洗涤、维护性处理上是有所区别的，处理得当的话，能使服装在较长的时间内保持外观美观并经久耐穿。

**2. 手摸、眼看服装的外观质量**

消费者要根据自身需要，穿着的经验，以及所标注的材质、质量等级等性能对服装进行验收，查看标注的内容与服装的真实状况是否相符。主要对面料的手感、布面的瑕疵、色差、污渍，缝制、拉链、纽扣的牢固程度进行观察和体验。

（1）外观上，看面料有无明显织疵；看服装各部位有无明显色差；看条格有无明显不对称；看配件有无变质和不牢固；看黏合衬部位有无起泡、脱胶、渗胶。

（2）缝制上，看领子是否服帖对称；看肩部是否平服；看袖子是否圆顺；看下摆是否顺直；看前后衣片是否起吊。

**3. 注意服装的穿着安全**

服装面料在印染和后整理等过程中需加入各种染料、助剂、整理剂等，尤其是棉、麻、丝面料的服装产品，穿用时易起皱，尺寸稳定性较差，所以现在有些服装要经过免烫、防皱、防缩等特殊工艺整理，以达到在一定时期内洗后免熨的效果。但在这些整理中所用的整理剂，可能会对人的皮肤，乃至人体健康造成不同程度的危害。所以，一般对选购回来的服装及标明免烫、防皱、防缩之类的服装产品，尤其是直接接触皮肤的衣服，穿用前最好水洗一次（标注干洗的服装除外）。

**4. 高档服装的质量鉴别方法**

（1）观察衣片下摆是否平行，袖窿深浅是否得当。鉴别方法是扣住上衣的第一粒纽扣，保持自然姿态，面对镜子观察左右衣片，若两侧门襟止口相互重叠平行，下摆与地面平行，就可判定衣服基本合格。

（2）观察两门襟长度及胸部是否合格。前胸部应饱满、圆顺，女装前胸部应呈锥形体。

（3）检查服装是否有全衬、挺胸衬及下截衬，是否有里袋及垫肩。

（4）观察衣服的前身、后背的面料纹路、纱向是否歪斜；兜和盖的面料纱向是否一致；斜料是否左右对称；面料衬布、线、锁口线的色泽是否一致。

（5）高档服装的质量标志一般要有品名、厂名、厂址、号型和注册商标，特别要注意认准名牌厂家的注册商标。

## 六、服装的保养

为使服装的功能得以充分发挥，平时必须做好服装的保养工作，因此应了解服装的保管保养知识，如污垢种类、去污方法、洗涤程序、服装整烫、服装保管等方面的内容。

**1. 服装的污垢和去污**

（1）服装的污垢。服装在人们穿着使用的过程中，必然会粘上污垢。脏衣服如不换洗，不但影响服装的外观，而且会影响服装的弹性、透气性、保暖性和降低服装的牢度。污垢分解会产生有害于人体的成分，并为细菌及微生物提供繁殖的条件，从而危害人体健康。污垢按照来源不同可分为两种：一是身体污垢（体内及皮肤的分泌代谢物和排泄物，如汗液等）；二是体外的污垢（人们生活和工作环境以及各种活动所致，如砂土、墨水、油污等）。污垢按照性质不同可分为三种：水溶性污垢、油溶性污垢和固体微粒污垢。这些污垢常以混合状态黏附在服装上，最难洗掉的是油溶性污垢。

（2）服装的去污。服装有了污垢就必须进行清洗。不同的织物，其洗涤方法、洗涤要求会有所不同。

1）洗涤方法。洗涤方法一般分为干洗和湿洗两种。干洗又称化学清洗法，即利用化学洗涤剂，经过清洗、漂洗、脱液、烘干、脱臭、冷却等工序，最后达到去除污垢的目的。湿洗即水洗，又分为手工洗和洗衣机洗，湿洗相对干洗要简单。干洗和湿洗各有特点，应根据衣物的原料种类、服装的类型、颜色、织物的组织结构等因素进行选择。

2）洗涤要求。棉织物耐碱性强，不耐酸，抗高温性好，可用各种肥皂或洗涤剂进行洗涤。洗涤前可放在水中浸泡几分钟，但不宜过久，以免颜色受到破坏。贴身内衣不可用热水浸泡，以免使汗渍中的蛋白质凝固而黏附在服装上和出现黄色汗斑。用洗涤剂进行洗涤时，最佳水温为 40~50℃。漂洗时，可掌握"少量多次"的办法，即每次清水冲洗不一定用许多水，但要多洗几次。每次冲洗完后应拧干再进行第二次冲洗，以提高洗涤效果。同时，应在通风阴凉处晒晾衣服，以免在日光下暴晒，使有色织物褪色。

麻纤维织物刚硬，抱合力差，洗涤时要比棉织物轻些，切忌使用硬刷和用力揉搓，以免布面起毛。洗后不可用力拧绞，有色织物不要用热水泡烫，也不宜在阳光下暴晒，以免褪色。

丝绸织物洗前可先在水中浸泡一会儿，但浸泡时间不宜过长。忌用碱水洗，可选用中性肥皂或皂片、中性洗涤剂。水温以微温或室温为好。洗涤完毕，轻轻压挤水分，切忌拧绞。

应在阴凉通风处晾干，不宜在阳光下暴晒，更不宜烘干。

羊毛织物不耐碱，故要用中性洗涤剂或皂片进行洗涤。羊毛织物在30℃以上的水溶液中会收缩变形，故洗涤时水温度不宜超过30℃。通常用室温（25℃）水配制洗涤剂水溶液。洗涤时切忌用搓板搓洗，即使用洗衣机洗涤，也应选择轻洗，洗涤时间也不宜过长，以防止缩绒。洗涤后不要拧绞，用手挤压除去水分，然后沥干。应在阴凉通风处晾晒，不要在强日光下暴晒，防止织物失去光泽和弹性以及引起强力的下降。

黏胶纤维织物缩水率大，湿强度低，水洗时要随洗随浸，不可长时间浸泡。黏胶纤维织物遇水会发硬，洗涤时要轻洗，以免起毛或裂口。用中性洗涤剂或低碱洗涤剂。洗涤时水温度不能超过45℃。洗后，把衣服叠起来，挤掉水分，切忌拧绞。洗后忌暴晒，应在阴凉或通风处晾晒。

涤纶织物先用冷水浸泡，然后用一般合成洗涤剂洗涤，洗涤时水温不宜超过45℃。领口、袖口较脏处可用毛刷刷洗。洗后，漂洗净，可轻拧绞，置阴凉通风处晾干，不可暴晒，不宜烘干，以免因热生绉。其他化纤织物也可按此方法进行洗涤。

皮革服装不能直接浸入水中洗涤。只能用软布或软刷蘸水后，在皮革表面擦去污垢。阴干后，最好涂上一层石蜡，再用软布擦匀。

另外，在衣服洗涤去污过程中，应注意识别衣服上的洗涤标志。服装使用说明基本图形符号如图11-1所示。

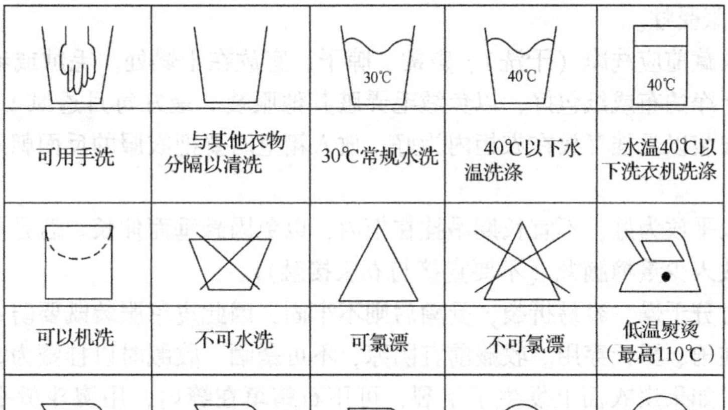

图11-1 服装使用说明基本图形符号

**2. 服装变质的识别以及服装的保管**

为使服装充分体现耐用方面的功能，必须进行妥善保管，通过保管可以减少服装发脆、变色等现象的产生。

（1）服装发脆、变色。其原因有：虫害和衣服发霉；整理剂和染料因日光及水分的作用，发生水解和氧化等现象，如硫化染料染色时释放出的硫酸，会使纤维发脆；残留物对纤维的影响，如残留氯的氧化作用；由于空气的氧化作用而使织物发黄，如丝绸织物和锦纶织物的变黄；由于整理剂，如荧光增白剂的变质而使织物发黄；在保管环境下，由于光或热的作用而使织物发黄；由于染料的升华而导致染色织物褪色；由于油剂的氧化和残留溶剂的蒸发而导致织物变色；等等。

（2）服装变质的识别。服装变质对服装的使用影响较大，其检查和鉴别方法有很多，比较简便的方法是"看、摸、闻、听"等。"看"就是用目光查看服装外观色泽中是否有风渍、水斑、油污、霉迹、发黄、变色或其他不正常的外观损伤；"摸"就是抚摸衣物是否有发热、潮黏、僵硬等情况；"闻"就是闻其是否有霉味、酸味等异味；"听"主要是从撕裂织物时发出的响声判断是否变质，正常的衣物声音比较清脆，变质的衣物声音比较沉闷。

（3）各类服装的保管。对于服装的保养、洗涤及换季后的收藏，只有采用科学合理的方法，才能防止服装发霉变质、虫蛀破损、褶皱变形，保持面料的服用性能（包括外观、手感、舒适性等），并延长服装的使用寿命。在保管过程中，要考虑不同面料的不同影响因素，采取如下相应的保管措施：

棉麻服装的保管一定要注意防潮防霉。收藏前应洗净、晾干，深浅颜色要分开存放。收藏的场所如衣柜和聚乙烯袋等应干燥，里面可放樟脑丸（用纸包上，不要与衣料直接接触），以防止衣服受蛀。

呢绒服装收藏前应洗净（干洗）、熨烫、晾干，宜放在干燥处。毛绒或毛绒衣裤混杂存放时，应该用干净的布或纸包好，以免绒毛弄脏其他服装。最好每月透风 1~2 次，以防虫蛀。各种呢绒服装以悬挂存放在衣柜内为好。放入箱里时要把衣服的反面朝外，以防褪色风化，出现风印。

化纤服装以平放为好，不宜长期吊挂在柜内，以免因悬垂而伸长。若是与天然纤维混纺的织物，则可放入少量樟脑丸（不要直接与衣服接触）。

皮革服装过分干燥，容易折裂，受潮后则不牢固，因此皮革服装既要防止过分干燥，又要防湿，不宜在雨、雪天穿用。收藏前宜阴凉，不可暴晒。收藏时以挂藏为宜，并放置用纸包好的樟脑丸。如果皮衣面上发生了干裂，可用石蜡填在缝内，用熨斗烫平。如果衣面发霉，可先刷去霉菌，再涂上皮革专用剂。

**3. 服装的熨烫**

衣服在穿着过程中，有些部位经常发生弯曲、折叠，使衣服的不同部位产生不同的形变或褶纹，因此，经常需要在穿着前和洗涤后进行熨烫。熨烫的作用是使服装平整、挺括、折线分明、合身而富有立体感。熨烫是指在不损伤服装的服用性能及风格特征的前提下，对服装在一定的时间内施以适当的温度、湿度（水分）和压力等工艺条件，使纤维结构发生变化，即热塑变形。熨烫简单地讲就是给服装热定型。熨烫的基本工艺条件是温度、湿度和压力。

（1）温度。构成服装衣料的各类纤维都具有热塑性，服装的热塑定型和热塑变性，必须通过温度的作用才能实现。温度越高，定型效果就越好，但各种服装材料的熨烫温度应低于其危险温度（分解温度和熔化点），以免损伤服装的外观及性能。构成衣料的各种纤维由于其耐热性能不同，所能承受的温度也是不同的。各种面料的熨烫温度见表 11-9。

表 11-9　各种面料的熨烫温度

| 织 物 纤 维 | 熨烫温度/℃ | 危险温度/℃ | 织 物 纤 维 | 熨烫温度/℃ | 危险温度/℃ |
|---|---|---|---|---|---|
| 棉 | 150~180 | 240 | 涤纶 | 140~160 | 210 |
| 麻 | 155~185 | 240 | 锦纶 | 120~140 | 170 |
| 毛 | 120~150 | 210 | 腈纶 | 115~130 | 180 |
| 丝 | 100~120 | 150 | 维纶 | 120~140 | 170 |
| 丝胶 | 120~150 | 220 | 丙纶 | 85~100 | 130 |
| 醋酸 | 120~140 | 160 | | | |

（2）湿度。衣料遇水后，纤维会润湿、膨胀、伸展，这时服装就易变形和定型。但湿度应控制在一定范围，太大或太小都不利于服装定型。不同的纤维吸湿的效果不同，应合理掌握。

一般熨烫的方式分干热熨烫和湿热熨烫两种。干热熨烫是用熨斗直接熨烫，主要用于遇湿易出水印（柞丝绸）或遇湿热会发生高收缩（维纶布）的服装的熨烫，以及棉布、化纤、丝绸、麻布等薄型衣料的熨烫。有时对于较厚的大衣呢料和羊毛衫等服装，先用湿烫，然后再干烫，这样可使服装长久保持平挺。化纤衣料的熨烫可采用干热熨烫，也可采用湿热熨烫。

（3）压力。一定的整烫压力有助于克服分子间、纤维纱线间的阻力，使衣料按照人们的要求进行变形或定型。随着压力的增大，服装的平整度、褶裥保持性均有优化。由于压力增大，纱线与织物被压扁，面料的厚度变薄，对比光泽度也增大。但压力过大会造成服装的积光。

一般服装的整烫压力应随服装的材料、造型、褶裥等要求而定。对于裤线、折裥裙的折痕和上浆衣料，压力应大些；对于灯芯绒等起绒衣料，压力要小或熨反面；对长毛绒等衣料则应用蒸汽而不宜熨烫，以免使绒毛倒伏或产生积光而影响质量。

熨烫是一种物理运动，要达到预定的质量要求，就必须通过温度、湿度、压力和时间等因素的密切配合。另外，还应注意熨烫的顺序：上衣要先熨烫衣领、衣袖和后正身，然后再正面熨烫前身、袖口、下摆等；裤子要先熨烫裤脚，再熨烫裤腰；熨烫深色衣服，必须在正面垫上湿布，以免起亮光。

## 技能实训

**【实训目的】**

通过案例讨论加深对日用工业品商品相关概念的认识。

**【实训主题】**

服装商品的选购、标签、号型等。

**【实训时间】**

本章课堂教学内容结束后的双休日和课余时间，为期一周；或者由指导教师另外指定时间。

**【阅读材料】**

服饰选购要点

一、服装的外观质量

（1）服装的主要表面部位有无明显织疵。如果在购买后经过穿着才发现表面有明显疵点等问题，就比较难分清责任，特别是价格较高的服装产品。

（2）服装的主要缝接部位有无色差。

（3）服装面料的花形、倒顺毛是否顺向一致。条格面料的服装，主要部位是否对称、对齐。

（4）注意服装上各种辅料、配料的质地，如拉链是否滑爽、纽扣是否牢固、四合扣是否松紧适宜等。

（5）有黏合衬的表面部位，如领子、驳头、袋盖、门襟处有无脱胶、起泡或渗胶等现象。

二、注意服装上的各种标识

（1）有无商标和中文厂名、厂址。

（2）有无服装号型标识及相应的规格，可通过营业员挑选适合自己穿着的号型及规格。

（3）有无纤维含量标识，主要是指服装的面料、里料的纤维含量标识。各种纤维含量百分比应清晰、正确。有填充料的服装还应标明其中填充料的成分和含量。纤维含量标识应当缝制在服装的适当部位，属永久性的标识，以便于消费者在穿着过程中发现质量问题时作为投诉的依据。

（4）有无洗涤标识的图形符号及说明。应了解洗涤和保养的方法、要求，特别是夏季穿着服装，要核实一下能否水洗。

（5）有无产品的合格证、产品执行标准编号、产品质量等级及其他标识。

三、试穿时需注意的地方

（1）在试穿服装时，应自然放松站立，注意感觉一下自己的颈肩部有无压迫感。如果在颈肩部有明显的沉重及不舒适的感觉，说明该件衣服与自己体型尚不够适宜。一件适宜的服装，穿在身上应无明显的压力和沉重的感觉，而有一种轻松舒适的感觉。

（2）在试穿服装时，也应注意一下袖笼部位，两手臂活动时有舒服自如的感觉，防止袖笼过小过紧，注意袖笼前后是否平服、圆顺。

（3）注意一下后背上部靠后领脚处是否平服，以及后背下摆处有无起吊现象。

四、服装的缝制质量

（1）目测服装各部位的缝制线路是否顺直，拼缝是否平服，绱袖吃势⊖是否均匀、圆顺，袋盖、袋口是否平服，方正，下摆底边是否圆顺、平服。服装的主要部位一般是指领头、门襟、袖笼及服装的前身部位，这些是需要重点注意的地方。

（2）查看服装的各对称部位是否一致。服装上的对称部位很多，可将左右两部分合拢检查各对称部位是否准确。例如，看服装上领头、门里襟是否对称，左右两袖长短和袖口大小，对袋盖长短宽狭、袋位高低进出及省道长短等进行对比。经过对服装的标识以及服装的外观质量、缝制质量和服装面料成分的鉴别，基本上能够选购到一件符合质量标准要求和比较合体满意的服装。

【实训过程设计】

（1）指导教师布置学生课前预习"阅读材料"。

---

⊖ "绱袖"是广州话，意思除了上袖（即装袖）外，还有整个袖子（特指袖头）部位的意思。"吃势"有两种情况：①工艺要求的吃势。两片拼缝时，有一片根据人体需求，会比另一片长一点，这长出来的部分就叫作吃势。它根据服装要求或多或少（通常为0.2~1.5cm甚至更多），例如，制服袖山处，袖子比正身袖笼的尺寸大，就是这个道理。②被动的吃势（不是工艺要求，但是缝制中不易控制）。在缝制过程中，尤其是平绒等面料，上下层之间由于平缝机压脚及送布牙之间错动原因导致的吃势。这种吃势通常需要尽量避免。

（2）将全班同学平均分成几个小组，按每组 5～6 人进行讨论。实训小组就近选择市场进行调研。

（3）根据"阅读材料"，选择品牌专营店或专营柜组，通过眼看、手摸、阅读、走访调查等方式，进行面料识别。

（4）根据"阅读材料"，选择品牌专营店或专营柜组，掌握服装号型知识，比较服装标签及标注内容。

（5）各实训小组对调查情况进行小组内讨论、交流，撰写作为最终成果的"商品学实训报告"。

（6）各小组提交填写"项目组长姓名、成员名单"的"商品学实训报告"，将优秀的实训报告在班级展出，并收入本课程教学资源库。

 **综合练习**

**一、名词解释**

塑料 合成树脂 合成洗涤剂 表面活性剂 化妆品 服装 天然纤维 化学纤维 再生纤维 合成纤维 呢绒 精纺呢绒 粗纺呢绒 机织物 针织物 麻织物 混纺织物 服装号型

**二、多项选择题**

1. 属于阳离子型活性剂常见的是（　　）。

A. 烷基磺酸钠　　　　　　　　　B. 铵盐型

C. 脂肪醇聚氧乙烯醚　　　　　　D. 烷基苯磺酸钠

E. 脂肪醇硫钠

2. 属于热塑性塑料的有（　　）。

A. PE　　　　　　　　　　　　B. PS

C. MF　　　　　　　　　　　　D. CN

E. PMMA

3. 属于热固性塑料的是（　　）。

A. 聚乙烯　　　　　　　　　　　B. 聚氯乙烯

C. 有机玻璃　　　　　　　　　　D. 密胺塑料

E. 脲醛塑料

**三、问答题**

1. 简述塑料制品的主要品种及性能特点。

2. 简述洗衣粉的主要品种及质量要求。

3. 简述牙膏的质量要求及选用。

4. 简述化妆品主要品种的性能特点及选用保管方法。

5. 服装是如何分类的？如何挑选服装？

6. 服装所用的面料有哪些？它们的特点是什么？

7. 与服装质量相关的标准有哪些？

8. 简述服装号型知识及其实际应用。

9. 如何做好服装的保养工作？

# 第十二章

## 家用电器商品

### 学习要点

- 家用电器的分类、安全要求
- 主要类别家用电器的分类、基本结构、主要性能特点、质量要求
- 主要类别家用电器的选购、调试、使用及保养方法

### ◆ 案例导读

**充分竞争状态下的空调市场升级提速，"健康"成为重要突破口**

2019年以来，空调市场竞争持续加剧，产品价格下滑明显。全国家用电器工业信息中心研究数据显示，2019年上半年，空调线下市场均价下滑3.9%，其中，线下市场TOP10品牌中有6个品牌均价出现了下滑。这样的局面意味着，空调市场已经步入了充分竞争阶段，行业急需从价格竞争向价值竞争转型。无论是基于行业长远发展，还是立足于企业自身稳定发展，空调企业都必须加快产品变革，寻找新的突破点。而伴随着消费升级与全民健康意识的提升，健康已然成为全民关注的焦点，自然也就成为空调产品升级的重要方向。

现代化生活中，空调是必不可少的电器设备，让人们能够"冬暖夏凉"，但是，空调的使用也会带来一系列健康隐患，比如，冷气直吹人体容易带来关节疼痛；空调使用时间较长以后，内部过滤网、翅片堆积灰尘，容易滋生细菌；长时间不开窗使用空调，造成室内空气质量下降等。随着人们健康意识的提高，这些痛点的解决就成为影响选购的关键要素。2019年，围绕这些消费痛点，空调企业进行了持续的技术革新，以健康功能为卖点的空调新品迭出，比如，防直吹功能、自动清洁功能、换新风功能、除异味功能等。这些全新的健康功能也正在最大限度地激发消费者的购买热情，成为空调行业增长的一抹亮色。

**启示**：家用电器对人们的生活影响很大，厂商了解消费者的需求，研究家用电器的发展方向，可以为消费者提供更多、更好的产品，也可以给企业带来较好的效益；消费者了解家用电器知识，可以更方便地生活，也可以维护自身的利益。

家用电器是指在家庭和类似使用条件下的电子器具和电器器具的总称。家用电器能减轻人们的家务劳动量，改善生活环境，丰富人们的物质和精神文化生活，是生活现代化的基本标志。随着人们生活水平的提高和科学技术的进步，特别是计算机的应用和普及、网络时代的到来，家用电器已迈入组合化、多功能、网络化、智能化时代。

# 第一节　家用电器的分类及基础知识

家用电器的种类很多，常按工作原理或用途来分类。与家用电器密切相关的基础知识主要有电声学、电光学、人眼和人耳的生理特性等。

## 一、家用电器的分类与特点

### 1. 家用电器的分类

（1）按工作原理分类，家用电器主要包括：

1）电子器具。它是指能将电能转换为声音或影像，以电子元件为基础，通过电子技术完成各种功能的家用电器，如电视机、DVD、手机、计算机等。

2）电动器具。它是指将电能转换为机械能，由电动机带动工作部件完成各种功能的家用电器，如洗衣机、电风扇、吸尘器等。

3）制冷器具。它是指消耗电能进行热交换，通过制冷装置造成适当低温的家用电器，如电冰箱、空调器、冷饮机等。

4）电热器具。它是指以各种电热元件完成电能到热能的转换，实现加热功能的家用电器，如电熨斗、电暖器、电热饮具等。

5）照明器具。它是指使用电光源实现电能到光能转换的家用电器，如各类灯具等。

（2）按用途分类，家用电器主要包括：

1）视频器具。它主要用于收看电视节目，录制播放图像节目、生活片断等，如电视机、录像机、摄像机、家庭电影院等。

2）电声器具。它主要用于家庭收放电台节目，录制播放音乐等，如收录机、组合音响、复读机、激光唱机等。

3）空调器具。它主要用于调节室内温、湿度，加速空气流动，改善室内环境等，如空调器、电风扇、空调扇、负离子发生器、增湿机等。

4）冷冻器具。它主要用于食品的冷冻和冷藏，如电冰箱、冷冻箱、冷饮器等。

5）清洁器具。它一般用于个人卫生和环境卫生的清洁，如洗衣机、吸尘器、电熨斗、淋浴器等。

6）整容保健器具。它主要用于个人容貌的整理和保健，维护人体健康，保持机体活力等，如电吹风、电动剃须刀、美容器、电动按摩器等。

7）厨房器具。它主要用于食品加工、烹制和食品饮具沈涤消毒等，如电饭锅、微波炉、电磁灶、燃气灶、电水壶、抽油烟机、洗碗机、消毒柜、榨汁机等。

8）取暖器具。它主要用于生活取暖和空气加热，如电暖器、暖手器等。

9）文化办公用品。它主要用于家庭学习、办公、通信，如家用计算机、手机、电话机、传真机、打印机等。

10）娱乐器具。它主要用于业余消遣娱乐，如电动玩具、电子游戏机、电子乐器等。

11）照明器具。它主要用于室内外照明及艺术装饰，如各种灯具及配件。

12）其他器具。它是指不能归入以上各类的家用电器，如电子钟表、电子门锁、防盗电器、数码相机等。

**2. 家用电器的特点**

家用电器的主要特点是：一般在有电能的条件下才能正常运转使用。一般都要带电工作和操作，因此，安全性是这类商品的首要指标。家用电器结构比较复杂，要求电器元件的可靠性高，要达到质量需要的规定值。家用电器既是家庭用品，又是美化家庭环境的装饰品，要求造型美观、装饰新颖、色调柔和、外形结构合理。此外，家用电器还要求寿命长、可靠性高、耗电少、经济费用低等。

## 二、家用电器的基础知识

**1. 家用电器的安全要求**

家用电器安全要求是指人们在使用家用电器时免遭危害的程度。因此，安全性是衡量家用电器的首要质量指标。在国家标准 GB 4706.1—2005《家用和类似用途电器的安全　第 1 部分：通用要求》中，要求家用电器必须有良好的绝缘性能和防护措施，以保护消费者使用的安全。家用电器安全防护按需要绝缘的程度、防触电保护方式、防水保护程度进行划分，对安全要求各有所不同。

（1）按需要绝缘的程度不同，家用电器的安全要求主要包括：

1）基本绝缘。它是施加于带电部件提供基本防护的绝缘，即在电器中的带电部件上，用绝缘物将带电部件封闭起来，对防触电起基本保护作用的绝缘，如套有绝缘材料的铜、铝等金属导线。从结构上，这种绝缘都置于带电部件上，直接与带电部件接触。

2）附加绝缘。它是在基本绝缘万一损坏时，为对电击提供保护而另外施加于基本绝缘的独立绝缘，如电热毯电热丝外包覆的塑料套管。

3）双重绝缘。它是由基本绝缘和附加绝缘构成的绝缘系统。同时具有基本绝缘和附加绝缘的防触电保护作用的绝缘，一旦基本绝缘失效时，由附加绝缘起保护作用，如电视机电源线就采用双重绝缘。

4）加强绝缘。它是在 GB 4706.1 规定的条件下，提供与双重绝缘等效的防电击等级，而施加于带电部件的单一绝缘。它提供的防触电保护程度相当于双重绝缘，但它是一种单独的绝缘结构，可以由几个不能像基本绝缘或附加绝缘那样单独试验的绝缘层组成。

（2）按防触电保护方式不同，家用电器的安全要求主要包括：

1）0 类电器。它是依靠基本绝缘防止触电的电器。它没有接地保护，在容易接近的导电部分和设备固定布线中的保护导体之间没有连接措施。它是在基本绝缘损坏的情况下，便依赖于周围环境进行保护的设备。一般这种设备在工作环境良好的场合下使用。近年来我国对家用电器的安全要求日益严格，0 类电器已日渐减少。老式单速拉线开关控制的吊扇是 0 类电器。

2）0 I 类电器。它是至少整体具有基本绝缘和带有一个接地端子的电器，电源软线中没有接地导线，插头上也没有接地保护插脚，不能插入带有接地端的电源插座。老式国产波动式电动洗衣机大多是 0 I 类电器，只备有接地端子，而没有将接地线接到接地端子上，使用时由用户用接地线将机壳直接接地。

3）Ⅰ类电器。这类电器除依靠基本绝缘进行防触电保护外，还包括一项附加安全措施，方法是将易触及导电部件和已安装在固定线路中的保护接地导线连接起来，使容易触及的导电部分在基本绝缘失效时，也不会成为带电体。例如，国产冰箱大多是Ⅰ类电器。

4）Ⅱ类电器。这类电器不仅仅依赖基本绝缘，而且还具有附加的安全预防措施。一般采用双重绝缘或加强绝缘结构，但对保护接地是否依赖安装条件，不做规定。例如，国产电热毯大多是Ⅱ类电器。

5）Ⅲ类电器。这类电器是依靠隔离变压器获得安全特低电压供电来进行防触电保护的。同时在电器内部电路的任何部位，均不会产生比安全特低电压高的电压。

国际电工委员会（IEC）出版物中的安全特低电压，是指为防止触电事故而采用特定电源供电的电压系列。这个电压的上限值，在任何情况下，两个导体间或任一导体与地之间，均不得超过交流电（50～500Hz）有效值50V。

我国规定安全特低电压额定值等级为42V、36V、24V、12V、6V，当电器设备采用了超过24V的安全电压时，必须采取防止直接接触带电体的保护措施。目前使用的移动式照明灯多属Ⅲ类电器。

（3）按防水保护程度不同，家用电器安全要求主要包括：按防水保护程度，电器可分为普通型器具、防滴型器具、防溅型器具、水密型器具、家用电淋浴器和快速式电热水器。例如，部分房间用的空调器属于防溅型电器；吸尘器有普通型和防溅型电器两种；部分电热毯也做成水密型电器，标志为IPX0～IPX7。

**2. 家用电器的安全供电**

家用电器供电是单相三线制低压供电系统，引入家庭的是其中一根相线和零线，这种系统采用的保护接零措施是行之有效的方法。要使这种接零保护措施可靠的前提之一，是零线要重复接地。国际电工委员会（IEC）规定，在从专用配电变压器至建筑物入口处的一段线路中，工作零线和保护零线可以公用，并在入户前要接在建筑物的接地体上，进户后另拉一条保护零线，即将零线分为工作零线和保护零线，新建建筑物都应采用这种保护接零方法，并选用符合国际标准规定的电气装置，电流强度在10A以下应选用扁三极插头（座）。

对大多数民用旧建筑，零线没重复接地，也没另设一根保护零线，有人采用将家用电器的外壳接在自来水管、暖气管等自然接地体上的保护接地方法。（注意：千万不可接在煤气管上，否则有可能发生爆炸！）由于水管连接处常有铅油、麻线等物填充，使接地电阻超过允许值（4Ω），当家用电器中电源有一相碰壳时，因接地电阻较大，熔断器不能熔断，会使金属外壳长期带电，潜伏使用者触电的危险。因此，在接零系统中不应单纯采用这种保护接地措施，而应将这种保护接地方法与漏电保护器合用，能有效地防止触电事故，当有微小漏电流时，漏电保护器能使电路在0.1s内切断。在上述保护接地中，虽然自来水管等接地体接地效果有时并不好，但只要有较小漏电流产生，都能使漏电保护器动作，迅速切断电源。漏电保护器在国外已普遍采用，我国也已制定了有关规程和国家标准，并普遍推广，使我国家庭的安全用电得到保证。生产和销售的漏电电流动作保护器必须保证质量及安全可靠，符合GB/T 6829—2017《剩余电流动作保护电器（RCD）的一般要求》，经认证合格后，供电部门才准予安装使用。

### 3. 家用电器的电磁兼容

所谓电磁兼容，就是对家用电器在工作时产生的电磁干扰值要有一定的限制，至少不能超过无线电通信设备和长途电信设备，以及其他仪器设备按规定用途正常运行的允许水平；另外，家用电器对外界电磁骚扰具有足够的内在抗扰度，使其能按预定条件正常运行。为此，在国内外家电产品标准中，对由于低频传导、低频辐射、高频传导、高频辐射以及静电放电等现象产生的电磁骚扰都规定了发射限制及相应的抗扰度要求。国际电工委员会（IEC）中的电器设备（包括网络）之间的电磁兼容性技术委员会（TC77）及国际无线电干扰特别委员会（CISPR）于20世纪90年代陆续发布了一系列电工电子产品的电磁兼容标准，许多国家都直接引用或转化为本国或行业标准，并在电工电子设备生产、使用中广泛采用。为使电工电子产品具备良好电磁兼容性，各工业发达国家还广泛采用了电磁兼容认证制度。

# 第二节　电 热 器 具

## 一、电熨斗

### 1. 电熨斗的基本结构

各种类型的电熨斗，基本结构是一致的，主要由底板、电热元件、压板、罩壳、手柄等部分组成。电熨斗的外形及结构如图12-1所示。

### 2. 电熨斗的种类

电熨斗品种繁多、各具特色，一般按功能可分为普通型电熨斗、调温型电熨斗、蒸汽型电熨斗和蒸汽喷雾型电熨斗四种类型。

（1）普通型电熨斗。普通型电熨斗是最简单的一种电熨斗，它具有结构简单、价格便宜的优点，是各种电熨斗的基础。但其最大的缺点是温度不易掌握，当达到使用温度时，只能拔下电源插头切断电源，使用者若经验不足或稍有不慎，

图12-1　电熨斗的外形及结构

极易烫坏织物。另外，其热惯性较大，使用时必须经过较长时间才能热起来，而停止使用后需较长时间才能冷却，热量损失较大。因此，在城市中，普通型电熨斗已逐渐被后继型号替代。普通型电熨斗的功率在300~1000W之间。

（2）调温型电熨斗。调温型电熨斗的结构与普通型电熨斗相似，只是在普通型基础上增设了一对金属片调温器，从而使底板温度可依据质料与需要在60~250℃随意可调，并保持在设定温度不变。所以，它既能熨烫耐温较低的化纤衣料，又能熨烫耐温较高、质地厚实的毛、棉、麻织物，使用简便，且安全省电。调温型电熨斗的功率通常在300~1000W之间。

（3）蒸汽型电熨斗。它又称为喷汽电熨斗，在调温型电熨斗的基础上，增设了喷汽装置。在使用过程中，它利用底板热量使水汽化，并通过底板小孔向下喷出，使熨烫织物充分湿润。这样，既可免除熨烫前人工喷水或铺垫湿布等麻烦，又提高了熨烫质量。蒸汽电熨斗采用金属管状电热元件，弯成"V"字形后直接铸在铝合金底板中。底板底面喷涂有一层耐热耐磨防黏涂层，使用中不黏织物，可推动轻滑。底板上开有直径为2mm的小孔5~35个，作为蒸汽喷口。

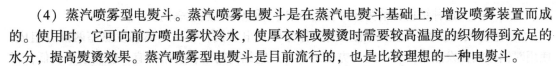

（4）蒸汽喷雾型电熨斗。蒸汽喷雾电熨斗是在蒸汽电熨斗基础上，增设喷雾装置而成的。使用时，它可向前方喷出雾状冷水，使厚衣料或熨烫时需要较高温度的织物得到充足的水分，提高熨烫效果。蒸汽喷雾型电熨斗是目前流行的，也是比较理想的一种电熨斗。

**3. 电熨斗的选购**

（1）功能的选择。目前市场销售的电熨斗中，蒸汽喷雾型电熨斗最为先进，但其结构复杂，出故障的机会也多，价格较贵；普通型电熨斗虽工艺较成熟、价格较低，但不能控制温度，不适应当前人们穿着织物种类繁多而需不同温度熨烫的要求，将有被淘汰的可能；调温型电熨斗价格适中，使用省时省电，能满足不同织物熨烫的要求。所以，一般家庭购买调温型电熨斗比较经济实惠。

（2）功率的选择。从省电的角度考虑，应选功率大的电熨斗。因考虑到家庭电表的负荷小，一般来说选用功率在 500W 左右的调温型电熨斗较为合适。若每次熨烫衣料较多，使用功率为 700W 的调温型电熨斗较为理想。

（3）外观质量检查。电熨斗要求外形美观，操作方便，电镀光亮，无锈点、起皮、划痕、坑等缺陷，各部分应结合牢固，拿起用力摇动应无松动感、无响声。

（4）通电检查。通电后，可用试电笔接触外壳，判断是否漏电。合格产品用手轻轻触摸金属部分应无麻感，指示灯显示应正常。

**4. 电熨斗的使用与维护**

（1）电熨斗是功率较高的电器，最好不要和其他耗电量较大的用电器具，如电饭锅、电烤箱、电取暖器等同时使用。

（2）新买或久未使用的电熨斗，插上电源后应用试电笔试其外壳，检查是否漏电。若手头无试电笔，可用手背轻触其金属外壳，没有麻电感觉时，方可正常使用。

（3）电熨斗通电后，使用者不得远离，以防忘记造成升温过高而发生着火事故。使用普通电熨斗尤其要注意，应做到人走电断，确保安全。

（4）在熨烫间歇暂不使用时，应将电熨斗竖起放置，勿平放在工作台上。

（5）熨烫完毕，应断开电源，待底板自然冷却至室温后，再将导线绕好，将电熨斗装盒存放于干燥通风处，不得使之受潮。

（6）用完调温型电熨斗后，要将调温旋钮转到"冷"或"关"的位置；蒸汽喷雾型电熨斗则要排净并烘干水箱内的剩余水分。

（7）使用蒸汽喷雾型电熨斗时，其水箱用水最好是蒸馏水，若没有，可使用白开水，不得用一般自来水，否则会因自来水结垢堵塞喷汽孔而影响正常使用。

（8）应及时清除电熨斗外表的污物。底板产生黑斑时，勿用利器刮，防止破坏电镀层，应用湿布沾上牙粉或牙膏，慢慢擦拭，待擦净后，再涂上一层蜡，通电，蜡熔化后再擦，多次反复。

## 二、电饭锅

**1. 电饭锅的分类**

（1）按装配方式不同，电饭锅可分为整体式电饭锅和组合式电饭锅。

1）整体式电饭锅。整体式电饭锅从外形上看，其锅体和发热座是一个整体，只是锅体内的内锅可以取下。市场上销售的普通保温电饭锅多为此类。整体式电饭锅又分为单层、双层、三层三类。这种结构目前为国际流行式样，耗电小，热效率高。

2）组合式电饭锅。组合式电饭锅又称分体式电饭锅，它由锅体和发热座两部分组成，使用时锅体放在发热座上，平时可方便地取下。它结构简单，价格便宜，但热效率较低，耗电量较大。

(2) **按锅体内部气体压力不同**，电饭锅可分为常压电饭锅和压力电饭锅两种。

1）常压电饭锅。常压电饭锅是指锅体内部的压力能经常地保持在常压下。平时所说的电饭锅，若未特别指明，均属此类。

2）压力电饭锅。压力电饭锅是指除了具有保温功能以外，还兼有高压锅的功能，较常压电饭锅易熟、省时、省电。压力电饭锅又可分为低压、中压和高压电饭锅三类。

(3) **按电热元件的数量不同**，电饭锅可分为单发热盘式电饭锅和多发热盘式电饭锅。

1）单发热盘式电饭锅。这种电饭锅是在底板上安装一个发热盘，普通电饭锅多为此类。用这种电饭锅做出的米饭容易造成上软下硬的问题。

2）多发热盘式电饭锅。这种电饭锅除了在底板上安装有一个主发热盘外，还在锅的侧壁或顶盖上安装副发热板。用这种电饭锅做出的米饭均匀可口。

(4) **按时间控制方式不同**，电饭锅可分为保温式电饭锅和定时启动型自动电饭锅。

1）保温式电饭锅。这种即普通型电饭锅，是指接通电源后即开始工作，煮完饭后，若当时不吃，锅内的食物温度下降到60℃左右时，通过锅内的自动温度控制装置，启动电饭锅，使锅内食物的温度保持在60～80℃。

2）定时启动型自动电饭锅。这种电饭锅增加了一个定时装置，只要将米、水放好，便可在24h内人为确定任一时刻自动启动做饭，饭好后能自动断电，并能自动保温。

除以上种类的电饭锅外，目前市场上还有电脑控制式电饭锅、双层保温外壳电饭锅、可调节功率型电饭锅、不粘锅底电饭锅等新品种。

**2. 电饭锅的结构**

电饭锅由外壳、内胆、锅盖、提手、把手、电热盘、磁钢限温器、电热管、按键开关、指示灯、电源插座和支脚等组成。图12-2为自动保温式电饭锅的外形及结构示意图。

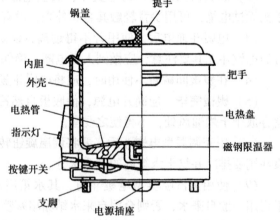

图 12-2  自动保温式电饭锅的外形及结构示意图

**3. 电饭锅的选购**

(1) 规格的选择。电饭锅的规格是按额定功率划分的，选择多大功率的电饭锅，要根据经济条件、人口多少等确定，见表12-1。

表 12-1  电饭锅的规格

| 规格/W | 容量/L | 煮饭量/kg | 适用人数参考 |
|---|---|---|---|
| 400 | 2 | 0.6 | 3人以下 |
| 500 | 3 | 1 | 2～4人 |

（续）

| 规格/W | 容量/L | 煮饭量/kg | 适用人数参考 |
|---|---|---|---|
| 700 | 4 | 1.4 | 5~8 人 |
| 800 | 5.5 | 1.9 | 6~10 人 |
| 1000 | 7 | 2.5 | 10~14 人 |
| 1500 | 8.5 | 3.1 | 12~16 人 |

（2）电热盘和内胆。电热盘和内胆底的配合面必须相吻合，否则将严重影响电饭锅的使用性能。电热盘和内胆的工作表面应有较高的光洁度，不应有孔眼、凹凸不平、明显砂痕、氧化腐蚀斑点等缺陷。

（3）自动开关。自动开关固定在电热板的中央，并稍凸出，拿掉内胆即可看见。选购时，用手按压自动开关，应有一定弹性，这样才能确保电热盘表面与内胆表面紧密接触。

（4）电气性能。选购时，可通电并按下按键开关进行试验，此时黄色指示灯应亮，电热板有微热。要特别注意锅体和电源引线是否有漏电现象。

（5）其他方面。外壳表面应光洁平整，无划痕和脱漆现象；锅盖无扭曲碰伤，并与内胆和外壳的密封良好；电源线、量杯、蒸架、使用说明书、保修卡等齐全无损；电源线应接插灵活，不宜过紧或过松。

**4. 电饭锅的使用注意事项**

（1）电饭锅内胆不宜直接洗米，如直接洗米，应将内胆外壁及底部的水分及时擦干；清洗内胆时，应避免碰磕内胆底，若内胆底发生变形，则会影响与电热盘的黏合性能；盛饭时最好用塑料匙或木铲，不用利器为好，以防止内胆划伤。

（2）在煮饭过程中，尽量少搬动电饭锅，如要搬动，应先拔下电源插头。

（3）每次使用前应检查内胆与电热盘的黏合情况，内胆与电热盘之间不得有水滴、尘土、砂粒、饭粒等杂物，保证两者黏合良好。

（4）电饭锅不宜煮酸性、碱性较强的食物；不宜在潮湿及有腐蚀性气体的环境中使用。

（5）接通电源后指示灯亮，按下按键开关，电饭锅开始煮饭，饭熟后按键开关自动跳起。煮饭时不宜开盖，按键开关跳起后最好不立即食用，应利用加热盘继续焖 10min 左右，这样米饭将会更好吃。

（6）为保证安全，要将电饭锅上的电源线先插好，然后再与室内电源插座（最好设专用的）相连接。不要把电饭锅的电源插头接在灯头或台灯的分电插座上，否则会因电饭锅的功率过大而使电线发热，造成触电、起火等事故。

（7）严禁空烧。

## 三、微波炉

**1. 微波炉的功能和优点**

家用微波炉具有再加热功能，即已经煮熟的食物、汤等凉了以后需要加热时，可以使用微波炉；具有煎、煮、焖、蒸、烩、炒、烘、烤等多种食物烹饪方式，且省时、节能，保持食物原汁原味；能迅速解冻食品，并保持解冻后食物组织的成分和鲜嫩；能对食物进行消毒灭菌，如对毛巾、餐具的消毒杀菌等。

家用微波炉的主要优点有以下几方面：

（1）加热效率高。由于微波炉的加热方式是在微波作用下，使食物极化并快速翻转"摩擦"生热，避免了采用热传导方式加热，因此，加热时间短、效率高。

（2）二次加热效果好。由于微波炉加热时间短，只需几分钟或几十秒即可，且保持菜肴原有的新鲜、美味和色彩，不用对食物搅拌，能保持食物原有的形态，故对已做好的饭菜用微波炉再加热，非常方便。

（3）节省电能。采用微波炉做饭，三四口人的家庭，一天用电量不到 $1kW \cdot h$，非常经济实惠。与传统的电炉、煤气炉相比，在同等电源电压、同等重量的加热食物条件下，微波炉能源消耗最低。

（4）保持食物原有的营养成分。采用微波炉加热食品，食品中的营养成分损失少，能最大限度地保留食物中的维生素。例如，卷心菜中的维生素 C 在微波炉中烹调后的损耗率仅为 4.8%，而采用传统方式烹调后的损耗率为 19%；用微波炉烹饪的蹄髈，人体所必需的 8 种氨基酸成分的保持程度为加热前的 98.6%。

（5）安全卫生，不污染环境。利用微波炉进行烹调，无明火、无油烟，不污染环境，安全卫生，排除了厨房里的油烟给用户带来的烦恼，可保持厨房的清洁卫生。

（6）消毒灭菌。微波可以渗透细菌内部，将它们杀死。人们可以利用微波炉对毛巾、衣物等进行消毒，尤其是对某些材质制品，它更是无法取代的消毒设备。

**2. 微波炉的结构**

微波炉的种类、型号繁多，功能虽不尽相同，但其基本结构大致相同。微波炉的外形及基本结构如图 12-3 所示。

微波炉的内部结构如图 12-4 所示。微波炉内部结构主要由电源及控制部分、磁控管、波导、炉腔、旋转工作台、风扇等部分组成。

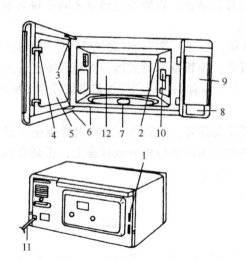

图 12-3　微波炉的外形及基本结构

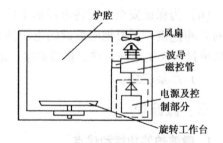

图 12-4　微波炉的内部结构

1—通风口　2—照明灯　3—门铰　4—门锁　5—观察窗
6—炉门附垫及密封装置　7—连接器　8—开门按钮
9—控制板　10—波导管罩　11—电源引线　12—炉腔

**3. 微波炉的种类**

（1）按工作频率分类。为了避免对雷达、微波通信的干扰，便于组织微波器件标准化生产，国际上广泛使用的微波炉工作频率为915MHz。商用大型微波炉的工作频率为915MHz，家用微波炉的工作频率为2450MHz。

（2）按功能分类，微波炉可分为单一微波加热型和多功能组合型两大类，也称为普通型和复合型。普通型是指微波炉仅具有微波加热一种功能；复合型是指微波炉除具有微波加热功能外，还有烘烤、蒸汽等传统方式的加热功能。

（3）按结构分类，微波炉可分为箱柜式和轻便式两大类。箱柜式微波炉容量大，微波功率也大，一般是商用微波炉所采用的结构；轻便式微波炉容量小，微波功率一般在1000W以下，既可放在灶台上，也可嵌入橱柜或壁柜中。家用微波炉多为轻便式。

（4）按控制方式分类，微波炉可分为机械控制式和微电脑控制式两类。机械控制式微波炉的定时器、功率选择开关由机械装置控制；微电脑控制式微波炉则由单片微处理器进行控制，能预定程序完成加热、烘烤、解冻和保温等各种操作，同时还能将工作状态显示在操作面板上方的显示屏上，使用起来更为方便。

（5）按功率大小分类，微波炉可分为大功率（1500W以上）、中功率（1000～1500W）和小功率（1000W以下）三种。国内常见的微波炉有600W、700W、1000W、1500W等几种。

**4. 微波炉的选购**

（1）形式、容量的选择。微波炉的种类很多，有不同的功能、不同的控制方式、不同的输出功率，炉腔容量也有17L、18L、20L、23L、24L、26L、28L等规格。选购时，既要考虑家庭的经济能力和人口多少，也要考虑家庭电路和电表的负荷能力。就现阶段普通家庭人口的生活水平而言，三四口人的家庭选择容积为19～23L、输出功率为750～800W的普通型机械控制式微波炉较为适宜。经济条件允许的话，也可选购微电脑控制式微波炉，操作方便而且美观。

（2）外观质量检查。仔细观察微波炉的外观形状、外壳和炉腔内壁，应均无裂痕、变形等缺陷，喷涂层应均匀、平整、光滑；炉门是否变形，门锁是否损坏，炉门的开、关是否灵活自如；各个操作部件，如定时器旋钮、功率控制器旋钮等是否操作自如；炉门、玻璃转盘是否完整无损；对照说明书，检查所带附件是否齐全。

（3）内在质量检查。微波炉的内在质量检查，是检查微波炉的安全性能和运行情况，一般按以下步骤进行：

1）炉门检查。炉门是阻挡微波泄漏的重要屏障，必须严格检查。检查时可将炉门开关多次，应无卡滞现象，按动开门按钮后，炉门应自动弹开一定角度（15°～30°）。拉开式炉门拉开时应稍用力才能拉开；关门时也要稍用力才能把门关上。炉门关好后，门与门框之间有一定的缝隙是正常的，但缝隙不能大于2mm。

2）微波泄漏检查。微波泄漏的检查必须通过仪器来测定，一般情况下购买微波炉的现场是不可能进行检查的。国际和国内均有规定，当微波炉正常工作时，其微波泄漏应小于$5mW/cm^2$。目前，在市场上出售的品牌微波炉的微波泄漏均小于此项指标限值，完全符合国家规定。

3）通电检查。将微波炉接通电源，炉腔内放入两杯凉水，关好炉门，将功率调节器设置在高火位置，定时 1～2min，微波炉开启加热。此时，从观察窗观察转盘转动是否均匀，有无走走停停的现象，工作时声音不应太大，更不应有"吱吱"的异响。到了设置的时间，铃声一响，微波炉应自动停止工作。这时，打开炉门试着摸摸水杯，水是否热，两杯水温度是否相同，这样可以检查微波炉加热的程度。然后将功率调节器设置在中火、低火档位上，各工作 1～2min，工作均应正常。

若是烧烤型微波炉，将控制按钮调到烧烤档，启动微波炉，约过 5min 后，应在炉腔上看到电热元件发出的红光。若是微电脑控制式微波炉，接通电源，按动控制按钮，显示窗上应有清晰、迅速、明确的反应。

**5. 微波炉的使用注意事项**

在微波炉中所使用的烹调器皿必须是非金属材料制成的，应符合以下几个条件：微波透射性能好；耐热性能好；加热中无有害物质析出；等等。例如，玻璃器皿、不带金银饰边的陶瓷器皿、耐热塑料器皿等。绝对不可以使用金属制的器皿，如铝盆、不锈钢锅、搪瓷盆等。

选择好烹调器皿后，使用中还应注意以下事项：

(1) 仔细阅读使用说明书，熟悉操作面板上各开关控制键的功能、使用方法，掌握烹调操作的基本技巧。

(2) 微波炉应放在牢固的平台上使用，其顶部及左、右、后部应占用 10cm 以上的空间，以保证通风良好。

(3) 使用微波炉前应检查炉门安全锁是否完好无损，若有损坏绝不能使用。

(4) 炉内没有食物时，不可启动使用，以免空载运行损坏磁控管。

(5) 使用微波炉时，切记必须关上炉门后，再设置时间使其工作，以防止微波泄漏。

(6) 食物在加热过程中，通气口要畅通。注明可微波加热的罐头、瓶子或密封袋装的食物放入微波炉前，罐头、瓶盖应打开，密封袋应剪口；生蛋及有硬质外壳的食物也应先开个缝再入炉，这样可避免容器或食物炸裂。

(7) 微波炉工作时，不要把脸贴近炉门玻璃观察窗观看炉内情况，以防微波损伤眼睛。从炉内取出食物时，勿用手，因器皿温度较高会烫手。

(8) 食物不可加热过度，以防食物起火。万一发现炉内起火，不可打开炉门，应立即切断电源，堵住通气口让火自行熄灭。

(9) 应经常清洁微波炉内腔，可使用温和洗洁液清理炉门，不可使用具有腐蚀性的清洁剂，以免损坏炉门。

(10) 在烹调过程中，若出现异味、冒烟、电弧火花以及转盘不转等情况，应立即切断电源，排除故障后再使用。

# 第三节　电　风　扇

电风扇简称电扇，是一种利用电动机驱动扇叶旋转，来达到使空气加速流通的家用电器，主要用于清凉解暑和流通空气，广泛用于家庭、办公室、商店、医院和宾馆等场所。电风扇主要由扇头、扇叶、网罩和控制装置等部件组成。其中，扇头包括电动机、前后端盖和摇头送风机构等。

## 一、电风扇的分类

（1）按电风扇的外部形状和主要结构，电风扇主要可分为台扇、台地扇、落地扇、壁扇、顶扇、吊扇、箱形风扇（又称转页扇或鸿运扇）、排气扇等。

（2）按电风扇的功能不同，可分为普通型和豪华型。

1）普通型。普通型电风扇一般有定时、定向摇头、调节速度等功能。

2）豪华型。豪华型电风扇在具有普通型功能的基础上，增添了微风、模拟自然风、电脑定时、睡眠定时等功能。

（3）按电动机的类型，电风扇可分为单相罩极式、单相电容式、三相感应式等类型。

另外，还可按使用电源的不同，将电风扇分为交流式、直流式及交直流两用式。家庭中多用交流式，交通工具中多用直流式或交直流两用式。

## 二、电风扇的典型结构

台扇、壁扇、台地扇、落地扇在结构上有许多相同之处，它们都有驱动电动机、扇叶、支撑结构和控制部分，所不同的只是底座形式，可以说，壁扇、台地扇和落地扇是台扇的派生形式。吊扇由吊杆、扇叶、驱动电动机和上下罩组成，有的带调速器和定时器。转页扇区别于其他电风扇，除外形不同外，主要是设置了转页盘，通过转页盘的低速运转，产生锥形旋动气流，给人自然风的感觉。普通电风扇的基本构造示意图如图12-5所示。

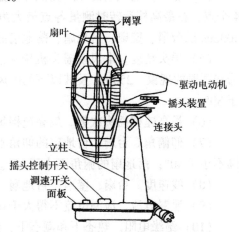

图 12-5　普通电风扇的基本构造示意图

## 三、电风扇的规格、型号及质量指标

### 1. 电风扇的规格

电风扇的规格以扇叶的直径表示。台扇有 200mm、300mm、350mm、400mm 等规格；落地扇有 300mm、350mm、400mm、500mm、600mm 等规格；吊扇有 900mm、1050mm、1200mm、1400mm、1500mm、1800mm 等规格。

### 2. 电风扇的型号

当前常用的电风扇编号方法是用英文和阿拉伯数字表示。第一个英文字母表示电风扇类（用"F"表示）；第二个英文字母表示驱动电动机的形式，由于绝大多数都采用电容式电动机，一般都把第二个字母省去；第三个英文字母表示电风扇的类别（"C"表示吊扇，"D"表示顶扇，"S"或"L"表示落地扇，"T"表示墙扇，"Y"表示转页扇）；字母后的第一位阿拉伯数字表示制造厂的设计序号；最后的阿拉伯数字表示电风扇的规格，即扇叶直径。

例如，FS5-40 型，"F"是电风扇代号，"S"是指落地扇，"5"表示是制造厂第五代设计产品，"40"表示规格为400mm。

### 3. 电风扇的质量要求

对电风扇的质量一般有以下几项要求：

（1）输出风量。它是在额定电源电压下以最高转速运转时，在专用的风量试验室内距离电风扇 3 倍扇叶直径的距离处，通过测量单位面积的圆环中的风速，换算而得出的。对应 300mm、350mm、400mm 的台扇，其风量分别为 $38m^3/min$、$51m^3/min$、$65m^3/min$。

（2）使用值。它是指电风扇在额定电压、额定功率条件下，以最高转速运转时产生的风量除以输入功率值所得到的值，单位是 $m^3/(min \cdot W)$。使用值越大，说明该电风扇越省电、效率越高，可以消耗较小的功率而获得较大的风量。对应 300mm、350mm、400mm 的台扇，其使用值分别为 $0.9m^3/(min \cdot W)$、$1.0m^3/(min \cdot W)$、$1.1m^3/(min \cdot W)$。

（3）调速比。它是指在额定电压和额定频率下，稳定运行 1h 后，所测得最低档转速与最高档转速之比。调速比越小，调整范围越大，使用起来越方便，可以获得各种不同场合所需要的微风。各类电风扇的调速比均不应大于 70%。

（4）噪声。电风扇的噪声测试方法是在半消声室中开动电风扇摇头机构，四周 1m 处选 4 个点，在最高档运转时测量各点最大声压级，再计算出声功率级。对应 300mm、350mm、400mm 的台扇、壁扇、台地扇、落地扇的噪声，分别不大于 63dB、65dB、67dB。

（5）摇头角度。电风扇摇头机构应能使风向自动地和连续地变动，同时应平稳而无阻滞和震颤的现象。250mm 及其以下的电风扇应不小于 60°；300mm 及其以下的电风扇应不小于 80°。

（6）最高速档摇头次数。最高速档每分钟摇头次数不少于 4 次。

（7）仰俯角。台扇、台地扇的仰角不小于 20°，俯角不小于 15°；壁扇机头角度调节范围不小于 40°；落地扇的俯角不小于 15°。

（8）线速度。台扇、壁扇、台地扇、落地扇的线速度不大于 2150m/min。

（9）泄漏电流。泄漏电流不得大于 0.3mA。

（10）绝缘电阻。热态下和潮态下，绝缘电阻值不小于 2MΩ。

（11）电气强度。应经受 1min 的电气强度试验，试验电压为 50Hz 交流电，冷态下试验电压值为 1500V。

（12）温升。E 级绝缘电动机绕组及调速器线圈的温升不得高于 75℃。

## 四、电风扇的选购与使用

### 1. 电风扇的选购

购买电风扇时，首先要根据安放地点、居室面积，以及与家庭陈设统一和谐等因素，来选择适宜的尺寸、档次、式样、颜色。然后，从以下几方面考虑电风扇的质量：

（1）网罩和扇叶是否有明显变形。在装配好的电风扇网罩上，用一支笔指向一个扇叶最高点，缓缓移动扇叶，其他几个扇叶相对应点与笔尖之间的距离应十分相近，再转动扇叶，应该轻快灵活，可以在任一位置停下。

（2）控制机构（包括调速开关、定时旋钮、摇头开关、照明灯开关等）应该操作灵活、接触可靠。对调速档，不允许有两档同时接通或一档按不下去的情况。按下停止键，各速度档键应正常复位。

（3）活动部分（电风扇扇头俯、仰各角度）运转灵活、锁紧牢靠。调整到最大俯角或摇头到最终位置，网罩均不得与风扇支柱相碰。风扇运转时，稳定性要好，不能倾倒。摇头角度不应小于 60°，在最高转速档，每分钟摇头次数不少于 4 次。

（4）启动性能。启动性能优劣是电风扇一项重要的质量指标。检验时，应在低速档，在电源额定电压 85％ 时，即用调压器将 220V 电压降至 187V 时启动电风扇，电风扇应该能从静止启动，并且正常运转。一台电风扇从启动到正常运转所需的时间越短，电动机的启动性能越好。

（5）运转及调速性能检查。通电后将摇头开关往复转动数次，检查其是否失灵或装配过紧，在这一过程中，电风扇机械传动部分不应该有异常噪声。电风扇在高、中、低速运转时，电动机和扇叶都应平稳、振动小、噪声较小。电风扇摇头、停摆应敏捷，无间歇、停滞和抖动现象。各档转速差别应明显，送风角度越大越好。在电风扇停转时，转轴轴向间隙不超过 0.5mm，间隙过大，运转时会引起轴向窜动并有撞击声。

（6）漏电检查。若电风扇通电后，手触碰会有强烈麻电感，用试电笔测试，试电笔也会发光显示，则可判定外壳漏电，不可选用。

（7）电风扇连续运转 2h 后，如果机头外壳表面烫手，说明温度过高，不能选用。在正常情况下，机头外壳表面温度在 50℃ 以下，不会有十分烫手的感觉。

**2. 电风扇的使用与维护**

电风扇在使用时应注意以下几点：

（1）电风扇在使用前，应首先核对供电电压。对于有接地线的电风扇，应按规定接好地线。

（2）电风扇在长时间运行时，应注意电动机温升不可太高。一般电动机铁壳表面温度不应高于 75℃，即不能有烫手的感觉。

（3）每年将电风扇储藏前，做一次比较彻底的清洁工作。在转轴外露部分和镀铬网罩表面涂上一层机油，在扇头加油孔内注入少许轻油（或缝纫机油），用干净的布包好，放在干燥通风处。切勿放在易回潮的水泥地面上，更要避免叠压、碰撞。

# 第四节　洗　衣　机

洗衣机是利用电能转换成机械能来洗涤衣物的清洁电器，一般专指使用水作为主要的清洗液体，有别于使用特制清洁溶液及通常由专人负责的干洗。

## 一、洗衣机的类型

### 1. 按自动化程度分类

（1）普通型洗衣机。洗净、漂洗、脱水各功能的操作需用手工转换。这类洗衣机结构简单、价格便宜、使用方便、占地少、易搬动，装有定时器，可根据衣物的脏污程度选定洗净时间，预定时间终了可以自动停机。

（2）半自动洗衣机。洗净、漂洗功能的转换不用手工操作而能自动进行。在洗衣桶中可以按预定时间完成洗净和漂洗程度，但不能自动脱水，需人工将衣物从洗衣桶中取出，放入离心脱水桶中进行脱水。有的没有脱水机构，需人工取出拧干。

（3）全自动型洗衣机。洗净、漂洗、脱水各功能转换均不用手工操作而能自动进行。衣物放入洗衣桶后能自动完成洗净、漂洗和脱水全部程序，当衣物甩干后，蜂鸣器发出声音。

此类型洗衣机分为电动程控器控制和微电脑控制两种。其中微电脑控制现已发展为先进的模糊控制全自动洗衣机，它应用先进的模糊控制理论，实现了洗衣机智能化，使洗衣机能自动选择洗涤时间、水位、水流，自动识别衣物种类、衣量、脏污程度等，不但节水节电、省时省力，而且方便用户，目前城市中销量较大。但其结构复杂、维修难度大、价格昂贵。

**2. 按洗涤方式和结构特点分类**

（1）波轮式洗衣机。它由日本发明，在亚洲国家使用较多。这种类型的洗衣机在洗衣桶底部中心线或略微偏心处装有波轮，当电动机经传动机构带动波轮旋转时，便产生强烈的涡旋，带动衣物在水中翻搅、撞击、摩擦，产生很强的洗涤作用。

此类洗衣机的特点是结构简单、体积小、洗净度高、耗电较少，但对衣服磨损较大，洗涤均匀性不佳。

（2）滚筒式洗衣机。它又称为欧洲式，欧洲国家大都使用此类洗衣机。这类洗衣机在一水平放置的洗涤桶中，套装一稍小的圆桶（滚筒），它可绕水平轴旋转，滚筒壁上有许多小孔，洗涤液可自动进出，当滚筒旋转时，这些凸缘将衣物带动升高，至一定高度时，衣物便自动落入水中，凭借这种摔击、翻搅将衣物洗净。

此类洗衣机的特点是衣物磨损小、噪声小、洗涤容量大、衣物不绞结，能洗涤各种衣物，但结构复杂、体积较大、耗电量较大。全自动滚筒式洗衣机在21世纪后逐渐进入我国普通家庭。

（3）搅拌式洗衣机。它又称为美国式洗衣机，南、北美洲国家使用较多。该机洗衣桶为立式圆桶，其中心处有一立轴，轴上装有 3～4 片搅拌翼。电动机旋转带动搅拌翼做 120°～180°的反正回转运动，翼片带动衣物在洗涤液中不断强烈搅拌，达到洗净目的。

此类洗衣机的特点是洗净率高、衣物磨损率小、洗涤均匀性较好，但机体大而重、结构复杂、制造困难、噪声较大。

波轮式、滚筒式、搅拌式三种洗衣机的各项性能比较见表 12-2。

**表 12-2　波轮式、滚筒式、搅拌式三种洗衣机的各项性能比较**

| 项　目 | 波　轮　式 | 滚　筒　式 | 搅　拌　式 |
|---|---|---|---|
| 洗净度（30℃） | 高 | 低 | 中 |
| 洗净均匀率 | 低 | 高 | 中 |
| 洗涤时间长短 | 短 | 长 | 中 |
| 缠绕大小 | 大 | 小 | 中 |
| 损衣大小 | 大 | 小 | 中 |
| 耗水量 | 多 | 少 | 中 |
| 耗电量 | 小 | 大 | 中 |
| 脱水率 | 高 | 中 | 中 |
| 噪声 | 小 | 大 | 大 |

几种主要的洗衣机外形示意图如图 12-6 所示。

（4）双驱动式洗衣机。被洗涤物浸没于或部分浸没于洗涤水中，在同一系统内通过动力分别使波轮或搅拌叶与内桶按照设定的转速和转速比进行运转以洗涤衣物。

a)　　　　　　　　　　b)　　　　　　　　　c)

图 12-6　几种主要的洗衣机外形示意图

a) 全自动型洗衣机　b) 双缸半自动洗衣机　c) 滚筒式洗衣机

## 二、洗衣机的结构

以波轮式双缸洗衣机为例来说明洗衣机的结构。波轮式双缸洗衣机主要由箱体系统、传动系统、控制系统和脱水制动系统四大部分组成。

箱体系统主要包括外壳、洗涤桶、上托（塑料框架）等；传动系统由电动机、轴承组、皮带盘及波轮等组成；控制系统由定时器、选择开关、给排水控制等组成；脱水制动系统由脱水桶、刹车钢丝及刹车盘等组成。

## 三、洗衣机的型号及主要质量指标

### 1. 洗衣机的型号表示方法

根据国家标准（GB/T 4288—2018）规定，国产洗衣机的型号由下列方式组成：

□　□　□　□-□　□

第一个字母为洗衣机代号，以汉语拼音字母"X"表示，脱水机代号以汉语拼音字母"T"表示。

第二个字母为自动化程度代号，以汉语拼音字母表示，"P"表示普通洗衣机，"B"表示半自动洗衣机，"Q"表示全自动洗衣机。

第三个字母为洗涤方式代号，以汉语拼音字母表示，"B"表示波轮式洗衣机，"G"表示滚筒式洗衣机，"J"表示搅拌式洗衣机。

第四个为用两位数表示的规格代号，它代表一次洗涤干燥衣物的重量，如3kg用"30"表示，3.5kg用"35"表示，依此类推。

第五部分为用数字表示的工厂设计序号，用阿拉伯数字或字母表示。

最后的字母为结构形式代号，单桶、套桶洗衣机不标注字母，双桶洗衣机以"S"表示。

例如，XPB 30-2S表示普通双桶波轮式洗衣机，洗衣容量为3kg，是厂家第二次设计的产品；XQG 50-1表示全自动滚筒式洗衣机，容量为5kg，是厂家第一次设计的产品。

### 2. 洗衣机的规格

洗衣机的规格用额定洗涤（或脱水）容量（kg）的数值乘以10表示。额定洗衣容量是指能保证洗衣机正常工作的洗涤干衣服的最大重量。目前市场上出售的洗衣机常有如下规格：2.0kg、3.0kg、3.5kg、4.0kg、5.0kg等。

### 3. 洗衣机的主要质量指标

（1）洗净性能。洗衣机洗净比应不小于0.7。波轮式洗衣机的洗净比不应小于0.8。洗净比是指某一型号的洗衣机，在额定洗涤状态下的洗净度与标准参比洗衣机洗净度的比值。

（2）对织物的磨损率。波轮式、搅拌式洗衣机的磨损率应不大于0.15%，滚筒式洗衣机的磨损率应不大于0.1%。

（3）漂洗性能。洗衣机的洗涤物上残留的漂洗液相对于试验用水碱度不大于$0.06 \times 10^{-2}$mol/L（摩尔浓度）。洗衣机的漂洗比应大于1。该项指标是表示洗衣机在额定状态下，漂清衣物上所含洗涤剂的能力。为了测试方便，国家标准规定用氯化钠（NaCl）来代替洗衣粉进行测定。漂洗比的计算公式为

$$漂洗比 = \frac{A - B}{A - C} K$$

式中，$A$为原液的电导率；$B$为漂洗后液体的电导率；$C$为自来水的电导率；$K$为漂洗系数，取0.9。

（4）脱水性能。经洗衣机或洗衣机脱水装置脱水后洗涤物的含水率，手动式挤水器应小于150%，其他洗衣机应小于115%。

（5）噪声。洗衣机洗涤、脱水时的声功率级噪声均应不大于75dB。

## 四、洗衣机的选购和使用

### 1. 洗衣机的选购

选购洗衣机，首先面临的就是结构形式的选择。滚筒式、波轮式和搅拌式洗衣机在性能上各有优缺点，现比较如下：

（1）洗净度。搅拌式洗衣机洗净度大于0.75，且洗净均匀性好；波轮式洗衣机洗净度不小于0.8；滚筒式洗衣机洗净度也大于0.70。

（2）磨损率。滚筒式洗衣机磨损率小，为0.10%以下；波轮式洗衣机磨损率不大于0.2%；搅拌式洗衣机也在0.15%以下。

（3）用水量。滚筒式洗衣机用水量最小，约为70L；搅拌式与波轮式洗衣机用水量大于70L。

（4）耗电量。搅拌式与波轮式洗衣机耗电量较小；滚筒式洗衣机耗电量较大。

（5）价格。全自动波轮式洗衣机的市场价在1000~2000元；全自动搅拌式洗衣机的市场价在2000元以上；全自动滚筒式洗衣机的市场价在3000元左右。

买哪一种洗衣机要看自己的生活习惯和家庭条件。首先确定常洗涤的衣物和洗衣机的价位。如毛料、丝绸衣物较多，建议选购滚筒式洗衣机；如以洗涤棉布衣服为主，则建议选择搅拌式和波轮式洗衣机。选择洗衣机时应注意，家庭的用电容量是否够大，用自来水是否方便，如家中有热水水源，则不必选用带电加热元件的洗衣机。

在挑选以上洗衣机时，还要了解洗衣机的噪声和无故障运行时间。一般来说，噪声越小、无故障运行时间越长，洗衣机的质量就越好。因此，消费者应让经销商提供洗衣机的噪声值和无故障运行时间，以此来判别洗衣机质量的好坏。

在挑选时应注意以下几个方面：桶形设计应合理，一般来说，洗涤桶的横截面形状以带大圆角的长方形最佳，带大圆角的正方形次之，桶壁应光滑、无毛刺，壁厚应均匀；波轮表

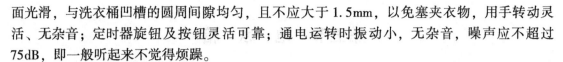

面光滑，与洗衣桶凹槽的圆周间隙均匀，且不应大于 1.5mm，以免塞夹衣物，用手转动灵活、无杂音；定时器旋钮及按钮灵活可靠；通电运转时振动小，无杂音，噪声应不超过 75dB，即一般听起来不觉得烦躁。

**2. 洗衣机的使用注意事项**

（1）进水管要连接牢固，接头处不得漏水。排水管要摆放好，防止脚踏上去使排水管破裂。

（2）需要用温水洗涤时，应先放冷水于洗衣机桶内，再加热水，或将冷、热水调好再倒入桶内。不得把热水直接倒入桶内，以防桶变形。高档洗衣机上有电热装置，可根据衣物的类型及脏污程度，选择合适的水温，但一般水温以 40～60℃ 为好。

（3）洗衣物前，应清理衣物口袋内的硬物、杂物；有金属拉链或金属纽扣的衣物，应将拉链拉上或扣上纽扣，并翻转或里朝外，以免损坏洗衣机桶壁或损坏衣物；毛制衣物应装在网袋内后再放入桶内洗涤，以防缠绕波轮或互相缠绕。

（4）衣物应按颜色深浅分类后分别洗涤，以防浅颜色的衣物被"染色"。牢度不同的衣物最好也分开洗涤，以免疏松的衣物受损。

（5）漂白剂应与水充分稀释后，从漂白剂注入口慢慢倒入洗衣机桶内。未经稀释的漂白剂不可直接倒入桶内。漂白洗涤完毕，应立即排水，并用清水将桶冲干净，以防腐蚀洗衣机桶内壁。

（6）衣物放入脱水桶时，衣物在桶内一定要放置均匀、紧实，不可偏向，衣物上一定要加安全压板。脱水过程中洗衣机若发出巨大的振动声，说明衣物未放好，应立即停机，把衣物重新放好后再脱水。脱水过程中不要打开脱水桶盖，脱水结束后，应等桶停转后，再打开盖子取衣物，这样既安全，又可避免脱水刹车机构因经常使用而失灵。

（7）全自动洗衣机使用脱水程序时，要先排完水再脱水，否则残余的水会使脱水桶转动阻力增大，电动机可能因超负荷运行而烧毁。

（8）洗衣机使用过程中，严禁用手或他物碰触转动部分，以防人受伤或洗衣机有关零部件受损。

（9）严禁用挥发性溶剂（香蕉水、汽油等）洗涤衣物，也不能洗涤或脱水带有挥发性溶剂与易燃物质的衣物，否则会引起燃烧，甚至爆炸。

（10）在洗涤过程中，若停电，应及时切断电源，待通电后，再重新操作洗衣机进行洗涤。

（11）洗涤过程中，若发现漏水、漏电、异响或其他不正常现象，不可勉强使用，应立即停机检查，自己解决不了的应请维修人员处理。

**3. 洗衣机的维护保养**

洗衣机的日常维护保养应注意以下几点：

（1）不用洗衣机时，应将其放置于干燥、通风的地方，以免受潮生锈和降低电器元件的绝缘强度。

（2）洗衣机的放置地点应远离火源，应无腐蚀性气体、强酸、强碱的侵蚀。

（3）洗衣桶在无水状态下，不要通电开机运行，以免磨损密封圈。

（4）洗衣机长期不用时，不要用塑料袋套装，以免影响通风和干燥。

（5）长期放置的洗衣机，应定期（2～3 个月）开机（短时间通电），以驱散潮气，防止受潮和生锈。

## 第五节 电 冰 箱

电冰箱是保持恒定低温的一种制冷设备，也是一种使食物或其他物品保持恒定低温冷态的民用产品。

### 一、家用电冰箱的分类

**1. 按制冷方式分类**

按制冷方式不同，电冰箱可分为电动机压缩式、吸收式和电磁振荡式电冰箱。

（1）电动机压缩式电冰箱。它的全称为全封闭电动机驱动蒸汽压缩式电冰箱。它具有制冷效率高、省电、冷冻速度快、制冷量大、使用寿命长等特点。目前国内外生产的电冰箱绝大多数为此类电冰箱。

（2）吸收式电冰箱。它又称连续吸收扩散式电冰箱。这种电冰箱除了可以用电能制冷外，还可以用煤油、煤气、液化气、汽油等作为能源。它具有结构简单、成本低、无噪声等优点，但制冷速度慢、效率低，适用于无电地区使用。

（3）电磁振荡式电冰箱。它又称为电磁振荡压缩式电冰箱。这种电冰箱加工容易、成本低，但耗电量大，一般是50L左右的小型电冰箱。

此外，还有半导体式电冰箱等。

**2. 按电冰箱内冷气传递方式分类**

按电冰箱内冷气传递方式不同，电冰箱可分为直冷式和间冷式电冰箱两种。

（1）直冷式电冰箱。它又称有霜电冰箱，电冰箱箱体内部冷却食品的过程是借助于传导和自然对流的方式进行的。它的冷冻室和冷藏室分别装有蒸发器，这些蒸发器与所储存的食品之间的热交换都是利用热传导和空气自然对流的方式进行的。一般在直冷式电冰箱中，冷冻室的除霜方式是手动的，而其他储藏室的除霜方式是自动进行的。冷冻室每使用3~4个月要除霜一次。这种形式的电冰箱是我国目前电冰箱生产和销售的主流。它具有耗电量小、噪声小、维修方便、冻结速度快、寿命长、储存食品的干耗较间冷式冰箱的小等优点。直冷式电冰箱的冷气传递方式及外形如图12-7所示。

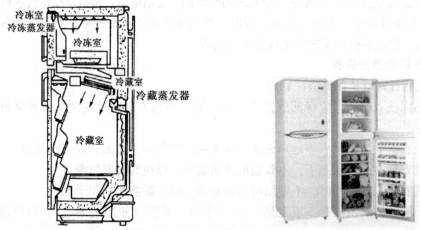

图12-7　直冷式电冰箱的冷气传递方式及外形示意图

（2）间冷式电冰箱。它又称为风冷式电冰箱、无霜式电冰箱或空气强制循环冷却式电冰箱。这种电冰箱箱体内部冷却食品的过程是借助于强制对流的方式进行的。

间冷式电冰箱的各个食品储藏室一般共用一个蒸发器，而各储藏室的温度是借助于调节风门控制的。在蒸发器的一侧装有一个小电动机带动的轴流风扇，空气在这个风扇的作用下，强制通过蒸发器，使空气强制循环。它具有储藏室内的温度分布比较均匀、不结霜、冷却速度快的优点。但这种电冰箱的结构较直冷式电冰箱复杂，耗电量也较大、噪声较大、存储食品的干耗也较大。

**3. 按电冰箱的形状结构分类**

按电冰箱的形状结构分类有双门式电冰箱和三门、四门、多门电冰箱。

（1）双门式电冰箱。它具有两个储藏室，其中一个为冷冻室，两个储藏室内的温度不同。这种电冰箱不会产生两个储藏室储存食品的串味现象。目前国内大多数冰箱为这种形式。

（2）三门、四门、多门电冰箱。三门、四门电冰箱在双门式电冰箱的基础上多了功能转换室或果菜室，功能转换室可转换为保鲜室、冷藏室或冷冻室，使电冰箱具有多个食品冷冻和冷藏室，而且各室之间是独立控制温度的。这种电冰箱一般容积较大，使用很方便，外观豪华。

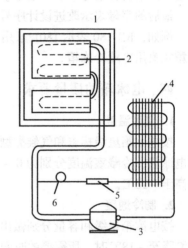

图 12-8　压缩式电冰箱的结构示意图
1—绝热箱体　2—蒸发器　3—压缩机
4—冷凝器　5—干燥过滤器　6—毛细管

## 二、电冰箱的结构

以压缩式电冰箱为例，电冰箱的主要结构有制冷系统、控制系统、箱体和附件等部分，如图 12-8 所示。

## 三、电冰箱的规格、星级及型号

**1. 电冰箱的规格**

电冰箱的规格是按容积来划分的，单位是升（L），如 185L、220L 等。

**2. 电冰箱的星级**

在国家标准中，明确规定了电冰箱冷冻室的温度级别，即星级，见表 12-3。

表 12-3　电冰箱的星级

| 星　级 | 冷冻室温度 | 符　号 | 冷冻食品保存期参考 |
| --- | --- | --- | --- |
| 一星级 | 不高于 –6℃ | * | 1 周 |
| 二星级 | 不高于 –12℃ | * * | 1 个月 |
| 三星级 | 达到 –18℃ | * * * | 3 个月 |
| 四星级 | 达到 –18℃ 以下 | * * * * | 6 个月 |

电冰箱国家标准中没有规定四星级电冰箱冷冻室温度为 –24℃，四星级标志的第一颗大星号是速冻能力的标志，也是四星级电冰箱特有的功能。显然，电冰箱冷冻室的温度越低，电冰箱具有的冷冻能力就越强，冷冻食品的速度就越快，保存食品的时间就越长。

### 3. 电冰箱的型号含义

国产电冰箱型号的组成及含义表示如下：

□ □-□ □ □

第一个字母为家用电冰箱代号，用"B"表示。

第二个字母为用途分类代号，用汉语拼音字母表示，"C"表示冷藏箱，"CD"表示冷藏冷冻箱，"D"表示冷冻箱。

第三部分是用数字表示的规格代号，即电冰箱的有效容积（单位为L）。

第四部分是用字母表示的电冰箱的冷气传递方式代号，直冷式电冰箱不表示，无霜式电冰箱用汉语拼音字母"W"表示。

最后的字母表示改进设计序号，用英文字母顺序表示。

例如，BD-180 表示 180L 家用直冷式冷冻箱；BCD-220WA 表示第一次改进设计的 220L 无霜式家用冷藏冷冻箱。

## 四、电冰箱的质量要求

### 1. 储藏温度

按电冰箱星级标志和气候类型分别做出规定，对于亚温带型和温带型、亚热带型和热带型电冰箱，冷藏室温度分别为 0～10℃、0～12℃，冷冻储藏室（三星级）和冷冻室的温度不高于 -18℃。

### 2. 制冷速度

按电冰箱星级和容量分别做出规定，当冷藏室温度由 32℃降至 5～7℃，冷冻室温度由 32℃降至 -18℃时，所需要的时间，对冷藏箱 250L 以下的，不超过 2h，对冷藏冷冻箱，不超过 3h。

### 3. 冷冻能力

按电冰箱结构和冷冻室容积做了规定，按规定条件测试，测得的冷藏冷冻箱的冷冻能力不应小于铭牌额定值的 85%。冷冻能力最低值为 4.5kg/100L（冷冻室），45L 以下的不得少于 2kg。

### 4. 制冷剂年泄漏量

电冰箱任何部位的制冷剂年泄露量均不大于 0.5g。

### 5. 负载温度回升速度

按规定条件测试，冷藏冷冻箱负载温度回升时间不应小于 300min。

### 6. 制冰能力

在规定的条件下，冰盒中的水应在 2h 内全部结成实冰。

### 7. 耗电量

按规定条件测定时，耗电量实测值不应大于铭牌标明的 15%。

### 8. 噪声

噪声的声功率级要求 250L 以下的电冰箱不应大于 52dB，250L 以上的电冰箱不应大于 55dB。

### 9. 泄漏电流

工作温度下的泄漏电流不应大于 1.5mA（对于 I 类电器）。

**10. 启动性能**

按照气候类型所规定的环境温度时，电冰箱在 0.85 倍额定电压（187V）下能启动 3 次。

**11. 绝缘电阻**

冷态绝缘电阻应不少于2MΩ。

**12. 电器强度**

电冰箱应能承受1min冷态电气强度试验。实验电压应为基本正弦波，频率为50Hz，其试验电压值为1250V。

## 五、电冰箱的选购与使用

**1. 电冰箱的选购**

购买电冰箱时，一般根据自身的经济状况、生活习惯、居住环境、人口多少及电冰箱的发展趋势来确定品种、规格、品牌。然后可以按下面内容来进行检查挑选：

（1）外观。看有无脱漆、碰伤、划痕现象。一台合格的电冰箱应该表面光亮，箱内平整，手把和各部件装配牢固，星级标志清晰，箱体后部的冷凝器、过滤器、毛细管路没有碰坏、压扁，管路接头无虚焊、油污等现象。特别注意压缩机的固定螺钉不应松动。

（2）用手指轻扣冰箱体，听听是否有空洞的声音。如果有大面积凹瘪现象或空洞声，表明电冰箱内胆隔热材料灌注发泡不良。

（3）将电冰箱门打开，箱门磁性门封拉力应大于1kgf（1kgf=9.806 65N）。观察门封四周平面是否平直，特别注意门的四角焊接是否平整，有无裂口、翘角、焊焦现象。关闭电冰箱门时，当箱门开口距箱体 3～5mm 时，箱门应能自动收合紧闭。箱门关闭后，可用0.08mm 厚纸片仔细检查吸附是否严密，电冰箱门内衬是否与箱内附件相碰撞。要特别注意检查门封条下边两个拐角处和下横边，可以用手仔细触摸，无间隙最好。

（4）打开电冰箱门检查内衬是否有裂缝、裂口和较大面积凹凸不平。检查绝热层发泡情况，正常的发泡层与内衬结合很紧，手压有紧实感，不应有空软的感觉。

（5）将温度控制旋钮置于中间位置，关门通电开机运行 15～20min，用手摸蒸发器表面，应该感觉冻手、黏手，甚至可以看到蒸发器上有一层均匀薄霜。冷凝器温度均匀、没有明显温差的是优质品。

（6）电冰箱250L以下，噪声应在52dB以下，250L以上则不应大于55dB，可用声压计检测。检验时离电冰箱1m以外，应听不到明显的噪声，用手触摸电冰箱顶部，只能感觉轻微振动。电冰箱噪声超过52dB，压缩机启动时振动大，压缩机关闭时还伴有"乒、乓"异声者，是不合格品。

（7）当电冰箱门打开时，箱内照明灯应发光；当箱门距箱口平面 1～3cm 时，箱内照明灯应自动熄灭，否则照明工作不正常。

（8）检查电冰箱附件和随机文件是否齐全。随机文件包括使用说明书、检验合格证、产品保修单和装箱单。

（9）检查电冰箱外包装，看看有无安全认证标志、厂名、厂址和电冰箱主要指标。

**2. 电冰箱使用时的注意事项**

正确地使用和维护电冰箱，可延长其使用寿命，减小耗电量，且有利于食品的冷藏保鲜。故使用前除应仔细阅读使用说明书外，还应注意以下几点：

（1）电冰箱应放在通风良好、干燥、远离热源、避免阳光直晒的地方。背部冷凝器与墙壁的距离应在 10cm 以上，以保证良好的散热。放置的地面应平整坚实，电冰箱不得晃动。

（2）搬运电冰箱时，应从底部抬，轻搬轻放；搬运过程中不能使电冰箱倒置或倾斜角度过大；避免受强烈的振动；堆码不得超过两层。

（3）要配备专用的电源插座。

（4）电冰箱内存放的食物不应放得过紧、过满，放入的食品之间要有一定的空隙，以利于冷气循环。

（5）正确使用温度控制器。温度控制器上的数字表示控制温度高低的程度，数字小表示控制的温度高，数字大表示控制的温度低。

（6）电冰箱箱体内外应经常保持清洁，要定期清洗。

（7）定期除霜。霜层会降低蒸发器表面的热交换能力而影响制冷效果，因此，当箱内霜层达到一定厚度时，应立即进行除霜工作。

（8）长期使用电冰箱是有益无害的，不应频繁地、间断地使用，而应连续使用，以延长电冰箱的使用寿命。

# 第六节　空　调　器

空调器（俗称空调）是把一个完整的制冷系统装在空调器中，再配上风机和一些控制器来实现的。

## 一、空调器的分类

### 1. 按结构分类

按结构不同，空调器可分为整体式空调器和分体式空调器两种。

（1）整体式空调器。整体式空调器又称为窗式空调器，根据长宽比例不同又可分为卧式和竖式两种。

（2）分体式空调器。分体式空调器由室内机和室外机两部分组成。根据室内机安装方式不同，又可分为壁挂式、落地式、柜式、吊顶式、嵌入式等空调器。

几种常见的空调器类型如图 12-9 所示。

### 2. 按功能分类

按功能分类，空调器可分为单冷式空调器和冷热式空调器两种。

（1）单冷式空调器。单冷式空调器又称冷风型空调器，是只具备制冷功能而不具备制热功能的家用空调器。带电脑控制的遥控式单冷型空调器还具备除湿和通风功能。单冷型空调器是房间空调器的基本类型，其结构简单、功能单一、操作简便、运行可靠、价格便宜。

（2）冷热式空调器。冷热式空调器具有制冷、制热、除湿功能，夏季可用来降温，冬季可用来升温。冷热式空调器有下列几种类型：

1）热泵型空调器。它也称冷暖两用空调器，是在普通型空调器的制冷系统中增设电磁换向阀，使蒸发器与冷凝器工作换向，这样，室内的蒸发器变为冷凝器，向室内供热；同时，在控制系统和保护措施上也相应增加了一些零件。因此，热泵型空调器的结构相对复杂，操作也较复杂，但其功能较为齐全，普遍制成分体式。热泵型空调器适用的环境温度一般为 5～43℃，带有除霜装置的可适用于 -7～43℃。它的最大优点是在制热运行时制热效率高；最大缺点是在制热运行时，当室外环境温度低于 -7℃时，一般不能制热运行。所以，这种空调器较适合于温带地区使用。

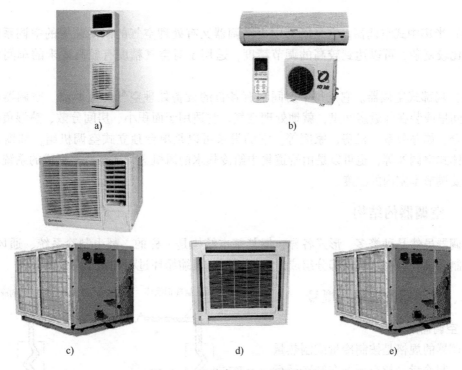

图 12-9　几种常见的空调器类型

a) 落地式空调器　b) 分体式空调器　c) 窗式空调器　d) 嵌入式空调器　e) 柜式空调器

2）电热型空调器。它是在单冷型空调器的基础上增加了电热元件来实现制热的房间空调器。它在制冷运行时与单冷型空调器完全相同，制热时压缩机停止工作，电热元件通电发热，由风扇将热量送往室内。电热元件的材料一般为电阻丝和 PTC 陶瓷发热元件，将它们制成电热管和 PTC 发热器。所以，电热型空调器的使用不受地区限制，只要环境温度低于43℃都可以使用。尤其是在寒冷地区，温度在0℃以下仍然可以供热，这是电热型空调器的最大优点。它的最大缺点是耗电量大、安全性差，尤其是使用电热管时，当风扇出现故障、通风不畅时，还会引起火灾。因此，在使用时需特别注意。

3）热泵辅助电热型空调器。它是在热泵型空调器的基础上，增加了起辅助作用的电加热器，从而使热效果更佳。辅助电加热器可以弥补寒冷季节热泵制热量的不足，一般在5℃以上时仅开动热泵制热，在5℃以下时启动辅助电加热器，此时不仅弥补了热泵制热效果的下降，还可以在化霜工作时补充制热量，这就大大减轻了由于化霜运行而引起的不舒适感，所以，它是空调器中最能实现环境舒适的一种类型。由于它功能更齐全，因此结构更为复杂、控制方式更为先进，一般均采用电脑控制型。

### 3. 按照空气处理方式分类

按照空气处理方式来分，空调器可分为集中式空调器、半集中式空调器和局部式空调器。

（1）集中式（中央）空调器。空气处理设备集中在中央空调室里，处理过的空气通过风管送至各房间的空调系统。它适用于面积大、房间集中、各房间热湿负荷比较接近的场所选用，如宾馆、办公楼、船舶、工厂等，系统维修管理方便，设备的消声隔振比较容易解决。

（2）半集中式空调器。它是既有中央空调器又有处理空气的末端装置的空调系统。这种系统比较复杂，可以达到较高的调节精度，适用于对空气精度有较高要求的车间和实验室等。

（3）局部式空调器。它是每个房间都有各自的设备处理空气的空调器。空调器可直接装在房间里或装在邻近房间里，就地处理空气。它适用于面积小、房间分散、热湿负荷相差大的场合，如办公室、机房、家庭等。它的设备可以是单台独立式空调机组，如窗式空调器、分体式空调器等，也可以是由管道集中给冷热水的风机盘管式空调器组成的系统，各房间按需要调节本室内的温度。

## 二、空调器的结构

空调器虽然品种繁多、形式各异，但其基本结构是一样的，都由制冷系统、通风系统、电器控制系统和箱体系统四部分组成。空调器制冷压缩循环过程如图 12-10 所示。

## 三、空调器的规格及型号

### 1. 空调器的规格

空调器的规格是按制冷量或制热量划分的。制冷量是指空调器在制冷运行时，单位时间内从房间内或某个区域内吸收并转移到其他区域的热量。国家标准规定，计量单位是"瓦"或"千瓦"，符号为"W"或"kW"。

目前，市场上部分厂家或消费者也有采用"匹"来表示空调器规格的，如"一匹机""二匹机"等。"匹"是以前所使用的一种功率单位，它和"瓦"的关系是 1 匹≈735W。

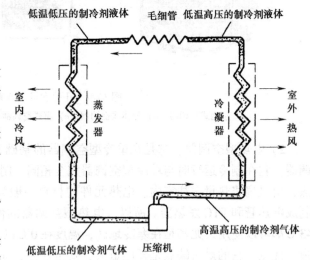

图 12-10　空调器制冷压缩循环过程示意图

### 2. 空调器的型号

根据国家标准 GB/T 7725—2004《房间空气调节器》的规定，空调器的型号含义表示如下：

$$\square\square\square\square-\square\square\square/\square$$

第一位表示产品代号，用拼音字母表示。家用空调器用"K"表示，是"空"字的第一个拼音字母。

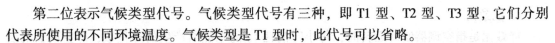

第二位表示气候类型代号。气候类型代号有三种，即 T1 型、T2 型、T3 型，它们分别代表所使用的不同环境温度。气候类型是 T1 型时，此代号可以省略。

第三位表示结构形式代号，用拼音字母表示。整体式代号为"C"，分体式代号为"F"。

第四位表示功能代号，用拼音字母表示。冷风型（单冷型）其代号省略，热泵型代号为"R"，电热型代号为"D"。

第五位是规格代号，用阿拉伯数字表示。它标明了该空调器的额定制冷量，其值为制冷量百位数或百位以上的数。

第六位是整体式结构分类代号或分体式室内机组结构分类代号，用拼音字母表示。整体式结构分类为：穿墙式代号为"C"，移动式代号为"Y"。分体式室内机组结构分类为：吊顶式代号为"D"，挂壁式代号为"G"，落地式代号为"L"，天井式代号为"T"，嵌入式代号为"Q"。

第七位是室外机组结构代号，用拼音字母表示。室外机组代号为"W"。

第八位及其以后的号码是工厂的设计序号和特殊功能代号，有的企业也称为货号，往往用一个拼音字母加三位阿拉伯数字表示。如"Y"代表遥控式，"M"代表面板控制式，"Q"代表强电控制，"F"代表模糊控制，"P"代表变频控制，等等。三位阿拉伯数字可表示设计的年号和序号及功能类型等。

空调器的型号是非常重要的，因为型号的各个字母和数字已经简明扼要地反映出了空调器的性能特点等参数。例如：

KC-25/Y443，表示冷风型窗式房间空调器，T1 气候类型，额定制冷量 2500W，遥控式，1994 年设计序号为"43"。

KFR-35GW/Y614，表示热泵型分体挂壁式房间空调器，额定制冷量为 3500W，T1 气候类型，遥控式，1996 年设计序号为"14"。

## 四、空调器的质量要求

空调器的性能和安全要求应符合国家标准 GB/T 7725—2004《房间空气调节器》及 GB 4706.32—2012《家用和类似用途电器的安全 热泵、空调器和除湿机的特殊要求》，主要技术要求如下：

**1. 制冷剂泄漏**

制冷系统各部分均不应有制冷剂泄漏。

**2. 制冷量**

制冷量实测值不应小于额定制冷量的 95%。热泵制热量实测值不应小于额定制热量的 95%。制冷（热）量是指空调器在进行制冷（热）运转时，单位时间内从密闭空间中除去（增加）的热量。制冷量的法定计量单位为瓦（W）。

**3. 制冷消耗功率**

制冷消耗功率不应大于额定制冷消耗功率的 110%；热泵消耗功率不应大于额定制热消耗功率的 110%。对电热型空调器，电热装置额定消耗功率小于或等于 100W 的，允许误差为 ±10%；100W 以上的允许误差为 −10% ~ +5%。

**4. 能效比**

能效比是指空调器制冷运转时，每小时消耗 1J 的电能所产生的冷量数，即空调器的制冷量与制冷功率之比，又称为性能系数。它是衡量空调器耗能性能的一个重要参数，效能比高的空调器产生同等制冷量所消耗的电能较少。

**5. 噪声**

空调器运转时的噪声主要是由内部的蒸发机和外部的冷凝机产生的。国家规定制冷量在 2000W 以下的空调器室内机噪声不大于 45dB，室外机不大于 55dB；2500 ~ 4500W 的分体式空调器室内机噪声不大于 48dB，室外机不大于 48dB。

**6. 泄漏电流**

属 Ⅰ 类电器的空调器，其泄漏电流不超过 1.5mA；属 Ⅱ 类电器的空调器则不超过 0.25mA。

**7. 绝缘电阻**

绝缘电阻的阻值不低于 2MΩ。接地端子在空调器上的接地触点与和它连接在一起的其他部件的电阻值应不大于 0.1Ω。

**8. 电气强度**

施加 1200 ~ 3750V 电压，试验期间不应发生闪烁和击穿现象。

**9. 电源线**

分体式空调器室外机的电源线必须采用橡胶电缆线，不准使用塑料包覆的电源线。

## 五、空调器的选购、使用与维护

**1. 空调器的选购**

选购空调器时，首先应该进行外观质量检查，而后试机。

（1）空调器外观质量检查。外观质量检查主要包括以下几个方面：

1）箱体。面板应平整光洁、角边平直，表面无裂痕、毛刺、变形等，装饰层无脱落、碰刮现象。

2）喷塑件表面、电镀件表面、塑料件表面应无明显的气泡、划痕、露底、皱纹等现象，且应平整光滑、色泽均匀。

3）热交换器盘管与肋片排列整齐、间隙均匀，无凹陷、倒片、变形等现象。

4）开关、按键、旋钮等应操作自如，进风栅、出风栅应灵活无阻，显示装置应完整无损。

5）说明书、合格证、保修单等资料齐全；铭牌固定在明显部位，标志清晰。

（2）试机。空调器安装结束后，可进行通电试机。通电之前，应先检查一下安装情况，然后再检查电源情况、空调器的接线情况。试机检查的主要内容是：通电后，压缩机、风扇电动机能否迅速进入正常运行状态；制冷或制热的效果；压缩机振动情况；室内机面框振动情况；扇叶是否有碰擦、噪声情况；各项功能是否能正常操作转换；室内机排水是否顺畅等。

**2. 空调器的使用与维护**

（1）使用注意事项。应注意以下几个方面：

1）空调器的开机、停机应通过机上的主控开关或遥控器上的电源开关进行，不能用插、拔空调器电源线插头的方法来开、停空调器，否则可能影响空调器的正常工作，且不安全。

2）如果较长时间不用空调器，应将电源线插头拔出。带有遥控器的空调器，应将遥控器中的电池取出，以防电池内的电解液渗漏而腐蚀遥控器。

3）不能随意堵住空调器的进出风口，不要把湿衣服挂在空调器的出风口上，否则会严重影响空调器的正常工作。

4）空调器制冷时温度不宜调得过低，制热时温度不宜调得过高，以防由于室内外温差过大，使人感到不舒服。

5）空调器在使用过程中，最好相隔一段时间后，停机，打开门窗，让室内的空气彻底更换一下，同时做好室内卫生，以保持空气清洁。

6）线控器、遥控器应妥善保管，并注意防止着水、阳光直射，以防遥控器失灵。

7）电热型或热泵辅助电热型空调器制热后，不要立即停机，应让送风操作持续几分钟，使机内的余热散尽，电热元件冷后再关机。

8）空调房间严禁存放易挥发的可燃物品，如汽油、香蕉水等，否则易引起燃烧或爆炸。

（2）空调器的清洁与保养。空调器在清洁保养之前一定要切断电源，以保证安全。

1）外壳清洁。空调器的外壳、操作面板应定期用干净的软布进行揩擦。若外壳较脏，可用肥皂水或中性洗涤剂擦拭，然后再用清水擦净。线控器或遥控器也应定期用软布擦拭干净。

2）滤网清洁。空调器每工作100h，或空调器上滤网指示灯亮，则应取下滤网，用吸尘器吸除积尘，或用软毛刷刷除积尘，然后放到清水中清洗，洗后在阴凉处晾干。不可用火烘干或在太阳下晒干，否则会变形难以装复。

3）空调器使用三年后应对其内部进行一次清洁。在灰尘较多的情况下，此期限应相应缩短。

4）清洁并检查分体式空调器室内外机组间的连接管，其隔热保温材料若有破裂、脱落或被老鼠咬坏，应及时修补或更换。管接头处可用洗涤剂或肥皂水检查是否有气泡冒出，若有，则说明制冷剂有泄漏，应请维修人员处理。

5）检查导线绝缘是否良好，芯线有无"碰壳"。接线端子、接插件是否接触良好，插头、插座是否松动，接地线是否良好，如不正常应及时处理。

# 第七节　电　视　机

电视机是电视信号接收机的简称，是接收电视广播的装置，主要由电子线路、喇叭和屏幕等组成。它的作用是通过天线（或有线、互联网、移动网络等方式）接收电视台发射的电视信号，再通过电子线路分离出视频信号和音频信号，分别通过屏幕和喇叭还原为图像和声音。

通常认为，第一台电视机发明于20世纪20年代，经过一百年的发展，电视机如今几乎成为人们生活中不可或缺的家用电器。

电视机类型非常丰富，而且在信号数字化、有连接互联网功能后有了更多的发展方向，最常见的电视机可按以下几种形式分类：

## 一、电视机的种类

（1）电视机按图像色彩，可分为黑白电视机和彩色电视机两种。进入 21 世纪后，家用电视机基本上都已经升级为彩色电视机。

（2）电视机按屏幕对角线的长度，可分为 25 英寸（63.50cm）、37 英寸（93.98cm）、40 英寸（101.60cm）等。

（3）电视机按信号制式，可分为模拟电视和数字电视，我国正在由模拟电视信号全面转向数字电视信号。当然，传统的模拟信号电视机并不是不能再使用，数字电视机顶盒可将数字信号转为模拟信号以适应只能接收模拟信号的电视机。

（4）电视机按信号来源，可分为无线电视、有线电视、卫星电视等，其实这种分类下电视机本身并没有区别，只是接收方式不同而已。进入 21 世纪 10 年代，信号来自无线网络的手机电视、来自互联网的网络电视迅速兴起，电视信号接收机的种类已经突破了传统电视机的概念。

（5）电视机按成像原理（屏幕材质），可分为阴极射线管（CRT）电视机、液晶电视机（LED 电视机）、等离子电视机（PDP 电视机）、背投电视机等。阴极射线管电视机曾长期占主导地位，进入 21 世纪后迅速被液晶电视机取代。等离子电视机相对于液晶电视机具有一些技术优势，但在市场竞争中却败于液晶电视机，到 2013 年已经基本没有市场。背投电视机（即背后投影的电视机）曾是和液晶电视机、等离子电视机一同争夺未来的一个技术发展方向，但到 2012 年也已经退出主流家电市场。

（6）电视机按屏幕长宽比可分为 4∶3、16∶9 等规格的电视机。4∶3 是历史最久的比例，它在电视机发明之初就已经存在，至今仍在使用，适用于传统模拟信号。16∶9 是高清晰度电视的国际标准，也是以后的发展趋势。另外还有其他比例，如 16∶10、5∶4 等，但它们都非主流。

（7）电视机也可按制式分类，制式即采取的广播标准，我国采用的是 PAL－D/K 制，在其他国家则可能需要购买其他制式的电视机。

除以上分类方法外，3D 电视机、互联网电视机等新概念电视机是较新的发展方向。3D 电视机可让普通用户在家中欣赏立体电影或其他节目，而互联网电视则可以直接访问互联网，可以在线点播高清视频。

## 二、电视机的选购

电视机技术发展很快，不同类型的电视机选购要点不同，根据当前的市场情况，本书只以液晶电视为例简要介绍。专业人员选购或导购时还应及时查找最新技术资料，了解相关技术指标含义及市场趋势。

普通用户选购电视机应至少考虑以下几个因素：

### 1. 电视机大小

选购电视机主要以收看距离来选择电视机尺寸，为了使得房间布置更具协调性，房间大小可作为另一个参考条件。一般来说，电视的推荐观赏距离为电视对角线尺寸的 3 倍左右，同时以房间大小作为参考值，如 3m 的观赏距离，房间大小在 20～30m$^2$，选择 42 英寸

（106.68cm）或46英寸（116.84cm）较合适。

另外，分辨率、屏幕长宽比也影响视觉效果，专业选购时也可作为参考指标。

**2. 品牌**

品牌的选择不仅关心产品的质量，更要考虑其售后服务等情况。进入21世纪后，国产品牌电视可谓是突飞猛进，无论是在产品技术上，还是在售后服务方面，多已达到或赶超外资品牌，专业选购人员应该根据市场行情和购买需求对品牌进行选择。

**3. 型号与功能**

由于电视机技术发展很快，电视机的型号有很强的时效性，功能也日益丰富。专业选购人员应该注意分辨产品宣传中各种新功能的实用性，不必为徒有虚名的功能买单。

**4. 屏幕检查**

液晶电视屏幕可能会有坏点，检查方法较简单，可将电视打到黑屏然后看是否有亮点，让屏幕全白检查有没有黑点，最后再换成红、绿、蓝色检查色点的完整性。

**5. 伴音质量检查**

电视机的伴音质量用不失真输出功率来表示，不同规格的电视机，其不失真输出功率也不同。选购电视机时，把电视机调到有节目的频道上，直接对电视节目的声音进行鉴别和判断。伴音质量好的电视机声音悦耳动听、无杂音，音质优美、立体感强；音量开大时，声音洪亮，无失真、无伴音干扰图像的现象；音量降至最小时，扬声器应无声。可对两个声道分别进行检查，即关闭一个声道检查另一个声道，再将平衡调节调至中间进行试验，两个声道都应音质优美、洪亮。

如对电视机伴音质量有更高的要求，则需要配专业音响设备。

## 三、电视机的使用、维护和保养

正确使用电视机，并能在日常生活中进行正确的维护和保养，是延长电视机使用寿命、避免其他损失的关键。

考虑市场实际情况，本书以液晶电视机使用、保养和维护为例，简略介绍常规注意事项，具体使用、维护电视机过程中，还需要根据实际情况查找相应资料。

**1. 屏幕除尘**

如果发现液晶屏表面有污迹，可用沾有少许玻璃清洁剂的软布轻轻将其擦去。

所用的软布最好是柔软、非纤维材料，比如脱脂棉、镜头纸或其他柔软的布，不可用硬质毛巾、粗糙的布或是纸类物品，以免将屏幕表面擦伤而影响显示效果。

禁止使用酒精一类的化学溶液，更不可直接将清洁剂喷到屏幕表面，这很容易使清洁剂流到屏幕里面导致液晶屏幕内部出现短路故障，造成不必要的损失。

**2. 避免长时间待机**

电视机不使用时，应将电视机关闭（不仅限于遥控器的关闭，而是关闭电视机本身开关)，长时间处在待机状态会大大降低电视机的使用寿命，而且容易堆积灰尘。

如果长时间不看电视，就应该拔掉电源插头。

**3. 保持电视机的干燥、散热良好**

不要让任何具有湿气性质的东西进入液晶电视机。发现有雾气，要用软布将其轻轻地擦去，然后才能打开电源。如果湿气已经进入电视机内，就必须将液晶电视机放置到温暖而干燥的地方，以便让其中的水分和有机化合物蒸发掉。如果不驱散湿气，则易导致液晶电极腐蚀，进而造成永久性损坏。

电视机内部大部分零件在工作时都会发热，如果散热效果不好产生热量积聚，则会对电视机造成损坏。

**4. 避免不必要的振动、压挤**

液晶电视机屏幕十分脆弱，要避免强烈的冲击和振动，即使是用手对屏幕指指点点，指尖或尖物在液晶屏表面滑动这类看似轻微的动作，也可能造成液晶屏幕上细小线路与装置的损伤和屏幕表面的划伤，如果手上带有静电则可能会使晶体击穿失效而形成亮点。

**5. 非专业人员不能拆卸机体**

无论是液晶电视还是其他类型电视，非专业人员均不能随意拆卸，即使关闭了很长时间以后，电视机组件中依旧可能带有大约1000V的高压，这种高压会导致严重的人身伤害。

如果电视机内部积尘严重，则应请专业维修人员清除。

**6. 雷雨天气不宜收看电视**

雷雨时不宜收看电视，雷电可能造成电压不稳而损伤电视。当使用室外天线时，室外天线可能会起到引雷作用，故而在雷雨未到之前就要拔掉电源插头和天线。

 **技能实训**

**【实训目的】**

通过案例讨论加深对家用电器商品相关概念的认识。

**【实训主题】**

电器类小家电商品的简易维修。

**【实训时间】**

本章课堂教学内容结束后的双休日和课余时间，为期一周；或者由指导教师另外指定时间。

**【阅读材料】**

如何维修小家电

各类小家电及其他电气设备都靠电来提供能量。电流经火线（通常为黑色）流向设备，并经零线（通常为白色）返回。驱动电流的力量称为电压。

在大多数家用系统中，火线的电压约为120V，零线则没有电压。这两条线之间的电压差会驱动电流为电器供电。

小家电又称便携式家电，它分为三种类型：有些小家电用于加热，如烤面包机和咖啡机；有些小家电用于剥落清理，如食品加工器和真空吸尘器；还有一些小家电同时具有这两种功能，如吹风机。

**【实训过程设计】**

(1) 准备电风扇、电饭锅、吸尘器、电吹风等一些小家电，以及扳手、螺钉旋具、万用表、润滑油等相应的工具和材料。

(2) 将全班同学平均分成几个小组，按每组5~6人进行讨论。选择三种小家电，制订简易维护方案。

（3）在老师的指导下对选择的三种小家电进行简易的维护实训。

（4）根据讨论，对小家电维护还有哪些可以改进的方案？

（5）各实训小组总结简易维护中的经验和存在的问题，各组在班级进行交流、讨论，撰写作为最终成果的"商品学实训报告"。

（6）各小组提交填写"项目组长姓名、成员名单"的"商品学实训报告"，将优秀的实训报告在班级展出，并收入本课程教学资源库。

 **综合练习**

## 一、名词解释

家用电器 照明器具 防触电保护 电磁兼容 全自动型洗衣机 电动机压缩式冰箱 分体式空调器 冷热式空调器 液晶彩电 等离子体彩电

## 二、多项选择题

1. 按工作原理分类，家用电器可分为（　　　）。

A. 电子器具
B. 制冷器具
C. 电热器具
D. 照明器具
E. 电动器具

2. 电冰箱的能效将分成 A、B、C、D、E 五个等级，属于国家要强制性淘汰的产品等级是（　　　）。

A. B 级
B. D 级
C. A 级
D. E 级
E. C 级

## 三、问答题

1. 电熨斗有哪几类？各有何特点？

2. 怎样正确使用、维护电熨斗？

3. 电饭锅是如何分类的？

4. 如何挑选和正确使用电饭锅？

5. 选购微波炉应注意什么？

6. 微波炉使用中应注意哪些事项？

7. 电风扇的规格和型号是如何表示的？

8. 选购电风扇主要应检查哪些项目？

9. 洗衣机的型号是如何表示的？

10. 电冰箱的星级符号和型号的含义是什么？

11. 电冰箱在使用时应注意哪些事项？

12. 空调器的规格、型号是如何表示的？

13. 电视机是如何分类的？

14. 如何选购一台高质量的电视机？

# 参 考 文 献

[1] 陆影. 商品学基础与实务 [M]. 大连：东北财经大学出版社，2019.

[2] 王丽华. 服务管理 [M]. 2版. 北京：中国旅游出版社，2012.

[3] 汪永太，李萍. 商品学概论 [M]. 6版. 大连：东北财经大学出版社，2018.

[4] 万融. 商品学概论 [M]. 6版. 北京：中国人民大学出版社，2016.

[5] 曾锦燕. 商品学知识 [M]. 3版. 北京：电子工业出版社，2018.

[6] 谈留芳. 商品学 [M]. 北京：科学出版社，2004.

[7] 孙参运. 商品学基础与实务 [M]. 3版. 北京：中国财政经济出版社，2019.